U0017236

慈濟學概論

何日生・著

目錄

推薦序

慈濟學——慈濟行經半世紀的總結研究

陳金華
加拿大皇家學會院士
英屬哥倫比亞大學教授

慈濟之成宗，初以慈善佛醫而度世，究其根本則源來有自，此為佛教之舊有傳統。佛教以個體之解脫得道、修行成佛為終極旨歸。然個人之證悟，則亦與度世濟人之胸懷相濟方為根本。所謂慈者與樂，悲者拔苦，[1]慈者與悲者，乃佛教倫理道德之兩輪，且亦與佛教之根本教義——「緣起觀」緊密相聯。因世間眾生，皆因緣合和而成就；再者因宿世因緣之關係故，世間萬物彼此相聯，是已慈悲待人乃是佛教之要旨。故佛弟子以己身之苦，而哀憫他人之苦，乃有「同體大悲」之心。[2]此等佛教要義在很大程度上，亦通於儒家推己及人之心。天下之道，殊途而同歸，此為一證。

此種慈悲濟度之心，須發乎行履，方為得其究竟。是以佛教徒每於明心見性之餘，於世間則以慈悲為懷，自利而利他。救苦救難並非僅為執著於求得來生之福報，抑亦出自佛教最為根本之善行初衷，此亦佛教為世間法之一大要義。

佛陀本人即為大醫王，此種於諸多印歐古宗教之中共同現象反映了醫療在傳教過程中之重要功用，[3]

故而在佛教經典之中就記載佛陀作為大醫王所具有之「四法成就」。[4]此後當佛教傳入中土之際，正值東漢末之巨大社會動盪時期。此時之佛教，概可約略分為兩類，一則為從宮廷至地方各類官僚階層之祠祀，他們很難分別出佛教與舊有本土黃老祭祀的區別，而重視其神異靈祐之一面，其主體為本土加上外來之世俗信眾；而另外一類則為東漢末在洛陽的佛教教團，其中以安世高（活躍於一四八－一八〇）等胡僧為主體，他們生活在僧院之中，從事譯經、修行、講經傳教等。[5]二者之分流，判然可辨。但無論在哪一類信仰傳播，都離不開當時社會大背景之影響。也即此刻整個中原正因戰亂而民不聊生，瘟疫猖獗，[6]故而佛教也廣引醫道以助弘教之門。此時不少高僧大德都精通醫術，其中目前文獻可徵最為詳確之譯經師——安世高就是如此。[7]稍晚的僧人佛圖澄（二三二？－三四九）、于法開（活躍於三六一－三六五）與求那跋陀羅（Gu abhadra，三九四－四六八）也都以醫術聞名。[8]

此後直至唐宋，佛教中僧人以醫而輔道者皆相延成習。[9]正如有學界研究指出，佛教的起源地印度本身因為氣候與環境之故，發病與致死率極高，民眾故而容易對突然的病故無常視為當然。而到了中國正值動亂期，朝不保夕的憂生之感在某種程度上也使佛教對於生命的解釋更具吸引力。[10]這也就使得佛教與醫療濟度，從最開始就結下了不解之緣。因此此後，在整個帝制時期之中，當世間疾疫紛起之際，出家人往往先施醫藥，再宣佛法，此已成為兩千年來佛教常規之作法。[11]

此種次第濟生之道，為佛教弘法之助力，度世之津梁，尤其合乎佛法之真諦。佛教有七法廣施之德，其中即包括「常施醫藥，療救眾病」，以此可得梵天之福。[12]普通佛教徒更乃常持慈悲之心，以期救人於水火。這種情況到了大乘佛教時期就更是如此，故而大乘佛教文獻之中廣有宣說，應以慈悲之心而濟世救民。如《法華經》有云：「大慈大悲，常無懈怠，恒求善事，利益一切。」[13]《大寶積經》之中也有「慈愛眾生如己身」，以及「普為眾生，等行大悲」。[14]以慈而濟，以濟得度，慈濟之心即成佛之心也。

中國帝制時代，傳統文化中成系統的民間慈善活動，其最為主要的動力其實就是佛教。[15]這主要還是因為在佛教中有一個極其重要的觀念，即由於因果律之故，在此生之中人人皆須「培植福田」。[16]這些重要的活動包括修造各類義井、義路、橋樑、渡口；另外還包括替人醫治疾病，尤其是在饑荒戰亂之時救死扶傷；以及為窮苦老弱者提供慈善設施等。[17]這其中佛教對於中國社會中傳統醫療的貢獻，就佔據了相當重要的位置。

然而，所有這些都與現代意義之中的，具有相當規模的醫療慈善活動仍有不小的區別。就實際情況而言，由於中古，尤其是中唐以降漢傳佛教體制性的轉變更使得其從事醫療慈善的能力受到了巨大的限制。

中古時期漢傳佛教的寺院經濟極其發達，至於盛中唐時可以說是達到了頂點。此時的漢傳佛教與城市商業相結合，就產生了強大的經濟與社會能量，並且也積極地從事各類前面提到過的慈善公益活動。但隨著中古以降，帝制的權力集中，僧團免除部分賦稅以及自由度僧的權利相繼喪失，中央及地方政權加強了對於僧團經濟的控制，致使此後僧伽趨向了與山林與小農經濟相結合的農禪形式。這一方面固然使得漢傳佛教得以自給自足，但同時這種帶有濃厚小農經濟的宗教社會形態，又使其在全國層面上缺乏了從事大型慈善活動的經濟基礎。僧團轉而區域化自閉、經濟力量萎縮、缺乏國際視野，並使得佛教就整體呈現出某種被人所詬病的「衰退局面」，這種情況一直到了近代鴉片戰爭之後，由於國門洞開方始有所改變。此時外來的宗教傳教對於傳統宗教有了重大的思想與體制衝擊，這些外來宗教的傳教方式也就使得漢傳佛教的有識之士有了反思、應對的衝動。這其中西方基督教對於佛教的影響就不容小覷。如基督新教傳教時就講求「五大事工」，也即「布道、教育、醫療、慈善與文字（即翻譯、編纂詞典與新聞出版事業）」，[18]這其中教育、醫療與慈善事業就給二十世紀初處在衰退狀態之中的漢傳佛教的改革者們帶來了啟發。

近代漢傳佛教最為偉大的先行者——太虛大師（一八九〇—一九四七），就提倡與踐行了「人間佛教」（或「人生佛教」）的思想與理念。在傳播佛教正信的同時，太虛大師也特別注重社會服務，以關注此世人生，因此成規模、成建制、具有自覺性的現代漢傳佛教慈善活動也就此確立。這種具有現代意義的人間佛教的慈善活動，一方面在困難之時大規模地為眾多民眾提供衣食住行，醫療，教育等物質與精神幫助，使民眾的生命延續獲得基本的尊重與保障。與此同時它也具有超越性，即在更廣闊層面上，面向整個社會各階層乃至全世界，而非如過去那樣僅僅面對地域與人員範圍極為狹窄的佛教信徒自身。它也不會像舊式漢傳佛教慈善那樣居於附屬的地位，並且多為個人小規模的活動，並且又超越了過去的宗教、族群與國家的藩籬，成為一種真正具有現代文明意義上的，並且帶有漢傳佛教特徵的慈善活動。

正是秉承了太虛大師人間佛教的偉大理念，一九六六年證嚴上人（一九三七—）成立了「佛教克難慈濟功德會」。證嚴上人與慈濟功德會，在很大意義是將太虛大師當時因為限於戰亂所導致的各種社會侷限從而未盡的理論加以實踐，並且也在很大程度上突破了舊有的格局，以此來適應二十世紀末以來全球化的新形勢。在證嚴上人偉大事業起步之後的半世紀之中，慈濟教團從花蓮這座臺灣小城起步，最終得以在全球範圍內獲得了甚至遠超傳統佛教僅侷限於亞洲的影響力，化小我為大我，不斷突破傳統佛教自身的限定，在慈善、醫療、教育與人文關懷等諸項事業上作出了驚人的成就。這些事業皆乃本著佛陀慈愛度世，普濟天下的使命，通過實際善行來促進各國、宗教與族群的和平發展，就真正實現了佛教的無我觀與慈悲觀。

縱觀慈濟教團的發展，我們可以非常清晰地看到其與傳統漢傳佛教慈善、救濟乃至其他任何一種傳統社會公益組織的重大區別。在慈濟的起步階段，證嚴法師即以慈善醫療作為突破口，為當時缺醫少藥的花蓮地方民眾提供急需的生命救助服務。此時臺灣社會普遍仍處在欠發達階段，慈濟即按貧民的貧困程度分類救濟。如果說這仍屬於傳統佛教的濟度類型，那麼隨著臺灣與整個東亞經濟的起飛，慈濟很快又將扶貧對象的視野放到了東亞之外。而慈濟最為醒目的標誌性活動還包括對於緊急災害的救助，比如世界各地出現的短期重大災害，像颱風、地震、瘟疫、戰爭等，可以說在目前諸多重要的國際人道救援活動之中都可以看到慈濟人活躍的身影。

國際賑災是世界上主要宗教展示自己存在的重要形式，其中最為主要的機構則是一八六三年在瑞士日內瓦創辦的，有基督新教背景的紅十字國際委員會。此後這一組織為了在伊斯蘭教國家獲得發展，又採用了帶有伊教宗教符號的紅新月標誌。雖然在過去數十年中這一國際組織的符號仍有發展，但對於佛教徒的宗教考量仍付之闕如。這也體現了在國際慈善舞臺上，佛教就總體而言較不活躍的現狀。國際紅十字與紅新月運動指明了現代宗教積極參與到國際人道救援活動的一條全新之路，而慈濟教團則可以說在倡導等無差別的人道主義；不分種族、宗教、國別、意識形態全面提供災民所需的志願救助，再加上其對於骨髓捐贈事業的大力推動等方面完全走到了整個佛教的前列，並且也在很大程度上代表了一個全新的、負責任、有胸襟氣度的當代佛教形象。

如果說醫療慈善事業與國際主義救援是慈濟，乃至以慈濟為代表的亞洲佛教慈善活動的主體，那麼慈濟功德會又超越了傳統慈善的藩籬，與時從進，將拯救整個地球的未來作為自己志業領域的全新拓展。近幾半個世紀以來，世界人口數量急劇膨脹，由此引發了對於大自然的極度污染與對各類資源的掠奪性破壞，再加上溫室氣體排放、能源危機嚴重、極端災害性天氣頻發、海平面上升，使得人類面臨空前的整體性生存危機。面對這一具有現實緊迫性的世界難題，證嚴法師早在一九九〇年就開啟了「環保法門」，通過資源回收、循環利用、植樹造林等一系列活動來將拯救地球的心念化為具體的實踐活動。正是這種不斷與時俱進的入世救世精神，使得慈濟成為了一個遠大於「臺灣」、「漢傳佛教」乃至「佛教」的符號性存在。截至二〇一六年，慈濟基金會就在亞、歐、美、非與大洋洲的五十四個國家與地區設有分會，而分支聯絡處則達四百多家。無論是其慈善關懷、教育志業、骨髓幹細胞中心乃至環保據點等都惠及全球。這可以說是歷史上漢傳佛教的慈善組織第一次有了全球性的影響力與號召力，不但推動了國際人道事業的進步，也使佛教，尤其是漢傳佛教獲得了積極向上、正面且總能跟上時代潮流的形象曝光。

還應該注意慈濟教團與傳統佛教慈善的重大區別，即其日益走上了專業化的近現代慈善之路。與傳統慈善對於社會的公共服務相比較，則近現代慈善更注重知識性、職業化、專業化的要求。除了強調愛心與奉獻之外，更需要組建一隻組織嚴密、專業訓練有素、具有明確的職業倫理規範、對於特定領域具有學術與專業知識的服務隊伍，如此才能維持較高的公共社會服務的行為標準。而慈濟僧團從其一開始，就建立了非常專業的醫療慈善團隊，並且一直堅持專業化的路線，這在其他任何佛教僧團之中都較為罕見。

最後，證嚴法師作為一位女性出家人，也是臺灣四大佛教教團組織中唯一的女性創基者。中華文化有根深蒂固的男權家長作風，在素以保守著稱的漢傳佛教之中，女性出家人的地位明顯更低。慈濟功德會的前身，主要成員為數十位處於社會邊緣地位的家庭婦女，而如今慈濟在全球數百萬志工之中，也有八成左右為女性。正是這個由「第二性」為主體的民間力量，卻在篳路藍縷半世紀之後，將慈濟建成了遍佈五大洲四大洋，涉及多個社會服務領域的龐大慈善公益性組織，這本身也體現了女性對於這個世界所做出的巨大貢獻，是以實踐活動為男女平權運動提供了強有力的合理性基礎。可以說證嚴上人及慈濟教團不僅是佛教全球慈善社會活動的先驅，也是男女平權運動的傑出代表。正是證嚴上人及眾多慈濟人在半個多世紀的艱苦努力，方使漢傳佛教、女性佛教教眾以及中華傳統文化都獲得了某種程度上的新生。

證嚴上人與慈濟教團所做出的開拓性貢獻實非片言淺論所能概述，所有這些都需要學界對之作出經驗的總結，以期使之進一步得以推展。我們現在看到的這本由何日生教授撰寫的大著——《慈濟學概論》就正是因應了教界與學界之所急需。

在書中，何教授首先上溯慈濟宗精神之來源。雖然前述已及，證嚴上人對於傳統佛教慈善有觀念、思想與實踐上的重大突破，但其精神一以貫之卻仍是出自佛陀慈悲及物、體察人生悲苦之本懷。此後何教授更從人間佛教大背景之中，慈濟宗門的精神為出發點，論述慈濟宗如何將佛法帶入專業領域與現實社會之內。這其中，慈濟宗對於傳統文化，也包括中華儒家文化、西方科學精神等的創造性吸收就是一個非常好的總結，在很大程度上可以讓讀者得以理解慈濟教團走上今天發展道路的歷史文化積澱。在本書的第四與第五章中，何教授對於慈濟教團的賑災模式與濟貧實踐的理念加以分析，其中核心精神即是力求最大限度地改善貧困階層的現狀，並且使其具有自我提升的可持續性。

慈濟教團是以醫學慈善最為核心，在本書的第六與第八章都是分析這一重要慈善形式。這種專業化、知識化的慈善類型，體現了證嚴上人對於知識、科學本身的尊重，並且也足以回答古老的宗教與現代科學知識之間如何獲得微妙平衡這一重要的宗教理論問題。這其中最能體現這種傳統與現代文化碰撞的則是捐獻遺體以供解剖教育的問題，而本書的第八章中就以慈濟大體解剖教育來展現這一不容易面對的宗教實踐難題。傳統漢傳佛教的寺院教育非常發達，但舊有宗教教育如何面對現代化轉型則依然是個相當艱鉅的挑戰。在本書的第七章〈宗教教育的現代化轉型〉中，何教授就通過更為廣大視野之中的宏觀比較，來重新審視慈濟專業教育的艱難探索與成功經驗。這種廣益多師的虛心借鑑態度，也正是慈濟宗門實施現代佛教教育的重要原則。前言已及，現當代基督教對於印刷與傳播事業極為重視，並且將之提升到了戰略的高度，此點較為傳統漢傳佛教所缺。慈濟教團則同樣非常重視人文傳播模式的現代升級，以適應變動不居的現實發展。其中出版、電臺、電視臺、網絡傳播等多種傳媒形式的採用，就更符合電子與資訊時代的最新要求。

當代社會非常大的一個挑戰就是日益惡化的人類總體生存環境，因此作為同樣生活在此一環境之中的佛教徒如何來開展拯救行動就顯得至關重要。因此在本書的第十、十一與十二章中，何教授主要就是分析了慈濟教團對於環境保護的理論觀念，以及諸多具體實踐的推展。尤其是慈濟強調環保回收與心靈轉化之間的體用關係，前者為後者的物化與直接行動，而後者則是前者的昇華。除了提倡人們積極投身於環保事業之外，也需要以正確的價值觀為指南，來建立和諧穩定正面的家庭、社區關係，從而真正實現內在與外在環境的共同改善，以成就現實世界與心靈的同步提升。

傳統漢傳佛教的組織形式經歷了從印度到中土的漫長演進過程，從早期印度佛教的原始民主制度，再到中國以各級僧官與寺院僧職人員為基礎的等級決策制度，都體現了時代的發展與變化。在本書的第十三與第十四章中，何教授分析了慈濟教團的組織運作模式，指出慈濟採用了結合諸長之圓形組織管理，由外而內實現既平等，又統合而分立的高效運營機制。這種在過去行之有效的圓形組織模式，就體現了以情感為領導與類似家庭體系的結合，從而實現了僧團組織領導決策與個人能動性的結合。在本書的最後一章，何教授則專門討論了慈濟教團的實踐主義取向。這種以人為本的務實態度與腳踏實地的踐行原則，使慈濟教團擺脫了對於虛無縹緲的抽象理念的追逐，從而投身到切實的人類苦難解除之中。這也就使得佛教，從舊時被人所詬病的，不食人間煙火的「山林佛教」再次返歸於「人間」。這實在體現了向佛陀本懷的迴歸，也體現了從太虛大師、印順導師直至證嚴上人這一脈相承的對於現世的緊密關注情懷。

今何日生教授大著殺青在即，命余略草數言，以續貂附尾。何教授為余生平之畏友，余等二人相識有年，多年來從何教授處所獲良多。加之現當代佛教研究本非愚之所長，本不欲率爾操觚。然奉讀之餘，心有戚戚，加之何教授嚴命再三，故愧不敢辭。今妄草數語，勿貽士君子著糞之譏為盼！

二〇二二年四月

推薦序

全方位的慈濟研究

黃倩玉
美國芝加哥帝博大學教授
前清華大學人類學研究所教授

認識何日生教授超過十載，從最初印象的傑出媒體人，到完成博士，領導研究，到今日躬逢鉅著出版。這一路以來，對何教授的好學不倦、以及他對慈濟研究一以貫之的深入與廣博，甚為敬佩。何教授邀我作序，我感到無限榮幸。

何教授是一位全方位的慈濟學者。他的研究徑路甚廣：舉凡人文學科的佛學、宗教史、哲學、美學，到社會科學的社會學、人類學，還有媒體專業的洗鍊文字與掌握時事，全部都能深入理解、嚴謹運用，並且清晰闡述。是國內、國際慈濟研究領域中，難得一見的人才。僅以以下三章為例。

第一章，〈佛教歷史中的慈濟宗〉，何教授不但清楚涵蓋佛教史，並將慈濟宗的歷史意義與社會學家韋伯的對佛教作為世界宗教的經典對話，全程分析鞭辟入裡。他進一步提出慈濟宗對佛教的三大影響：一、「把佛法引入社會的各專業領域，讓佛法生活化」；二、「居士僧團化」、菩薩人間化；三、「建立俗人的生活倫理體系」。同時，建立慈濟學的架構與步驟：從說故事、詮釋，到建立模式、理論。從這裡，已經可以看出這本著作的出版，對未來慈濟研究的影響與定調。

第八章針對慈濟大體捐贈的研究。何教授首先擴大格局，爬梳遺體在世界各大文明的脈絡、回顧人體解剖的醫學、美學的歷史發展；然後，回到慈濟脈絡，落實民族誌的「土著觀點」詮釋；最後，提升到哲學的分析與結論。多層次的鋪成與探討，相當精彩。本章最後提出，慈濟大體捐贈「為人類歷史上所有與大體解剖有關的困思，提供一個創新的實踐與意涵。證嚴上人的理念避開了物化人體的危機，給予大體捐贈一種全然的尊重；淡化了宗教神祕主義對靈魂永生的追尋，而以利他奉獻的情懷將人類對不朽的渴望具體化。」如此大格局的結論，引人深思。

第十章討論慈濟的生命美學。再一次結合哲學、親身體驗與實際例子的多層次研究。提出慈濟的生命美學在於「實踐中體現感通、涵融、互愛之美。以佛陀之智慧及慈悲，創造一個——人與自然感通，心與境涵融，人與人互愛——之美感境界，建立一個人與群體共享共有之美麗新境界。」不但字字珠璣、而且感動人心。

筆者從一九九四年開始研究慈濟至今，這段過程中，有幸向國內外各領域學者之研究出版，不斷學習、獲得啟發。今日聯經出版公司出版何教授《慈濟學概論》，可以預見下一階段的慈濟研究，欣欣向榮、更上一層樓。

推薦序

「慈濟學」研究兼具理論與應用價值

許木柱
慈濟大學榮譽教授
曾任慈濟大學人社院院長、副校長

《慈濟學概論》一書從多面向的角度，闡述慈濟思想與實踐的重要課題，探討的主軸包括慈濟宗門人本關懷與實踐的佛法根源與其發展軌跡、扶貧濟困的模式、以病為師的醫療理念、大體捐贈與解剖教育的醫學人文、人文傳播與人本教育、環境保護與心靈轉化，以及獨特的志工體系等。本書以深入淺出的筆調呈現對這些課題的詮釋與論述，相當程度體現了慈濟四大志業八大法印的發展主軸與特色，這是奠定「慈濟學」研究的基礎著作。

「慈濟學」這個詞彙大約在十年前開始有學者提出，建議學術界更廣泛而深入的探討「慈濟現象」。從學術領域的內涵與發展潛力而言，我認為將「慈濟學」和社會科學類比比較容易理解：「人類學」的古典定義為「有關人類的研究」（the study of man），則「慈濟學」可定義為「有關慈濟的研究」（the study of Tzu Chi），其內涵為以「慈濟人」所展現的「慈濟現象」為對象進行分析與探索。

將「慈濟現象」列為學術研究的重要議題，基本的底層邏輯之一是由於慈濟在臺灣及世界各地比較重大的天然或人為災難，能夠迅速提供緊急而必要的災後重建與人道援助，穩定惶惶不安的社會與人心。對這個「慈濟現象」最高層級的認可，來自聯合國六大常設組織之一的經濟社會理事會（ECOSOC），於臺灣時間二〇一〇年七月十九日深夜十一點，正式通過慈濟基金會成為該理事會的「非政府組織的特殊諮詢委員」（NGO in Special Consultative Status），肯定慈濟在全球超過七十個國家的慈善與醫療的重大貢獻，特別是在二〇〇四年底南亞海嘯、二〇〇八年五月四川地震、二〇一〇年初的海地地震等重大災難，慈濟志工以付出無所求的大愛精神迅速而有效率的協助災後重建。慈濟的慈善援助模式不僅提供宗教界與非政府組織的參考，甚至例證了以愛為基礎而可持續發展的國家治理之道。

從知識積累的角度而言，「慈濟現象」也具有驗證、修訂或創新學術理論的價值。根據慈濟於二〇一六年五月間的統計，在國內外學術期刊或出版社發表的有關「慈濟」的論述總計七百八十四篇，包括學術期刊與研討會的論文、專書、專書或論文集篇章、碩博士論文、專題報導等，加上最近六年的累積，預估總數量應該將近一千。這些數量龐大的「慈濟研究」，使用的方法論或研究範式包括實證論或詮釋論，理論方面包括宗教哲學（佛教思想）、社會科學的相關理論。已發表的實際研究範例包括從正向（積極）心理學的理論，探討慈濟環保志工、接受慈濟新芽助學金的大學生在感恩、利他助人等正向心理的發展；從發展人類學角度探討慈濟在印尼雅加達的紅溪河整治、高雄杉林的莫拉克災後重建與甘肅靖遠的生態移民遷村援建等，都是值得參考的慈善與教育援助的範例。有關慈濟大體捐贈和「無語良師」模擬手術的研究，則從慈善醫療與人文關懷實踐的案例，透過系列分析驗證人文醫學和生命教育的理論。

本書作者何日生博士的專業訓練主要包括傳播學與佛教哲學，從傳播界轉至慈濟，曾擔任慈濟基金會發言人與文史處主任，最近獲邀出任慈濟慈善事業基金會副執行長，與慈濟各志業體與國內外各界，包括國內外學術界，有相當廣泛的互動，並基於長期的參與觀察和深厚的學術根基，對「慈濟現象」有極為深入的瞭解與覺知，因此能夠對「慈濟學」提出深入的剖析和系統性的論述。本書對慈濟的核心思想、佛教根源，以及在慈善、醫療、教育、人文與環保等多層面的社會實踐，提供具體而具理論與應用價值的瞭解。

自序

慈濟學　學慈濟

何日生

慈濟學的概念在十四年前（二〇〇八年）吾人出版的《慈濟實踐美學》，原本書名即為「慈濟學初探」；後來因為某些因緣更名為《慈濟實踐美學》（上）、（下）。該書匯集多篇論文，闡明慈濟相關的佛教理念與四大志業的實踐，此為吾人對慈濟學的初步探討與開展。本書延續該書的內容，新增六篇論文，結集成《慈濟學概論》，計三十四萬餘言，更深入探索論述慈濟開展的各項志業之實踐、模式與理念。

本書第一個要提出的問題是：究竟有沒有慈濟學？抑或只有諸多慈濟的研究？

「慈濟學」意味著以慈濟的種種思想與實踐開展出的一個學門，這個學門足以堪為當代文明的一環，並給予其他文明體系借鏡與學習。我們見聞、學習了各種文明體系，包括禪學、佛學、儒學、道學、乃至豐富多元的西方各學科，這些都是歷史悠久的哲學體系與知識體系。慈濟在歷經五十多年的發展，開拓了佛教當代化的表現形式與內涵；以佛教理念為基底運用到世間的各個領域，在在都有了顯著的成果與影響。從它運用的範疇與開展的程度，堪為當代宗教全球化與普世化的典範之一，這也是佛教從歷史以來十分特出的宗門體現。

慈濟立宗對外宣布於二〇一六年；一如證嚴上人所述：「今年（二〇一六年），我們宗門正立，法脈正傳。」二〇一六年「第四屆慈濟論壇」之主題即為「佛教普世性與慈濟宗門的開展」，許多研究慈濟的中、西方學者都與會，發表對慈濟的研究成果。其中顯著性的代表研究包括哈佛大學商學院的李奧納教授、牛津大學佛學研究中心創辦人龔布齊教授、加州大學社會學系主任趙文詞教授、北京大學及中國佛學泰斗樓宇烈教授、中國人民大學張風雷教授、何建明教授、魏德東教授、宣方教授，以及廣州中山大學龔隽教授、長期研究佛教的天主教神父葛雷，以及穆斯林習經院校長烏密女士等，數十位跨領域的學者共同參與慈濟現象與慈濟理念的探討。

哈佛大學商學院（Harvard Business School）的資深教授李奧納（Hermann D. Leonard）的研究提出「慈濟以信念、以愛為核心」的組織運作模式，應是企業組織學習的重要典範。面對世界各種不確性的變數與挑戰，以信念為核心的組織才是真正具備競爭力的永續組織類型。慈濟顯然是這種組織類型的世界典範。

牛津大學佛學研究中心（Oxford Centre for Buddhist Studies）創辦人龔布齊教授（Richard Gombrich）以原始佛教與當代儒家為核心論述慈濟，認為證嚴上人是以儒家的精神恢復了原始佛教。龔布齊教授以佛陀與證嚴上人的相似性，提出十多項佛陀與證嚴上人相應合的思想與做法。包括道德實踐取代迷信儀式，以平實的語言觸及社會各階層，包括不立接班人，人人都能傳法。龔布齊教授也指出，證嚴上人將「居士僧團化」，體現人人皆有佛性以及儒家人人皆可為聖賢的理念。龔布齊認為證嚴上人具備原始的佛陀與當代孔子的精神與風格。慈濟是當代佛教重要的體現之代表。

加州大學聖地牙哥分校（UCSD）社會系的資深教授趙文詞（Richard Madsen）在二〇〇七年的專著《民主佛法》（*Democracy Dharma*）一書中，在慈濟的專章中指出，慈濟所代表的臺灣佛教發展，應該是佛教的文藝復興（Buddhist Renaissance）。西方中世紀的文藝復興是將神父們從企望與上帝溝通的努力，轉向回到對世間苦難的關注。一般認為，柏拉圖思想通過十字軍東征從伊斯蘭帶回歐洲，締造希臘文明與基督文明的融合，因而創生了偉大的文藝復興。如同十四世紀義大利哲學家佩托拉克所言：「感恩蘇格拉底把哲學從天上帶到地上。」向人間反轉，正是文藝復興的本質。慈濟所代表的佛教人間化的運動，正是佛教歷史中的文藝復興。

人民大學何建明教授以宗派佛教作為佛教興盛的骨幹，闡述當代佛教各宗派的立宗有助於佛教當代化的發展與對世間的適應。何建明指出，過去中國的宗派是以思想及修行法門立宗，當代的佛教的宗派則是以面對世間問題的解決方式之不同，而各自立宗。慈濟宗正是基於這種視角創生的當代佛教宗門。

北京大學的樓宇烈教授認為，慈濟所開拓的正是大乘菩薩道的精神。樓宇烈教授認為證嚴上人所展現的慈悲利他的菩薩精神，啟發慈濟人總是到最苦難的地方利他度己。這是中國佛教精神的體現，也是原始佛教的核心理念。慈濟五十年的發展，見證不是求佛，而是學佛；不是求菩薩，而是做菩薩。他期勉慈濟能永遠行於利他慈悲：「行菩薩道，做慈濟人。」

波士頓學院、天主教神父葛雷教授（Gregory Sharkey）與伊斯蘭教伊魯斯習經院校長烏密（Umi Waheeda），從自身教義的角度看到慈濟跨宗門、跨宗教、跨國界、跨文化的體現，其核心思想是利他，是慈悲。利他慈悲是普世的共同價值，而慈濟將這價值以具體的行動推向全世界。

吾人在第四屆慈濟論壇以「證嚴上人立慈濟宗門之思想體系」為題，完整的闡明慈濟宗從利他行到覺悟覺的思想旨趣及實踐之道。慈濟論壇從二〇一〇年興辦以來，主題從佛教與環境、佛教與慈善、佛教與治理、慈濟宗的普世價值，一直到二〇一七年與二〇一九年關注緊急賑災與環境變遷，以及二〇二二年舉行的「七屆慈濟論壇」關注全情疫情、世代轉型以及經濟正義等，慈濟所開展出的實踐模式及其內在的理念，實為探討當代文明的建構中不可或缺的一環。

歸結近十多年來關於慈濟現象或慈濟學的學術研究，我們觀察到慈濟的研究橫跨「慈善、治理、非營利組織、佛教思想、環境、醫療、教育、傳播、經濟、與領導力」等各項專業領域。參與的學者包括佛學、社會學、經濟學、醫學、心理學、以及人類學。

著名的前清華大學人類學者、目前任教於美國芝加哥帝博大學（DePaul University）的黃倩玉教授（Julia Huang），針對證嚴上人的慈悲領導力，從人類學的角度探討慈濟如何將慈悲組織化的歷程。黃倩玉教授認為，證嚴上人是把慈悲與感動納入體系中的 Charismatic Leader，以及聖格領導。她在二〇〇九年的專著《聖格領導與慈悲》（*Charisma and Compassion*）由哈佛大學出版，是一本體系完整的探討慈濟組織與領導的專著。

北京大學國際商學院前院長楊壯教授，以為證嚴上人的領導力是當今世界三大領導力之一。他所研究講授的跨文化領導力包括西點軍校 、證嚴上人以及彼得杜魯克等。楊壯教授認為，證嚴上人的領導是以慈悲，以利他，以愛為核心而締造一個全球跨文化的非營利組織傑出的典範。

中央研究院的丁仁傑教授從人類學的角度探討慈濟在運作過程中，不是以制度解決人與人的問題，而是以信念，以理念增進人與人的和諧。這是以佛教理念為基底的組織所形塑的運作文化。

慈濟學在此時此刻被深化與闡述的意義在於，慈濟所體現的諸多善業之中，是否具體的建立一個能為現實世界所能領受的「知識體系」與「價值體系」。慈濟宗的成立與發展，除了各種志業的實踐成果以外，仍需要建立論述能力，確立典範模式，進而成為普世的價值。如何把佛法、慈濟法引入到世間各個層面，成為一套有意義的、可實踐的價值體系與知識體系；這是佛法在世間所需要的發展。換言之，慈濟宗的入世理想，應思考如何更長遠、更寬廣的落實「佛法生活化，菩薩人間化」。吾以為，四大八法之外，要擴展對科技、經濟、治理、心理、傳播、法律等各方面的論述，這才是慈濟全球化、普世化一個很重要的進程。

持續擴大知識領域的各種論述、建立典範，包括但不限於發展佛教的經濟學、組織學、醫學、倫理學、環境學等。例如證嚴上人圓形組織的概念，如何完整論述與發展其模式？又如證嚴上人認為科技應該為善，那麼善科技的論述是什麼？善環境的論述是什麼？社會生活的愛與善的論述又是什麼？人類的慈悲利他之實現模式又是什麼？

慈濟大學與印證教育基金會成立慈濟學教學研究中心，立意建構普世性的慈濟學。這對於建構慈濟典範是重要的里程碑。然而以目前慈濟學教學研究中心的推行方向及力度，似乎必須遵循若干必要的步驟，慈濟學的建立才能完備。

慈濟學第一個階段就是「故事」的宣說。故事的宣說是所有宗教組織或教團發跡的關鍵。如同當年證嚴上人以五毛錢的竹筒歲月發軔，形成人人皆可慈善的感人故事，這是故事宣說與宗教發展的深刻關聯。慈濟重實踐，慈濟的四大志業、八大法印無不是入世間的實踐，其實踐的人事物之故事，如何被真確與美善地表達出來，並感動他人，啟發他人，這是建立慈濟學的第一個步驟。

慈濟學第二個步驟是「詮釋」。有故事就必須有詮釋。詮釋為故事賦予意義，賦予超越時空的價值，嫁接不同的文化適應。慈濟大學的許木柱榮譽教授、宗研所林建德教授、教傳院何縕琪教授等，都是從人類學、從宗教學、從教育學的角度詮釋慈濟志業的實踐。賦予故事意義，故事的重心是 What；詮釋的核心是 Why，慈濟為什麼要做這件事？為什麼要蓋醫院？為什麼要投入緊急救災？為什麼建立社區志工？為什麼從事環保？慈濟的法是什麼？這些都是慈濟學詮釋的範疇。建構故事背後的意義是詮釋的目標。是第二個慈濟學的階段。

建構慈濟學第三個步驟是「模式」的建立。故事之後要詮釋，有詮釋以後更要建立模式。故事宣說是「我做什麼」？詮釋是「我為何做」？模式是「我怎麼做」？在各種慈濟志業實踐的個案之中，找到共同的實踐方式即為模式。如任何模式的成立一樣，慈濟能建立模式，有助於擴大慈濟的影響力與普世性。澳洲達爾文大學（Darwin University）的道格拉斯．派頓教授（Douglas Paton）近年研究慈濟的緊急賑災模式，認為慈濟是從急難一路到建立長期社區化服務，是慈濟的核心能力。這能力來自證嚴上人的信念，來自志工的自我賦能與協力，最後完成於對受助者的賦能。實現人人都能成為幫助人的人，這是慈濟無私利他理念的印證。

「慈濟學，學慈濟」，這是建構慈濟學的前提。慈濟模式的建立其核心在於能夠建立一個超越組織藩籬的客觀模式，這模式於其他機構、其他組織、其他個人都可以運用，這是建立模式的本質。禪宗到禪學，禪學到學禪，擴大了禪法對世間的影響。從慈濟宗到慈濟學，慈濟宗是內核，慈濟學是外延，慈濟學開闊慈濟宗的應用，慈濟宗深化慈濟學的內涵，兩者相輔相成。基於佛教的慈濟宗，開拓當代佛教對世間的影響，基於靜思法脈的慈濟學，擴大慈濟宗門志業對世間各專業領域的貢獻與價值。兩者分頭並弘，相得益彰。

因此，慈濟學必須完備於理論；慈濟學的第四步驟就是建立理論。「理論」就是「你可以做」，你可以學慈濟。我們知道物理世界的相對論不同於量子理論。社會學的批判理論不同於詮釋學理論。「理論」是闡明一項普遍性的法則，讓這原則能適用於更廣闊的範圍，甚至適用於全世界。

模式探討各個案例之間的通則、共性；理論則是探討各概念之間的內在關聯與展延。模式是實行的方法與路徑，理論是模式上層的思想、價值與理想。模式對，理論不對，一樣無法成就。模式是工具，理論是目標、是價值。只有「目的理性」與「價值理性」同時建立，「工具理性」才能有效地使用。因此模式還要發展理論建構。

慈濟學的建立，從故事到詮釋，從詮釋到模式，從模式到建構理論，這才是慈濟學完備之時。吾以為，慈濟學仍處說故事、意義詮釋的階段，慈濟模式與理論的建立仍在探索之中。如何從多元、龐大、跨領域的慈濟實踐與理念之中，一一梳理、淬煉，成為模式與理論，是慈濟學努力的目標。慈濟學還在建構的歷程之中。期望本書《慈濟學概論》的出版為慈濟學研究給予實質的推進與助益。

第1章

佛教歷史中的慈濟宗

前言

在佛教歷史發展中，為什麼最後在印度走向滅亡？佛教在中國流傳一千九百年，在明清之際，為何逐漸走向式微？

印度佛教在兩千六百年前發軔，佛陀雲遊印度各地，倡議理性的認知，將逐漸式微的婆羅門之神秘主義轉為理性的道德實踐，以八正道、四無量心，獲得最終的覺悟。

佛陀的角色如蘇格拉底將希臘從神話中救贖出來，走向理性認知；亦如孔子將「祭祀天」轉為「天道」，都是德國存在主義大師卡爾·亞斯培眼中，同處人類邁向理性文明的軸心時代。

印度佛教在十三世紀的滅亡，必須歸因於印度佛教在中後期，過度強調抽象心識哲學與僧侶自我的修煉，缺乏建立世間普遍性的「知識體系」與「價值體系」。重視僧侶管理，不重視居士的生活體系，如韋伯（Max Webber）所言是佛教在印度滅亡的關鍵。

依韋伯的觀察，佛教沒有建立起世俗的、居士的組織共同體。過去印度的佛教強調的是僧團的修行、僧團的管理，不強調居士的管理，未能建構一個俗人有組織的共同體。韋伯說佛教的滅亡缺少兩個因素，一是缺少俗人世界的組織共同體；二是缺少世俗人的、嚴謹的生活倫理。

印順導師則提到，高級僧侶、知識分子逐漸走向深奧心性的探討，而不是回向世間，建構世界的知識體系。一般的老百姓不容易理解這些深奧的唯識哲學，而流於密教法術、咒術的追求，逐漸地被婆羅門同化了。

佛教僧侶過度地在心性上不斷探求深奧的哲學，而缺乏回向，回到世間裡去建構世間的知識體系、倫理體系與價值體系。

佛教在中國流傳一千九百年，在明清逐漸式微，其原因一樣是過度強調寺廟的僧侶修行，把世間的知識體系讓給儒家，儒家是仕進與經商之道。佛教缺乏建立世間的價值體系與知識體系，導致走入衰亡。

佛陀原初所主張的回到道德實踐，不是尋找各種玄秘的體驗，而是回到日常的道德實踐，在去除欲望的靜定中，得到法的深妙喜悅，這是佛教。

慈濟宗在過去五十多年建立嚴謹的居士組織，慈濟的志工團體應是全世界最嚴謹的佛教居士團體之一，並且建立居士的倫理規範，慈濟十戒。這有別於過去印度佛教，包括中國佛教在內，著重僧侶修行，著重寺院管理，居士是香客、信徒，在寺廟裡做點奉獻，沒有將佛法回歸世俗世界，亦沒有一個嚴謹的世俗組織。韋伯的研究指出，比起佛教，耆那教的僧團與居士團體的共榮、團結、凝聚非可同日而語。

慈濟宗的四大志業八大法印，以入世間的淑世理想，引導信徒從利他而度己，從對眾生物質的改善，到心靈的淨化與昇華，這種宗教的實踐，是佛教歷史發展中一項獨特的趨向。

佛陀時代印度的社會挑戰

佛教約在西元前六世紀開始發軔，當時印度的保拉法帝國正處於一個政治、經濟急速轉型與崩解的時代。在政治上，延續十多個世紀的保拉法大帝國在北部分裂為十六個王國。各國企圖爭霸全印度，民主制度的拔耆國與君主制的摩揭陀國正在爭霸。[1]

在經濟方面，當時印度的經濟處在一個鼎盛的時代，貨幣經濟取代了以牛為計算基礎的財物經濟。商業力量威脅君王的地位，為了抑制商業的過度膨脹，君王企圖以立法約束商業的擴張，避免政治權力被富可敵國的商業所削弱。而富有者處在一個不安全的地位，其所擁有的財富可能隨時被政治力搜刮一空。

在信仰上，婆羅門在西元前十世紀經歷偉大的文明建構，建築、邏輯、醫學、幾何、天文學、法律、咒術等，建立大量的、全面性的吠陀經典。但是到了西元前六世紀時期，世襲的婆羅門力量逐漸式微，吠陀義理從原初的思辨逐漸教條化，其修行從認識真理逐漸流於神秘化。處在政治與經濟的紊亂時期，婆羅門並無力為這個亂局提出解決之道。

佛陀對時代的解方

佛陀正是在這個時期提倡理性主義，主張理性的道德生活才是生命的依歸與覺悟的基礎。佛陀看到印度的亂局，他的解決之道不在政治，不在經濟，不在世間，而是在世間之外，透過出離世間的一切，重返世間，以自身的清淨無私作為世間的典範。如同渥爾德（A.K. Warder）所主張，佛陀在尋找解決方法，不在社會之內，而是到社會之外去尋找：

「佛陀在尋找解決方法，不在社會之內，而是到社會之外去尋找。為了保持自由，他們退出社會；他們放棄對財富與權力的欲望，而尋求心境的安寧和精神體驗。只有從一種獨立的優越地位，他們才能希望，他們也確實希望對他們已離開的社會施加影響，替他們注入比金錢和暴力更好的理想。」[2]

在當時印度的修行人有兩類，一類是婆羅門，一類是沙門。婆羅門自幼學習吠陀經典，學習祭祀儀式，學習不死的真理。學成後成家立業，結婚生子，晚年隱退森林，過著遊行不居一處的生活。沙門則是一種新的非婆羅門宗教修行者，亦即「努力的人」，過著捨家乞食，雲遊四方的生活，苦行瑜伽，追求禪定，以達到超越生死的境界。佛陀屬於這種新的宗教沙門修行的一支，佛陀在最初不是釋迦牟尼佛的專有名詞，耆那教的教義裡 Buddha 也是「覺者」的意思。

佛教僧團與教義

佛陀講法的時期約四十九年，這按照印順導師與平川彰等人的定義，就是原始佛教。原始佛教大概是佛入滅一百年左右，在第二次結集、僧團分裂前，一般稱為原始佛教；再來部派佛教從西元前一世紀到四世紀，大約五百多年左右，每個學者考據，不完全是準確，但在五百多年左右，這是部派佛教；到大乘、大眾部，小乘，稱上座部，到當代佛教，到人間佛教，到民國初年至今，這是兩千六百年佛教發展的歷程。

部派佛教為什麼分歧？原因很多，不管是十事之爭[3]，或大天五事[4]。有十件修行的小事，大家想法不同，就引發僧團分裂。但是，根本之處在於，佛陀當初所建立的僧團理想是一個非常民主、自由、自主的修行團體。僧團自身的起居，不管是從每月兩次的布薩，頒布波羅提木叉，都是由僧團成員共同討論，透過羯磨，亦即類似共識決，透明討論所達成的決定，佛陀並沒有企圖建立一個強有力的中央管理的組織。

在《長阿含經》第二卷中記載，佛陀年近八十了，他身體不舒服，可是因為當時旁邊都沒有弟子，所以他覺得，他必須要撐著，讓他的身體壽命，還能夠再維持短暫的時間。

阿難打水回來，看到佛陀很疲憊，趕快幫佛陀擦拭身體，等佛陀稍微恢復精神後，阿難心急地向佛陀請法說：「佛陀啊！您對僧團有沒有什麼『教令』？就是將來您入滅後，您認為僧團誰可以來領導？您要不要有所交代、指示？」

佛陀說：「眾僧於我有所須耶？」僧團的未來有需要我嗎？佛陀接著說：「我也是僧團的一分子，過去四十多年，我的法都是公平、公開給你們每一個人。如果你們當中有人認為：『我可以主持僧團，僧團願意受持於我，覺得我可以領導僧團，僧團應該被我領導。』那應該由那個人跟你們說，我不過是即將入滅的老人，我要跟你們說什麼？」

「阿難啊！」佛陀說：「當自熾然，勿他熾然；當自度，勿他度；當自歸依法，勿他歸依。」佛陀要弟子，自度，歸依法，自熾然，勿他熾然，不是要靠誰得度化。[5]

佛陀的僧團本身是一個如此民主、自主、平等的一個組織，佛陀所說的一切法，仍是回到自性，回到弟子的自我解讀與詮釋；在自我解讀的過程中，也一定會有適應不同眾生的問題，所以難免有自我的詮釋，這必然地產生二十個部派佛教的理論，因為佛陀僧團始終不是一個中央集權組織體。

與天主教相比，天主教如果想要改變一個既定的教義，如要不要公開承認同性戀婚姻？這種議題一定要教宗才能做最後的決定，天主教徒，尤其是教士個人不能公開表態支持或不支持同性戀婚姻。

吾人一位在美國的天主教朋友約瑟夫·巴克斯（Joseph Bokhos）約在三十歲左右離婚，他向教會申請離婚證書，最後教會給他的離婚證書上面寫著「婚姻無效」，而非離婚。他與前妻在天主教堂結婚，按天主教教義是不可以離婚的，因此稱為婚姻無效（Nullification），婚姻只能是無效，因為不能離婚。

吾人向巴克斯說：「你們都生了十一個孩子了，還婚姻無效？」除非教宗改變了這項教義，否則教廷不會容許不同的意見，甚或多元的意見。

教宗掌握最後的教義詮釋權，主教有行政權。教宗也是羅馬教區的主教而已，教宗不能太過干涉各主教的行政職能。因為教會法典寫得很清楚，主教只要每五年寫一次報告書給教廷、教宗即可。報告書總共羅列三十多種項目，要一一填寫，包括教會的財務報告、教會的信徒、神父的培養等等，五年寫一次報告書給教宗。因此，教宗並不涉入各教區具體的行政，但教義必須統一。

所以，天主教的教宗之於天主教會是什麼角色？是教義最後的詮釋者與決定者。佛陀並沒有具備這樣的權威。僧團弟子可以以各自的理解去實踐、去詮釋，佛陀僧團的思想是自由的。佛陀並不要弟子信他，而是信他的法。他的法是客觀的真理，他希望弟子信靠他所悟證的客觀真理。如《雜阿含經》所述：

「佛告比丘：『緣起法者，非我所作，亦非餘人作。然彼如來出世及未出世，法界常住，彼如來自覺此法，成等正覺，為諸眾生分別演說，開發顯示。所謂此有故彼有，此起故彼起，謂緣無明行，乃至純大苦聚集，無明滅故行滅，乃至純大苦聚滅。』」[6]

不只是自我解讀，眾生不同，其經營方式也不同。所以從這觀點言之，必然是會產生各種不同的教派與傳教的形式。不過，所有的部派佛教都是在提供一條解脫之道。無論何種部派佛教，其目的就是提供世人一條解脫之道。

佛教組織內控力不強，不像天主教組織內控很強，不過那也是在西元三世紀之後，羅馬帝國宣布基督教合法，到查士丁尼大帝宣布基督教為國教，其教會組織架構深受羅馬帝國之影響，而初期的基督教並沒有強大的組織內控系統。

原始的佛陀對世間的關注

佛陀其實對經濟、治理、心理、倫理諸多思想都有述及，但沒有其弟子充分論述。吾人《善經濟》一書中，確曾闡述了佛陀經濟思想：包括「六非道」、「四種具足」，佛陀告商人之子：從商第一要「方便具足」，亦即要有工具，要skillful、professional，要專業，這是方便具足；佛教的思維在原始《阿含經》中，強調「四具足」：四具足包括商業專業能力，是為「方便具足」；維護經濟財產安全的智慧，是為「守護具足」；能在生活與心靈上常保歡喜的「善知識具足」；量入為出，收支平衡，有節有度則是「正命具足」。[7]

這四種具足，其實涵蓋了所有善經濟、善企業的致富與幸福之道。

從事經濟活動必須善於運用各種專業技能及專業知識。一切利益眾生之道，皆能具足，就是「方便具足」。

「守護具足」是說從商要保護好自己的經濟果實，就必須從道德生活著手。

佛陀所言「善知識具足」，不只是親近善知識，更應該成為別人的善知識。我們從事的行業，不只是給予他人利得，更是要能夠啟發別人的向善心，對於員工、對於夥伴、對於消費者而言，皆能因為創造產品而得智慧，生命得以成就，這是「善知識具足」，這才是善經濟。

自己從事的經濟活動能夠給與他人利得，也能給人智慧，啟發他人的生命價值，自己的生命也受啟發，這是「正命具足」。

佛陀於經商也講「六非道」；[8] 於財務管理講四種分配法：兩分資生利息，一分家用，一分救濟貧困。[9]

佛陀是一個雄辯滔滔的哲學家，雲遊所到之處，與各方賢達、善知識開示各項議題，可是在佛教歷史上，很少出現佛教的經濟學、佛教的政治學等。直到近代，某些西方經濟學家，如柏克萊大學的萊爾．布朗（Clair Brown），撰寫《佛教經濟學》一書。德國經濟哲學家舒馬赫（E. F. Schumacher）提倡「小而美」、「小即是美」的經濟思維。舒馬赫從佛教觀點，以八正道、四無量心詮釋當代資本經濟的弊端及其出路。

在過去兩千多年漫長的佛教歷史發展上，佛陀在政治、法律、藝術、商業的思想鮮少被提及、論述與衍伸。

佛陀改善世界的菩薩道理想，到大乘佛教時期真正地被強調，但即便如此，大乘佛教時期的入世利他，仍然著重法的給予，著重解脫世俗之苦的一條道路，對於世間的知識體系與價值體系仍未有整體的論述與建構。

為何重視世間的佛陀，到了部派佛教之後逐漸走向唯心、自我修煉，而缺乏對世間事務的重視與投入？乃至未能建立一套可以指導世間的知識體系與價值體系？

我們追溯這個議題，可以從佛陀入滅之後，原始佛教之眾弟子傳法的偏重，以及部派佛教時期對義理之偏重。

印順導師在其《唯識學探源》一書中曾說，原始佛教不重視物質性的給予，而是著重法的教導。給予佛法，而非世間物質的改善與滿足。[10]

原始佛教不具備嚴謹的居士組織，不具備建構世間的知識體系，不具備俗人遵行的倫理體系；提供解脫世間之道，是佛教原始的根本教法。

根據上座部的記載，佛陀的七位居士弟子，包括給孤獨長者等居士隨眾五百人，被認為是早期的居士組織。但是三藏中並沒有居士組織的記載。三藏裡並沒有正式規範居士必須遵守嚴格的律儀。[11]如僧團每月兩次的布薩一般，規範僧侶的行儀，對於比丘超過兩百多條的戒律，對於比丘尼超過五百條的戒律。強調僧侶的戒律體系，對於居士俗人除了五戒之外，並無如婆羅門的倫理法典一般的規模，規範著俗人的日常生活。

原始佛教居士學佛的理想

佛陀對居士的期望究竟為何？我們知道原始的佛陀期望僧侶修得無漏阿羅漢；而大乘經典中的佛陀則期望阿羅漢再經由菩薩道，獲得最終覺悟，成就佛道。

那麼，佛陀對於居士的期待如何？居士的修行之理想如何理解？

我們以佛陀最得力的居士弟子給孤獨長者為例證。給孤獨長者在憍薩羅國的首都舍衛城買了一個林園供佛陀及弟子們居住。這園林非常巨大美麗，佛典記載給孤獨長者是以黃金鋪地買下這片園林，供養佛陀。佛陀及其弟子在這裡結夏、布道的時間相當長。婆羅門的習俗認為供養婆羅門獲大福報，這種觀念在佛陀時期未必特別強調。但是布施獲功德之觀念仍為佛教居士所信奉。居士所從事的，不是如摩奴法典繁複的生活規則，而是以布施、行善、五戒，作為修行的旨趣。

佛陀給給孤獨長者的教法不離布施、持戒、天界等觀念及實踐。福報觀，似乎是佛陀對居士的教導。造福社會，供養僧侶，居士得以升天。

《雜阿含經》中記載給孤獨長者往生後，身放光明，從兜率天下來，與佛陀相見，禮拜佛陀。[12] 佛典中對於給孤獨長者修行境界有兩種不同的記載。一是給孤獨長者升上兜率天，一是給孤獨長者修得阿那含果。阿那含果是第三階位的阿羅漢，不再回人間，在天上即可證悟無漏阿羅漢，超越生死輪迴。

佛陀期望居士的仍是解脫之道，而非追逐世間的成就。在《雜阿含經》當中，佛陀托缽到舍衛城，剛好到了給孤獨長者的家中，長者重病，仍然禮見佛陀，要供養佛陀。佛陀默然接受供養，示以離苦之道，仍然是堪忍，離苦，守住聖戒，終不損壞，並當場授記給孤獨長者得阿那含果。[13]

居士修行的最高理想，如依上座部的《中阿含經》所記載，晚年的給孤獨長者病重了，他傳遞訊息向佛陀禮敬。佛陀請舍利弗與阿難探望他。舍利弗探望給孤獨長者之際，向他宣說解脫痛苦之道，五蘊為空，不執著眼、耳、鼻、舌、身、意，超越此世，也不執著來世，念念是無，才是覺悟之道。[14]

可見佛陀對於居士的期待，仍是希望最終出離世間的苦，臻於智慧解脫。佛陀在法華三部之《無量義經》中所述：「苦既拔已，復為說法。」[15] 先拔除物質上的缺乏與身體病苦，再復為說法，先去除現實的苦，再給予佛法。先物質後心似乎是大乘經典中佛陀之思想。然而，原始佛教與部派佛教的義理缺乏這種對改善世間現實之苦的情懷？

阿育王的佛國

阿育王是孔雀王朝第三代的國王，其時間約在佛陀涅槃之後一百二十年左右，是屬於原始佛教時期，部派佛教尚未開展。阿育王的佛國是否為佛教的普遍化？阿育王所創造的佛國其盛況如何？我們簡述阿育王佛國的情況。

阿育王在其任內建立數萬個佛塔，供奉佛舍利，把八個部族即八王各自建的佛塔之舍利，分封到全印度一萬四千個佛塔中，是一個佛塔鼎盛的時代。

我們要知道，當時是不立佛像的，是立塔不立像，塔中很少有佛像。在西元一世紀，才開始有佛像，西元一世紀希臘人攻佔了印度北部，帶進了佛像藝術的概念，我們看到佛像的肉髻，在希臘神像也看到這樣的表現，學者考據認為，佛陀的髮髻是希臘雕像的翻版。

阿育王早年發動無數戰爭，皈依佛教之後，實行禁殺。宮廷中禁止殺生，宮廷的廚房不准殺戮，他開始素食。對於死刑犯，在執行前有三天自省、懺悔。阿育王全面推動禁殺、和平。阿育王教導人民誠實、孝順的重要性，也鼓勵俗人入寺廟短期修行，包括阿育王自己也入寺廟短期出家。他過去征戰無數，是一強悍的霸王，學佛以後改變了。

阿育王的和平主義影響了北部諸小國，紛紛廢除死刑、不征戰，這是阿育王的貢獻。阿育王在世時，派遣諸多僧侶到錫蘭島、緬甸、泰國，弘揚佛法。

阿育王甚至頒布大法（Dharma），以石柱雕刻上這些大法，頒布在全印度。大法是抽象的原則，倡議族群與宗教的包容，大法不是繁瑣的法律，而是涵融佛教思想的生命與生活法則。

阿育王時期的佛教寺廟興盛，國家制度遵循佛法的引導，然而，阿育王沒有建立一個世俗的居士組織與佛化的世俗生活體系，使得佛法未能取代婆羅門教在社會中生活的地位與根基。從阿育王以降，佛教涉入生活的範疇遠遠不及婆羅門教。生活實踐面被婆羅門掌握，這是在印度佛教發展中一個歷史的事實。

阿育王晚年被大臣及王子所背叛，他過世以後，他的兒子摒棄佛教，印度又回到婆羅門，不久，孔雀王朝滅亡。

韋伯的研究指出，從佛陀時代到整個大乘佛教，都未建立一個嚴謹的居士組織共同體，也不見把佛教的精神融入生活體系之中，建構一個嚴謹的生活倫理體系。即便阿育王崇敬佛教，皈依佛教，他仍然敬重婆羅門，對婆羅門提供大量的布施。當時雖然佛教影響著王宮，但是生活實踐面，社會儀式祭典的施行，仍然由婆羅門掌握。

佛教提供世間的解脫之道，但是對於現實的知識體系缺乏全面的建置，使得婆羅門仍然牢牢地握住社會生活的大部分。

婆羅門在西元前九世紀、在佛陀出生前數世紀，一批婆羅門的思想家、詩人，大量地重新詮釋古典吠陀，加以論述創新。吠陀，義為知識，是婆羅門知識的總集。事實上，吠陀不是單一的經典，而是各宗派的僧侶所編著不同經典的集合，包含史詩、科學、邏輯學、天文學、經濟、建築、藝術等，形成婆羅門龐大的知識體系，深入社會生活的領域。由此，建構了婆羅門成為一種宗教，也是文化，更是生活的方式。

西元前九世紀，婆羅門面向世間的知識體系已經完備了。《奧義書》與《吠陀經》，不只涵蓋形上哲學，還包括瑜伽、靈修、咒術等技能，深入社會生活。佛教的五明，其實是印度婆羅門教所傳給佛教的一個智慧財產：「因明學」，為邏輯學、辯術學；「內明學」為哲學、教理；「聲明學」為語言學、訓詁學；「醫方明」，為醫學、藥學；「工巧明」為農業、藝術、工藝、科學等。龐大的知識與價值體系，使婆羅門在佛陀出生前的四個世紀，已經建構了繁複的、系統的世間學問。

不僅僅是各種專業世俗知識為婆羅門所支配，婆羅門的律法深入社會之中。西元前十一世紀婆羅門所建立的倫理法典，又俗稱摩奴法典（Law of Manu），有兩千八百多種條文，規範每一種姓的生活方式及倫理規範。倫理法典深入印度社會的生活核心，根深柢固，顛撲不破，成為人民生活與社會文化的根本。即便阿育王的佛化政策亦動搖不了倫理法典的地位。不管是佛教興盛期，穆斯林統治期，或蒙兀兒帝國時期，倫理法典深深地鑲入印度人的心中。

所以，阿育王時期之佛國，上層思想是佛教，可是生活技術與生活規範仍為婆羅門教所支配。社會生活的專業技術為吠陀所掌握，吠陀亦指擁有專業知識的人士；即使佛法大行，種姓制度從未在印度消失過，婆羅門是祭司；剎帝利是武士與王族；吠陀是專業人士、商人，包括農業；最後，首陀羅當然是最低層的工人。

在這樣的情況下，佛教對婆羅門的依賴深化，包括吠陀術，包括心靈與專業技術。因此在原始佛教的階段，人們尊崇佛陀，但華氏城諸王仍信仰婆羅門作為導師。國王一方面禮拜佛陀，一方面進婆羅門教、婆羅門的神殿，祭拜婆羅門的梵天、因陀羅等諸神。

這構成當時的印度在心靈層次上追尋著佛教，但是在生活層面則仍然被婆羅門教所掌握。這是當時佛教在印度所面臨的情況。

部派佛教的特色

部派佛教的核心就是聲聞乘。如平川彰所言，部派佛教是弟子的佛教，是學習立場的佛教，不是教導人的佛教。[16]

部派佛教教法的特徵是出家主義，出家人嚴守戒律修行，祈求解脫之道，非為對現世間的運用與改善。僧侶在廣大的寺廟園林中修行，禁慾，解脫。國王與商人給予龐大的支持與布施，讓僧侶無後顧之憂地專心修行。

商隊往來各國，其所經歷的各種危險挑戰，佛教提供一個安定的力量。植善根，得善果，經由布施、供養僧侶得福報。相較於婆羅門的強調祭祀祈福，佛教的理性思想與實踐，給予往來商旅在歷經危險艱困中需要有足夠的勇氣、冷靜的智慧，強調理性實踐的佛法成為他們心靈的依託與超越艱險的智慧之源。加上商旅往來接觸各種不同的民族與階層，婆羅門的種姓制度並不適合用來與外族商業之交往。講求平等的佛教成為商旅階層皈依的信仰；農民則是緊緊跟隨婆羅門教。[17]

雖然國王富商信奉佛法，但是部派佛教大量的精力，不是建立一套讓居士能遵守的世間新秩序與新法則，而是在僧院之中，辯論契經，二十個不同的部派系統，以自我的理解、自修、重新詮釋佛陀教法，並且都堅稱自己最能契合佛陀的原始教義。當時盛行與流傳後世阿毘達摩著重對經典的正確詮釋與理解，如沃爾德所述：

「佛陀對自己的教法曾堅持必須以實踐作為檢驗，他系統性的教法，應該是與客觀事實與普遍性的自然律相一致；阿毘達摩則不同，他忽略客觀經驗的重要性，而著重對於契經的正確解釋，並且做最精準的複製。」[18]

更細瑣繁複的經文詮釋與辯論，成了部派佛教的核心志趣。部派佛教失去了更廣泛面向世間的知識體系的建構，以僧院內部的經辯為重心，而沒有建構一套俗人遵行的倫理體系。

相較於佛教，婆羅門於西元前一千兩百年所書寫的兩千六百八十五條的倫理法典（摩奴法典），並未被佛教的義理所取代。倫理法典並不是法律，而是階級與職業的原則與倫理。如同威爾・杜蘭（Will Durrant）所述：

「印度從沒有使用過法律條文，在日常生活的一些事情，法律被天性法所取代，即是階級規條與職守，並切用詩體寫成的教本，是婆羅門的僧侶們依據他們教理嚴格的觀點來書寫，這就是最古老的倫理法典。」[19]

這些規範各個階級的倫理秩序根深柢固地深入社會各個層面。婆羅門教不是一個組織，而是整個的社會體制。佛教的興起不只未提出相應的生活倫理規範，婆羅門的階級秩序也並未因佛教的興盛而消失。婆羅門的教士在當時約八百萬，它的權勢來自於獨佔知識的傳授，他們是傳統文化的監護者與統治者，是祭祀的牧師，是作家，是吠陀經典的專家。[20] 在阿育王統治下，佛教的興起固然使他們的勢力暫時減弱，但只要「階級秩序」與「倫理規範」仍在，仍掌握在婆羅門的手中，佛教作為一種前衛的思想，畢竟未能深入現實生活建立新倫理，更未能建構新的社會體制或組織。

在婆羅門教士組織的努力下，終於在笈多（Gupta）王朝重新得勢，婆羅門教與佛教勢均力敵。從西元二世紀大量的文獻顯示，當時王室捐給婆羅門大量的土地，一切婆羅門的產物都是免稅。[21] 西元七世紀之後，婆羅門逐漸地復興，最終讓佛教在印度走入歷史。

大乘佛教的世間關注

大乘佛教是入世的菩薩道，既然如此，為何大乘佛教在興起[22]約莫九百年間，佛教最終走向滅亡？大乘佛教中菩薩取代聲聞，成為大乘佛教信徒崇拜的對象；佛化為人身、拯救眾生，菩薩化身各種形體來救助眾生。救助眾生的範疇是什麼？大乘佛教的救助眾生，絕大部分還是不離「給予佛法」，提供修行者一條解脫世間之道。

對於俗人居士，大乘佛教的觀點為何？

在部派佛教初期，可信優婆夷是備受僧團尊重的。可信優婆夷可以舉發僧眾違背戒律的行為，以促進僧團的清淨。僧眾採信優婆夷的證辭，詰問、處分犯錯的比丘。[23] 如印順導師所說：

「這是僧伽得到在家弟子的助力，以維護僧團的清淨（健全）。」[24]

「『可信優婆夷』是『見四真諦，不為（自）身、不為（他）人，不為利而作妄語』的，是見真諦的聖者。」[25]

上座部強調出家眾的優越性，僧伽的事與佛教在家弟子無關。大眾部的見解不同，如《摩訶僧祇律》所言：

「當求大德比丘共滅此事。若無大德比丘者，當求多聞比丘；若無多聞者，當求阿練若比丘；若無阿練若比丘者，當求大勢力優婆塞。彼諍比丘見優婆塞，心生慚愧，諍事亦滅。若復無此優婆塞者，當求於王、若大臣有勢力者。彼諍比丘見此豪勢，心生敬畏，諍事易滅。」[26]

相傳目犍連子帝須得阿育王之相助，而熄滅僧團之諍事，說明《摩訶僧祇律》所述的真實情況。早期的僧團與居士和合互愛。僧眾有違背合理的倫理得罪居士的，甚至要到居士家致歉，這稱為「發喜羯磨」。[27]

但是逐漸地，出家優越性的一再強調，原始佛教那種融和逐漸消失了。

早在部派佛教的北道派，有所謂在家阿羅漢，在家居士一樣成就阿羅漢果，與出家者平等。例如族姓子耶舍（Yaśa）、居士鬱低迦（Uttika）、婆羅門青年斯特（Setu）都是以在家身分證得阿羅漢。[28]

到了大乘佛教興起，菩薩取代聲聞，菩薩以在家身分出現逐漸普遍。大乘佛教興盛之際，居士同樣協力參與佛典的結集。

在印度的大乘佛初期，貴婦、上流社會都支持佛教，特別是許多上流社會的貴婦人支持大眾部佛教僧侶。韋伯將這情況比擬為羅馬十三世紀，貴婦階層支持聖方濟各神父的情況類似。聖方濟各出身有錢家庭，後來立志出家當神父。聽說他為了要與有錢的父親斷絕世俗關係，赤身裸體走出家裡，什麼都不帶。聖方濟各一生守貧窮，穿著很粗糙的褐色袍子。雖然方濟會的神父都必須安住貧窮，可是後來方濟會變得最為富有。因為上流社會的婦人都捐錢給他，怕他們生活得太窮困了。[29]聖方濟各給方濟會的神父之忠告：「當我們瞥見比我們更寒酸的人時，我們若不將我們身上的衣服給他，則我們就是竊賊。」[30]

聖方濟各的貧窮信念使得他吸引眾多的神父加入方濟會。一一八二年出生的聖方濟各，在他過世之際，一二二六年約有五千位神父，都是安守貧窮。到了一二八〇年，方濟會已經有二十萬位神父，居住在八千座修道院。他們成為偉大的傳道家，其中也出現許多聖人，如聖伯納迪諾（St. Bernardino）、聖安東尼（St. Antony）等。但是逐漸地，信徒踴躍的捐贈，神父開始奢華，不顧聖方濟各禁止建設豪華教堂的規定，興建大型教堂紀念聖方濟各。[31]

大乘佛教初期，就像天主教當年的上流社會貴婦，普遍支持佛教僧侶。然而，正因為如此，原本僧侶們安住於無財產的生活，但隨著僧侶對社會有權階級的依賴程度愈大、愈深，他們欲出離世間、拒斥世間、厭世間的程度也就愈低。換句話說，大量供養使得出世間的僧侶慢慢進入了世俗社會。[32]

然而，在進入世俗社會的時候，是對世俗社會產生依賴，而不是去建立一個進入社會、以佛法為基礎的世間價值體系。世俗化的僧侶是對世俗財富益發的依賴，而不是提供世俗社會一套可遵循的行為法則。不是進入到世間的各個層面，建立起世間俗人可資依循實踐的「知識體系」、「價值體系」與「組織體系」。

吾人所提出的觀點是，在印度的大乘佛教時期，包括在緬甸、泰國、錫蘭島（斯里蘭卡）的上座部佛教，當時王權與僧侶的權力結合在一起，但這是不是佛法的普遍化與生活化？未必，比較像是佛法的階級化，是佛教僧侶的權威化、階級化及政權化。

韋伯的研究指出，當時國王透過僧侶與佛法，有效地馴服社會大眾。在世間的層面，佛法協助建立世俗的權力關係，支配人民的生活。人民對僧侶的崇拜，包括他的修行，還有他具備的法術能力，這是老百姓所崇拜的。

依賴僧侶，而不是讓僧侶的精神普遍到居士的生活當中。所以佛法在這時期是政權化、權威化與階級化，而不是佛法的普世化、普遍化與社會化。

佛教與婆羅門並列的時代

當時印度的婆羅門與佛教是並列，婆羅門的梵天、因陀羅神與佛像，都並陳在恆河河畔。西元七世紀左右，當玄奘大師到印度取經的時候，他稱印度為婆羅門國。當時，憍薩羅國王敬拜佛陀，也在婆羅門敬拜諸神。由此顯現，為什麼佛教在印度後來會滅亡？因為，雖然上層的修行思想是佛法，可是在社會的層面，完全是婆羅門的專業體系所掌握。

另外，就高知識分子來說，佛陀是不重思辨的，在《楞嚴經》中，有人問佛陀好多問題，佛陀反問他一千個問題——放下疑問、非思辨、非苦行、走中道，在日常生活的道德實踐中找到中道，是佛陀所強調的教法。然而，在佛教後期的發展中，印度上層的知識分子喜歡思辨；而思辨的體系，婆羅門正好提供一個這樣的哲學基礎。韋伯說，當時知識分子學習婆羅門吠陀思想，是知識分子對於精神與安身立論得到確切的把握，與對手的論辯，也是無與倫比的一項工具。當時知識分子對於學問培育與五明的追求，即便是心儀佛教的知識分子，仍然必須以婆羅門的語言來學習。[33]

包括華氏城的國王，尊崇佛陀的正法，但是仍然禮敬婆羅門為導師。佛教與婆羅門並列的情況，在大乘佛教愈來愈鮮明。憍薩羅國王敬拜佛之餘，在婆羅門神殿也祭拜印度教諸神。此時的佛教已從與婆羅門教並列，逐漸走向衰微。

佛教僧侶在大乘佛教後期，專注於對心性有更深認知的唯識學的研究。這種高深的心性之學的體系，不是一般庶民能夠理解。吾人稱這是一個佛教的上回向，就是高層的僧侶，潛心於心性，對於唯識的研究，而不是提供世間一套居士們可以去修行，或者是可以潛心的一個知識體系與價值體系。所以，它不是下回向，而是上回向。

從原始佛教到上座部佛教，包括大乘佛教，就像印順導師在《唯識學探源》所講的，也是吾人提過，比較不強調物質世界的改善。這種僧侶的上回向，而非下回向，這是一個逆發展，使得佛法逐漸遠離一般人生活的層面。

一般基層庶民，因為得不到佛法給予的世俗層面的倫理體系，逐漸走向神秘術，密教、婆羅門的各種咒術、密法，逐漸深入這個中、下階層。

印順導師在《印度佛教思想史》中言：

「在『大乘佛法』（及部派佛法）流行中，秘密化的佛法，潛滋暗長，終於成為『秘密大乘佛法』，廣大流行，為印度後期佛教的主流。發展，應有適宜於發展的環境，自身（大乘）也應有發展的可能，所以『秘密大乘』的發展，應從大乘與環境關係中去理解。秘密化的佛教，不論說是高深的，墮落的，或者說『索隱行怪』，但無疑是晚期佛教的主流，是不能以秘密而忽視的。」[34]

當初佛陀是以理性主義與道德實踐試圖推翻婆羅門的神秘主義與神化思想，但是到了佛教末期，聖蹟的崇拜、聖水使用、香燭、念珠、法衣、用於祈禱的咒文，齋戒、聖者入定、聖者的遺物、為死者淨罪與誦事等，都是教徒所採行，佛教與婆羅門的儀式與神秘主義逐漸合流。這一切其實一直都是印度古老的傳統，在佛陀入滅一千多年之後，又重新佔據社會的主流。威爾．杜蘭在評論佛教與印度教的逐漸合流中如此說：

「佛陀也像基督教的路德一樣，以為戲劇性的宗教儀式，可以被訓誡及道德所取代；而這種豐富的神話、奇蹟、典禮、祭儀，以及眾多的聖物崇拜似乎都先於佛教就存在；這些古老信仰終於傾灌而入新興宗教的信仰之中。既然後期佛教承襲印度教者如是之多，則不久之後，兩種宗教之間便鮮少差別了。」[35]

佛教徒逐漸走入婆羅門的知識、秘法與咒術。因此，大乘教義逐漸被婆羅門教給滲入；知識分子對思想的渴求，回到婆羅門的思辨；僧侶專事唯識學的發展，走向更高深的心性哲學，而不是普遍化佛法；一般庶民走入印度教的秘法與咒術。所以，佛教在十三世紀就滅亡了。這是韋伯與印順導師探討佛教在印度滅亡的原因之一。

佛教在印度滅亡之啟示

佛教滅亡的最後一擊是穆斯林入侵印度。在一二〇六年德里蘇丹王朝建立之前，穆斯林三次大舉入侵印度。十三世紀蘇丹王屠殺佛教僧侶，毀壞佛教寺院，焚燒圖書館。富饒的印度，從西元十世紀，在經歷數十次來自土耳其、阿富汗、突厥，以及蒙古穆斯林的掠奪之後，寺廟、金銀、珠寶被掠奪一空。穆斯林所到之處盡是殺戮，阿富汗的穆罕默德佔領德里，屠殺計數十萬人，數萬名年輕婦女與孩童淪為奴隸。根據記載，阿富汗的默罕默德王毫不猶豫地下令燒毀一座耗資當時印度一億金幣的廟宇，這巨佛神殿的興建需耗時兩百年的人工，士兵以石蠟油將之燒為灰燼。[36]

穆斯林在印度的殘酷不只是掠奪，更以宗教將掠奪合理化、神聖化。如帖木兒（Tamerlan）國王在戰爭前必然給士兵的教導，這教導以《可蘭經》為依歸：「先知啊！請將戰禍加諸於這些異教徒及不信仰的人們，並嚴厲地懲罰他們。」[37]

穆斯林所到之地，毫不猶豫地縱容士兵掠奪。佛教徒面對這麼強大野蠻的軍事力量，難以回應。一方面佛教的和平主義軟弱了人民戰鬥的意志。從前佛教曾在野蠻民族當中傳播，著名的貴霜人即為一例，佛教教化了這批入侵的野蠻民族，放棄軍國的勢力。但是與貴霜人不同之處，穆斯林有自己的宗教，這宗教以殺異教徒之聖戰，分享給弟兄掠奪的物品當作是美德。[38]

所以，渥爾德說，穆斯林正是佛性的剋星。佛教所倡議的和平、不貪欲，在穆斯林正好相反。一個崇尚擴張、戰鬥、掠奪為信仰（指的是當時的穆斯林），土耳其人在西元十世紀到十四世紀之間，所採取的暴力手段，摧毀印度文化，還希望把整個印度掠奪過去。[39]

穆斯林大量殺害佛教僧侶，一方面佛教僧侶剃頭容易辨認，婆羅門一般看起來是居士；另一方面，渥爾德認為，印度教比佛教更有彈性，印度教的戰士隨時準備作戰，這是他們的職責，凡在戰鬥中死亡的人，會直接上升到天堂，這是他們的報酬。所以長期被穆斯林佔領的地區，印度教仍然保持活力，他們以方言、土語、通俗文學延續他們的信仰，維繫他們戰鬥的意志。直至西元十六世紀，多半的印度人仍然是印度教徒。[40]

婆羅門教在西元八世紀，經由宗教改革家、哲學家商羯羅（Ādi Śaṅkara）進行一連串改革之後，完成婆羅門教向印度教的過渡。[41] 吠陀思想經由商羯羅及鳩摩利羅（Kumārila）以文學的形式，廣泛地在印度社會傳遞，形塑印度教民眾心中的傳統思想根基。除了兩位哲學家之外，毗濕奴派及濕婆派哲學家，都是承繼古老印度吠陀思想的普羅宗教。印度教這種多形式的表現，在西元十二世紀已經超過佛教的影響力，成為更風行的宗教。相反地，如渥爾德所言：「這時期的佛教過度地哲學化了，確實可以說是學院式的傳統。教義多半流傳在大學裡，而不是在人民之中。」[42]

穆斯林侵略印度期間，婆羅門過渡給印度教的階級「社會體系」並未瓦解，流傳幾千年的「社會倫理」依然屹立。以文學形式流傳民間的、史詩般的英雄主義，以反侵略、反殘暴、爭取公平正義、保護印度文化為基調，支持印度精神的抬頭。乃至土耳其統治的北印度，並沒有將印度人同化為穆斯林。[43]而當佛教被穆斯林政權予以最後一擊而滅亡之後，如威爾・杜蘭所說：「印度教以兄弟的擁抱而抹滅了佛教。」[44]

婆羅門教頒訂佛陀為一位神——毗濕奴（Vishnu）的化身，正式把佛教沒入印度教之中。古老的正統派收容了曾是異端的佛教回歸印度教。寬容的婆羅門教停止祭祀，把佛教眾生平等、不殺生的思想納入印度教的正統儀式中。從此，佛教在印度正式走入歷史。

歸根究柢，其實是佛教在印度一直沒有建立一個世俗人的生活倫理、社會化的知識體系，以及居士的組織體系。佛教缺少與世俗生活的連結，沒有建立現實世界的知識與價值體系，這是為什麼佛教會在印度式微的主因。

從這裡反思當代佛教的慈濟宗，其歷史的意義與貢獻就在它建立了「佛法生活化」與「菩薩人間化」的理想。慈濟宗創建人證嚴上人在過去半個世紀之中所建立的居士組織共同體——慈濟志工體系，放諸古代與當代的佛教組織中，應屬於最嚴謹的俗人組織團體。從居士的數量，到志工組織的凝聚力皆是如此。慈濟也努力建構居士生活的倫理體系，其中有著名的「慈濟十戒」。這是佛教歷史的進程中，一個很新的發展。

慈濟的理想不是僅僅給予佛法，而是希望以佛法的慈悲利他，在物質上救度眾生，並在心靈上給予法益，讓他們能從受助者變成幫助人的人。慈濟的願景是希望達到眾生「身、心、境」的具足。不只給予佛法，而是在現實世界中建立普遍的「身、心、境」的圓滿。在稍後的章節我們再作更深入的討論。

南傳佛教在人間的度化

我們先把眼光放到南傳佛教。回溯過去的南傳佛教，稱為小乘佛教，或是上座部佛教。當時錫蘭島的小乘佛教，信徒喜歡崇拜遺物、對聖物的崇拜，僧侶導師，既是佛法的給予者，也可以是驅邪治療師。南傳佛教的俗人之虔誠，重點放在遺物崇拜、聖物崇拜，在戒律上是形式主義抬頭，實質上是鬼神信仰之俗人生活，還有替人治病的巫術、神療師。僧團當然是崇高的傳統盛典的守護者。[45]

佛教勢力在最高的時候，寺廟得到國王與富貴家族捐助大量的奴隸與土地，曾經寺廟擁有的土地佔全國的三分之一。佛教在錫蘭島的發展是將僧侶階級化、權威化、特殊化，而不是普世化、平等化、社會化。

這種與王權結合的佛教發展，在錫蘭島最輝煌的時候，西元一世紀末，在佛教後期，錫蘭島國王摩訶鳩利摩訶帝沙（Mahakuli Mahatissa）在一次盛大的供養中，有六萬比丘與三萬比丘尼，這在當時，即便是現在，都是一個驚人的數字。

但是一旦帝王不支持佛教，在佛教沒有扎根於社會體制與人民日常生活的情況下，很快就覆滅。西元十世紀，當印度來的朱羅國人佔領錫蘭島。朱羅國人是信婆羅門教，因此大量地毀滅佛教寺院，迫害僧侶。西元十一世紀，當維闍耶巴忽一世（Vijayabahu I）復興斯里蘭卡以後，佛教已經衰微到生存難以為繼的情況。因此國王派遣使者到緬甸，與當時好友緬甸王阿奴律陀（Anuruddha）請託，請他派遣緬甸僧人進入錫蘭島，弘揚佛教及傳授比丘戒法，佛教才逐漸復興起來。[46] 雖然朱羅國人被肅清了，但是婆羅門的勢力依然存在，與佛教並立。

婆羅門的影響，在南傳佛教一樣存在著。印度的亞利安人於西元前就攻進錫蘭島，把婆羅門的種姓制度與信仰帶進錫蘭島。婆羅門教的教義與佛教的教義在錫蘭島一直是並存著。十四世紀的暹羅（泰國）的碑文，顯示國王與吠陀精通者緊密的相處與融合。婆羅門教一樣影響著南傳佛教的實踐。國王祈求因陀羅世界，也渴求涅槃，婆羅門教的影響仍然存在於南傳佛教之中。[47]

上座部的緬甸是佛教君主制，僧侶、教士對民眾的支配權力是非常大的；對民眾支配力很大，僧院的方丈也是在僧院裡面擁有絕對的權力，這是一種權威化。在緬甸，孩童要進僧院，不管幾天、幾個月，會有新的名字，這是一個儀式；會有守護精靈，表示某種原始的宗教信仰，仍然存在這個佛教的體系當中。

從印度佛教的發展到南傳佛教的發展，可以理解婆羅門掌握著實踐面與社會面，掌握著思辨、知識分子所渴望的思想面。在南傳佛教，佛教在王權與僧侶結合之後，建立佛教在世俗的權威化、階級化與特殊化，而非社會化、普遍化與平等化。

中國佛教與世俗世界

佛教在中國能大為興盛，根據耶魯大學的懷特（Arthur Frederick Wright）的研究指出，佛教進來中國的適應期是東漢末年以後，至魏晉南北朝期間。每一個階級都在佛教找到安身立命的基礎。以國王而言，這些外族帝王侵入中國之後，他們並不希望以儒家來治國，因為那是漢人的思想體系。但是他們也知道，部落的那一套馬上得天下，無法下馬治理中國；他們不要儒家，不只因為他們已經取代了舊王朝的體系，更是因為用了一位儒生，就必須牽動儒生的整個家族體系，不利於外族的統治。在這時期，佛教提供外族帝王一個治理的思想基礎。佛教來自西域，僧侶很多是外族人，用了他們不會牽動後面龐大的裙帶關係。何況這些外族的帝王也認為自己像佛陀一樣是轉輪聖王。雲岡石窟的五尊大佛就是五個北魏皇帝的塑像。雲岡石窟是中國最早的佛窟，佛陀是王子，這些國王以佛陀為榜樣，自許為轉輪聖王。

另一方面，一些遷移到南方的貴族，在戰亂中仍然富有，他們認為他們是前世得到今生的大福報，是大菩薩轉世，而一般老百姓流離失所，期望來生淨土。這就是為什麼在晉朝的時期出現了淨土宗，慧遠大師創立淨土宗就在這個時期。桓玄皇帝要見慧遠和尚，慧遠不願意下山見他，也不支持和尚頂禮君王。慧遠大師所著的《沙門不敬王者論》，提供了一個新的、離開世間君主的一個國度，就是佛國。沙門所締造的佛教世界，與王權是沒有關係的，這是戰亂的苦難百姓祈求的淨土，是知識分子不願屈居外族帝王的容身之處。

相對於南傳佛教的階級化、政權化、權威化，中國的佛教走向是離開君王，不與君權一起。魏晉南北朝時期，因為每一個階層的人，從國王、到貴族、到老百姓，都在佛教裡找到他們生命的依止處。國王是轉輪聖王，貴族是轉世的、有福報的大菩薩、是天人，老百姓祈望來生淨土，這是中國佛教化、佛教中國化很重要的一個歷史進程。

佛教到了唐朝，應該是鼎盛時期，這時候的佛教與商業、與帝國充分結合。英屬哥倫比亞大學教授陳金華在其所寫的〈帝國、商業與宗教〉一文中認為，佛教的鼎盛，在武則天時期達到頂峰，當時佛教借助商業與帝國的力量無遠弗屆。[48]

敦煌石窟是幾個世紀所打造出來，長達數公里的佛窟，是龐大商業所支撐出來的佛教藝術。不管從西域，從東邊，商人的旅途中，為了避開危險，祈求諸佛菩薩保佑，雕刻佛像、壁畫，祈求商旅平安，同時也感恩自己的富足。而當佛教寺廟累積過多的財富，引起君王的嫉妒，同時儒生是以四書五經為仕進之道，恢復正統的中國文化思維逐漸抬頭。

特別是安祿山叛變，讓儒生與君王對西域諸國忌憚日深，懼怕西域諸國干涉中國內政。安祿山是西域人，佛教來自西域。從擔心西域諸國的窺伺漢地，到排斥西域傳來的佛教，成為漢人文化復興的催化劑。

三次武帝滅佛，沒收寺廟財產，大量僧侶還俗，對佛教傷害巨大。從此佛教逐漸走入末流，與農民在一起，與中下階層在一起。在這樣的政治環境下，百丈禪師創立農禪，讓自己能夠依靠自己的耕作生活下來，自力更生，為佛教留下命脈。

原始佛教不重視農耕，因為耕種會殺生，這在律儀裡是有所禁止的。在律藏裡面，四分律裡禁止這類殺生，但是在中唐時期為了生存，百丈禪師徹底把佛教相當程度地在組織上中國化。道宣和尚的律，還是印度的律，到了百丈禪師的律，就是中國的律，包括有家長制的方丈，甚至比丘犯錯了，方丈都還可以杖打比丘；在中國傳統的思想裡，一直存在著家長制的倫理次第。當然這個杖打不是壓迫傷害，而是如父親教導孩子，是基於愛的教育表現。

儒家化的佛教僧團在百丈禪師之後完全確立，中國佛教也逐漸走向農業，慢慢與商業脫鉤，這是滅佛以後所產生的現象。

禪宗引領佛教回到原始佛教的自修、著重內心的洞見與解脫之道。農、禪結合在一起。禪宗應該是回到原始佛教的一種自修、洞見，不是依靠思想、依靠知識、依靠經典，而是自我在日常生活中，在農事之中，直觀地照見本性。

在明朝以後，無知識階層進入僧團，逐漸與道術合流。明朝，特別是王陽明以後，佛教更走入末流。王陽明心學，「格物、致知、誠意、正心」一系列思想比較靠近佛教。因為佛教治心，儒家作禮；格物、致知，是佛教的總一切法。誠意、正心是八正道的一部分。所以，前兩句話、八個字是取自佛教的思想與修煉，後四句——「修身、齊家、治國、平天下」是入世的次第智慧。因此王陽明以儒家的淑世體系嫁接在儒家修心之上，把佛教納入他的體系，導致佛教的式微。入世的工具被儒家掌握，讀儒家的四書五經才是仕進之道，才是維繫家族傳承之法。佛教徹底被降伏在儒家的體系底下。

中國佛教的發展與式微就跟印度一樣。上層思想是佛教，入世是被婆羅門掌握。上層治心是佛教，入世是儒家。佛法對世界的知識的不論述、不建構，導致最終淪落成補充系統，而非主流體系。

明朝之後，儒家提出的修身、齊家、治國、平天下，提供一個修行與淑世並重的哲學。佛法的單一訴求，解脫之道，沒有進入社會各知識領域，沒有像基督教、婆羅門、穆斯林一樣，建立起綿密、繁複又深入生活的社會價值體系與知識體系，包括宗教實踐體系。

任何宗教要成為一個主流的宗教，建構全面性的社會知識系統是必須的。以穆斯林為例，在西元七世紀創立的穆斯林，從九世紀開始，穆斯林大量地吸收柏拉圖的思想。穆斯林的思想家建構建築學、天文學、科學、醫學、邏輯學等世間的知識體系。早在十四世紀西方維薩流斯（Andreas Vesalius）創立解剖學以前，第十世紀穆斯林的醫學已經非常發達，伊本．西那（ibn-Sīna）的解剖學遠遠勝過西方。所以，為什麼會發展十字軍東征？因為穆斯林的文明太強大了。

基督教在文藝復興之後持續建立世俗體系。洛克（John Locke）的「天賦人權」，取自基督教的教義，上帝之下父親不高於兒子。洛克以自然天取代人格化上帝，轉化成「天賦人權」。天主教的體系早就吸納羅馬的共和制度，以選舉產生教宗，以議會制度掌握龐大的教會體系。他們訂定的教會法，對於世俗生活有詳細的規範，如第一部會計本是神父所撰寫。這些世俗體系的建構在佛教歷史的發展中並未出現，或並未被強調。

佛法在這個時期，被儒家吸納。在現實世界裡，等於徹底讓位給儒家，在修行的層次上，被儒家吸收以後，逐漸走向末流，所以才有進於儒，退於道，止於佛；死亡才找佛教。超度念經，庶民百姓逐漸與道術合流，崇尚神秘、符咒、超度等。佛教走向道術，走向末流，這無疑是印度佛教的翻版。

明朝末期與清朝的佛教更經常成為無賴漢尋求庇護的處所。清朝高宗對當時佛教的現象曾說：「今之僧道，不過鄉里無依之貧民，竄入空門以為糊口計。豈古昔異端之可比，而能為正教之害耶？」[49]

中國佛教在明朝以後，至清朝式微了。中國的知識分子以儒家治國，一般庶民歸向道術；在印度，上層知識分子崇尚婆羅門的思辨，一般庶民，趨向婆羅門的秘法、咒術與祭儀。中國佛教的沒落確乎是重蹈印度佛教滅亡的覆轍。

佛教向人間的轉化

太虛大師倡議人生佛教，印順導師倡議人間佛教的理論，讓人間佛教完備，到了證嚴上人創立慈濟宗，以慈悲利他行，希望能夠把佛法融入生活，菩薩能夠在人間成就。

當明清之際寺廟佛教衰微，而在清末擔負起中國佛教復興的職責中，居士扮演著關鍵的角色。楊文會居士在一八六六年創辦了金陵刻經處，成為二十世紀佛教教育的先驅者。楊文會出身門第世家，因為讀了《大乘起信論》，對佛學產生重大興趣。有感於佛教的衰頹，因此以印經及辦佛教文化教育事業，亟思佛教復興之道。一九〇八年，楊文會又創設祇洹精舍，成為中國近代第一所新式佛教教育學堂，對近代佛教發展產生重大影響。其間仍培養出太虛大師、歐陽竟無、了悟法師、棲雲法師等共十餘位僧俗精英。[50]

一九一〇年，楊文會也在金陵刻經處創立佛學研究會，彙集學界與教界賢達，召開研討會，每週為會員講經。當時的歐陽漸、譚嗣同、桂伯華、李證剛、黎端甫、章太炎、梅光羲、謝無量及高鶴年等居士，都成為當時佛教復興的重要支柱，對近代中國佛教現代化奠定了基礎。[51]

楊文會的祇洹精舍的學生中，最著名的居士是歐陽竟無，最著名的法師是太虛大師。歐陽竟無的佛學造詣相當高，其學生包括儒佛會通的大師熊十力、唐君毅，以及佛學大師呂澂等。太虛大師影響佛教更巨，太虛大師創立閩南佛學院、武昌佛學院，協助成立中國佛教會，推動中國佛教的全面現代化。

二十世紀初，當太虛大師提倡「人生佛教」時，正值日本侵略中國，中國各地烽火瀰漫，百姓慘遭列強蹂躪，太虛大師主張佛教徒也應思索救亡圖存之道。太虛大師倡議人生佛教，「人生」的字義用來對應長久以來佛教一直被大眾誤解為只談滅、談空。而「人」這個字，對應重鬼神的偏狹民間佛教習俗；「生」的意涵，則對應於佛教只提供死亡的解脫，反駁了學佛就是學死的末期傳統中國佛教之偏誤。太虛大師主張佛教更積極地介入社會的改革與共同承擔民族的苦難。

作為一位學問僧與思想家，太虛大師從佛學入門，體解佛道而後學佛，先學理，後實踐。這與後世重實踐的證嚴上人之慈濟法門相比，慈濟是「先學佛，後佛學」，「先行善，後義理」。從善門入，然後逐漸體解佛道。從行善而善行，從慈善中感恩知足，體解世間無常，然後契入性空之道。

太虛大師認為佛學即哲學，佛學即宗教。他將佛法分類為教、理、行、果。教是世尊現身於世的教法。綜觀太虛大師的從佛之道是從佛之教，體其義理，由行生果。一切佛理都是由行而得悟果。行是關鍵，此行即「自利利他」。太虛大師言：唯有佛法能自利利他，「成就圓滿的人格而知佛法之自利，應化無邊的世界眾生而知佛法之利他。」[52]

太虛大師主張是先通過自身的覺悟，然後利益眾生。「先求自我解脫之利」，但此自利是為著眾生的「自利」，所以他說：「為利他故先求自利的佛法。」「利他即所以自利，自利亦所以利他。」自利利他不二，佛法無先後，自他等利者也。他者，指我之外，世間一切眾生皆可以「他」字概括之。[53]大體言之，太虛大師是先以自度為先，然後度他；因為要度他，先求自度，最終是「自他不二」的境界。

太虛大師對於佛法的理想境界之描述，是主張佛法的目的是引導惡劣的器世間，有情世間為美善的世間。太虛大師認為惡劣的器世間與淨土的世界非二而一，非棄置此惡劣的器世間而有另一美善世間，而是轉此惡劣器世間為美善世界，此中的關鍵就是人心。心淨則國土淨，如《維摩詰經》所述；平心地則世間一切地皆平，如《楞嚴經》所陳。太虛大師云：

> 「然此惡劣世間與美善世間，非實有二個世間可以擇滅可以創造，又非棄置此惡劣世間而另創造一美善世間。當知世間美善之分皆由心之染淨而別。」[54]

所以一切佛道美善之境地取乎人心，而人心取乎行證之義明矣。太虛大師學說及著作影響甚廣，而最能集其大成之延繼者及相應者，就是被喻為當代偉大佛教思想家的印順導師。

印順導師一生著述，提倡人間佛教，力主《增壹阿含經》所言「諸佛世尊皆出人間，非由天而得也」。[55]「佛出人間，即人即佛」，認為成佛之道在此生、此世之人間。印順導師提出之人間佛教，亦即大乘佛教之根本教法，強調緣起與性空之統一，兩者不但不互相牴觸妨礙，而且是相依相生。眾生要在緣起處性空，性空更是依著緣起來說的。

印順導師因著內修及外弘並重的思維，一個全新的人間佛教就此開展。印順導師曾說他一生隨順因緣，任意漂泊。其實這隨順及漂泊，不正是見證了「應無所住而生其心」嗎？不正是印證一個永恆的智慧是不擇地而生！而他如落葉般的生命終究變成一條巨大的法船，承載無數苦難眾生航向覺悟的彼岸。

一個人的覺醒經常是一個世代覺醒的開始。一個心靈的淬鍊昇華造就一個全新的歷史。在印順導師看似平凡的日常生活中，逐漸孕育著璀璨的思想之光，而在他平易純真的胸懷中，理出了現代佛教的磅礴生氣。

佛教的發展，可能被劃分為印順導師之前及之後，之前是內修自明，之後是外弘以達內修。內外兼備，無所住之心，才是清靜覺醒。

在《佛法概論》及《成佛之道》書中，印順導師明白指出，「從利他行中去成佛」，「大乘道，發願以後，就應該見於實行」。[56]菩薩行必須以布施為上，而布施要與菩提心相應，以慈悲為上首，以法空慧為方便。智慧、慈悲與信願同為重要，這三心是菩薩之道，是成佛之鑰。

印順導師也主張菩薩「從利他中完成自利」，所謂「未能自度先度他，菩薩於此初發心」，「菩薩但從大悲生，不從餘善生」。[57]大悲是根本，菩提心與空慧都是以悲心契入，才逐漸養成。這與民國初年的弘一法師等先即速成佛再回到人間度化眾生之道不同。[58]印順導師是利他度己，非為一定要自度才能度人。

如《無量義經》所言：船夫身有病，船身堅固能度人。[59]船就是佛法，依靠佛法能度人，儘管自己未究竟覺悟，但如證嚴上人所言：「船到了彼岸，乘客到了，船夫也上岸了。」利他通向佛道為印順導師主張的人間佛教之特色。

慈濟宗的成立

證嚴上人所處的時代比起太虛大師、弘一大師與印順導師都相對安定得多。一九六六年證嚴上人在臺灣偏遠的東部花蓮創立佛教克難慈濟功德會，就是希望以佛陀的四無量心慈悲喜捨，救拔苦難，實現社會的安樂與人心的淨化。

證嚴上人皈依印順導師座下，皈依之際，印順導師給予證嚴上人「為佛教、為眾生」之期勉。證嚴上人說，這句話，六個字是他終身奉行的精神與努力的目標。證嚴上人的社會改革觀強調淨土在人間，淨土在眼前。涅槃在當下，覺悟在當下的一念心，清淨在當下之善行。

慈濟宗強調利他行，於慈悲利他行中覺悟生命的真諦。一如證嚴上人所說：「經是道，道是路，路要用走的。」因此他推動「靜思勤行道，慈濟人間路」，勤行自修、利益人間。他自己與出家弟子自力更生不受供養，還投入人群，濟度眾生，這是一種佛法的自度度人的身行典範。

慈濟宗的成立為佛教的社會改善與人間救贖，提供一條全新的道路。慈濟四大志業、八大法印的推動，讓人們從行善到善行，讓佛教的理念與當代社會的專業精神直接連接並產生實質的影響。以佛教為基底的慈濟，適當地吸納了儒家思想與西方科學理性的精神，所以在推展佛教社會化之際，能適應社會，並一定程度上改造現代社會的面貌。

美國加州大學聖地牙哥分校社會系主任，理查德．麥迪森教授（Richard Madsen）於二〇〇七年發表《民主的佛法》（*Democracy's Dharma*）一書中，闡述慈濟對當代佛教的意義時說：「慈濟是臺灣宗教文藝復興最重要的力量之一。」[60]

同一時期，吾人在二〇〇七年的日本庭野和平獎頒獎會中，代表證嚴上人領獎時，也發表論文闡述「慈濟將是佛教文藝復興的發軔」。正如西方文藝復興的佩托拉克（Francesco Petrarca）所言：「感謝蘇格拉底把哲學從天上帶到人間。」文藝復興之前的基督教修道士潛心於修道院中，自修禱告，追尋他們和上帝的合一，對於人間苦難並不特別關注。一直到文藝復興之後，才把宗教之實踐從追尋人與上帝之合一，轉向到對社會疾苦及人群福祉之關懷。

這一點和慈濟之於佛教發展有相同之脈絡。慈濟或許正是漢傳佛教的復興，然而不同於傳統漢傳佛教以建廟、誦經、拜佛為主，證嚴上人著眼於對現實世界苦難之救贖及改革。

對慈濟來說，道場不必然存在於廟宇之間，而是深植在人心之中。災難現場是道場，只要勇猛無畏地展現慈悲，當下之心即佛心；煉獄即莊嚴佛國。一如醫院是苦的總匯集，但慈濟人要將醫院轉為天堂，這正是地藏王菩薩所言「我不入獄，誰入地獄」的真實寫照。[61]

證嚴上人創立的靜思法脈與慈濟宗門，其核心經典是《法華經》及《無量義經》。《無量義經》強調利益群生，無相布施。「付出無所求，付出還要感恩」，藉此體會三輪體空之妙。慈濟宗強調依著法華大義精進力行菩薩道，以一切智起萬行，才能度化無量眾生。慈濟以慈悲利他行，期望締造社會身、心、境的圓滿具足，這是慈濟宗從利他到覺悟的修行法門。

慈濟宗對佛教發展的影響

如同印順導師所言，原始佛教不重視物質的改善。慈濟宗開展四大八法，慈善、醫療、教育、人文、環保等，無不深入世間的生活。證嚴上人強調「苦既拔已，復為說法」，把佛法引入社會的各專業領域，讓佛法生活化，這是慈濟宗對佛教歷史發展的影響之一。

慈濟宗的影響之二：如前所述，傳統佛教缺乏建立俗人的組織共同體，韋伯特別提出這一點，認為這是佛教無法長久的原因；慈濟宗建立一個菩薩人間化的體系，證嚴上人建立的居士組織共同體，其龐大、完整、嚴謹的志工體系，可以歸結為居士的佛教，是慈濟重要的一項成就。

當年證嚴上人與許聰敏老居士的因緣，上人一直認為許老居士是很好的居士典範，上人甚至在許老居士家自行剃度。上人不止一次說：「我認為，許老居士的修行不亞於其他僧侶。」許老居士給予上人一個居士典範的形象，一個居士也可以修行得這麼好。如同部派佛教北道派所主張，在家阿羅漢，可信優婆夷，早期部派佛教時代僧俗和合一體的理想在慈濟逐漸地實現。吾以為，今天慈濟能夠成功創立居士佛教，應是許老居士與上人的會遇，造就深遠的影響。

所以，牛津大學佛學中心創辦人理查・龔布齊（Richard Gombrich）就說，「證嚴上人把居士僧團化」，體現「眾生可以成佛」，儒家所說「人皆可為聖賢」的理想。[62] 把居士僧團化是慈濟很重要的一個創建，對於證嚴上人來說，這是菩薩人間化的理想。吾以為，這是慈濟對佛教歷史發展的第二個影響。

慈濟宗的第三個影響是「建立俗人的生活倫理體系」。佛教的傳統發展中缺少建立一套世俗人的倫理體系，這是韋伯所提出的見解。慈濟宗創立居士生活的倫理與儀軌，其中包括建立慈濟十戒。慈濟十戒是結合佛教傳統的五戒，加上適應當代社會的其他生活原則與儀軌，這是佛法初步建立俗人生活倫理的開始與基礎。

未來，如果時機成熟，慈濟能否如天主教的大公會一樣，訂定一個完整的慈濟宗規，規範每個生活的層面；這是一個自我約束與團體公約的倫理體系。過去佛制比丘有兩百五十戒、比丘尼有五百多戒，現在需要建立的是居士的戒律、生活的儀軌。慈濟需要建立從出家的師父、清修士到居士的生活倫理規範，各身分的修行人生活禮儀應該如何？人與人的倫理應該怎麼對待？天主教大公會所訂立的教會法（Canon Law），鉅細靡遺地對教宗、主教、神父、修女，以及一般信徒的生活，都有很嚴謹的規範體系。

吾以為，若因緣成熟，慈濟或可成立一個慈濟宗規大會，集思廣益地討論，訂定組織的體系、決策的機制、各修行人的生活秩序與倫理體系，並正式頒布之。

慈濟學的建構

為建立現實的知識體系與價值體系，慈濟宗的成立除了實踐的成果之外，似乎需要建立論述能力，確立典範模式，進而成為普世的價值。

持續擴大知識領域的各種論述、建立典範，包括但不限於發展佛教的經濟學、組織學、醫學、倫理學、環境學等。例如證嚴上人圓形組織的概念，如何完整論述與發展其模式？又如證嚴上人認為科技應該為善，那麼善科技的論述是什麼？善環境的論述是什麼？社會生活的愛與善的論述又是什麼？人類的慈悲利他之實踐模式又是什麼？

如何把佛法、慈濟法引入到世間各個層面，成為一套有意義的、可實踐的價值體系與知識體系；這是佛法在世間所需要的發展。換言之，慈濟宗的入世理想，應思考如何更長遠、更寬廣地落實「佛法生活化，菩薩人間化」。吾以為，四大八法之外，要擴展對科技、經濟、治理、心理、傳播、法律等各方面的論述，這才是慈濟全球化、普世化一個很重要的進程。

慈濟大學與印證教育基金會成立慈濟學教學研究中心，立意建構普世性的慈濟學，這對於建構慈濟典範是極大的躍進。然而，以目前慈濟學教學研究中心的推行方向及力度，似乎必須遵循若干必要的步驟，慈濟學的建立才能完備。

慈濟學第一個必須建立「說故事」的方式。故事的宣說是所有宗教組織或教團發跡的關鍵。慈濟重實踐，慈濟的四大志業、八大法印無不是入世間的實踐，其實踐的人事物之故事，如何被真確與美善地表達出來，並感動他人，啟發他人，這是建立慈濟學的第一個步驟。如同當年證嚴上人以呼籲日存五毛錢救人的「竹筒歲月」發軔，形成人人皆可慈善的感人故事，這是故事宣說與宗教發展的深刻關聯。又如「一灘血」故事的流傳，成為啟動慈濟醫療志業的悲心與精神。從人類歷史以來，故事宣說就是文化的承載者，是凝聚群體精神與心靈的締造者。

慈濟學第二個步驟必須重視「詮釋」。有故事就必須有詮釋。詮釋為故事賦予意義，賦予超越時空的價值，嫁接不同的文化適應。從猶太人開始發軔的基督教，進入異邦人區域，必須以異邦人能懂得的價值傳給他們。因此保羅到了希臘，將耶穌描述為希臘天神戴奧尼索斯（Dionysus）一般的救世主。救世主，就是從希臘及敘利亞的天神戴奧尼索斯借用過來，稱呼耶穌為「救世主」。這使得耶穌不只是為猶太人反抗羅馬而犧牲的先知，而是人類共同的救世主，這救世主的稱謂因著保羅的宣揚，從希臘、敘利亞、近東，一路傳回猶太地區，傳到全世界。

故事的重心是 What；詮釋的核心是 Why；慈濟為什麼要做這件事？為什麼要蓋醫院？為什麼要投入緊急救災？為什麼要建立社區志工？為什麼要從事環保？慈濟的法是什麼？這些都是慈濟學詮釋的範疇；建構故事背後的意義是詮釋的目標。

故事宣說必須輔以卓越的詮釋力。慈濟這麼多的實踐事蹟，其承載的精神價值為何？其與佛法的關聯為何？其體現證嚴上人的思想與精神之向度為何？這些事蹟如何放諸於不同的文化、區域、國界、宗教之中詮釋、適應與轉化。沒有詮釋就無法在不同文化中進行轉化。慈濟邁向全世界一百二十多個國家，其成員有佛教徒、基督徒、天主教徒、猶太教徒、伊斯蘭教徒、印度教徒，以及無信仰者。其詮釋必須多樣而同源，轉化而歸真。詮釋力決定慈濟宗的文化適應力，與事蹟的感染力，這是建構慈濟學的關鍵力量。

建構慈濟學的第三步驟是「模式」的建立。故事之後要詮釋，有詮釋以後更要建立模式。故事宣說是「我做什麼？」詮釋是「我為何做？」模式是「我怎麼做？」

在各種個案之中找到共同的實踐方式，即為模式。如任何模式的成立一樣，慈濟能建立模式，有助於擴大慈濟的影響力與普世性。尤努斯（Muhammad Yunus）的微型貸款銀行成為新的扶貧的金融模式。在尤努斯發展微型貸款銀行之後，全世界有數千家銀行採行這種微型貸款模式，幫助許多弱勢家庭。這是模式的力量，不只自己做，也讓更多的人依照你的模式跟著做，以共善的力量解決世界性的問題。

慈濟學，學慈濟，這是建構慈濟學的前提。慈濟模式的建立，其核心在於能夠建立一個超越組織藩籬的客觀模式，這模式其他機構、其他組織、其他個人都可以運用，這是模式的本質。

慈濟學的第四步驟就是建立理論。「理論」就是「你可以做」，你可以學慈濟。我們知道，物理世界的相對論不同於量子理論，社會學的批判理論不同於詮釋學理論。

「理論」是闡明一項普遍性的法則，讓這原則能適用於更廣闊的範圍，甚至適用於全世界。

模式是實行的方法與路徑，理論是模式上層的思想、價值與理想。模式對，理論不對，一樣無法成就。學習微型貸款的銀行很多，但很多不是扶貧，而是剝削了小生意人。模式是工具，理論是目標、是價值，只有目的理性與價值理性同時建立，工具理性才能有效地使用，因此，有了模式，還要發展理論建構。

以禪學為例，禪學是一項思想體系，也是修煉體系。禪法是模式，數息、觀想、行禪等，都是模式。禪學的理論通向覺悟之道，是通過四禪的修煉，逐漸邁向內心的清淨。禪坐是模式，四禪是理論，禪定是目標。

慈濟學以禪學做比喻，就是建立普世的價值與實踐模式。禪修的模式從佛教開始，歷經十多個世紀，影響了天主教的神父與修女，影響了無數非佛教徒的知識分子、大學教授、科技領袖、企業家，成千上萬的人禪修得靜定，這是禪學的根本。

慈濟學，就是學慈濟。禪宗和禪學不同，禪宗一定是佛教徒，禪學，就是學禪的人，未必是禪宗的人，但是他可以得到禪學的法益，得到佛法的法益。禪學的發展未必抑制禪宗，反而使禪宗具備更多的創新及生命內涵。

慈濟在追求普世性的同時，未必是希望世間人都變成慈濟人。佛法普世化未必是讓所有人都變成佛教徒，這是悖論，這是不可設想的目標，因為會產生很大的衝突。這個目標不只不可欲，甚至會產生宗教衝突或文化衝突。

慈濟學的目標是希望佛法與慈濟法讓世間不同的組織或個人吸收之後，他們也能用他們的方法去做、去實踐；運用慈濟的模式，未必複製，而是轉化，他們一樣達到淨化人心、社會祥和的成果，那才是慈濟學建立的根本與目標。

如果認為慈濟學的建立與慈濟學的普世性，其目標是放在讓全世界都變成慈濟人，這是強烈組織發展的企圖心，結果將失去其適應性與包容性，很快就容易流於同化他人，擴大組織的想望。這樣的企圖心直接與其他宗教與組織發生衝突，這與慈濟學的目標：淨化人心、祥和社會、天下無災的理想背道而馳，所以說是悖論。

信奉唯一真神的宗教在歷史上經常起衝突的原因，就是彼此都希望世界回到一致性，而不是維持多樣性。一致性的危機不只會與相異的組織或信仰產生衝突，一致性也使得人類無法思考，組織無法應變，這經常導致組織滅絕的危機。

我們知道大自然當中，生物的多樣性支持整個生態的平衡與發展，如同人類一樣，許多過度追求同一性的組織，其壽命都很短暫。元朝很單一，權力很集中，連鑄鐵都要政府同意，元朝九十八年就滅亡。秦朝罷黜一切的多元思想，行法治，不到十五年就傾覆了。

證嚴上人曾說，宗教「大同小異」，心大則同，心小則異。吾以為，證嚴上人的「佛法生活化」，並不是讓全世界的人都變成佛教徒。應該說，每個人在生活中都能得到佛法的法益，雖然他不是佛教徒，可是佛法增益他生命的成長、社會的發展，佛法增進社會的物質繁榮，啟發心靈的清淨，慈濟法也是一樣。

證嚴上人曾言，宗教應該是世界和平的力量，宗教自身不能是衝突與問題的來源。慈濟學建立的目的，是讓宗教間保持和諧，讓族群間和睦，讓國家間和平，讓階級衝突消弭，讓人人互助，彼此相愛，人與自然調和無爭。以無私大愛，建構一個身體健康，環境富足，心中有愛，祥和無爭，萬物共融、共善的理想世界。

所以，慈濟學的建立，從故事到詮釋，詮釋建立模式，模式建構理論，這才是慈濟學完備之時。吾以為，慈濟學仍處在建構的歷程之中。

慈濟宗的建立

如果慈濟學是建立普世性通用的善法，慈濟宗就是建立慈濟人深入佛教信仰的宗門與道路。慈濟學的目標是建構理論；慈濟宗的目標是成為典範。

慈濟學的目標可以不是要學習者成為慈濟人，慈濟宗則是以成為虔誠慈濟人為目標。慈濟學是理論的建構，慈濟宗是典範的建立。兩者同一根源，但是目標未必相同，然而長遠的理想卻是一致的，都是為建構一個祥和富足的人間淨土而努力。

慈濟宗以虔誠信仰慈濟法為目標，以建立人間典範為理想。慈濟宗是靜思法脈、慈濟宗門。建構慈濟宗的三大支柱必須涵蓋：「思想體系，組織制度，修行法門」，三者並行不悖。證嚴上人的思想體系的建立是慈濟宗立宗的根本。

慈濟宗的修行一定是入世間的修行，是不離世間而修行。因此，慈濟宗兼顧了公共性與宗教性，慈濟宗的挑戰就是必須將公共性與宗教性融合在一起，透過公共性來體現宗教性，透過宗教性來達成公共性的目標。

利益眾生是公共性，自我清淨是宗教性，這兩者並行不悖，才能維護宗門的永續發展。慈濟宗的三大目標：思想、組織、修行法門；吾以為慈濟對這三大目標還在一個建構的階段，慈濟作為慈善組織，投入大量心力在慈善工作，而這三個面向的建構，還在持續發展中。

證嚴上人從創立慈濟以來，歷經五十餘載。二〇〇六年證嚴上人向慈濟四大志業的主管宣示慈濟立宗的旨趣。二〇一六年，慈濟舉辦第四屆慈濟論壇，證嚴上人確立這場論壇是慈濟向世界宣布立宗。證嚴上人說：

「慈濟第五十一年，正式傳法，還有正式立宗。慈濟宗門已經正式成立，因為在今年（二〇一六年）十月間舉辦國際論壇為慈濟立宗，為慈濟立宗門做論述。邀來的都是宗教界的人士以及在國際間很有名的教授。從遙遠的英國、美國、中國大陸、印尼、泰國，還有尼泊爾等等，有佛教、天主教神父、伊斯蘭教都來了。聽他們在論述，我真的很感恩。他們對慈濟都有很好的評論，對慈濟宗門都很肯定。……所以現在要跟大家說，今年（二〇一六年）是我們正式的立宗。法脈正傳，宗門正立；我們不是淨土宗，也不是禪宗，如果有人問我們是什麼宗？我們說是『慈濟宗』。

慈濟宗門，要走入人間路，靜思法脈就是勤行道，不能懈怠還要向前進，這是精神理念。慈濟宗門是身體力行的，大家要很精進。我們是以『大愛之道廣披寰宇，長情之路古往今來』，這樣的大愛長情是五十年前一直鋪過來，長情是覺有情，五十年前不間斷，還是永遠地鋪下去。」[63]

綜觀古代中國佛教之立宗，多以思想之判別為其宗派發展與修行之依止，相較於以思想的判別為主的古代中國宗派，當代漢傳佛教的立宗更多強調對現世時代需要的對治與呼應。佛教為解決現世間眾生之難題，所提出的因應作法，為當代佛教立宗之因緣。一如中國人民大學何建明教授所云：

> 「可以這麼說，以佛光山、慈濟功德會、法鼓山和中臺山為代表的現代臺灣佛教教團，已經完全超越了中國歷史上宗派佛教的傳統特點，而具有了積極適應現代兩岸中國社會和世界全球化時代發展要求的鮮明特徵。它們不再以教義的判教（如三論宗、法相唯識宗、華嚴宗和天臺宗等）或堅守某種獨特的修行方式（如天臺宗的止觀、禪宗的坐禪、淨土宗的念佛和密宗的密法等）為教團的宗派特徵，而是在太虛大師以來的契理契機的現代佛教所主張的八宗平等、八宗並行的理念基礎之上，追求正知、正見、正信、正行和正覺為目標，以文化、教育和慈善為中心，自覺適應現代社會人生的需要和積極調適現代社會文化思潮而建立起來的各種不同的新型僧團制度、弘法理念及其實踐方式。」[64]

吾人在《利他到覺悟》一書中，從四悉檀中之「對治悉檀」為立論點，主張從當代佛教諸宗派以對治「此時、此地、此人」的貪、瞋、癡為目標，因而提出諸種實踐法門，以作為佛陀教法當代性的體現與開展，這是當代佛教各宗派立宗的共同旨趣。

當代佛教各宗派以對治悉檀為核心，能為應機說法即「各各為人悉檀」；並以無量佛法引領性欲無量之眾生逐漸契入「世界悉檀」，亦即雖恆順眾生但終究引其體會因緣生滅法；直到悟入「第一義悉檀」之一乘真實法。

對治悉檀的諸法門之提出與開展，是當代佛教諸宗門立宗之根據，亦是佛弟子對佛法領悟後，創造性地對治這世間的時代難題。[65]

今日世界的幾大難題，包括國與國的衝突，宗教間的衝突，人與自然的衝突，富貴與貧窮的衝突。吾以為，證嚴上人創立的慈濟宗對世界這四大問題都有實質的影響與貢獻：

第一、宗教和諧，透過愛與善的行動，讓世界各宗教的人，都能夠一起為苦難人努力；與其對話辯論彼此的教義，不如付諸行動去幫助苦難人。這是慈濟整合各宗教信仰的人，包括基督教、天主教、伊斯蘭教等信徒，一起成為志工的關鍵力量。

第二、貧富和諧，慈濟不管是在印尼、菲律賓、非洲大陸、南美洲，全世界各地有窮困之人都是慈濟宗救助的對象。透過感恩心付出，締造愛的循環，引領照顧戶也能夠去幫助人，由此平等愛縮小貧富間的差距。藉由啟發「富中之富」以及「貧中之富」締造貧富之間的和諧。

第三、兩岸和諧，兩岸在最對立的時候，慈濟的愛與善是最好的平臺。今天的兩岸關係也是困難重重。政治人物有很多的看法，這個見解、那個干預等等，吾以為，慈濟一直扮演著兩岸和諧的橋梁，甚或應該是全世界和諧的橋梁。

第四、慈濟推動三十餘年的環境保護運動。從數十萬志工的資源回收，到大愛感恩科技的資源回收再製為毛毯及一千種產品，實現回收、減量、再利用，實踐珍惜物命的理念，這是締造自然與人的和諧之理想。

牛津大學的彼得・克拉克（Peter B. Clarke）教授在描述證嚴上人時說：「在當今世界許多事件發生之際，我們可能都還不清楚為何發生這些事的時候，證嚴上人似乎都已經知道了，而且給予答案。」[66]

慈濟學與慈濟宗的展望

慈濟宗與慈濟學的目標：第一、是建立佛法與慈濟法體現在各社會專業領域。第二、是將菩薩精神落實在生活當中，這是菩薩人間化；第三、建構一個永續發展的組織。

佛教在印度及中國的式微，正是缺乏建立「世俗的知識體系」，缺乏一套完整的「世俗生活的倫理規範」，缺乏一個「俗人的嚴謹組織」。

慈濟宗與慈濟學的理想就是「強化慈濟論述，成就普世價值，建立文明典範」。

在當代強勢的科技文明、資本文明、個人本位的自由主義之時代中，慈濟必須更好地吸收世間的各項學問與模式。然而在學習世間的同時，作為佛法的追隨者與研究者，要超越這個世間的格局，建立新文明的典範，這應是慈濟宗、慈濟學要致力的目標。

慈濟唯有吸納又超越當代世間的各種知識與價值格局，才能建構「淨化人心、社會祥和、天下無災」的理想，而成為人類文明的新典範。以慈濟學與慈濟宗來說，能夠把證嚴上人這三大願景的實踐模式建構出來，並普遍於世間，才是慈濟學完備的一刻。

第2章

慈濟與人間佛教的實踐

衝突世界中的佛教思維

中國著名的歷史學者金觀濤教授在他的名著《興盛與危機》一書中曾經說明，中國的治亂循環相互更迭數千年，其中有一個重要的機制就是儒、道、佛的相互彌補系統。在朝廷君王昏庸之際，百姓及知識分子就以佛道自我放逐，不理社會政治的紊亂。[1] 這助長了王朝的昏聵腐敗，這觀點被許多學者接納。曾幾何時，佛教從一種覺悟的智慧之道變成遁世之庇護所；道家則從一種虛懷若谷、體現大道流行的治國之方，變成昏君持續掌權，王朝腐敗不墜的墊腳石。

中國的社會政治思想在儒家支配性地延續一千多年之後，依然牢牢地盤據在當代中國人的心中，認為治事之道唯有依法儒家。相對地，佛教在近代中國的式微，與其被認為退卻、消極、只求自身清淨圓滿的生命觀有很大的關聯。

佛教是不是如一般人所言是隱居縹緲的山雲間，自求涅槃清淨為生命最終之依歸？其實佛陀生在一個亂世，當他自己的王國遭到外敵侵略時，已經證道的佛陀，並未採取相同的武力或對抗的形式去拯救他曾經必須繼承的迦毘羅王國。當毘琉璃王的大軍準備攻佔佛陀故國的時候，佛陀選擇坐在毘琉璃王的軍隊會行經的路邊，佛陀安然地坐在一棵沒有遮蔭的樹下，毘琉璃王聽聞佛陀在樹下端坐，特地前往禮拜。毘琉璃王自然不明白佛陀坐在孤樹下的用意，於是佛陀向毘琉璃王說自己是一個沒有蔭蔽的人，據說毘琉璃王聽完佛陀所說「親族之蔭、勝餘人也」的陳述之後，大為感動就撤軍了。雖然後來迦毘羅王國最終仍沒有躲過滅國的命運，但是佛陀並不是不問世間的征戰苦難，只不過不以對抗的手段回應對抗。[2]

佛陀在故國滅亡過程中的心境，一如印順導師所慨陳，佛陀的胸襟正是「為家忘一人，為村忘一家，為國忘一村，為身忘世間」。[3]這忘世間，以印順導師的說明，「為身」是為自我的解脫與真理的發掘，這樣的「為身」才能為大眾，忘世間才能入世間。[4]執著自我的欲求及見解，就無法真正為眾生謀取幸福，這誠如慈濟創辦人證嚴上人希望他的弟子能夠深入疾苦，救濟眾生，但是必須以「用出世的心，做入世的事」。[5]這種超越的心境，不即不離，既懷抱眾生之緣起，又體會一切性空的玄妙理念。

中國將近一千多年的佛教歷史中，絕少聽見佛教徒涉入政治，或參與反抗事件，或許因為如此，才使得佛教被冠上消極、遁世的名譽。二十世紀初年，提倡「人生佛教」的太虛大師，正值日本侵略中國，中國各地烽火瀰漫，百姓慘遭列強蹂躪，太虛大師主張佛教徒也應思索救亡圖存之道。太虛大師認為正如佛教有韋馱菩薩，韋馱菩薩是佩帶武器的，象徵佛陀護法者必須保護佛陀安全，因此一種自衛性的武力是必須的。所以，太虛大師主張佛教學院的學生也必須學習軍訓課程，有助於強身保護自己及鄉里。[6]

太虛大師的見解相應於那個動盪的大時代，自有其歷史因緣及背景。然而於佛陀時代觀之，佛陀故國之滅亡，他仍未以必要的防禦性武力作為其保護家園的手段，因為武力會招致更多的武力，一個錯誤無法糾正另一個錯誤。弘揚更寬廣的大愛，或許來不及救治一個即將滅亡的國度，但是為世人的和平及大愛做出典範和示現，對人類長期的和平進化更具意義及影響力。這裡並不是說任憑追尋一個更高的理想，就忽略眼前眾生的苦難，而是量力以計之，救亡圖存之道，武力仍不可得，何況一旦使用武力，不只不能救助百姓，更摧毀自我堅信的，不同於敵人的正義和愛的信念，而後者之損害，豈小於武力鬥爭底下犧牲的眾多生靈？中國推翻暴君的歷史中，多少生靈塗炭，遠勝於暴君對於人民的殺害，這裡不是暴君不應被替換，但方法是不是只有武力抵抗一途？

慈濟證嚴上人的社會改革觀似乎為佛陀時代所堅信的和平與愛之信念，提供了另一條思索的途徑。證嚴上人在一次與中國大陸學者的對話中，提出了一個非暴力的社會改革之道。那是中國著名的六四運動的學者蘇曉康，他到臺灣花蓮拜訪證嚴上人。他問了上人一個非常不容易回答的問題，他說，如何才能阻止一個暴君的誕生？上人回答他說：「古代有昏君暴君出現，就會有許多志士能人起而興兵反抗，戰爭經常連續數十年，結果犧牲更多百姓。為什麼每一個人不能好好立志，做好真正對社會有意義的事情呢？」這句話貫穿了慈濟最基本的核心價值及理念；這理念不是出世的，而是更勇敢也更為根本的入世精神。以不對抗的方式，以愛的方式積極地改變社會人心，救助社會貧困之人。只要社會中充滿了愛，世界就會和平。

佛陀與證嚴上人都體會到，對抗只會滋生更多的對抗，與其上街頭抗爭、反戰，不如用心力去救濟身心貧困的人。某些國家的僧侶看到政府腐敗，就走上街頭抗議，結果造成流血傷亡的不幸，社會更加動盪。證嚴上人的思維是，僧團與其號召僧侶走上街頭抗議政府施政不當，不如將百姓所拿來供養他們的物資，去幫助貧困的人民。這不只協助解決社會問題，也或能激發為政者的良知。為什麼不以暴力對抗暴力，不以不義對應不義？因為這會讓世人盲目。相反地，以愛回應一切眾生，是證嚴上人力行佛陀教義最重要的實踐方式。所以他才說，慈濟不是佛教之創新，而是佛教之復古。[7]

佛教重實踐非言詮

如果說佛教一開始的根本教義就是入世的，那麼為何在兩千多年的傳頌中，在中國一度被認為是消極遁世？佛陀教義既然著重實踐，著重教化世人，這理念曾幾何時產生異化？

在印度佛教起源的歷史中記載，佛陀在世總共說了四十九年的法，就在他滅度之前，有一次，佛陀向眾弟子開示。他輕輕地從樹上摘下一片葉子，然後拿在手中示現給眾弟子，弟子不明白他的意思，一會兒，他告訴弟子說：「我過去所說過的法，如手上的這一片葉子；我未說的法，如樹上的葉子。」[8]

為什麼四十九年之間，佛陀無法全部地說完他欲傳達給弟子及後世之教法？一個原因可能是佛法浩瀚如海，豈是一生一世所能道盡。甚且究竟之法畢竟無法言詮，心識及情感的徹底覺醒，必須依靠精神之直觀及實踐之體驗。正如龍樹於《中論》中所言：「我說即是無，亦為是假名。」[9] 文字之於實相，正如「手指之於月亮」這個著名的比喻，手指指著月亮，但手指頭畢竟不是月亮。

文字般若不能契入究竟之實相，大乘佛法的精義即實踐；透過實踐，才能真正悟入生命的底層，深化人格的修持，提升精神的境界，澈悟永恆智慧的究竟，並將抽象的佛教思維具體化。佛教在中國傳遞一千多年之後發展出無比恢弘之禪宗及其他各宗派。各宗所奉持之經典各有依據，但經典畢竟不是究竟之法。因此禪宗主張不立文字，要修行者直接透入經驗及情感的本身，觀照澈悟生命的基本之法，此法非文字所能捕捉及體會。禪宗所言教外別傳，不立文字，直指人心，見性成佛。禪宗之修為正如印順導師所言，「自信自尊、重質輕文、體道篤行、雄健精嚴」，為中國佛教開闢一璀璨的文明之光。[10] 其影響所及對西方社會之心理學及哲學思想多所貢獻。

顛沛時代佛教的再出發

雖然如此，民國初年的五四運動時代，重西方科技理性的胡適批評禪學缺乏根據，胡適和在西方享有盛名的日本禪學大師鈴木大拙，有一場禪學與西方理性主義之論戰。這論戰標示著西方科技理性對於東方重體驗、重修身及自我深沉思維之禪學作出一項無可迴避的考驗。更有甚者，處在中國文明面對強大的西方科技理性挑戰下的時代，傳統中國儒者對於佛教在社會裡的貢獻及價值也提出批判。梁漱溟與太虛大師的論筆，太虛大師回應梁漱溟所陳——佛教在中國的動亂及文明的落後方面起不了任何積極的作用。於是太虛大師倡議人生佛教，「人生」的字義用來對應長久以來佛教一直被大眾誤解為只談滅、談空。而「人」這個字，對應重鬼神的偏狹民間佛教習俗；「生」的意涵，則對應於佛教只提供死亡的解脫，反駁了學佛就是學死的末期傳統中國佛教之偏誤。

太虛大師學說及著作影響甚廣，而最能集其大成之延繼者及相應者，就是被喻為當代最偉大的佛教思想家印順導師。導師一生著述，提倡人間佛教，力主《增壹阿含經》所言「諸佛世尊皆出人間，非由天而得也」。「佛出人間，即人即佛」，認為成佛之道在此生、此世之人間。印順導師提出之人間佛教，亦即大乘佛教之根本教法，強調緣起與性空之統一，兩者不但不互相牴觸妨礙，而且是相依相生。眾生要在緣起處性空，性空更是依著緣起來說的。[11]

人間佛教實踐之大行

一九六三年一個偶然的因緣，印順導師在臺北慧日講堂收了一名女弟子，法名證嚴。證嚴上人為佛法人間化、佛教生活化之宏願注入一股清澈及滂沱之泉源。證嚴上人詮釋人間佛教，提出「人格成佛格就成」，「涅槃寂靜不是在死後，而是在當下，在此時此刻，一念不生、一念不起，就是涅槃寂靜」。證嚴上人秉持印順導師給他的六字訓勉，「為佛教、為眾生」，以佛教的四無量心——慈、悲、喜、捨，創立了慈善、醫療、教育、人文等四大志業。五十多年來，上人帶領全球千萬名會員及數百萬名慈濟志工，在全球一百二十多個國家濟助貧困，興辦學校，舉辦義診，以無緣大慈、同體大悲之精神，希望透過實踐佛法達到淨化人心、祥和社會、天下無災難之人間淨土。淨土不在死後求得，而是當下以悲心佛心，轉化此五濁惡世為人間淨土。

印順導師將「緣起與性空」視為一體，性空是針對緣起談的。人的覺悟應該在緣起處體會性空。證嚴上人將之轉化為「付出無所求」。付出是緣起，無所求就是性空的根本。證嚴上人以無所求的付出的理念，啟發慈濟志工付出同時還要感恩，感恩我們有機會、有能力能當一個手心向下的人。「付出無所求」其實正是體現佛教的三輪體空。無受者，無給予者，也沒有給予這件事。而付出的人還向接受幫助的人表達感恩，正是徹底在實踐中學習體驗三輪體空的妙法。

要付出之後沒有煩惱掛礙，就必須無所求。無私的愛才是菩薩的大愛，才是清淨無染的佛性。證嚴上人用創造性的現代語言，讓眾生能從生活中，從付出中重拾自身清淨的本性。所謂做中學，做中覺，實踐是學佛最好的法門。

證嚴上人經常告誡弟子，不要當一個求佛的人，而是要做一個能幫助別人的人。這一如《六祖壇經》

所言：「何期自性，本自清淨；何期自性，本不生滅；何期自性，本自具足……」[12]人心本自具有佛性，有所求的心，正是煩惱的根源。證嚴上人期勉弟子及慈濟志工用無私的愛去愛天下人，正是體現佛陀的本懷，從助人的過程中淨化了自己，活出自己本自具有之無限心量。

佛陀以眾生平等觀開示世人。平等之真義，落實在慈濟世界裡就是予樂拔苦。慈濟志工深入災區，無論在地球哪一個角落，哪裡有災難，哪裡就有慈濟人。二〇〇五年這一年之中，慈濟在全世界幫助了超過一千萬人。不管是南亞海嘯的受害者，或是巴拉圭火災的罹難者，深受愛滋病之苦的南非黑人、美國卡崔娜風災的居民、甘肅缺水的農民、無法上學的印第安部落孩童或是中國西南的孤兒，慈濟人以平等心給予社會上處境最艱難的人最大的協助。慈濟人不分宗教、種族、國界，以平等心關照一切有情眾生，這是一種長情大愛，是一種覺悟後的有情。

無處不是道場

證嚴上人所創立的慈濟最特別之處，在於它不同於傳統佛教是遵循以寺廟為主要活動場域的宗教模式；上人採取深入疾苦，以眾生一切生存之所依處為道場，以大社會為修行之處所。醫院是道場，醫生和志工以地藏王菩薩的心，入地獄，救助貧苦眾生。慈濟人要將最苦的、如地獄般的醫院，轉化為人間天堂。所以醫院裡有音樂演奏，病患坐著輪椅來聆聽，醫院裡也有綠意盎然的花園。病已經夠苦了，需要怡適的環境，這是境療。除此以外，心靈的陪伴同樣重要，深富愛心的志工悉心陪伴病人及家屬，給予哀傷輔導及正向人生觀的分享，許多癌末病人走出病房，來當醫院裡的志工，為他生命的最後一程寫下最感人的篇章。醫師們學會以病人為親人，終身學習如何以更好的醫療及心境來治癒病人的苦。

對於慈濟人，災難現場也是道場，因為這裡可以體現世間無常。一個八級地震可以震垮三千年的巴姆古城，短短七十多秒瞬間奪走數萬人生命。更不用提南亞海嘯，深海的怒吼，掀起滔天巨浪，三十多萬個生命就此沉入深海之中。生命無常，沒有比到災區更讓佛弟子有深刻的體會。見苦知福，許多富裕的人到了災區，看到世間的苦難，看到貧困人的生活，像印尼紅溪河的住民一個月生活費不到新臺幣三百元，中國大陸偏遠地區窮人一年收入才一千五百元新臺幣。他們感受到自己生活的奢華其實是不義的。所以更用心地投入疾苦，並且逐漸改掉自己生活的各種習氣。這就是情境教化的能量。境教，是證嚴上人的創見之一。佛陀精妙的教義只有透過實踐，才能體會，才能真正落實。

佛陀說眾生皆有佛性，眾生指的還不只是人，一切的自然界生靈都有佛性。上人提倡以鼓掌的雙手做環保，將環保垃圾回收轉為修行，體現眾生平等的道場，在環保回收的實踐中，慈濟人學習珍惜物命，體現眾生平等觀，領悟蠢動含靈皆有佛性的生命終極情懷。不論是早上四點起床的八十多歲老奶奶，或是眼盲身體殘疾的志工，包括金控公司的董事、外國大使及夫人，也不管是企業家或家庭主婦，來到環保站都重新體會到生活奢華對大地、對社會的代價。體驗到物有物命，應該珍惜體會每一個生命的價值。這比起念經、打坐，對人的智慧及心靈之啟發，應是有過之而無不及。

一日不做一日不食

證嚴上人早年出家之際曾立下三個願，一是不受供養，二是不趕經懺，三是不收弟子。他要的是清淨修行。直到看到一灘血，難產的原住民繳不起保證金而求醫未果，加上三位修女來訪，上人才立下悲願要成立佛教克難慈濟功德會，幫助貧苦眾生。因為成立功德會，所以他才破例收弟子，但是上人要弟子走入人群，期望讓眾生得離苦，不為自己求安樂。因為濟貧，所以每個月精舍都要進行貧苦、病苦及獨居老者的物資發放，上人就會在這個時候講《藥師經》，期待貧病眾生離苦得樂。

從功德會成立之前至今，靜思精舍的生活始終堅持自力更生，精舍修行者一切的日常生活所需，都必須自己耕作，做手工，獲取工資及報酬養活自己，這是唐朝百丈禪師所言，「一日不做，一日不食」的信念。一切的捐款都回到慈濟基金會，幫助窮苦的眾生。精舍的常住眾不只自力更生，還提供場地、辦公所需及住宿等供基金會同仁使用，他們本身也是慈濟四大志業的力行者及精神的領導者，常住眾奉獻眾生的悲願將持續實踐著。如今慈濟靜思精舍始終是全球慈濟人心靈的依歸處，全世界志工每年會回到心靈故鄉尋求精神的提升及靈魂的純淨。

居士佛教的典範確立

在人間佛教的體現中，證嚴上人另一個重要的創建，就是樹立居士佛教的機制典範。北京一位法師，在一次會見慈濟資深主管的談話過程中，提到基督教的成功就是居士管理做得很好，而佛教過去都只注重出家人的修行方法及儀軌，對居士管理這一塊領域著墨甚少，這是佛教未能走入社會的關鍵。但這位法師認為慈濟在這一點上，做得相當有成績。

過去幾十年來，慈濟世界裡在家居士的確扮演著不可或缺的支柱角色。居士們，亦即志工，深入社會各個角落，拔苦予樂，菩薩所緣，緣苦眾生，真正體現佛教入世之精義。過去名山古剎以寺廟為主的佛教，強調僧侶修行覺悟之道。在慈濟，居士志工的濟世修行，成為淨化人間、淨化自身必要的途徑和目標。

證嚴上人對居士修行境界的尊敬及肯定，在早年皈依印順導師之前，就有一段特殊的因緣。當年上人獨自離家來到花蓮，孑然一身，一心精進，渴求覺悟之道。花蓮一位許聰敏老居士，德高望重，為上人蓋了小木屋，方便上人修行。在當時仍未剃度的上人，就是許聰敏老居士幫他剃度，並賜他法號修參。以佛制未經出家人剃度的僧眾都算自行剃度，都不能進戒場。證嚴上人直到後來在慧日講堂拜印順導師為師，才正式成為出家僧眾，這一段奇特的因緣，在日後上人回憶起來仍然覺得非常殊勝。他說，許老居士為人謙恭，熱心為善，每日上早晚課，他非常敬重這一位長者。證嚴上人回憶說：

「每次若想到在家居士的模範，就會想到許老居士，他的居家生活跟出家人差不多，每天早上三點多起床早課；吃的東西千篇一律——豆腐，最好的是豆包、青菜；穿的是一套黑色對襟的中山裝，沐浴之後，自己洗衣服。雖然他那時候已經七十多歲了，早晚課絕對不缺席，都是全程參與，平時念佛很虔誠。白天很忙，每天都要做事業，甚至為人排解糾紛，哪裡有困難的人，他馬上伸手幫助，真的是現代的『給孤獨長者』。許老居士的生活非常簡單、樸素，我對他非常尊重、敬愛。住在他家裡那段時間，就像父子的感覺，他那種慇懃疼愛的心，我到現在都非常感恩。出家、落髮、立願的時候，也是在他的佛堂裡，這位老人家是我一生中的模範。」[13]

一位在家居士的修行依然能得到上人無比的尊崇及肯定，印證佛陀的思想中僧俗本無分別的理念，一切端看自我德行修持及覺悟的境地，正如佛陀時代維摩詰居士的修行連文殊師利菩薩都望塵莫及。正是這種對於居士修行的肯定及熱情，使得證嚴上人在數十年間啟發無數的慈濟委員、慈誠，及投入各志業的志工走上人間佛教的菩薩大道。眾生皆有佛性，心佛眾生，三無差別，在慈濟世界裡得到具體的實踐。

從利他入門，才能度己

入世濟世是利他，但利他的持續是依恃自律修身才能達到，正如印順導師強調的「利他為上，淨心第一」。證嚴上人更引導弟子，從利他著手，再逐漸度化自己。曾經跟隨上人三十多年的花蓮李時菩薩，算算她的年齡於二〇〇八年，已經八十四歲了。慈濟功德會剛成立，她那時候是一位相當辛苦的家庭主婦，不只要照顧一家四個孩子，還得幫丈夫做生意。丈夫經常收了錢，就拿去做不當娛樂花掉。李時菩薩的生活過得十分艱辛，不是受過多麼高等教育的她，憑著一顆善心走入慈濟。她是前幾位早期的慈濟委員，雖然命運多舛，加入慈濟之後，家庭該做的工作一樣也沒有少，但是在訪貧濟貧的工作中，她看到了更多痛苦困苦的人，她學會了上人講的知足感恩，學得了更多生命的智慧。漸漸地，家庭因為她的承擔度過許多的危機，孩子們也逐漸長大了。最可貴的是，李時菩薩帶出很多善心的志工。

臺北的慈濟志工約佔臺灣志工總數的一半，但是臺北的第一位、第二位及第三位慈濟委員都是李時菩薩帶領出來的。臺北市現在有幾萬個受證的慈濟人，數百萬個慈濟會員，竟然由出身平凡、家庭經濟拮据的婦女所帶領啟發出來。高雄第一位委員涂茂興師兄也是李時帶領出來的，涂師兄自己就有一萬多個會員。一個人經由利他如何度化自己？如何創造一個不平凡的人生價值？李時菩薩就是一個例證。在慈濟，像這樣的故事非常之多。這是上人用他的智慧及愛心點化許多生命面臨困境的人，經由幫助別人，而找到自己生命清淨的智慧和榮光。

緣起性空之體現

慈濟人在行善的志業中，體會布施的真義是無所求，要做到無所求，就必須去除無明的貪婪之心，必須去除自我。佛法所言真空妙有，因著眾生之所需，用智慧付出即妙有，而無所求就是真空。此一生命之具體展現，一如唐朝杜順大師所倡議之「佛性緣起」，用覺醒的佛性去觀照、點化一切眾生清淨之本性。真正佛教之空性，並非斷滅空，而是以無所求的佛心平等愛護一切眾生。[14] 印順導師曾說，緣起和性空並不是相對立的，其實緣起即性空，性空，是在緣起之處性空。[15] 用證嚴上人的話說，在付出的同時無所求，就是做到了在緣起之處性空。這也輝映了杜順及智儼大師所言「用佛性點化一切緣起」之深義。存有／緣起，本身不是業，而是應該用清淨的佛性洞見點化一切的存有緣起。

既然「緣起存有」不是一種業，用西方哲學的說法不是「先驗的惡」，那麼佛教就不應走入出離世間的斷滅空，而是要思考以何種心去對應這存有的昏亂的世界。既然要在緣起處性空，那麼就要在五濁惡世裡修煉清淨的空性。證嚴上人在臺灣貧富懸殊的年代發展出教富濟貧，他讓富有的人深入災難之地，看到生命之無常，了解自己之富足，領悟布施的人生觀。在無所求的付出之實踐過程中，許多慈濟志工澈悟了只要有「我」在，就很難付出無所求，因此逐漸地，他們體悟到只有守戒才能有效節制自我，戒律是控制無明欲望的法門，因此他們從布施入門，進而守持戒律，再從持戒到忍辱，次第修行。

慈濟將佛法帶進專業領域

一九八六年，證嚴上人在臺灣東部花蓮興建臺灣第一所佛教醫院，三十多年後，慈濟陸續在全臺灣成立七個醫療院所，讓以病人為中心的醫療網涵蓋全臺灣。慈濟所成立的全球人醫會，足跡更遍及二十多個國家，三十多年來義診人數超過三百五十萬人。

證嚴上人所做的不只是幫助偏遠的貧困人民，或將偏遠醫療的品質做整體的提升，他其實是將佛教的教義帶入專業的領域。他重新界定醫生的醫療倫理及價值，他崇尚良醫非名醫。他希望醫生能成為佛陀揭示的拔苦予樂的大醫王，要醫生以病人為師，不只醫病更要醫心，真正做到佛陀所言，「苦既拔已，復為說法」的大醫王典範。而醫療不只對於醫師是一個拔苦予樂的好因緣，更是所有慈濟人體會生命無常的道場。醫院即道場，在這裡可以體解生死之必然，了悟一切有為終歸幻滅，只有修持智慧之生命才是人生的究極之法，這當中法的傳承及延續就是上人的弟子慈濟志工。這些志工長年追隨上人做慈善濟貧，長途跋涉從北部、中部、南部到花蓮來，出錢出力蓋醫院，醫院蓋好還要來關懷付出。照顧病人，照顧醫師，他們傳承著佛陀的精神，將這種地藏菩薩精神注入專業醫療的領域之中。

為了招募更多的醫師及護理人員，於是興建慈濟護理專科學校（後改制為慈濟科技大學）、慈濟醫學院（後改制為慈濟大學），將佛陀人格完全化的理念灌注到當代的教育體系中。同步的人文發展，《慈濟月刊》、大愛電視臺，將佛陀慈悲大愛情懷經由現代傳播科技，傳遞到世界各地。上人發展真實戲劇的理念，一開始被抗拒，後來得到最令傳播界肯定的創舉，許多真實的慈濟人生命轉變的故事，被搬上螢幕，感動許多人加入菩薩的行列，也為當前電視生態的墮落注入一股清新的氣息。這是將佛陀教義及佛教思維逐漸影響專業領域的開始。

過程的善與結果的善

西方文明的發展根植於基督教文明。洛克（John Locke, 1690）的天賦人權、霍布斯（Thomas Hobbes, 1651）的政治理論都和基督教有很深的連結關係。天賦人權和宗教改革中所確信的——人做為上帝的選民，是由上帝決定，而不是由教會決定的理念。這思維與當代自由主義的發軔，有不可切割的思想淵源。它的源頭甚至可以追溯到聖奧古斯丁（St. Aurelius Augustinus, 354-430）對上帝的直接禱告，這是人與上帝直接的對話，洛克將它轉為人的基本權力是上天賦予，並非來自國君或朝廷。自由主義與基督教思想的發展一脈相連。霍布斯建構現代國家政府的雛形就是以奧古斯丁的上帝之城為思想模型。上帝之城的個人主義，轉化為國家裡的個人主義精神。[16] 個人主義的精神是自由主義的思想根基。我們今天接受的西方民主精神及自由主義，其實是濃厚的基督教思潮下的產物。個人主義在資本主義的薰染下，逐漸脫離上帝而擁抱科學作為其最終依歸，但是科學主義去除了靈魂及上帝，將個人置於社會權力的架構之中。但社會架構裡的個人之權力經常是相互衝突的，也可以是混亂不堪的，而這衝突和混亂正是現代的個人經歷虛無的主因。一如杭庭頓（Samuel P. Huntington）所說的：「人類可以無自由而有秩序，但不可能無秩序而有自由。」[17] 個人及社會之自由來自於秩序，而秩序是必須建構在共同普遍信仰之上的。互為主觀的自由主義思想體系裡，共同信仰之缺乏及難以建立，是混亂及衝突不休的源頭。

這衝突的源頭其實正是自由主義引以為傲的價值——制衡（Check and Balance）。自由主義，在表面看來正竭力脫離神的國度之思維，並運用三權分立的思維建構一個人類的理想國。但是這理想國度仍脫離不了基督教思維的影子。制衡，乃基於人性必然之惡，這和基督教的原罪有相當的內在關聯。原罪，必經由基督的救贖方能得到洗脫。而在失去上帝的現代政治體制中，人性之惡，或能得到抑制，但卻無法得到解脫。因此失去上帝的現代個人，並無法在國家體制中找到生命終極的安適及穩妥。

三權分立能否讓個人得到真正的自由？三權分立的立意是避免國家過度壓制個人權力，因此採取制衡以確保國家及政府不至腐敗或不當地壓迫個人自由。美國開國元勳華盛頓（George Washington）將制衡的好處講得最明白露骨，他說：「我們如果對人性稍有了解，就會相信對於絕大多數的人來說，利益是唯一的政治原則。純粹基於公德心的動機，可能在短時間或某些特殊情況下，使人們採取了一項純然無私的行動。但是僅僅基於公德心的動機，無法使人長久地履行社會義務及社會責任。很少人能夠不斷地犧牲一切的個人利益，而為公共利益服務。事實就是如此，每一個時代每一個國家都證實了這一點。人的本質是為己的，一切的政治制度及法律設計都必須以此做為基礎，否則是不可能成功的。」[18] 對人性的設想及觀點，關鍵性地讓華盛頓採取制衡及三權分立的原則建構美國政府。在人類歷史發展上，這是一個決定性的政治體制。

在民主自由的體制，人性的惡被視為必然，一切制度的設立及制衡原則就是假定人性本質為惡，因此採取安全的制衡原則，以預防人心之惡過度被放大，因而危及群體之安全。制衡原則一方面創造了當今世界許多偉大的民主國家，但是另一方面，制衡原則也造成政黨與政黨間、政府部門間、國家與個人間，因為各種對立持續地擴大，而導致政治的衰敗及行政的癱瘓。工人罷工、學生示威、國會暴力，各種力量都在制衡其他力量。正如英國政治學者多羅希．皮克（Dorothy Pickles）在他的名著《Democracy》一書中所言：「我們的社會已經逐漸以穩定的步調走向分裂。一種逐漸形成的自私的趨勢，迫使所有的社會制度，如學校、醫院，甚至家庭本身都永無歇止地處在一種防禦狀態之中。」[19] 每一個個人及團體，都在極力伸張他或他們的權利。每一個人都執著在自己的利益及觀點。然而，重點不在真理是什麼？或是誰擁有真理？而是人對人基本的不信任，每一個人都把不認同自己的那一方打成不義之人。每一個人都是用對抗的手段來爭取利益及價值觀。對立，缺乏愛的能力，才是今日文明衰敗的主因。

二元對立的思想是如此根深柢固地深埋在當今政治及文化體系之內。制衡植基於對人本質的不信任，不信任產生對立，對立產生混亂，混亂造成個人之虛無。在這場矛盾的賽局裡誰都不會贏！每一個人都相信人性本惡，但是都只看到別人的惡，沒看到自己的惡。每一個人都要爭取自己應有的權益，得不到的時候，就一定是別人不義。不信任的關係，如何能成為和諧的社會關係？

在文藝復興四百年後的今天，世界需要另一種思維；那思維，能超越個人與群體、物質與心靈、內在與外在、科學與宗教的必然衝突。它是一種能將二元對立的困思兼容並蓄、並行不悖的覺悟智慧。

在爭取各種正義及權益的行動中，證嚴上人強調過程的善，尤甚於結果的善。一個錯誤不能糾正另外一個錯誤，批判的力量無法造就無傷痕的社會結構。愛一切人，不管他是否符合我們的信念及想法。重點不是誰是正義，而是自己能不能去愛那些與我們觀點不一致的人。為什麼必須愛觀點與我們不同的人？因為我們相信人性本質為善。以佛教思想而言，人性不只是非惡，而且眾生皆有佛性，只不過被無明及環境所薰染蒙蔽罷了。只有我們開始相信人性之善，社會體制才不會繼續植基於充滿內在矛盾的制衡原則。證嚴上人深信，互愛比制衡有力量，協力比對立更能有益於群體及個人。只有信任與愛，尤其是無私的愛，才能在客觀環境體制上，建構一個和諧平等的社會。而證嚴上人過去數十年，號召啟發了數百萬人的愛心，正是這信念的具體驗證。只有人類開始相信一切行動的方式及過程，都必須具備愛，才能避免如皮克所擔憂的，我們正逐漸步向一個分裂的社會。對的價值，必須以愛來傳遞，而非以制衡達成。個人能擁抱無私的信念，才能引領人類逐漸建立一個能成就每一個個人的自由平等的社會。這社會，同時也是去除個人無明煩惱，重獲心靈自由與生活圓滿之必要基礎。

佛教思維中之個人自由

自由不是外求，而是來自內心。有別於西方重視外在體制對於人的自由之保障，佛教重視的是內在的自由，亦即定。定是自律，定是守住基本的生命原則，定是個人的心不被欲望及外境捆綁的一種自由，以佛家說法是自在。見諸當代自由主義強調在法律形式及客觀環境上賦予個人自由。然而儘管客觀體制及文化環境提供人自由之選擇權，如果人心的欲望不能被自我克服及掌握，那麼個人仍然不得自由。其實當今文明社會中的各種墮落，究其實，不是客觀環境不自由，而是人對於自我的欲望的無法掌握，所帶來各種沉溺及墮落。沉溺是苦，沉溺就是不自由，沉溺於金錢追逐、權力的競爭、性慾的放縱、酗酒或毒癮，在自由社會中的個人，其自由在哪裡？

佛教強調人心的定，即便融入群體中，個人仍能自在、安定。群體不是個人自由之羈絆束縛。相反地，群體中的愛是成就個人必備的條件。有愛，群體就不會是個人自由之障礙，而愛不是以對立或是以制衡原則所達成。以佛教觀點，個人只有經由群體才能歷練出真正的個人自由。群體裡的生活，每一個人生活及觀念各異，這是歷練一個人不執著於自我的最佳環境。自我是苦，佛陀覺悟時，深刻地悟見天地萬物，一切本無區別；既然無區別，群體及個人當然不必切割。當今個人主義盛行，表面上人人都有選擇權，實則是被巨大的商業機制深深地宰制。佛教強調的利他度己，通向利己之門是利他，這是很徹底的個人主義之實踐。而慈濟作為佛教思維的另一種實踐，它提供佛教一個融入現代社會的可行之道。慈濟人以利他達到度己，既利益群體，又達成個人生命的擴展及自我生命價值的彰顯。慈濟不強調自修自得，而是以群體團隊的方式行善及修行，這也修正了自由主義底下，個人覺得無歸屬的蒼涼及虛無感。

佛教在非佛教的國度

從一九九〇年開始，慈濟逐漸邁向國際化，在美國洛杉磯的華人組成慈濟美國分會。黃思賢居士從一位企業家，放棄生意，加入慈濟做國際化的推展。他從美國到印尼、從印尼到菲律賓、從墨西哥到薩爾瓦多，讓全球的華人世界裡逐漸了解並加入慈濟。正如印尼的華人企業家所言，慈濟讓華人團結在一起，並找到對的方法回饋當地社會。從美國分會成立開始，上人就要求世界各分會都能自力更生，就地取材，這是海外華人在當地深耕慈善的發軔。因為慈濟重實踐及相當現代化的思維及行事邏輯，很快地被海外華人接受。包括慈善個案的幫助、醫療人醫會義診、人文學校的設立，以及結合儒家和佛教思想的華人人文的推廣，都既適應現代社會的生活方式，又能彌補現代社會中個人價值之空洞及歸屬感缺乏之空虛，這是慈濟在華人社會深根的關鍵因素。

證嚴上人強調教富濟貧，他引導富有的人從看見苦難，生不忍之心，進一步反躬自省，修為自己。以尊重的心情，感恩的態度對待一切貧苦。這使得上人繼續引導慈濟人在「教富濟貧」之後，還能「濟貧教富」。幫助貧困，但是教導他富有的心，這當中啟發的關鍵就是愛和尊重。貧者和富者是平等的，他們一樣有付出及布施的可能。佛陀當年曾稱許一位布施一塊破布的貧婆具有無上之功德。許多的感恩戶[20]在被慈濟幫助之後，投入當志工。現在慈濟在印尼，在薩爾瓦多，在泰國，在許多被救助的地區，感恩戶們發起「竹筒歲月」，每天幾毛錢，投入竹筒內，雖然存的錢數極少，但是他們要去幫助其他更為困苦的人。

慈濟將佛教精神經由慈善及醫療帶到非華人的國度，將佛陀的平等愛在許多落後的貧窮區域得到落實及體現，這是佛陀所陳，菩薩所緣，緣苦眾生。二〇〇三年，慈濟花蓮的醫療團隊幫助在菲律賓原住民部落一對貧困的連體嬰孩童進行分割手術，手術極為成功。他們的父母親回到菲律賓馬尼拉，也在當地投入志工行列，將愛心傳遞下去，真正做一個能為別人付出的人。

南非祖魯族的黑人長期處在貧困之中，慈濟人在村落間發放物資，為他們開設縫紉班，協助他們改善經濟生活。多年後，南非的祖魯族人自己也組織起來，撥出他們縫紉所得的一部分，集合眾人之力，在鄰近的村落開設更多的縫紉班，幫助其他的黑人社區脫離貧困。他們也利用週末加入志工行列，進入南非社會最黑暗的角落關懷愛滋病患，這批慈濟黑人志工目前已經超過兩萬五千人。佛陀平等觀，在非洲大陸這一批基督徒身上得到另一個層次的實踐。

平等對待一切眾生，須更進一步推展到如何對待攻擊我們的人？對於汙衊我們的人，我們是否能一視同仁地實踐平等愛呢？慈濟印尼分會在證嚴上人的啟發下，用愛化解族群的怨懟，一如佛陀面對即將滅亡的故國，除了愛，佛陀並不尋求其他激烈的手段保護他的故里及親族。

一九九八年當印尼發生暴動，許多華人被印尼暴徒攻擊殺害，許多華人紛紛出走。大批逃難的人在機場等候，準備搭機離開那個殺戮之地。但是證嚴上人那時卻呼籲他的弟子——慈濟志工不要逃離印尼，而是應該利用這個機會積極地付出回饋印尼人。證嚴上人的悲心智慧啟發了在雅加達的慈濟志工。當年印尼排華暴動期間，慈濟人在雅加達當地發放物資及藥品給十萬個以上的窮人及軍警眷屬，二〇〇二年更在雅加達最髒的紅溪河開始進行慈善及醫療之工作。慈濟人將整條長達十多公里布滿垃圾的紅溪河整理乾淨，並且辦義診救治將近五萬人。印尼的慈濟企業家出錢出力，將住在河上的上萬名居民遷出，然後興建大愛屋讓他們有嶄新的住所及亮麗的社區。慈濟志工更在社區內興建學校，讓下一代的孩童能接受良好的教育。同時有一個永久性的義診中心及建立庇護工廠，讓這一群原本貧困的住戶，有穩定工作謀生的機會。慈濟人對於一向仇視的印尼人不只安身、安心，還要安生（活），這不只是力行佛教眾生平等之精義，更實現佛陀和平、不對抗之偉大教法。

向世界開敞的宗教

慈濟在印尼幫助伊斯蘭教習經院蓋學校，在南亞海嘯之後，並在亞齊（Aceh）及美拉波（Meulaboh）為伊斯蘭教徒蓋清真寺。幫助其他宗教，散播愛，但不是去轉化別人的宗教，是慈濟面對其他宗教的基本態度。雅加達伊斯蘭教習經院的學生加入慈濟當志工，一邊讀《可蘭經》，一邊讀證嚴上人的《靜思語》。習經院創辦人哈比（Habib Saggaf）長老讓學校四十多間教室都掛著證嚴上人的法照，他要每一個學生上課前都要向上人行禮致意。這是不可思議的宗教互愛及疼惜。哈比長老在一次接見慈濟主管的談話中說，他認為世界上每一個人都要認識證嚴上人，上人的愛正如陽光，照耀著每一個人。哈比長老的習經院有將近一萬名失怙或貧苦的學生，除了接受慈濟的協助，哈比長老比照慈濟靜思精舍出家師父們自力更生的模式，要學生耕種、做麵包、做廚餘回收等。希望能讓學生養成獨立生活、自力更生的宗教修行方式，這是慈濟對伊斯蘭教習經院所產生的深遠之影響。

牛津大學的宗教學家凱倫·阿姆斯壯（Karen Armstrong）曾說，在這個充滿宗教衝突及戰爭的時代，她期待一種新宗教產生。在這種新宗教思維下，各個宗教形態都能得到和諧的了解及互助。慈濟正走在這樣的大道上。慈濟的志工及志業體的主管，包括佛教徒、伊斯蘭教徒、基督徒及天主教徒。菲律賓人醫會的副執行長是天主教徒。花蓮慈濟醫院的前院長、現為名譽院長的陳英和是基督徒，過去三十多年持續服務於慈濟醫院，擔任重要的國際合作研究案。慈濟大學前校長為基督教長老教會成員。土耳其負責人胡光中先生仍為伊斯蘭教徒。凱倫·阿姆斯壯在她的名著《神聖戰爭》（*Holy War: The Crusades and*

Their Impact on Today's World）裡曾敘述所有的偉大宗教都是向世界開敞。[21] 釋迦牟尼佛讓婆羅門思想不再是印度婆羅門階級的專利，而是屬於一切人類；耶穌將耶和華上帝的光及愛帶給各階層的人，而不只是傳統猶太人的宗教。穆罕默德將傳統阿拉伯人的宗教改良並將之帶到全世界。所有偉大宗教家把傳統的部落神向世界開敞，把原本屬於某族群的教義，適應當代性之後，帶給更寬廣的族群。證嚴上人創立的慈濟正是把傳統漢傳佛教的精神，幾經時代的淘洗、淬煉及深思熟慮後，以創造性實踐模式將它帶向全世界。

在群體共善中覺悟

佛教教義裡的六波羅蜜闡述修行者在布施、持戒、忍辱、精進、禪定、般若。在慈濟世界裡布施就是行善，經由無求的愛體現布施的精義。行善之後必定要持戒。持戒才能讓自我縮小，讓自我不再受到欲望捆綁。一個自我很強的人很難在行善中真正做到付出無所求。持戒之後還要忍辱，做好事不保證不被批評及誤解。當受到攻擊誤解的時候仍然要自我善解包容，要懷抱因果觀。證嚴上人期勉慈濟人不但要學習忍辱，對於侮辱我們的人還要幫助他，度化他，這才是真正的精進。在修行路上能與人無爭，與事無爭，做到事圓、人圓、理圓，有了這樣的境界，就能自在清淨，達到佛陀所揭示的禪定；禪定，即一心不亂才能解脫煩惱，真正達到智慧般若的境地。

團體是磨練心智最好的場域。慈濟志工是以團隊的精神去完成濟世助人之志業。團體中的修行必須與人人結善緣，要達到這個境地必須要去除我執我見。當有境界來磨，要當作增上緣。如果能做到與人相處無爭，面對生死無慮，與自然涵融無礙，則能心無煩惱掛礙；心無無明，時時善念不斷，惡念不生，就是禪定的境界。而能禪定，則離解脫之智慧不遠矣！

證嚴上人期勉慈濟人要勵行「慈悲喜捨」四無量心，做到「大慈無悔、大悲無怨、大喜無憂、大捨無求」。上人所領導的慈濟人，透過慈悲善行，平等愛護一切眾生；透過環保工作，感通人與自然的涵融無礙；透過醫療悲心，體悟生命之無常，因為了解此生、此身非我所有。所以臨終還捐大體作為醫學教育之用，這是他們心無掛礙，所以能生死無懼，知道此生此世要精進不懈於成就不朽的慧命。然後總結這永恆慧命之洞見，以大乘佛法之入世精神，透過教育及人文之使命，喜捨無求無憂地度化一切眾生。這種精進不懈之修持及努力，正是人間佛教所具足之信心，也是人間佛教能大行於後世之波瀾壯闊的起點。

第3章

慈濟宗門人文思想略說

前言

一千多年來，漢傳佛教承襲印度佛教衍生出多個不同的宗派。「慈濟宗」的成立，引領佛教逐漸從心性的昇華與追求，轉向以世俗社會的改造著手，達成自我生命與內在心靈永恆極致的成就與圓滿。

二〇〇六年十二月，慈濟基金會創辦人證嚴上人，在花蓮靜思堂面對將近千位慈濟志業體的同仁及主管，於精進二日共修活動結業典禮中，以一個半小時的時間開示「慈濟宗門、靜思法脈」的意涵與其因緣。

「我們的宗旨就是走入人群，去知苦、惜福、造福，這就是靜思法脈、慈濟宗門……」作為佛陀的弟子，要能體會佛陀為何在人間出生、在人間覺悟、傳法於人間，就是要開啟能夠在人間運用、度化世人的人間佛法。既知世間沒有「永住」的事物，人生無常之理，知苦就要堪忍，修得忍而無忍的功夫，輕安灑脫，即能脫離「三苦」。[1]

這一段開示在所有聽者心中彷佛是一道清澈明亮的聲響，這不是意味著佛教多了一個宗門，而是諭示著人類一股新的精神文明將逐漸在世界各地拓展開來。

這新文明為何？和漢傳佛教有何異同？對於當今紛擾之世界，「慈濟宗門、靜思法脈」，能提出何種思想、見解及行動，協助當今社會建構一個新思維和新人文？

從生死之迷惑契入長情大愛

一九五八年，是二次大戰結束後的十三年，在臺中豐原的一位年輕女子，在父親過世之後驀然驚覺生命的無常，她開始嚴肅地思索著生命的真實意義及最終的境地。那位年輕純真的女子就是今日慈濟基金會的創辦人——證嚴上人。那一年，她深切省思，為什麼人會往生？為什麼我們必須走這一遭？

當年禪宗五祖弘忍大師告訴弟子「世人生死事大」，要大家作一偈，以示是否開悟。結果出現一位才剛到禪院，每日劈柴淘米的弟子慧能，作出了「菩提本無樹，明鏡亦非臺，本來無一物，何處惹塵埃」的偈語，令眾人大驚，弘忍大師只好故作無事狀，用鞋將廊壁上的偈子擦掉並說：「還是未見悟。」然後趁三更半夜將衣缽傳給已經頓悟的慧能大師（禪宗六祖），並要他連夜逃跑，因而開啟了中國禪宗的宗派，以及其後一千多年的興盛。[2]

然而，偉大的精神領導者，竟皆是從「生死」提問開始，總是不被周圍的人理解及接受，他們都經歷過孤寂的心靈歷程，而這歷程適足以培養其偉大的人格及超越時代的高遠思想。

慧能從「世人生死事大」之大哉問，提出「本來無一物」之覺醒，歷經逃亡的命運十多年，最後才在中國南方安頓下來，然後傳頌心法。觀照證嚴上人也一樣以生死之大事契入生命的無常，將不捨世間、離苦的心轉為大愛之情。如他所說：「我也知道親情猶如一場舞臺劇，依業緣而聚。未來，我的人生要把愛放到哪裡？是要愛自己呢？還是愛我的家庭？或是愛我所偏愛的人？用心思考，這些都還不夠寬廣。同樣的一分愛，何不由小擴大？……雖然當時環境不允許，但是我追求佛法的意志非常堅定。」[3]

對世間無常、究竟空、畢竟空的情感及思維，轉化為對眾生之長情大愛，堅定了證嚴上人對佛法的追尋。

思維證嚴上人早年的際遇和對於生命本質的體會與慧能大師強調「本來無一物」之空性，證嚴上人從「無常契入空性」，從「空性契入妙有」，以《無量義經》的入世之法門，開闢慈濟宗門，確立靜思法脈，闡揚人間大愛，這與慧能大師對「本無一物」、「從無所本，立一切法」之空性闡揚互相觀照，又是不同時空各有其濟世度人之法。

真空亦是妙有，無常中正可以表現人性中無不歇止的覺有情。上人早年對生死之思索，成了他教導眾生一個非常重要的課題。透過一切法門，讓眾生了解世間的一切，終究無從把握，終究過往煙雲，只有大愛和慧命長存不朽。慈濟四大志業：慈善、醫療、教育及人文，都是為了認識一個永恆的生命之存在；體悟諸法究竟空、畢竟空，但又妙有真實之境界。

這種體悟並不是教導弟子去漠視人間、冷淡對待人生的苦。上人積極地要慈濟人搶救生命，不論是地震、風災、水災或戰禍，慈濟人以無畏施的心情，在搶救生命中，看見生命的無常，終至體會「萬般帶不去，只有業隨身」的道理；並發願追求一個更為根本和清淨的心靈歸宿。不捨眾生，在搶救眾生之際，能復為說法，使人人最終都成為能樂於幫助人的菩薩。

戰火下醞釀之思維

證嚴上人生長在一個戰亂的後期，他年輕的時候一樣躲過空襲，他看到有一個人為了躲炮彈，跑進防空洞裡，手裡還拿著一把菜刀，應該是煮飯來不及放下菜刀就跑出來，而且另一隻手臂鮮血直流，原來她只顧著躲炮彈，竟不自覺地讓菜刀把自己手臂砍傷。證嚴上人幼年時小小的心靈看到生命的脆弱及人性互相殘殺的傷痕，不禁自問：為何生命必須殺害生命？為何人與人必須互相壓迫對抗？沒有人可以正確估計這一段臺灣戰亂的歷史對於證嚴上人的意義有多深刻？但是一個和平互愛的社會，應該是他早年的歲月中就已經深切渴望的。我們必須感恩那一段戰爭歲月並不算長，證嚴上人也不須一直躲戰火，這使他的生命能在一個更穩定的環境中，自由開闊地發展其人格及思想。

一九六〇年代的臺灣經濟開始逐漸富裕，證嚴上人的俗家父親生意做得不能不說是很好。將近十家戲院同時經營，證嚴上人小小年紀已經學會事業管理及待人之道。他對俗世的了解是在那時候奠定的；對於俗事世界充分了解，使他能夠在入世志業中不致過度理想化。而上人離開家庭印證了他對俗世的超越，一如佛陀生長在王宮，使他歷經人間繁華，但這一切都在更遠大的真理追求中顯得微不足道。

真正的超越是擁有以後，而能不執著此有，如老子所說：「生而不有，為而不恃，功成而弗居。」[4]這話的正確意義應是說有了功不居功，生成又能不佔有，有了作為才說不憑恃，若無功的人說他不居功，這是不切實際的。能從有而入無，才是真正覺悟的無。

證嚴上人的成長背景與佛陀的人生際遇是有相類似的。我們並不是說一切孕育偉大的土壤都似乎早已預備，但是偉大之所以成其偉大，除了天生內在之力，也自有其造就它、成就它的特殊際遇。

佛陀來人間是一大事因緣——開示眾生悟入佛之知見。為何是一大事因緣？因為這因緣必須匯聚各種條件，這些條件是那麼地不可思議，那麼恰如其分地組合在一起，才造就佛陀來一趟人間。北京大學國學院院長樓宇烈教授在靜思精舍的一次演講中說：「佛陀來世間是一大事因緣，證嚴法師來世間也是一大事因緣。」[5] 樓先生從佛教歷史的觀點，肯定證嚴上人對佛教入世間的貢獻。而對於身為證嚴上人的弟子而言，要分析追溯上人在人間的大因緣，不是一件容易的事，但分析究竟是何種社會與歷史條件，引導一位世紀的大宗教家開創人世間的新文明範式，是值得深究的議題。

慈濟發軔於臺灣的歷史因緣

證嚴上人出生在東方世界的一隅——臺灣，這個小島自有文字記載以來，已有近四百年歷史，其間曾歷經西方殖民統治，對於西方的資本主義及科學主義有相當程度的熟悉和不排拒。而中國之儒家思維在海洋及政治雙重隔絕的歷史因素下，使得臺灣有儒家之傳統，但一直未讓儒家處於文化的支配性地位。漢傳佛教在中國這一片古老大地經過將近一千九百年的發展，也對臺灣文化及人民之生命觀有相當深遠之影響。

這三股文明匯流在中國邊陲的臺灣，在世世代代的子民為生存奮鬥的過程中逐漸融合演進著；這些文明的土壤正是孕育慈濟在臺灣生長茁壯的結構性力量。而證嚴上人以幾乎是天生具有的大智慧及無比的人格特質，不自覺地、創造性地，將這股薈萃的人文運用融合，並且發揚光大。

正如文藝復興發軔在義大利的小城邦佛羅倫斯，臺灣作為中國古老帝國的延伸，有它自己獨特的歷史命運；這命運使它更早經歷資本主義及科學主義的洗禮。它沒有中國大陸抗拒西方的激烈過程，也沒有發生五四運動中以「中學為體、西學為用」或全盤西化之間的掙扎矛盾，及其所引起的中國社會巨大撕裂及戰爭。

臺灣受到儒家思想的影響，但是不同於儒家在中國大陸是基於支配性的思想地位，臺灣比較沒有儒家在封建社會中，那種以「家天下」的深沉文化結構，因為它曾長期被西方列強統治，即使是日本殖民統治時期，臺灣雖然沒有直接擁抱西方的社會文明，但仍是以明治維新以後的日本為橋梁，接受西方文明的洗禮。佛教信仰在這裡逐漸被民間信仰及道教所融合，逐漸失去其獨特性及深厚的思想基礎。

佛教在臺灣有被消融、式微之慮，然而這樣的社會文化氛圍，卻為一個全然的文明思維之生長，提供豐富且相對自由寬廣的空間。慈濟在臺灣的誕生、發展，無疑是歷史的偶然，也是歷史的必然。

慈濟與儒家之淵源

一九六六年證嚴上人創立慈濟功德會，以「利他、度己」的理念，強調世人應「無所求的付出」。這和資本主義「先利己、再利他」的觀點是完全不同的。無所求的付出活化了佛教三輪體空的意義，讓佛教走進現代化，並賦予深刻被理解性及實踐力。

證嚴上人帶領會眾走入人群，這和傳統的佛教強調往生西方極樂世界，強調內證自明之直觀宗教有明顯的不同。證嚴上人認為淨土在人間，淨土在當下之一念心。他不只要慈濟人走入人群，更要志工把家庭顧好才能做慈濟，有別於傳統佛教最高修行境界強調之「捨親割愛」。家，是證嚴上人強調之社會重要的核心價值，這是受儒家思想的影響所致。上人早年勤讀《法華經》及《無量義經》之同時，也熟讀《四書》，這對他的思想有深遠之作用。

慈濟世界雖重視家庭，證嚴上人總是要志工們先把家照顧好才能做慈濟；而不同於中國封建社會「家天下」常隨著裙帶關係的觀念，只要有人得升進士，就能庇蔭家族，因此中國傳統儒者政治有所謂「一人得道，雞犬升天」之譏。然而，一人體悟得道，庇蔭社會得大愛，則是證嚴上人所強調。

上人教導弟子以愛家人之心愛天下人，「拉長情、擴大愛」，這將儒家在歷史上被扭曲的負面發展提供了修正，也將中國傳統社會之裙帶主義做了智慧的提升。在慈濟世界裡，我們都是一家人，但這個家，不是營一己之私的家，而是擴大愛心，去愛更多人、一起去無私奉獻的「大家庭」。

儒家的另一個思維，是要知識分子或士大夫在一生中達成「三不朽」，即「立功、立德、立言」。然而，儒家又是不強調輪回及來生的觀念，孔子總說：「未知生，焉知死。」似乎對於儒者而言，人就只有這一輩子；這一輩子總是要做到「三不朽」的任何一項，人生才沒有空過，生命才算有交代。對於現世的關懷及投入，成了儒者最重要的精神依歸。但是如果一個知識分子在僅有的一生最終未能立功、立德或立言，那他的良心及價值體系勢必產生巨大的傷痛。

在古代王朝中，士大夫之抱負、見解及貢獻的欲求，經常轉化為黨爭、政爭，此等因積極入世的趨力所產生人與人激烈爭執的人性劇碼，在歷代王朝中層出不窮。然而這樣的心理壓力，讓儒者充滿了胸懷治國平天下的道德勇氣，一方面也給予自己巨大的成就動機之壓力，以致知識分子擠在朝廷裡，一生為君王、為國家奔忙，或挫折、或哀傷、或失勢、或憂鬱，沉沉浮浮的宦海生涯，折磨著每一個士大夫，這多半和淑世的強烈企圖心有關。

慈濟對傳統儒家之省思

與儒家「三不朽」之嚴肅使命相比，佛教有一個觀點說「菩薩遊戲人間」，藉種種身行教化有情眾生。其實，人一生所經歷的一切功名成就，都是假象，都是短暫的，一切只為歷練一個更永恆的生命智慧。一個人不可以不擇手段地立功、立德或立言，因為今生造業，來生還要再報。佛教思想給予個人更高遠、更嚴謹的思維，也是更為徹底的道德境界。

善與惡，作為與不作為，都會在宇宙因果定律中兌現，都會在心念意識中永駐常存。不管世俗世界對你的作為知不知曉或如何評價，惡業或善業一切都有其因緣果報。我們的心念，生生世世回繞在永恆的意識及慧命中不斷鍛鍊。

體悟這一點，一個人自然能夠以更超越、更自在，或者更悠久的方式為生命努力。並非求功名、求文采、求美名才是不朽；不朽來自內在自性的清淨無染，永恆的追尋和奮鬥，是不離內在自性。不管身處貧窮或富貴，仕途得志或不得志，都只是為歷練心無所執的過程。

「應無所住而生其心」，自性原本就圓滿自足，何須外求。這種思維及境界，讓人們從世俗世界的捆綁中釋放開來，不致被世俗環境無止盡地牽扯，載沉或載浮。這種思維，為人們指出一條更加寬廣，更加超越的自省之法和究竟覺悟之道。原始佛教大乘之法，並沒有要我們脫離世俗世界，而是證嚴上人所說：「用出世的態度，做入世的事情。」這是不執有、不執空，既淑世又超凡的生命境界。

慈濟對末法時期迷信之修正：從出世到入世

佛陀在《無量義經》所言：「甚深無上大乘微妙之義，當知汝能多所利益，安樂人天，拔苦眾生。真大慈悲信實不虛，以是因緣，必得疾成無上菩提。」[6]無上菩提智慧之道是以利益眾生為要。

證嚴上人早年身處的世界，佛教逐漸被道教及民間信仰混淆，甚至淪為往生者的一套空虛的超度儀式。人往生了就找法師來念個經，一般人竟以為佛教是死後的超生儀式，而非生命的依歸。文人於仕途也深信，進於儒，退於道，止於佛，佛教是一切繁華落盡之後最後的慰藉，是一切生命的熱情消融殆盡之後，僅存的餘溫……

證嚴上人從自行剃度以來，從不趕經懺，他不願意佛教經典淪為腳尾經（人往生了，法師在腳邊誦經之意）。佛教必須更積極入世利益眾生，成了上人重要之生命目標及理念。佛教徒的一生追尋，也不是要往生西方極樂世界，上人說極樂世界在當下，涅槃寂靜不一定在死後，當下一念不生、一念不起，就是涅槃寂靜。

上人將佛教帶回原始精神之入世情懷。只有透過利益眾生，才能證得無上菩提。從另一個方向思考，慈濟人文是復古佛在世時的教義與精神，四大志業更是以創立適應現代社會生活背景的方式來教化大眾。

慈濟將佛教精神轉化及昇華，賦予現代化的實踐方式及價值。慈濟的環保回收及大體捐贈，把無用之物轉為大用，從這類活動之間，體會生死究竟有何差異？這相印佛教思維裡所謂「生又何嘗生，死又何曾死」，生死來去之間，只是印證生命之永恆價值在於個人對於慧命之體悟及把握。

從迷信到信仰

證嚴上人一方面努力去除佛弟子在形上思維落入斷滅空的陷阱，將一生的努力沉吟在直觀內證自明的神秘開悟經驗之中；一方面也避免把佛陀當作造物主或主宰神一樣地膜拜。

臺灣佛教徒或許多民間信仰者常常燒香拜佛，以求得平安發財。這種做法是把佛陀當作一位神祇，而不是一位生命的大覺悟者。其實禮敬諸佛是為了清淨自心，將佛陀當作一生修行的典範，所以證嚴上人更希望大家「不要求佛，而是要做一個能幫助別人的人」。

這不僅體現利益眾生的教義，也肯定了眾生皆有佛性、人人都有本自具足的自性力。上人期許慈濟人實踐付出利他之心，不要依賴神明神力，不要貪著欲求，終不得解脫；他鼓勵慈濟人從利他入門，並且從利他中淨化自心。

早期許多喜歡算命的弟子，後來皈依上人，從此不再算命、問命運。上人告誡弟子，人要「運命」，不要被「命運」支配。他說命運是有的，人的一生的確有劇本，但是憑著願力，我們可以改變它。這思維既不是命定論，也不否認命定之存在。「萬般帶不去，只有業隨身」，是上人常常強調的。

一個人學佛之後，並不是從此平安快樂，不會再有無常、不會再有逆境。學佛是要學會用正確的態度，面對生命無常的到來，然後更要融入共善匯聚的眾多因緣中，超越命定之業力，多多造福，積累福德，如此即使有重業也才可能輕受。做慈濟、行善並不是買保險，從此事事順遂，而是要能深刻體會「利他」是證悟菩提必經之道。

許多佛教國度裡充滿了貧窮及不平等。信佛難道不能改變人的處境嗎？證嚴上人不只要弟子行善積德，他更要大家以團體之力行善，創造共善之環境去改變貧窮及不幸。

慈濟人曾經到中國大陸貴州賑災，志工回來告訴上人，貴州太窮了，土地貧瘠、多山多石頭，無法耕作。他們說貴州只能用三句話來形容，「開門見山，出門爬山，吃飯靠山」。貴州的窮是歷史性的，難以改變。但是上人卻說，歷史也是人造的，只要發願，有願就有力，就能改變歷史。慈濟於是在貴州進行遷村，將住在貧瘠山區的農民搬遷，找優質土地，蓋新房，重建他們的生活，改變他們的命運。這是「運（轉）命」，而非「命運」（被命所運轉）又一次真實的實踐和寫照。

上人認為覺悟在當下、行善在當下、淨土在當下，以務實之心，經由實踐改變人為造作所產生之不幸、貧窮或業力，因為一切都是人心之造作。上人不崇尚神通，一切以科學事實做基礎，不管是治病，或人生的規劃、逆境之超越，都是以正向務實之思維為念，取代中國社會求神問卜，企望出家人展現神通廣大之神秘力量為眾生脫困離苦的想法。

上人啟發弟子「福人居福地，非福地福人居」。這種正向、自信的思維，鼓勵許多志工放棄迷信風水的習俗；而「逆境增上緣……不求事事順利，只求毅力勇氣、智慧敏睿……精進不懈」。這些都給予那些面臨逆境的人，不經由求神問卜，而是憑著一己之信心及智慧化解橫逆，展現自信豐沛之人生。

慈濟世界的科學精神

務實解決自己及社會的命運，是證嚴上人非常重要的理念，也因為如此，上人對於科學的努力及投入不遺餘力。經由科學的方法改善人的生理及環境之災害，上人創設慈濟醫院及許多分院、成立骨髓幹細胞中心、創辦理性研究方法的大學、建立高科技的大愛電視臺。

而在慈善方面，國際賑災的工程研發持續在慈濟世界裡發展。例如支持賑災的臨時帳篷，若遇到炎熱天氣，篷內溫度可能高於篷外十五到二十度左右。當時慈濟在伊朗賑災，就發現帳篷外是三十幾度，但是帳篷內已經五十多度了。因此日後上人特別請志工設計能通風、有雨水回收設備，又能以太陽能發電的簡易屋，並且利用回收紙製作，所以很環保，屋裡和屋外溫差在五度上下，屋底也墊高以解決帳篷容易進水的問題。

在環保方面，慈濟志工在上人啟發下，將每年回收的數億個寶特瓶回收處理，抽成細絲狀，然後製成衣服、毛毯以進行賑災。這些都是證嚴上人對於科技運用及獨特之創發。

科學主義表現在慈濟世界的另一面是不尚神通。佛教過去被詬病是因為強調許多神通，神通並非不存在，但是太強調就會執迷。其實若能以智慧了解各種邏輯觀念，並且依正道而行，自然能處處通達。

探索頻道（Discovery Channel）採訪慈濟過程中，得知證嚴上人每天上網看資料，用 PDA（掌上型電腦）記事，以網路視訊方式和海外志工開會，經常收看由衛星聯繫的各地大型活動現場實況，上人對於科學是力行實踐及大量運用，令他們印象深刻。一九九八年上人創辦大愛電視臺，進一步以現代傳播科技傳達人性之真美善，這也是佛教運用科學利益眾生的一大突破。

科學主義在上人身上的另一個體現和思維，就是不尚神通。證嚴上人不言神通，即使在他早年於花蓮新城鄉康樂村山下小木屋修行的過程，曾經有小木屋數日放光的奇特事件發生，但上人絕少言及。他曾回答來訪的《亞洲週刊》記者說：「那不是修行的目的。」

上人不尚神通，但並不是說慈濟世界裡否認神通的存在，只不過是不追求神通之境界。

佛教論述裡曾將人類視覺生理分為肉眼、天眼、慧眼、法眼、佛眼，這是什麼意思呢？肉眼人人有之，但肉眼所能見之事物有限，所以肉眼不及天眼。天眼能預見肉眼未能見或常人未覺之事物，天眼能預知某些事物，但不見得透澈宇宙萬物的運行規律，所以天眼不如慧眼。慧眼是指能洞察一切因緣果報之宇宙萬物內在運行之軌跡，但能夠洞見因果軌跡，卻未必有智慧能去避免或化解無常，因此慧眼不如法眼。法眼不只洞悉因果規律，還能有智慧知道如何避免問題或化解災厄。[7] 但是法眼仍不如佛眼，為什麼？因為佛眼就是愛，愛才能真正引領眾生解脫、解脫知見。

證嚴上人直接教導弟子佛陀愛的智慧，跳過容易使人沉迷的超經驗境界，直接指出究竟終極的覺悟之道，就是佛陀無私的平等大愛。

慈濟思想與西方的自由主義

慈濟以團隊行善，強調團體合心協力之重要性，其本質是植基於東方精神。這給予信奉西方自由主義及個人主義的人們，在面臨價值虛無及空洞之際，產生很大的啟示。慈濟人認為個人其實是在群體中才能得到自由，一如上人所言，一滴水能夠不乾涸，是因為投入廣大的江河大海。[8]

慈濟人見證群體無私付出之能量，在世界一百二十多個國家發展慈善及醫療等四大志業，證實群體協力之成果。在群體中，個人之能量，反而因為無私、因為大家的相互成就，能力及性格都得到更大之成長及發揮。在慈濟，制服背後所彰顯的是一個平等的心，而制服外觀所凸顯的是愛心的符碼，是人性利他的最高榮譽和象徵。

但是文明的許多發展卻把我們推出那個巨大的集體能量。現代文明教導我們——「人」的根本是自己、是自我；但自我竟是孤寂的起點。《聖經》所言，當亞當、夏娃吃了禁果，開始認識自己之後，他們開始分別了你、我，分別自己、他人和自然萬物是不相同的；這種認識竟是自我孤寂的開始，也是原罪的肇因。[9]

在歷史的進程中，我們不斷地背道而馳，將自己與一切整體之能量分離。當人類發明文字，就與萬物的實體分離；當我們發展了科學，就脫離了使人們渾然一體的宗教；當我們發展工業，就脫離了家庭；當我們發明了電視，就脫離了學校；當我們擺脫了貧窮，我們也脫離了一切權威所加諸的束縛。

聽過金錢使人自由嗎？金錢畢竟沒有使多少人的內心真正獲得自由。終於，聰明的人類逐漸找到一個屬於個人的獨立的價值觀，獨特的專長和特立的人格。但就在個人化逐漸成形之際，人們卻發現最後他必須孑然一身，面對一個充滿孤獨、茫然又危險不安的世界。

不止於此，在強調個人主義的當代，人們用盡各種方式逃離自我；渴望在無止盡的情欲追逐中，透過彼此身心的水乳交融放棄自我，亟欲在酒的迷醉中拋掉自我，沉湎在吸毒的狂亂顛倒中脫離自我，甚或埋首在工作的匆忙中忘記自我。

即使中規中矩的你會說：我沒有藉由這些放縱物來逃避自我。但是當我們翻開報紙，打開電視，就開始和群體社會相連結；當我們拿起信用卡，因著電視廣告所推介的商品而進行消費時，我們就不再是一個特立的自我及個體。一切都在群體約制中形塑著「我」，沒有人能以一個孤獨的個體存在這個世界。

而弔詭的是，在自由主義的旗幟下，個人一方面以自我之實現及自由作為最終的價值，極力宣稱擁有自我及獨立個體。但是一方面，人們又用盡各種方式在逃避自我和孤離的窘境。而在追逐自我個體發展失敗之後，當代人們嘗試著用一種散亂的、無秩序的、瑣碎的集體氛圍，取代過去秩序井然、價值縝密、群我和諧的團體模式。

在工業革命及理性主義發展之前，人類還是屬於群體社會的，在西方中世紀個人是屬於教會及家庭的。在十八世紀以前的中國，個人很難想像離開宗族的自己到底是誰？即使是李白這種浪蕩不羈的才子也要說「與君歌一曲，請君為我傾耳聽」，酒不是一個人獨飲的，是和朋友、詩及大自然相通連的。所以李白最後才會說，「與爾同消萬古愁」，這麼愁，還是和朋友一起消愁，李白再愁也要和朋友一起消愁。因為那時候的人不被視為是「個體」；個體和群體是不可切割的。

《舊約聖經》說：「父親吃了酸葡萄，連兒子的牙齒也酸壞了。」父親的行為會連帶影響孩子，換句話說，個體不存在，個人屬於家庭。而在中世紀的西方人很難想像，一個沒有上帝的世界，以及一個沒有教會的社會將是什麼模樣？且聽猶太教的牧師（Rabbi）是怎麼說：「把鄰居當作自己來愛他們，因為所有的靈魂都是一體的。每一個人都是原初靈魂的一個火花，而且所有的靈魂天生就具足這個靈魂。」[10]

在東方，兩千五百年前印度太子悉達多在菩提樹下修行，有一天他夜睹明星而開悟，在繁星點綴的星空中，他澈悟了宇宙的究竟之法。佛陀覺悟到，萬物原本都是一體的，一切都在不可思議的因緣中分離著，同時又契合著。

東西方的古老智慧不斷告訴我們，個體和群體之不可分割及相互依存之道。西方心理學家榮格（Carl Gustav Jung）說，每一個人如果要獲得生命的完整，或要取得更巨大的能量，就得讓心識通向集體潛意識。[11]

當一個慈濟的醫師在臺上和志工、護理同仁，甚或病患一起比手語，和著美麗的樂章表演出生命的感動，我們知道他是重回到群體懷裡，那是個體融合進大我之美。

當一群慈濟人在災區或環保場一起虔誠祈禱，我們說他是沉浸在大我的愉悅及虔敬中。

當慈濟人穿著整齊的制服出國賑災、親手膚慰感恩戶，同體對方的悲，理解對方的苦，我們說這是回歸到一個大愛的能量磁場裡，而那個大愛原本就在他的心裡；那是一種無私的給予，一種空，正如每一個珠子裡的那個空，能讓線穿過，能將大家都串在一起，編織成一個「大愛」廣闊的網，環繞宇宙一切有情眾生。

這是上人所創造及允諾的大我群體之美，也是個人通向自由及覺悟自在解脫之道。

西方的自由是來自社會及政治制度之保障，他的自由是外在的。但是佛教的自由卻是「定」，定亦即不被欲望捆綁的自由。佛教之所以強調「定」，而很少用「自由」這個字義，是因為真正的自由是來自內心。只有內心不再被欲望、執著、恐懼及妄想所佔據，人才真正自由；以佛教的言語來說，即是解脫。但是這項自由以慈濟意義來說，是在群體的愛中求得的。愛，是個人自由的核心，無論就環境或個人內心都是如此。

上人強調內心的自在，亦即自由，是因為愛。環境中有愛，個人便會處得很自在；個人心中有愛，他的生命就很自由喜悅。當代佛教思想泰斗印順導師，生命最後的歲月是在慈濟度過。他生病期間住在慈濟醫院，老人家醒來就是微笑，一方面是他的修行功夫到家，內心禪寂；另一方面，上人也強調，醫院裡的醫師、護士，其所有慈濟人營造一種愛的環境，讓導師住得很安心。可見上人認為個人獲致自由是環境的營造；內心能夠靜定，環境是一個因素，而且環境中「愛」的塑造，也是不可或缺。

因此，上人並不完全從內心修定作為人唯一達到內心禪寂、常在三昧的唯一途徑，環境的改造及作用仍是必要關鍵。這就是為什麼上人希望弟子能入世利他、無所求地去愛人；不只讓自我心中得到自在，也讓他人得到自在的原因。所謂「苦既拔已，復為說法」[12]上人強調，環境與身體的苦先拔除，再給予法髓，使他獲致最終內在本性的定靜及智慧，即是通向內在自由光明的究竟之道。

慈濟理念對資本主義的反思

西方哲人培根（Francis Bacon）從十六世紀當科學主義尚未到來之際，就預言科學世界的無遠弗屆將會根本改變人類。而十七世紀牛頓發現萬有引力至今，三百年來，世界的人口從一六八〇年的四億人，至二〇〇〇年到達六十多億。一個多世紀地球人口成長十六倍。[13] 人類在科學昌明之後，所耗費的資源比起之前的人類總消費要多上數億萬倍以上。

特別是資本主義社會鼓勵消費，人們非常辛苦勤奮用功，從薪資、股票權、金融投資市場努力賺取大筆金錢，然後一轉頭就拚命消費。發展，成為資本社會唯一的價值及信念，但是其最終結局是讓人落入工作消費無止盡循環中不得出離。一方面地球能源無止盡地耗損，大自然無止盡地遭破壞，已然成為當今人類繼續生存最大的危機。資本主義以利潤及消費作為基本生命之模式，已面臨嚴峻之挑戰。

二〇〇六年十二月，世界環境組織在巴黎召開會議，針對全球氣候暖化做出結論，一百多位科學家們一致認為，地球熱壞是人為因素所導致。人類過度的消費，無止盡地擴大生存面積，所造成對自然之破壞及所製造之大氣層二氧化碳含量，已經使人類之生存面臨重大的危機。格陵蘭北極冰層之快速消失，意味著地球許多的低地將迅速被海水淹沒；美國紐奧良的洪水悲劇只是《明天過後》（*The Day After Tomorrow*）電影中預警的前奏曲。

其實，證嚴上人早年在講述《法華經》時就說，天災始於人禍。而當今世界環境保護組織的結論中，證嚴上人的憂心及洞見似乎得到科學的見證及批註。

天災從何而來？從人心之貪、瞋、癡等念頭而來！人心各種毒念自古有之，為何於今尤烈？無疑地，科學的技術提升使人們的欲念更能得到擴大及滿足。藉著科技的進步，人們得以集體屠殺牛隻；許多豬隻終其一生都被關在一個僅能容身的鐵籠裡，甚至一生都沒有機會站起來過；商人用抗生素刺激雞快速生長，以便早日成為炸雞店裡的美食佳餚……

人類的生存竟是用數以億萬的生命作為代價！但其結果隨著森林消失，各種新興病毒如伊波拉、愛滋病毒等快速進入人群。隨著牛隻數億的成長，使得助長溫室效應的甲烷不斷增加；溫室效應的擴大，也使得氣候逐漸起了激烈的變化，並快速威脅著人類整體的生存。

社會的結構使人心的貪念更加擴大，現代社會的兩大結構「科學主義及資本主義」加速人心的貪念得以滋長蔓生，並且最終威脅到自己的生存。

催生資本主義的大師——亞當．史密斯（Adam Smith），在《國富論》（*The Wealth of Nations*）裡面最早提到追逐自我利益與公共利益的關係。亞當．史密斯認為追求公益其實必須來自私利的極大化，他以一位善於做弓箭之獵人為例，初期這位巧手之獵人做弓箭是為了興趣，他因為善於這項工藝，逐漸被獵人族群欣賞肯定，雖然偶爾他也會做一些弓箭送獵人朋友，獵人朋友為答謝他也會回贈一些肉品。漸漸地，這一位善於工匠的獵人，發覺他製作弓箭所得到的肉品比自己打獵要來得多且容易。於是他就專心地變成弓箭製造的工匠，亞當．史密斯說，社會的分工就從此開始。[14]

亞當．史密斯作為資本主義的理論先驅，他的理論諭示著資本主義的「分工」，意味著每一個人各盡所能，終究會得到自己及社會整體最大的利益；追求自己利益之完成，同時也會利益人群。這是影響資本主義結構極深的《國富論》一書中最基本的看法，亦即公眾利益是來自私利的極大化；私利的明智運用不但造福自己，也同時利益眾人。其實資本主義的環境底下，私利極大化的發展並不必然造成公共利益的產生。

兩百年來，資本主義標榜的私利極大化所造成的結果，不只是公共利益未如亞當．史密斯所預言的出現，反而造成世界貧富極度懸殊，生態環境前所未有之破壞。根據世界銀行統計，全球有將近三十三億人口活在貧窮邊緣，[15]全世界百分之八十的資產掌握在百分之一的人手中。[16]每四秒鐘就有一位孩童因為飢餓而死亡。我們身處之世界比起亞當．史密斯的十八世紀之社會更不公平，財富也更不平均。

資本主義社會受到達爾文主義之影響，物競天擇、鼓勵競爭，認為競爭是創造好產品及最有利於消費者的制度，在資本主義橫掃千軍之際，我們一方面要拚命工作，一方面拚命消費，如此循環周折、耗盡心力。我們信奉的科學，引導人們放棄宗教之禁錮，相信自己、信仰崇拜自己；實現自我，成了當今人們唯一的信條。

一如心理學家馬斯洛（Abraham Maslow）為自我追尋提出最有利的論證，他認為人必須先追尋生理安全感、心理需求、愛的需求、自我實現，最後才能完成社會實現。實現利他之行動，永遠擺在自利之後。自我像是今天的廣告明星看板，被高高巨大地舉起，其影響力高過上帝，高過其他任何形式的宗教信條及信仰。[17]

在這樣的情況下，各種光怪陸離之追尋及欲求滿足不斷衍生，人們將辛苦賺來的錢，在資本商業市場廣告的牽引下，盡情消費，滿足自我，不但造成社會貧富巨大差距及大自然萬劫不復的耗損，也造成自我在物化之後極度的空虛。憂鬱、自殺、集體墮落，在資本主義專業人士身上不斷擴大習染著。那是一場無聲無息的毀滅和疾病，它以自我滿足為目標，實則扼殺自我的真實需求和本來清淨之面貌。

在後資本主義時代及科學主義過度發展之後，人們開始反思這兩大現代人的神祇之荒謬及錯誤。許多人提出見解，但是未必能對於資本主義之持續擴張及科學主義之無窮魅力，有任何之修正或找出可能的出路。

有別於資本主義強調自我欲求之擴張及滿足，也不同於自由主義強調個人之權利意識，必須得到最大的保障及伸張，慈濟的思維強調自我真正的目標是內心的清淨，而這清淨是源於愛及戒律。欲望的擴張讓人永遠被欲求及貪念捆綁，不得出離。

真正的佛陀精神其實是要先淨化個人的內心，佛陀教導每個人真正不被情境所轉、不被欲求所困，這種絕對的心定，來自「戒」。所以「定」比自由更寬廣，也更根本。這個理念在慈濟世界是從無所求的付出鍛鍊起，進一步在群體中磨練自己的缺點，正因群體個人都參差不齊，所以可以將一個頑石磨成鑽石。而在愛之中，個人才得到解脫及自在。

沒有愛的社會或組織，對於個人就是捆綁，儘管現代自由主義精神宣導政治自由，經由法律途徑保障個人權利，但是在資本主義的組織中，在職場裡，我們無可迴避地全部捲入了「人我衝突及組織利益至上」的框架之中不得出離。在商業資本主義的社會中，誰真正自由？誰真正尋得自我的終極價值？誰不被競爭壓得喘不過氣來，最後以物質消費作為補償的代價，其結果很像是追逐著自己尾巴的老鼠，永世脫離不了苦欲輪回的命運。

自由，不是來自個人對於社會約制的擺脫，而是個人掌握自己心志的能力；價值，不是來自擁有多少金錢及地位，而是個人之付出和愛的能力。耶穌在受難的那一刻自不自由？他的肉體被釘困，但靈魂卻不被禁錮！自由的寬度取決於愛的深度。

證嚴上人一生絕少個人的休閒活動，他也沒有出國旅閱古跡勝景、親歷名山古剎。他的作息時時刻刻都是在為人群社會付出，他不自由嗎？他常說在慈濟人身上，看到最美好的心靈風光。上人的一生不為自己累積財富，只求眾生能得安樂，他的生命不正是因此而獲致永恆之價值嗎？

社會上常常報導三十歲就累積上億資產的傳奇故事，但是許多慈濟志工年紀輕輕就開始為社會付出愛心，到現在已經白髮蒼蒼，仍心心念著眾生得離苦，不為自己求安樂，他們的故事會更不值得肯定嗎？

物質化個人，是資本主義對於個人生命價值最大的斲傷，到頭來人變成是集體資本製造機器的一個環節罷了。連個人的休閒方式都被資本化、市場化，亦是集體化。個人在資本市場的機制中反而不見了、消融了。一切都換算成資本市場的一個數字或一個對價的工具。

如何把個人從這種不是以愛為導向的機制中脫離出來？如何把個人從物化的價值模式中甦醒過來，是佛教及慈濟世界給予今日世界最重要的一項思維。這正是證嚴上人希望「以愛為管理，以戒為制度」的精神意義。在職場，或任何場域，人與人都能以互愛為信念，深信「道德是要求自己，不是用來要求別人」。凡事以身作則，別人有錯，我們更要率先做好。這樣的思維營造的場域，是個人得以獲得真正自由及尊嚴的路徑。

不管處在何種時代，個人不離社會，社會不離個人。而組織中如果有愛，個人才真正受到尊重，個人才得以真正自由。人在生命中如果能夠去付出愛、無所求的愛，生命才不至於在物化中扭曲，才真正尋得生命終極永恆的價值。

這是證嚴上人教導弟子擺脫資本市場制約的兩大法寶。

所以，志工放下手邊工作，到災區、到醫院、到一切貧苦病苦之地，守護生命、守護愛，這是愛一切眾生。而不論人的生命、大自然的高山大海、一草一木、一花一葉，乃至一張紙、一個空罐子，都是有情眾生，都要我們去珍惜去愛護，這是上人給予慈濟志工的教導。

愛護生命、珍惜物命，十多萬位慈濟環保志工每天默默地在為大地付出，守護地球資源。他們做到珍惜物命的理想，不只要愛一切眾生，還要讓一切眾生都能愛人。這些人的生命價值都不是在資本累積及消費中尋得，不是在消耗地球資源中滿足自我，而是經由愛及利他的奉獻中獲得。

在世人汲汲營營於利益追逐、自我欲望滿足之際，世界貧富差距，人心衝突紛亂，而地球資源也加速面臨浩劫。人們是否繼續延續這樣追逐的道路，或是我們應該將已經歷時三個世紀的人類之追求，做透澈的覺醒和改變。

證嚴上人之思想及慈濟人實踐，或可提供現代人一個精神靈魂之出路，那就是愛和節制，或者以上人的話說，是「愛和戒」、克己而復禮。

慈濟思維對科層化制度之反省

許多進了慈濟的人都感受到這裡的平等及多元的創發性。何謂多元創發性，亦即一件事情的提議和發想，絕不是某一個專屬單位負全責，而是許多不同的人，不論是慈濟志業體同仁、志工或其他社會人士，都可能發想提議做一件新的嘗試，而經由共同討論獲得共識後，著手進行並圓滿成功。這是多元創發的力量，與科層化組織、權責分明或壁壘分明有相當程度的不同。

從事人文工作的也可以做慈善工作，如大愛臺於二〇〇七年提出送鉛筆到中國貴州的計畫，就十分成功；做醫療的醫生也可以投入慈善工作參加義診，或到貧戶家中打掃關懷等。醫生也參與人文工作，如擔任電視主持及積極寫書出版等。個人不被科層化局限及界定成為社會學家馬庫色（Herbert Marcuse）所說的，個人在資本社會中，成為單面向的人。[18]

慈濟四大志業一體，慈善、醫療、教育、人文之主管，每週固定在一起開志業策進會，彼此分享了解各個志業之脈動及發展，不只聆聽，還提出建言，或積極參與某些計畫，這是佛法無分別心之體現。佛弟子本應「總持一切法，行一切善……能斷勿疑，說法無畏，善能問答，說法無畏」。君子不器，更能包容每一個人的天分及創造力。

現代人無不被科層化之組織及專業主義之思想所約制，一生只做一件事，只了解某些特定的知識，只和特定的人交往，只對某些議題有興趣，對於其他廣泛的生命經驗一概關閉。在上人看來，這不是一個人的生命應有的發展；上人期許慈濟人都能真正成為一個完整的人。

立體琉璃同心圓之圓形組織概說

有別於科層化的階級概念，慈濟組織中力行實踐人人平等的價值觀；在慈濟世界，人與人之間沒有絕對的誰管理誰，而是人人以戒為制度，主動遵守規則，凡事溝通商量，取得共識，做事分工，並無明顯階級觀。不管來的是一位大企業家、老師、計程車司機，或是賣小吃的小生意人，來到慈濟做志工都是一視同仁。穿上慈濟制服，沒階級高低的分別，甫加入的大老闆或許要聽取一位做木工的資深志工之意見，以便有效地搭建好大愛屋。

八十多歲的杜俊元先生是臺灣科技界傑出的知名企業家，他也同時擔任無給薪的大愛電視臺董事長，可是他在高雄的社區裡跟所有的慈誠志工一樣，也發心幫忙鄰居掃街，而且必須值慈誠隊勤務指揮交通。

慈濟的志工組織力行上人於二〇〇三年提倡的四合一精神，分為合心、和氣、互愛、協力等四個圓形組織。一個大都會設有一合心組，合心，是由資深並有德行之志工組成，負責精神傳承及社區重大工作之方向與定位。和氣組，是以區為單位，負責企劃協調工作之推動；互愛組則由幾個里的志工組成，負責工作之分配及執行；協力組是以里為單位，承擔社區工作之落實及完成。

四合一，無大小、無科層，因為最資深的合心，回到自己的鄰里和社區，一樣要聽協力組之指揮調度，出勤務、協助活動推展等。如慈濟榮董杜俊元，是高雄市的合心組，但是他一樣接受協力幹部的調度，幫忙掃地、協助指揮交通等等。這不同於當今金字塔型科層化的組織（清楚界定領導者與被領導者之關係）。

上人對組織的理念是希望把階級形態打破，建立一種上即下，下亦為上的立體琉璃同心圓之圓形組織。這種圓形組織的建立，仍需要人人謹守本分、彼此互愛、勤於溝通、善於協力，才能有效和諧達成任務。[19]

祥和社會之道：平等愛

佛陀曾說，五濁惡世有「劫濁、眾生濁、見濁、命濁、煩惱濁」。各種「濁」似乎在當今社會一一出現。人口激增所帶來的壓力，是「眾生濁」；許多牲畜一年數十億計遭殺害，戰爭奪走多少人命，流行病讓家庭失去多少親人，這是「命濁」；科學專業愈發達，人與人的意見愈形分歧，乃至宗教間分裂愈來愈大，這是「見濁」；資本物質愈發達，心靈愈空虛，自殺憂鬱症逐漸成為社會頭號的殺手，這是「煩惱濁」。而這一切現象就是人類導致「劫濁」的宿命嗎？

證嚴上人說：「來不及！」正是因應「劫濁」的各種亂象，期待大家為災難世間多精進付出所產生的急迫感。他呼籲「心寬念純、美善人生」。人因為執著而苦惱、因貪婪而殺戮、因缺愛而煩惱，這一切都必須重回到如何保有一顆單純的心靈，及尋獲純淨的人與人之關係。

上人主張在一切情境下皆不對立，這是平等愛的一個關鍵意涵。身處劫濁之各種對立衝突，堅守用愛回應仇恨，是解決今日混亂世局的關鍵。

一九九八年，上人在印尼排華暴動之際，希望印尼慈濟人不要逃離，要用愛繼續回饋。二〇〇二年，雅加達發生水患，市區最髒亂的河流，又稱為黑色心臟的紅溪河災情慘重。居民原本沿河築屋，與垃圾為伍，印尼慈濟志工在上人的指示下，五管齊下——抽水、清垃圾、消毒、義診、蓋大愛屋。

一年後紅溪河亮麗起來，居民搬進大愛屋，幾世代的夢想竟這樣奇蹟式地實現，從此，印尼人開始對華人改觀。總統梅嘉瓦蒂親自到大愛村參觀，她留下深刻感動的記憶。印華對立氣氛逐漸消融，被禁止了三十多年學習華語的政策，竟然解凍了！華人也在印尼找到真正的尊嚴及地位。這種價值及尊嚴不是以金錢換取，而是用愛回應仇恨的甘美果實。

在宗教對立衝突的今日，印尼伊斯蘭教習經院在接受印尼慈濟志工幫助之後，他們開始學習靜思精舍自力更生的生活方式，開始研讀證嚴上人的《靜思語》。習經院每一間教室高掛證嚴上人的法照，伊斯蘭教兩千名學生開始穿上慈濟背心當志工。

而當慈濟在海嘯災區亞齊幫伊斯蘭教徒蓋清真寺時，一種化解人心對立的新文明已然產生。那即是宗教之真義，不僅是對於正確教義之堅持，而是能彼此同理和關愛。在這裡，覺悟的情感超越思想的執著，將不同的人們緊緊地連結在一起。

所以，「見濁」之化解來自情感，來自愛，而非思維的論證。

慈濟宗門不是開宗立派，而是人類精神文明一個新的展現及體驗；是東西方文明經過幾百年衝突交融之後，一種全新的價值再造；在集體及個人、自利及利他、對立與共融之間，得出一個嶄新的見解及實踐方式。

經由利他，人才真正利己；經由群體，個人才重獲寬闊的自由；經由尊重，人與人得以同理和諧；

經由感恩，人將確認自我之價值，並達到社會平等公義。

而最後，也是最重要的，這些價值，個人都必須經由實踐而獲得，經由堅持不懈而得救。

第4章 慈濟圓形賑濟模式

慈濟慈善從三十個家庭主婦開始，五十五年後成為華語世界最大的以信仰為基礎的宗教NGO。慈濟基金會的核心價值非常重要，遵循「核心價值」，而非策略，是慈濟在各地賑災成功的關鍵因素。

慈濟的核心價值觀是無私的付出，不僅無私付出，付出還要感恩。慈濟人每次幫助受助者，都要向受助者鞠躬，因為慈濟人認為他們是如此幸運，能成為給予者，為社會做貢獻是他們的福氣。從苦難中學習，證嚴上人說，以苦難為師，因為苦難教導、賦予我們生命的智慧。所以，從受苦的人當中學習，讓慈濟人帶著感恩心投入賑災濟貧的工作。

當談到慈濟的慈悲與動員時，慈濟所依靠的核心能力就是「信念與原則」。慈濟的信念是依循證嚴上人的理念，「付出無所求，付出還要感恩」。這樣的信念讓慈濟志工以強大的心靈素質從事慈善。其理由為何？因為付出無所求是一種內化的信念，它不是依賴外在驅策，不是追尋外在肯定，因此不會因為外在的不要求、外在的不肯定而鬆懈付出的心，更不會因為外在的壓力或困難而生退轉心。所以，證嚴上人特別強調「不請之師」，這是出自《無量義經》的教法，當眾生的不請之師，眾生的大良福田，眾生的大醫王；「苦既拔已，復為說法」。[1]

一位資深志工在過去深入中國大陸賑災，碰到很多困難，心中諸多挫折，回到靜思精舍之後向證嚴上人訴苦。

上人問他說：「是誰要請我們去的？」志工答：「是我們自己要去的。」

「所以我們甘願做，歡喜受，不只歡喜受，還要心存感恩。」上人給這位志工的訓勉如此。

甚至一位志工碰到某一政府給予的層層關卡，一下說許可，一下又否決。志工打電話向上人匯報，說這裡的工作很困難，做不下去了。上人聽完反而要志工去感恩政府官員。上人跟志工說：「他們一定是有層層的意見，基層官員才會舉棋不定，他們很辛苦，很盡力要幫我們忙。你要想想我們幫助的是百姓，百姓在受苦，你們要會去向官員表達感恩。」志工聽取上人的意見回過頭向官員表達感恩，結果，出乎意料，過不了多久，官員便允許慈濟發放，皆大歡喜。

「付出無所求」使得志工自動自發地為苦難人付出。只有「無所求」，才能夠真正找到生命的力量，找到自我心靈的驅策力，很無私的、很單純的、很同理的為眾生的需要考慮，為苦難人設想，進而解決他們的困難。

慈濟的賑災，除了信念，原則的重要性也是慈濟締造賑災成果的因素。慈濟的原則吾人歸列有下列九項：

慈濟賑災的原則第一、是「直接」原則；對於慈濟人來說，直接發放是必須的，慈濟通常不會將物資交給其他單位去完成賑災的使命。當然新冠疫情期間因為疫情的緣故，慈濟與世界各地的非營利組織合作，讓他方發放物資。這種協同模式對於慈濟是一種新嘗試，且成果顯著；慈濟援助因新冠疫情的國家地區超過九十五個。

慈濟「直接」發放的模式有很多重的意義：一、確保將物資給予真正需要的人。二、給予需要的人不僅僅是物資，也給予慈悲和愛；這種對於受助者的愛與慈悲，創造了愛的循環，讓受助者也能投入做志工，投入社區繼續幫助其他需要幫助的人。三、對於志工而言，通過這種給予方式，能夠啟發自身的慈悲與大愛，透過這種慈悲心的啟發改變志工的生命與生活。

第二、「尊重」。尊重受助者的需要，尊重當事者的感受，尊重受助者的文化與信仰，是慈濟要求志工的原則。因為尊重，所以才能締造愛的循環。

第三、「重點」。當一個區域發生災難時，慈濟會選定一些最關鍵與嚴重的地方，將大量的資源投入在重災區。

第四、「安全」。慈濟不會犧牲志工的安全去賑災，保障志工生命安全極為重要，不只是對於投入志工的保護，也是讓更多投入的志工，對自身的安全有信心。

第五、「自費」。每個人都自願付費做慈善事業，包括國內或國外。他們支付機票和酒店費用，他們支付一切。

第六、「十戒」。遵守慈濟的十條戒律。賑災團進團出，不抽菸、不飲酒、必須茹素、不受招待等。

第七、「不涉入、不談論政治」。不只在臺灣及中國大陸，慈濟志工在賑災之際，強調絕不涉入政治，慈濟在各地與政府密切合作賑災，包括造冊、發放地點、發放模式、發放協助等，但慈濟堅守與政治無涉，對於任何政黨或政治保持中立態度。

第八、「不傳教」。慈濟對於受助者不分宗教種族與國籍，慈濟的信念是不會刻意向受助者傳播佛教教義，但是如果被問起慈濟是何團體、慈濟的理念等，慈濟會說明自身的信仰與理念；不刻意傳播信仰，是慈濟賑災的一大特色。

第九、「不宣傳」。不宣傳、不渲染他人的苦難。

遵循信念和原則，是慈濟的核心能力。哈佛大學李奧納（Herman B. Leonard）教授的觀察：「正因為慈濟依循著信念，非策略，使得慈濟在全世界的急難賑災中有很好的應變能力。」因為災難發生時間不可預期，發生的地點不可預期，發生的規模不可預期，造成的傷害不可預期，當地政府與民間組織的應變能力不可預期，災難之後的社會動盪情況不可預期，有無接續下一波的災害來臨不可預期？這六種不可預期，使得任何事先擬定安排的策略都會失靈。信念的積極性在於，當志工或賑災投入人員依循信念的動力，決心要幫助受難者，他們會用盡一切的方法與模式，來突破困難，解決問題，完成賑災使命。如同李奧納的陳述：「慈濟允諾哪裡有災難，他們就要往哪裡救援。」「遵循信念而不是成果的模式，讓慈濟能成為高度適應環境的團體。因為不是追求成果，而是體現信念，這是慈濟模式。」[2]這種模式好不好呢？不追求成果，就沒有成果嗎？其結果剛好相反，慈濟以信念為核心，以價值導向的模式，反而締造驚人的成績，在全球一百二十多個國家地區開展慈善工作。

其理由為何？如老子所言，無為而無不為，因為是信念為核心，價值為導向，所以不會有追尋短暫成果，乃至成果未果就撤退，也不會成果已作就歇止、停滯，因為信念與價值的驅動，會導向新的議題、新的需求，繼續為當地付出服務。這種信念導向的模式，使得慈濟更能在緊急賑災之後，在當地開拓社區志工，繼續為當地的弱勢者提供援助。從緊急賑災到長期耕耘社區，是慈濟在眾多全球慈善組織中最大的特色。

慈濟賑災的圓形模式

圓的核心是信念，如前所述，遵循信念，慈濟志工深信他們必須無私地奉獻，而且哪裡有災難，希望慈濟人就能在那裡。通過幫助他人，體現利他的情懷，也可以淨化自我心靈；通過社會實踐，完成自我實現。慈濟秉持的信念，不是先事業成功再投入做慈善，而是能先投入公共服務，才能更好地完成事業，完成自我實踐，通過慈善實現社會正義，達成對所有的人付出平等愛的理想。

本文分析慈濟緊急賑災到落實當地社區的日常服務之步驟及模式。慈濟除了信念與原則外，吾人進一步分析慈濟如何有效地組織賑災工作，進而發展長期社區服務的方法與模式。慈濟緊急賑災的模式不是一個直線的模式，換言之，不是一個固定的步驟到下一個固定的步驟，而是一個圓形的模式，任何一點都可以是起點，任何一點都可以是中心點。吾人試著以十二個中心點分析慈濟圓形的賑災模式。

這十二圓點分別為：主動（Initiation）、協調（Coordination）、評估（Evaluation）、執行（Execution）、啟發（Inspiration）、賦能（Empowerment）、應變（Responsiveness）、整合（Integration）、協同（Collaboration）、重建（Rebuild）、適應（Adaption）及永續（Sustaining）；這十二個圓點構成慈濟賑災的圓形模式。因此以下我將慈濟賑災的十二個元素，稱之為「圓素」，以代表圓形的賑災運作體系裡，每一個人、每一個單位、每一個項目都可以成為中心點。

圓形賑災模式的第一個圓素是主動（Initiation）：任何災難一發生，慈濟志工不是先回報慈濟本會（花蓮靜思精舍——慈濟基金會總部之所在，慈濟人稱為心靈的故鄉）獲得批准之後再投入賑災，而是任何一地有災難發生，當地志工就近主動地投入。臺南曾有一次遊覽車翻車，救護車趕往現場，一位志工在開車，看到連續幾輛救護車疾駛而過，他本能地直覺有災難發生，於是他掉頭跟著救護車，到達現場，原來遊覽車翻覆山腳下，多人被困住。這位志工於是打電話給家人，要家人帶志工制服給他，他同時調度當地志工趕快馳援。這是慈濟主動的模式，在任何災難發生之際，立刻馳援。九二一大地震，第一位到達現場的志工是五十四秒，他就住在地震受害區域，立刻投入救助鄰人，然後再把圈擴大，號召更多的在地志工投入。這是主動的賑災模式。菲律賓發生在二〇一三年的大型風災，海燕颱風（Typhoon Haiyan）造成巨大生命與財產的損害。菲律賓慈濟志工在第一線快速動員投入救災。他們第一步就是提供物資與飲水，供安置的災民使用。這一階段的主動賑濟，是先行動，不是取得花蓮慈濟本會同意再行動。

在地啟動（Local Initiation）一直是慈濟賑災的重要原則。志工平常在社區大量例行的慈善工作，一旦有重大災難，無需太多的溝通，可以立即主動地啟動。

圓形賑災模式的第二個圓素是協調（Coordination）：如同九二一大地震的第一位志工，臺南遊覽車翻覆、桃園的華航空難事件，在當地志工主動投入獲得初步的訊息與救援之後，他們會開始連結廣大的區域志工投入，視災情大小，擴大投入志工的數量與範圍。同時開始回報慈濟本會，慈濟本會接到訊息後，會逐步彙整各方回來的資訊，了解當地的情況，立刻協調必要的資源以協助第一線的賑災行動。這是一個圓圈的效應，如水的漣漪逐步擴大動員的程度與範圍。慈濟的協調是多向度的，非單向度的協調；志工會跨區域尋求必須的資源，慈濟本會會調度地區甚或全球的資源投入。一切似乎都在一種默契和合中完成，因為大家有一致的核心信念，付出無求，戒律自持，在多面向的協調中才沒有紊亂的現象發生。

圓形賑災模式的第三個圓素是評估（Evaluation）：以二〇一三年菲律賓的海燕風災為例，包括獨魯萬（Tacloban）、奧莫克（Ormoc）等城市遭受非常嚴重的破壞；幾座城市近百分之八十的房屋被摧毀，是超級颱風造成的嚴重毀滅性災情。

從初期探勘的慈濟志工傳回慈濟花蓮本會的畫面顯示，海燕超級颱風之巨大，甚至將船推向陸地，大船撞向陸地、壓倒了一棟大樓，當時這棟大樓裡有五百人在裡面避難，結果這五百人全部罹難。慈濟從菲律賓分會到花蓮本會，全面性發起救濟災區的行動；當地志工和慈濟其他國家的志工一起到災難現場，了解評估受災的情況之嚴重程度，以及規劃慈濟能為災民做什麼。慈濟志工先做調查，一小群志工先到現場調查，以充分了解現場狀況，破壞的規模、受難者的需要，以及政府的效率如何，這些都包括在調查之內。慈濟志工通過視訊會議直接與總部連線討論賑災的執行方法，賑災執行會議通常由證嚴上人主持，本會的主管們出席參加，很多時候，各地支援的主要志工也會參與會議，提供意見與支援。海燕風災後的情況，由資深慈濟志工與慈濟花蓮本會參與評估和判斷，證嚴上人指示慈濟必須以清理城市為首要任務。

圓形賑災模式的第四個圓素是執行（Execution）：執行的啟動與初始的主動賑災不同的是，在這個階段，慈濟已經找到可持續的執行模式，找到資源的配置方法，選定有需求的災區，開始有計畫性、有規模性地執行賑災。

慈濟在菲律賓海燕風災的執行計畫就是以工代賑。當時因為災難巨大，根據第一線的志工報告顯示，幾近百分之九十獨魯萬的房舍都已毀損，包括全損或半損。大量的災民逃離市區，垃圾與瓦礫塞滿都市的街道，滿目瘡痍，政府甚至一度傳出準備棄城。就在這坐困愁城之際，慈濟發起「以工代賑（Cash-for-Work）」，讓災民用自己的雙手清洗家園，清洗社區，清洗街道。

慈濟每天發給參與清掃的居民五百比索，清理自家和社區，而慈濟則動員大型卡車運載垃圾，因為一旦垃圾清理乾淨，就需要搬運。菲律賓慈濟志工從其他島上動員資源，因為獨魯萬市基本上已經被摧毀，只能從外地將必要的設備用船運載到獨魯萬市。一開始居民不相信慈濟會願意支付五百比索讓他們清理家園，他們當然會疑問：「我們清理自己的家園，然後你們會給我五百比索？」一開始來的人很少，兩天之後，從數百、數千，三天後，一日超過一萬五千人加入「以工代賑」的行列。

慈濟的以工代賑一開始遇到許多的挑戰，慈濟給予五百比索，聯合國當地的救難團隊反對慈濟的做法，聯合國官員說，菲律賓的普通工資只有二百比索左右，慈濟支付的太多了，違背常理與ＮＧＯ的共同條件。慈濟向聯合國說明，五百比索不是工資，這是救濟，即使居民不做清掃工作，慈濟仍然會支付這筆以工代賑的款項。當地政府官員也警告慈濟，說慈濟有點近乎愚癡，官員說：「他們只會拿了你的錢，然後回家睡覺。」慈濟還是說：「沒關係，這是我們給他們的，我們也會以任何方式向他們說明以工代賑的意義。」

與聯合國一樣開展執行以工代賑，但成果差異很大。獨魯萬與奧莫克兩個城市，在慈濟的帶領下，三週內已十多萬人次參與，將整個城市清理乾淨。但是聖荷西市（San Jose）是聯合國認領，每日投入兩百人，還一直在清理之中。其中的不同，就在於慈濟的第五個圓點，啟發。

圓形賑災模式的第五個圓素是啟發（Inspiration）：對當地居民的鼓勵與啟發，對於慈濟的賑災圓形模式至關重要。

慈濟以工代賑的成功主要是對災民的鼓舞。慈濟志工鼓勵他們用愛心來清理和重建城市。啟發才能賦能，一開始，只有五百多人加入慈濟的以工代賑，幾天後每天有一萬五千多人加入。每天在清理工作開始之前，慈濟志工帶領所有參與的居民一起祈禱，一起唱歌，「我們都是一家人」。慈濟人和他們一起跳舞，在清掃前，宛如一場神聖、莊嚴又歡樂的彌撒。當這些災民與慈濟志工一起祈禱時，他們顯現極高的虔誠。雖然宗教不一樣，慈濟是佛教，災民是天主教，但是為苦難與希望一起祈禱，這給所有的災民實質的啟發力量。他們祈禱城市能夠重建，他們感恩慈濟給他們帶來希望。

在早晨出發之前，慈濟向前來以工代賑的災民說明慈濟的賑災善款如何募集，所有的善款都是來自全世界的愛心，甚至是窮困的海地、南非、辛巴威等國家。慈濟基金會是如何從三十位家庭主婦每天五毛錢開始啟動愛心，直到全球的慈善足跡，在場的許多災民在這樣的氛圍中感動得哭了。

慈濟不監督他們的工作，每個人都是憑著良知與愛心去清理家園。當地政府官員曾警告慈濟，他們拿了錢後會回家睡覺，但是慈濟依然堅持不監督的原則。他們每組十人，設一班長，在祈禱之後，在自己所屬的區域，用自己的方法清理家園與城市。清理城市的第四天，一位居民拿著錢要還給慈濟。當志工問她原因，她說，過去四天她都拿了錢，但待在家裡，沒有加入清掃，當她聽到慈濟的善款是如何募集，她覺得很慚愧，她不值得拿這些錢。慈濟志工告訴這位居民，錢要拿著，這本來就是要給你們的，妳今後要好好地加入清理家園的使命。這位女士很感動地對志工說：「我以後要當志工。」清理城市的第十九天，兩座原本形同廢墟的城市——獨魯萬與奧莫克全部清理乾淨，街道重新暢通，河流又能輝映白雲。聯合國認養的聖荷西市經過三個月，仍然未清理完畢。

圓形賑災模式的第六個圓素是賦能（Empowerment）：菲律賓慈濟志工只有數百人，比起臺灣慈濟志工動輒十萬、百萬人。臺灣在二〇〇九年的莫拉克風災之際，動員數十萬志工人次到南部高雄、屏東進行清掃，讓莫拉克風災後的臺灣南部城市恢復功能與風貌。但是菲律賓慈濟無法動員這麼多慈濟志工來清理城市，唯一的辦法就是動員當地災民。然而，面對災民絕望的心情，一場風災奪走他們的家人，他們可能失去一切的財產、房舍，他們深陷絕望的情境中，如何把他們的信心激發出來？

慈濟輔導療癒之法一向的思維是，引導受創者「在為他人的付出行動中，超越自我的哀傷」。其實以工代賑不只是恢復城市，它的本質就是自我心靈的療癒。通過清理家與城市，讓自我恢復信心。「賦能」是恢復城市與恢復心靈力量的良方。

在清理城市的過程中，慈濟並沒有足夠的設施或工具提供他們清理。災後滿目瘡痍，不可能瞬間取得清掃工具給災民，以工代賑的災民只能憑藉雙手清理。人們總是可以智慧地找到自己的方法完成任務。從慈濟的紀錄資料中，我們看到獨魯萬與奧莫克的災民，不管是孩子或成人，攜帶不同自家或路旁的木板、香蕉樹幹當工具，一起清理城市。一條原本被垃圾塞滿的河流，清理後，湛藍的河面清澈見底。最後，慈濟舉辦大型祈禱會，與居民一起慶祝城市的重建。

圓形賑災模式的第七個圓素是應變（Responsive）：當初每天五百比索，聯合國認為太多。後來城市清理之後，市場逐步恢復了。但是物品價格提高了，因為物資還很稀缺。所以五百比索證明不會太多，而且災民的經濟收入仍然不足。因此在以工代賑之後，慈濟繼續規劃發放每戶慰問金三百美金。

在災後不到半年的時間，慈濟總共對獨魯萬和奧莫克的居民捐贈超過六千萬美元。慈濟當時第二波的慰問金其實承擔高風險，因為現金的發放以菲律賓的治安是一大挑戰，在警察都無法完全信靠的社會，慈濟志工靠自己的系統從馬尼拉搬運六千萬美元的現金。現金到達獨魯萬之後的安全問題如何解決？二〇〇九年凱莎娜颱風（Typhoon Ketsana）馬利僅那市（Marikina）風災之後，慈濟培育一群在地志工。「賦能」的成功使得馬尼拉的在地志工協助存放數千萬美元的現金。慈濟讓當地志工以手提箱，從馬尼拉把錢帶到獨魯萬；不由華人提手提箱，因為華人的手提箱容易成為歹徒覬覦的對象，在馬尼拉的在地志工馳援獨魯萬，他們拖著裝滿現金的行李箱，搬進他們自己的房間存放，再由志工們，包括華人及菲律賓在地志工一起，每三百美元裝成一信封袋，準備發放給災民。每戶家庭三百美元，慈濟以尊重的方式發放，所以設計裝現金的信封袋，附上證嚴上人的英文慰問信與卡片。志工連夜摺疊信封，把現金放進信封裡，應變十分迅速。

圓形賑災模式的第八個圓素是整合（Integration）：在這個時期，慈濟已經動員來自臺灣、中國大陸、馬來西亞、印尼、美國、澳大利亞的志工，慈濟必須把所有的力量都融合在一起，因此舉辦大型發放，現金、毛毯、生活物品。慈濟發放的毛毯是慈濟基金會來自中國大陸志工製作的，是由慈濟志工回收塑膠瓶之後，經由慈濟的大愛感恩科技公司所製成。七十個塑膠瓶就可以生產一件毛毯。

慈濟也提供自行研發的摺疊床。摺疊床可以方便地摺疊起來，可以扛，可以坐，可以躺。尤其是二〇一五年的尼泊爾地震，災後七月份雨季來臨，災民住在帳篷內，需要可摺疊的床，因為雨水一來，不可能坐在地上。慈濟的摺疊床獲得德國紅點設計（Red Dot Design Award）及美國匹茲堡國際發明展（Invention & New Product Exposition，簡稱 INPEX）的創新設計獎。

在物資與現金發放之際，還有一條動線是義診。義診醫師包括菲律賓本地的醫師、臺灣慈濟醫院的醫師，以及慈濟海外分會的醫師加入，提供災民免費的義診。除了義診，醫師也深入家庭關懷。一群華人醫師與兩位來自瑞典的醫師，他們挨家挨戶地拜訪災民，一個接一個地，給人們提供精神安慰，醫師與災民交談，擁抱他們，膚慰他們。

動線另一頭是煮香積飯熱食，這種香積飯是慈濟自行研發，包裝成一小包乾燥米，只要倒入水，三十分鐘後就變成了米飯，香積飯可以在災難現場進行烹飪。

圓形賑災模式的第九個圓素是協同（Collaboration）：慈濟內部把不同的資源都整合一起，開展慈善的各種面向，包括物資發放、現金發放、提供熱食、舉辦義診等。慈濟也同時尋求與外部機構的協同合作，從當地政府，到非營利組織、天主教教會，以及聯合國救難組織，進行對話與合作。聯合國清理聖荷西市成效不顯著，後來請慈濟給予協助；慈濟接手後，一週之內，在當地災民的投入下，果然將聖荷西市恢復乾淨的市容，這是慈濟重視對當地災民的啟發、激勵、賦能，使得慈濟締造很高的重建效能。

慈濟也跟當地教育局合作，開始興建臨時的避難所和教室。慈濟的臨時教室先在臺灣進行模擬，然後將整包物材與技術轉移到菲律賓，轉移到獨魯萬，為當地孩子建造教室與校舍。

圓形賑災的第十個圓素是重建（Rebuild）：重建對慈濟而言是心的重建，不只是物質或建築的重建，而是心靈的自發性與付出愛的動力。慈濟志工引導當地居民從「受助者」轉變成「助人者」。慈濟志工在每一個義診場所，在每一個發放現場，都發起慈濟當年的「竹筒歲月」，投銅板助人。慈濟志工希望災民也能夠捐一分、五分，用於社區長期的救濟工作。這錢數金額很小，但是慈濟認為其中的意義很重大，因為這是轉化受助者成為助人者的發軔。最終，給予者和接受者都在相互給予。慈濟在舉辦大型祈禱會後，引領當地災民參加慈濟的培訓課程，希望他們成為社區的志工。約莫有一萬人次，在這次風災之後接受慈濟志工的培訓。

這是體現佛教慈悲等觀的哲學。沒有給予者，沒有接受者，連給予本身都超越。讓他們捐一分或五分來重建整個城市，這讓他們感覺更好。他們也都在給予，他們不僅僅是接受者；他們不只是被保護，但是他們也自我保護，自我驅動，自我激勵。雖然只有一分、五分，但對他們來說，至關重要的是啟動他們的慈悲心與信心。

慈濟重視心的力量。因此總將城市的信仰中心成為慈濟重視的重建重點。獨魯萬的天主教教堂，在風災中被摧毀，屋頂掀開，牆壁倒塌。獨魯萬的神父和主教與慈濟商議，讓慈濟為他們重建教堂。證嚴上人在給教堂重建的過程中，送給市民一句話，他說：「信仰，是這座城市的基石，是人民生命的依靠，應該盡快地重建起來。」慈濟投入二百萬美元，在很短的時間內，重建了教堂。一個佛教的慈善團體幫助比它大得多的天主教教會，重建教堂，這是慈濟超越藩籬的重建理念。

二〇一四年奧莫克市長來臺灣花蓮會見慈濟創辦人證嚴上人。市長其實擁有很多城市的土地，那是世代留下來的。市長想提供慈濟土地，為災民建村。慈濟的重建是「安身，安心，安生活，安居，安學，安山林」，所有這六個元素必須融合在一起。同樣地，可以提供居民安居的特殊組合屋，慈濟先在臺灣建造，建造者主要是慈濟志工，不是基金會同仁。他們在臺灣做好模板，建立房屋樣式及結構，然後轉移到菲律賓的獨魯萬和奧莫克。慈濟在奧莫克市興建五百棟房子在市長提供的土地上。與當地政府的合作，對慈濟的救援工作至關重要。大愛村重建之後，市場機制又建立了，地方經濟開始復甦。

圓形賑災模式的第十一個圓素是適應（Adaption）：適應本土的需求，讓志工精神在地化。慈濟的適應圓素，意味著希望動員當地志工，在當地的社區服務、付出，而不是一直依靠來自海外的慈濟志工來支持濟助弱勢家庭。動員當地居民為自己的社區服務，慈濟成立人文培訓項目，為當地志工提供志工服務的範例，讓他們接受慈濟的方式，但不改變他們的信仰，他們仍然是天主教徒，但是他們服務的方式，學習慈濟，成為慈濟在當地的志工，長期濟助社區需要幫助的人。這是慈濟所創造的愛的循環，從緊急賑災，到長期重建，到深耕社區。

圓形賑災模式的第十二個圓素是永續（Sustaining）：在地社區志工的養成是可持續性的關鍵，當地生計的開展也是可持續性重要的一環。慈濟鼓勵大愛村的居民做手工麵包，做服裝，做各種手藝，為自己謀生。可持續性，讓居民在新的地方、新的世界，繼續他們的新生活。慈濟希望締造居民的新生活，不只是經濟物質的充裕，更是愛的充裕。社區志工的長期投入，讓貧富之間差距縮小。一個祥和的理想世界在這樣一個五百戶的村落中生根茁壯。

圓形賑災模式建構在這十二個圓素之中。以信念為核心，環繞著價值與原則，慈濟志工在全世界，在災難發生之際，自動發起、協調、評估，然後付諸執行；啟發當地人民、賦能、回應解決他們的基本和重要的問題，然後整合不同的資源在一起，並與當地或國際非政府組織合作，進行重建；繼而適應深耕當地，創造文化的連續性。文化連續性亦即慈濟必須建立在地居民可以理解與學習的文化生活模式，以他們能理解的方式，給予他們慈濟的信念與價值。文化連續性能成功在於受助者覺得，這是他們歷史中長期存在的文化元素，他們才會接受。慈濟感知並提供給他們某種共同的價值，才能締造永續的發展。

如同慈濟在南非，南非有上萬慈濟志工，他們是祖魯族人，他們都是新教徒，他們從慈濟的受助者，到成為慈濟志工。南非志工在參加慈濟慈善活動之際說：「我們是在做上帝的工，通過慈濟我們更接近上帝。」這即是文化的連續性。慈濟賦予他們的價值與給受助者的文化理念一致。

當慈濟建構永續性的社區志工體系之後，懷抱著相同的「信念」，只要當地有任何的災難，當地志工會自動「啟動」賑災，然後「協同」社區志工、花蓮本會的資源或全球的慈濟資源，進而「評估」災民之所需，「執行」賑災計畫。然後在新的賑災行動中，「啟發」更多人的慈悲心，然後「賦能」讓他們逐漸具備志工精神；在「整合」慈濟內部的資源之後，必須能「應變」當地之所需，同時「協同」各機構與政府的能量，進行「重建」。重建之後，能將慈濟普世的人文價值「適應」於不同的社區或文化環境裡，進而締造新的「永續」發展的社區志工；這就是慈濟圓形的善循環模式。

圓形模式中每一點都是中心點

慈濟的圓形賑災模式的特點是——每一個點都是中心點，就像圓球上的每一個點可以成為中心，有任何的災難發生，全世界的資源都會匯聚過來；只要有一個點、地區，自動地啟動賑災，其他地區的志工、慈濟本會都會進行協調，給予及時的資源，因為以信念為核心的組織，每一個地區，每一個點都是中心點。只要信念與原則不變，各地志工都能以這十二圓素發展出慈濟賑災的社群，這模式是可以複製的，是可以不斷地發展，可以適應不同區域的需求。

它不是金字塔型的組織，一定要等到決策單位同意，才能啟動，必須依賴決策核心認可才能進行協同。圓形賑災模式是自由的，每一個點看到其他的「地點」有需求，在遵循信念與原則的前提下，都可以賦能，可以轉移執行模式。如慈濟發跡的「竹筒歲月」，每天五毛錢可以幫助人，作為慈善模式，這模式可以運用到菲律賓的急難賑濟現場的投銅板；可以在緬甸成為農民捐一把米的愛心付出；可以是美國 Give Me Five 的網路線上小額捐款。這些複製不需要批准或報備，各地區都能互相學習。

另外，十二圓素的每個圓素都可以是「起點」。我們以菲律賓作為主動啟動為中心的賑災例證，繼續探討慈濟如何把這十二個圓素中的每一個圓素都可以成為中心點，然後由這每一個中心點開展各項慈善工作。

圓素二：「協調」作為賑濟的起點

一九九一年中國大陸華東大水災，當時兩岸關係處於非常低點。在六四之後，世界也視中國大陸為畏途，鮮少接觸。就在這個時候，一場大水，淹沒華東地區將近十個省份，其中受創嚴重的安徽、河南、江蘇等地，影響所及，超過一億多人。證嚴上人在報紙上看到這則消息，很悲痛。他囑咐基金會副總執行長王端正先生規劃前往中國大陸賑災。王端正先生先詢問當時的陸委會主委馬英九先生，是否能同意慈濟前往中國大陸賑災？馬英九先生回函表示認可同意。

王端正先生與幾位志工陪同起程前往中國大陸北京會見中國大陸政府，表明希望前來賑災，協助水患災民。一開始政府的態度是希望慈濟捐錢，而不是前往災區直接發放。但是「直接」是慈濟的慈善賑災原則，因此協調就觸礁了。正當王端正先生一行考慮回臺灣之前，一天下午，王端正先生接到民政部副部長閻明復的來電。閻副部長在電話中說：「聽說你們早上談得不好，我們能否再談一談？」王端正先生就與閻明復副部長見面商談。閻副部長的態度很開明，他說：「臺灣同胞即使捐一塊錢，我們都很感恩，看我們能協助你們什麼？」王端正先生向閻明復副部長說明慈濟此行賑災的幾項原則：一個目的、兩個原則、三個不為、四項物資、五項協助。一個目的是賑災；兩個原則是直接、重點；三個不為是不宣傳、不談政治、不刻意傳教；四項物資是指發放的各類物資，五項協助指的是希望政府給予五項行政上的協助。

閻明復副部長認同慈濟的原則，表示慈濟要去哪裡勘災都可以。王端正先生說，能夠到重中之重的災區，這是慈濟直接重點的原則。閻副部長隨即答應協助。於是王端正先生一行前往河南固始、安徽全椒、江蘇吳興等三個地點勘災，並在同一年響應證嚴上人「一粒米中藏日月，半升鍋裡煮山河」的呼籲，發起大陸賑災。這一開始的大陸賑災，至今慈濟已經投入中國超過三十個省市自治區進行慈善工作。包括現在中國大陸在地志工在各主要城市投入慈善，人數已超過萬人。

這是慈濟從協調為中心點，逐步拓展慈善賑災的各個圓素，最後臻於「適應」到「永續」，完成慈善在地化的理想。

圓素三：「評估」作為賑濟的起點

慈濟以「評估」方式於二〇〇六年在中國大陸河北省的淶源縣進行扶貧紓困。淶源縣是河北省的一個窮困縣，地理上處於河北與山西的交界，偏遠山區，古稱涼城，氣溫很低。縣城只能靠一條山路進出，拉煤車輛日以繼夜地從山西拉煤礦經過這個縣市。當地工業落後，農業不彰，因為山區雨水不穩定，無霜期很短，玉米不是被雨水打壞，就是因為冰霜期早到，玉米無收成。在中國大陸扶貧中心的引薦下，慈濟從本會指派幾位主管及志工，結合北京及上海志工一起前往勘查。[3]

慈濟在幾日的勘查中發現，當地農民在山區的地理條件下很不適宜種植玉米，是否能輔導進行農作物的更替？但是農民對作物的更替之專業知識必須重新教育。如果輔導農民種植大棚菜，那冬天也能種植，會增加可觀的收入。慈濟輔導過貴州幾個貧窮村在遷村後，改種枸杞，收入大增。淶源縣的冬天到零下二十度，地廣、寒冷，如果要改成經濟作物需要投入資本，而且果菜運輸行銷是一大體系，這需要當地有專人輔導、管理。慈濟在當地沒有志工，從北京過來要五小時，因此進行大規模的經濟作物的輔導很困難。慈濟決定從發放救濟窮困戶開始做起。至今為止，十五年之間，慈濟志工不間斷地在淶源發放物資，給予助學、義診服務等。當地志工如今不只參與淶源縣的發放，也參與鄰近易縣的冬令發放。

慈濟在淶源縣以評估為起點，逐步擴展圓形賑災的各圓素。

圓素四：「執行」作為賑濟的起點

慈濟在既有的諸多賑災慈善模式，可以在許多不同需要的地方進行複製執行。慈濟志工日常在社區的訪視工作，他們已經建立一套固定的訪視模式，包括金錢補助、心靈關懷、生活協助、房屋修繕等，在這些日常的訪視工作中，志工經常啟發受助的照顧戶，有能力之餘走出來幫助其他更苦的人。經過志工陪伴而成為志工，再去關懷幫助其他弱勢者的感恩戶非常多，如南非的志工在幫助愛滋病患的過程中，引導更多的在地志工加入；如莫三比克的大愛農場，在新冠疫情期間號召三千人投入自力更生的農場。

構完整的圓形慈善賑災的理想。這種在地志工的養成，一旦社區有任何災難，他們都隨時啟動，進而結合慈濟資源與外部資源，建構完整的圓形慈善賑災的理想。

圓素五：「啟發」作為賑濟的起點

以啟發一位志工或一群志工，然後逐步在當地擴展慈濟慈善志業的例證可以印度普明先生與家人為例。普明（Pravin Bhalesain）作為印度佛教復興領袖安貝卡博士（Dr. B. R. Ambedkar）的追隨者，在二〇一四年協助牛津大學佛學中心龔布齊教授（Richard Gombrich）舉辦一場研討會——「重回印度的佛教對話（Buddhism Rejoins the Great Conversation in India）」。在這場研討會中吾人代表慈濟接受牛津大學龔布齊教授邀請做為四位主題演講者中的一位。在這裡，吾人結識了普明。普明在與吾人的互動中，對慈濟很認同，很欣賞。於是在研討會結束後與母親飛往臺灣，會見慈濟創辦人證嚴上人。母子都皈依了上人，發願將慈濟慈善與信仰帶到印度。普明目前在印度致力於新冠疫情的物資援助，印度疫情非常嚴峻。普明與當地志工協助當地需要幫助的患者，與臺灣本會合作，進行防疫物資，包括口罩、防護衣、製氧機等發放。

二〇一五年尼泊爾發生大地震，吾人通過普明與一位尼泊爾籍長期在泰國教書的阿尼爾法師（Venerable Dr. Anil Shakya）聯繫上。阿尼爾法師二〇一四年也參加牛津大學在印度舉辦的研討會。阿尼爾法師的哥哥卡夏．釋迦（Keshab Shakya）是尼泊爾的政黨領袖、前科技部長，在這種因緣下，慈濟從臺灣本會出發，幾位慈善主管及兩位醫療院長前往尼泊爾賑災。普明從印度出發前往加德滿都，一起加入慈濟的賑災團，在兩週內普明與慈濟團隊發放了兩萬五千戶。

普明如今在他居住的城市普內城（Pune），招募數十位慈濟志工。他與家人目前都積極投入新冠疫情防疫賑濟的工作。這是從「啟發」，到主動地啟動當地慈善賑濟，與慈濟花蓮本會合作，逐漸地，普明致力啟發更多的在地志工，期望遵循慈濟的賦能模式，讓慈濟適應印度文化土壤，或能達到慈善在地化的目標。

慈濟所有海外分會的建構，都是從一位受啟發的志工，憑著自己的一念善心與對證嚴上人的信心，在當地開始投入慈善，然後逐步建立完整的慈善志業。在印尼一開始是一位臺商的家庭主婦劉素美師姊與賈文玉師姊的投入，然後逐漸感召大企業家們投入慈濟，造就今天龐大的印尼慈濟志業。印尼慈濟的慈善規模從整治雅加達的紅溪河，到五萬噸的大米、六百萬戶的發放，到南亞海嘯的大愛村等。印尼慈濟創立大愛電視臺，慈濟醫院已經完成，緊接著印尼慈濟大學也將建立。這是從啟發為起點，建構龐大慈濟志業的例證。這體現慈濟的宗經——《無量義經》所說：「從一種子，生百千萬……如是展轉，乃至無量。」[4]

圓素六：「賦能」作為賑濟的起點

慈濟在啟發一個人的慈悲心去投入志工之前，都會讓他們接受慈濟的培訓，培訓即是賦能。慈濟志工體系分為見習、培訓志工，就是屬於新發意的志工，已經開始投入，但是還不具備受證資格的志願者。一旦培訓兩年結束，遵守慈濟的原則、戒律、理念，授證完成，就是一位合格的志工，這是賦能的完成。他們可以開始投入慈濟的四大志業，他們被期許啟發更多的人投入慈善或慈濟的工作。在任何社區突發的急難，或長期需要幫助的照顧戶，他們都是主動啟動賑濟的工作。隨著賑濟的規模，志工們遵循圓形賑濟模式，逐步開展慈善的工作與理想。

圓素七：「應變」作為賑濟的起點

「應變」指的是如何理解與提供受助者需要的物資或身、心、境的協助。慈濟在各地的賑濟工作，顯然時時都得面對這項議題與挑戰。「應變」力的發展隨著志工的經驗與資源管道，逐漸地累積與發展。

巴基斯坦在二〇一〇年的水災當中，一張照片傳回到花蓮慈濟本會，這張照片中是一個帳篷，帳篷就是一張布、兩根竹子，一位看起來剛出生的嬰兒躺在地上，當時氣溫零下兩度。這麼冷的天氣，剛出生的嬰兒躺在地上，沒有任何有效的遮蔽與臥墊。證嚴上人看了非常不捨，於是囑咐慈濟志業體主管發展災區能夠使用的摺疊床。一年後，由慈濟的主管與大愛感恩科技合作研發的福慧床，由寶特瓶回收製造，可以折、可以疊、可以收、可以提、可以坐、可以睡。福慧床的發明從此在各種災區使用。甚至警消人員在救災過程中，經常必須躺在地上，靠在牆邊休息，慈濟也提供福慧床供警消人員使用。

在許多災難中，慈濟第一個送到的就是福慧床。福慧床與其他相關的慈濟創發的賑災物品，使得慈濟的賑災範圍更為擴大，即便人未到達或不宜到達的災難處，福慧床已經到達。這次新冠疫情各大醫院都有醫護人員必須要在醫院過夜或休息，慈濟志工送去福慧床，讓在醫院的護理師、醫師或國軍弟兄能使用福慧床休息。

慈濟的賑災毛毯也是通過環保志工回收的寶特瓶所製作而成。在全世界的災難中已經發出超過百萬件。二〇一一年日本發生三一一大地震，慈濟慈善主管與志工從臺灣出發，會同日本志工前往日本東北災區發放。一開始慈濟志工進不了收容所，因為日本的文化，收容所等於是臨時的家，臨時的臥房，外人不能進入他們的臥房。慈濟志工帶著毛毯，這毛毯經過特別剪裁可以披在身上。因為證嚴上人看到日本當時三月還下雪，應該溫差很大。毛毯晚上能蓋，白天能披在肩上。所以改變剪裁方式，以披肩的形式製作毛毯。志工在地方議員的帶領下，帶著毛毯、香積飯，以及基本生活物資，還有證嚴上人的慰問信，前往拜訪三個收容所，但是都不能進入，只把物資留下來給他們。領隊慈濟基金會宗教處謝景貴主任就改變說法，從第二站開始，就說我們是臺灣的朋友來看日本的鄉親，依照日本習俗看朋友一定有伴手禮，這不是救災物資，這是給日本朋友的伴手禮，結果第四站負責的老先生讓慈濟志工進去了。慈濟除了給物資，還親自為老奶奶披上毛毯，一位老奶奶在謝景貴披上毛毯的那一刻感動得哭了。

謝景貴朗讀證嚴上人的慰問信，由陳量達志工翻譯。在場聽到的災民都落淚了。一位受過傳統軍事教育的老先生，也是自治會的會長，走過來跟慈濟志工說：「對不起，我剛剛哭了。」傳統日本教育不准男生哭。慈濟志工唱〈我們都是一家人〉，當中的一句話：「你如果流淚，我會比你更心疼。」所以老先生接著說：「你們看我流淚，不要心疼，我這是感動的眼淚。」

就這樣對於文化差異的適當應變，讓慈濟能突破障礙，在日本的三一一地震中投入大量的賑災物資與愛心。慈濟在接下來的現金發放中，投下二十多億新臺幣，發放給十萬戶的災民，成為日本三一一大地震投入最多資源的臺灣慈善組織。三一一地震之後的慈濟日本分會持續開展當地的慈善。這是以應變為起點，開展賑濟的工作之範例。

圓素八：「整合」作為賑濟的起點

慈濟的「整合」作為賑濟的起點以二〇〇八年緬甸風災為例。慈濟在緬甸當時還沒有受證的志工。

一位熱心認同慈濟的臺商林淑華女士與一百多位員工進行初步的發放。[5]之後，在緬甸政府五位部長聯名邀請下，慈濟進入緬甸協助賑災；慈濟整合臺灣本會志工、馬來西亞志工、泰國志工一起進入緬甸進行賑濟的工作。慈濟發放生活物資、大米、稻種、肥料等。農民用慈濟送的種子播種，豐收了，他們也要去幫助人。他們每天煮飯前先抓一把米，放在別的罐子裡說：「這是要給更貧窮的人。」從一戶、兩戶，到數千戶，從烏丁屯（U Thein Tun）開始，啟發很多農民把「米撲滿」集合在一起，濟助更困苦的人。這是慈濟緬甸賑濟的開端。它是從整合慈濟資源為起點，經由急難物資救助、學校重建，然後逐漸發展出在地志工，這是慈濟圓形模式所建構的善與愛的循環。

圓素九：「協同」作為賑濟的起點

例如慈濟正以「協同」方式在莫三比克（Mozambique）興建大愛村及學校。在二〇一八年東非熱帶氣旋之後，當地僅僅有兩位慈濟志工，他們通過與政府的合作，通過花蓮本會的資源協調，開始逐漸地啟發、賦能在地的志工。將來完成大愛村與學校重建，慈濟希望可以逐漸地完成在地文化的「適應」，並建立「永續」人文的發展。一旦有了永續志工社群，一旦社區有災難，在地志工就能進行「主動」啟動賑災，然後「協調」、「評估」、「執行」、「啟發」、「賦能」等等，實現善循環。這是慈濟圓形賑災的模式，每一個圓素都可以是「起點」，都是中心點。

圓素十：「重建」作為賑濟的起點

「重建」作為起點是非常普遍的圓形賑濟模式。在臺灣莫拉克風災的賑濟工作中，慈濟以八十八天興建七百六十一戶永久屋。這期間讓當地的部落村民一起投入重建的工作。在數百位部落村民投入重建過程中，慈濟志工輔導他們學習慈濟工地人文，不抽菸，不喝酒，不嚼檳榔，還素食。他們自己製作歌曲勸大家不抽菸、不喝酒，但很多部落的村民常常因為喝酒過量，年紀輕輕就肝硬化死亡。這批部落村民，很多成為慈濟志工。在重建中，讓災民受啟發，成為在地志工，經過培訓賦能，建構全面性的慈善志業。

在菲律賓的奧莫克慈濟大愛村也同樣地通過重建過程，引導當地村民投入志工。奧莫克五百戶的大愛村民，投入志工做社區環保，他們也組織一起進行社區手工製作，為社區發展生活產業。他們投入志工，在社區幫助更多需要幫助的人。慈濟菲律賓分會給予奧莫克年輕人獎學金，讓他們申請到臺灣的慈濟科技大學護理系，做長照護理的學習，回到菲律賓之後有一技之長，同時成為慈濟志工，繼續擴大慈濟所倡導的愛與善。

圓素十一：「適應」作為賑濟的起點

只要是適應階段的慈濟團體，已經具備當地志工的能量。因為「適應」意味著慈濟人文已經進入社區，成為該社區能接受的文化模式。

二〇〇三年慈濟志工企業家黃榮年與郭再源先生發起一項慈善活動：將五萬噸大米發放給五百萬印

尼照顧戶。黃榮年先生號召他公司的員工一起加入。一次發放可以多達四十多條動線，同步進行。黃榮年先生的印尼穆斯林員工們，看著老闆扛大米，牽著老人家的手一次、一次地發放，數年如初，深受感動。黃榮年先生與志工企業家對吾人說，過去他們也捐助許多慈善組織，但是印尼人認為華人是在贖罪。慈濟證嚴上人要企業家投入，不只是捐錢，而是親身參與發放，印尼人才真正地被感動了。他們接受慈濟的培訓，逐漸成為慈濟志工。在黃榮年所屬的金光集團（Sinar Mas Group），慈濟人文成為穆斯林員工能夠向上的價值與信念。

二〇一六年黃榮年先生發出願心，希望他公司的慈濟會員能夠達到一百萬。他持續推動員工去幫助更多需要幫助的弱勢者，員工們組織慈善團隊，凡是金光集團的農場周圍五公里之內的窮人，員工們都關懷、照顧，包括窮困人、殘疾人，以及弱勢家庭的年輕學生。他們農場推動環保資源回收，一步步建構慈濟完整的慈善模式。直至二〇二一年，金光集團已經號召了二百萬個會員，包括員工及員工家屬。這些員工都是穆斯林，他們也參加慈濟志工的培訓，並受證為慈濟委員或慈誠。這是在文化的適應之後，可以依因緣開展各個面向的圓形賑濟模式。

圓素十二：「永續」作為賑濟的起點

慈濟臺灣與海外的分會超過六十個，成為分會的條件都是已經建構永續發展的慈善志業、醫療志業、教育志業，以及人文志業。任何一項長期的慈善或急難救助，慈濟各分會都能及時啟動，動員在地志工參與；協調本會資源，與其他機構協同，在地啟發更多志工，賦能更多志工，進一步推動慈濟圓形慈善賑濟模式的發展。

慈濟圓形賑濟模式是體現佛教的慈悲等觀。人人在愛中平等。不管身分、財富、階級、布施者、受助者，不管文化的差異、國界的藩籬、宗教的歸屬或膚色的異同，人人都能付出慈善。只要抱持核心信念，付出無所求，只要遵守慈濟十戒的原則，都能從這十二個圓素推動慈善工作，完成慈善的在地化，建構美與善的社區，實現身體健康、物質豐饒、心靈清淨、和合共善的人類地球村。

慈濟圓形賑災模式

第5章

慈濟扶貧濟困之理念與實踐

濟貧之目的及意義

曾經住在印尼雅加達紅溪河畔的居民一家四口，每個月的總收入是七百元新臺幣。這個費用約是臺北市一家四口吃一頓晚餐的費用。貴州鄉間有一名學生只有一條腿，每天上學她必須從山上用跳的下山，她得要跳兩個多小時才能到達學校。而那一刻的科技新貴正開著豪華轎車向他匆忙跑進校門的孩子揮手道別。若干國家的孩子可能骨瘦如柴，連飯都沒得吃，而先進文明國家的胖孩子卻可能因為過胖，必須花費數萬元減肥。阿富汗的一家四口，最年長的戶長來領救濟物資的竟然只有五歲，相對於香港一位五歲孩子，或許正衣冠整齊地拉著母親的手，在百貨店裡挑選最新款式的電玩高手。我們很難想像，這些景象竟發生在同一個地球。

每一天我們透過電視或報紙媒體讀到、聽到、看到這些人間景象，但日復一日我們持續著相同的富裕生活模式，直到有一天我們能親自站在這些孩子身旁，看見那支撐他勉強堆出來的笑容的，竟然是一縷瘦弱的身軀，或者我們進入貧窮的區域，親自握著一位老者的手，觸摸他被風霜刮遍的、像樹皮般粗糙的皮膚，那一刻我們才能體會滅貧的真正目的及意義。

很多人以為他們了解貧窮，知道如何解決貧窮，消滅貧窮，但其實貧窮不是數字，而是一種經歷；貧窮不是一種現象，而是源於一種態度。貧窮不會被真正消滅，除非我們每一個人都能將他人的貧窮視為自己的貧窮，將他人之苦難視為自己的苦難。因為貧窮的持續存在是因為有我們富裕社會的默許，它用著一種無聲的靜默長存在地球之上。消滅貧窮對於慈濟志工而言不是知識，而是行動；不是一種責任，而是一種許諾；不是一項任務，而是一種穿越歷史時空永恆不變的願力。

擴大愛的泉源

消滅惡，不是經由打擊惡，而是擴大善；消滅貧，不是經由打擊富，而是擴大愛。

資本主義的基本運行規則就是自由化競爭，自由地讓每一個個體或企業都能充分發展，但充分發展的自由化並不會帶來充分的個體化之均等發展。貧富懸殊加劇及貧窮人口的增加是當今世界普遍的問題。如何去除貧窮，不是從去除競爭著手，不是從去除自由開始，而是從擴大愛著手。慈濟五十多年來就是致力於擴大愛，來消弭因為經濟自由化的發展所帶來的物質及心靈的貧窮問題。

一九六〇年代臺灣經歷經濟起飛之際，慈濟就已經開始進行慈善工作。一九六六年當證嚴上人於臺灣東部看見難產的原住民婦女，因為繳不起八千元而遭拒診之命運，他就發願成立慈濟功德會救助貧困之人。他和五位弟子每天多做一雙嬰兒鞋，一年存到八千元，就可救助類似那一位沒有錢就醫的難產婦女。[1]

他們當時生活拮据，但是一樣可以從事救濟工作。證嚴上人號召當時跟隨他的三十位婦女，每一天將買菜錢省下五毛錢，每一個月就能有十五元去幫助貧困之人。救濟不是特別富有的人才能進行，每一個人都擴大愛，就能集結無比的能量，幫助社會脫離貧困的境地。

在這慈濟的竹筒歲月時期，也有人說：「法師，我一次給足一個月的捐款金十五元，不用每天投錢。」但證嚴上人總是說，每一天捐五毛錢，每一天都能發善心，募款必須先「募心」。[2]

證嚴上人在一九七八年發願要在臺灣東部偏遠處興建醫院，當時募款十分艱鉅，有一位日本企業家支持證嚴上人的悲願，一次要捐出兩億美金（相當於八十億新臺幣）。但是上人拒絕了，他要的是臺灣社會人人發愛心來興建一所慈善為根基的醫院，而不是一所由少數有錢人所捐贈的醫院。[3]

慈濟從當年五毛錢的「竹筒歲月」到現在有全球將近一千萬個會員，所信靠的就是每一個人都能付出愛心，每一個人只要能發揮一些自己多出來的能力，一雙嬰兒鞋、五毛錢、一包水泥、一把米，就能聚沙成塔，對社會貧困產生無比的貢獻。五毛錢，讓每一個人都能參與，讓每一個人都覺得發善心行善舉是容易的，也是喜悅的，更是慈濟能長期在臺灣，以及現今在六十多個國家同時進行消滅貧窮、轉化人心的關鍵力量。

消滅貧不只是憑恃富有者之慷慨，更不是打擊富有之人，而是經由愛的擴大，讓人人都可以參與。證嚴上人認為，只有集眾人之力，才能真正挽救社會貧困與富有的差距。讓行善變得簡單，似乎也符合社會心理學家所說的低飛球策略（或稱「變化球」策略，Low-balling technique），就是進入慈善門檻降低，讓人人發善心，善心愈擴愈大，就能挽救日益惡化的貧窮問題。[4]

從行為實踐中建立觀念

證嚴上人希望將行善的觀念深植在每一個人的心中，成為他們生命的核心價值。慈善不是一種有空閒再從事的業外行為，而是必須變成他們生命與生活的重要部分。所以，證嚴上人希望慈濟志工每日發善心，如此才能逐漸從心裡面根絕心的貪念。社會上貧富差距日益加大，並不是專業分工與聰明才智所造成，而是人心的貪婪及欲念的不斷擴大。因此慈善和滅貧的第一步就是要從一小步做起，藉此激發人內心的慈悲，而一旦人們開始行動，他就會逐漸強化自我之善行。

人人都有行善的觀念，但為什麼只有少數人願意做？當觀念還只是觀念，它不會積極地產生行為，除非觀念轉化成性格，而觀念要成為人格的一部分就必須靠實踐。社會中許多倡導崇高理想的意見領袖或公益機構，經常經由公眾媒體宣導各式的觀念，證嚴上人則從實踐著手。他深知只有創造一種實踐的場域與可進入的慈善人文，才能夠讓一些原本不知道要行善的人，感受到行善與幫助人的喜悅，因而持續地投入在慈善工作，進而成為他們生命的核心部分。南非慈濟志工領導者之一潘明水師兄，他原本生活十分優渥，根本沒想過要參與慈善活動，但是在一次偶然的機緣，他的鄰居是一位慈濟志工，硬是邀請他去開車協助發放，結果他在這次參與中真正感受到行善的喜悅，於是開始投入。在十年中，他成功地幫助祖魯族婦女開辦縫紉班，甚至引領兩千位南非祖魯族黑人婦女，加入慈濟志工的行列，從事濟貧教富的行善工作。潘明水師兄是典型的先實踐後再建立他的行善觀念與情感的意向。西方心理學家已逐漸了解人心的行為機制正是從行為而非觀念開始。利昂．費斯汀格（Leon Festinger）著名的認知失調理論（Cognitive Dissonance Theory）說明，當人的思想與行為不相符合時，人們會自動調整他的思想去符合自己的行為模式。[5]換言之，一個人再自私吝嗇，一旦開始行善，哪怕是從一毛錢開始，他就會逐漸修正自私性情，去符合良善行為，以達到認知協調，所以證嚴上人說：「做，就對了。」

慈濟強調實踐，以行為實踐轉化思想及情感之障礙。證嚴上人強調「行經」。佛教徒多半喜歡拜佛求佛，一盆鮮花或素果，就要求佛庇佑事業成功、賺大錢。中國的民間信仰裡充滿了各種功利的思維。證嚴上人要弟子不要求佛，而是要做一個學佛的人，與其求佛，不如當一個幫助別人的人。傳統佛教總是在浴佛節用清淨的水淋在佛像上，稱作「浴佛」。證嚴上人引導弟子去幫年老不能照護自己的感恩戶洗澡沐浴，那就是浴佛。把眾生當佛來恭敬，才是學佛之道。

慈悲的動力來自直接的接觸

親身接觸是讓包括潘明水等一樣生活優裕的慈濟人投入慈善的力量；親身接觸才能感受到貧苦，才能激發自我的悲心。現代人都生活在資訊的大海裡，我們把從媒體及各種管道所得的資訊，視為我們生活經驗的一部分。其實從媒體所獲致的資訊，從來就不是我們生活經驗的全部，甚至不會進入我們的經驗之中。社會學所研究的人之社會化過程，還是來自個人從成長環境裡所獲致的生活經驗。媒體的觀點不見得能改變人在生活中所建立的想法與情感的意向，媒體的資訊只會強化我們原本從經驗中建立的偏見與執著。這就是為什麼傳播學巨擘華特·李普曼（Walter Lippmann）會說：「人們不事先看再做界定，人們是先有定見，再選擇性地看。（For the most part we do not first see, and then define, we define first and then see.）」[6]證嚴上人似乎深知人性的這種根本特性，因此他所創立的慈濟慈善，就是創造一種可以親身接觸的場域，在情境中，讓人真正去體會貧與苦，以激發人人具備的悲心。

這一點與美國著名的教育學家杜威（John Dewey）所強調的相互呼應，杜威覺得只有從行為經驗與反思（Experience and Reflection）中，人才會真正學習。[7]因此，慈濟的慈善強調親身接觸，這是為什麼慈濟的慈善工作，一直強調直接的原因；直接去發放，直接去感受生命之苦相，那是人轉化自己的重要動力。在社會化過程中，許多成功者的生活經驗，很少有與貧窮接觸的機會，所以在社會化的過程中，去幫助貧苦的人不會是生活的一部分，更談不上有這樣的觀念。如同先前所說，觀念不經由書本或理念獲得，而是經由生活實踐。儘管上學讀書總是會教導人行善，但是這種教導如同杜威所說，無法成為性格的一部分。即便許多從小在困苦中長大的人，他的生活經驗教導他是脫貧苦，未必是要回去面對貧苦，幫助貧苦之人。

慈濟印尼分會許多大企業家，如黃榮年、郭再源師兄等，過去未加入慈濟之前，他們其實捐了許多錢給貧苦的人，但是他們的生命並未有重大的改變，除了企業，還是企業。印尼的窮人甚至覺得他們是在贖罪，一如黃榮年師兄所言，加入慈濟之後，經由直接發放，他們牽著老者的手，大企業家親自扛米，為孩子們的學校，下來監工，為義診所，彎下腰來鋪連鎖磚。這些行動與實踐根本改變他們的生命觀，也改變印尼人對於華人富而高傲的形象。他們現在的生命中，行善是他們的核心使命，連企業的發展也是奠基在利益社群為職志，員工也因為他們的引導，而加入行善與捐款助人的行列。親身實踐是人社會化過程中最重要的部分，社會學家總是認為成長時期的社會化過程是人格形塑最重要的歷程。一旦人格定型，其實很難改變。而證嚴上人卻透過行善實踐場域的創造，讓人重新經歷貧與苦的生活經驗，並從中重新形塑自我的人格與生命觀。

在賑災過程中，志工們穿著制服，不管每一個人的職業、身分、地位、金錢、學識高低不同，但是大家都一視同仁，一起無所求地為貧苦的人們付出愛，這是平等觀養成的重要實踐歷程。一個人從小被教導的就是競爭，出社會在職場商場也是競爭，我們的社會化過程並未讓我們有足夠互助與平等對待彼此的生活經驗。在慈濟，志工們即使非常富有，到了災區一樣住在很破舊的旅館，許多富有的企業夫人，還必須幾個人擠在狹小的房間，甚至還有睡在梳妝臺上的經驗。但是他們發放完畢都很歡喜，比住五星級飯店還要歡喜，因為愛的付出，與大家平等地如家人般一起行善助人的喜悅，是財富、知識所無法比擬。其激發的喜悅，與見苦而啟動內心不捨的慈悲所產生情感之力度，亦難以言喻。

直接的原則與實踐

直接的原則除了改變志工的生命經驗，也是對於感恩戶確實幫助的有效方法。經由親身接觸給予貧苦人們愛與關懷，是慈濟慈善的根本理想。

慈濟志工每一年的歲末，都在全世界偏遠地區進行冬令發放。在中國大陸的貧窮鄉村，志工必須在冰天雪地的天候下進行物資發放。冬令發放現場，村民們在零下四到十度的低溫下，依序排隊，等候慈濟志工進行大規模的發放。發放第一站就是繳交領據單，慈濟的慈善發放，對於每一個災民都必須先行造冊，先遣志工跟著地區的政府幹部，到村里確實訪察，逐一造冊，發放時依名單進行發放。慈濟在全世界賑災都是依同樣的原則，直接將物資送到災民手中。直接的原則是慈濟一貫的立場。一方面避免中間轉手出現問題，另一方面讓發放的志工真正感受災民之苦。經由直接接觸啟發志工的悲心，並讓受災或貧苦的感恩戶，直接感受到幫助者真誠的愛。證嚴上人常常教導慈濟志工，「我們所要給予災民的不只是物資，更是那一分出自內心清淨無所求的大愛。」

慈濟賑災現場，志工們穿著整齊的制服，行進走路必須整齊地分兩列排好隊伍，領隊通常拿著旗子，依序進入發放現場。發放一開始，志工們會先以手語和歌曲與村民同樂，讓這賑災場景不只是物資的領取，還有情感的互動與交流。發放過程井然有序，物資前一兩天已經在發放地點清點分類完畢。地方政府的幹部，或是在地的學生，或部分村民，也會跟著穿上慈濟的志工背心，一起加入發放行列。每一個村民或災民拿到物資之際，志工都會深深地向他們鞠躬並且說感恩。志工向接受幫助的感恩戶說感恩，這是證嚴上人的理念，「付出還要感恩，這才是無所求的付出。」

在一片歡喜而秩序井然的氛圍中，感恩戶歡喜地揹著物資回家。一些年紀大的，志工還會用拖板車幫他們推回家中，或幫他們搬上車子，車子是從村子裡開過來的，一夥人將物品堆得高高地，大家都帶著笑容回家。慈濟這種發放的原則與方式，和世界一些慈善機構在災區直接從車上丟下賑災物資，造成災民搶物品的情況迥然不同。

發放完畢，慈濟志工會再集合，進入村子裡，直接到剛剛領完物資的感恩戶家中探望。志工一方面表達關懷，一方面也藉此確認物資有沒有確實幫助到感恩戶，或者也藉這因緣了解感恩戶有沒有其他進一步需要長期協助的地方。這些都在家訪的過程中，逐一地了解與落實。慈濟這種慈善的人文，在全世界六十二個國家，已經進行幾千場次的發放，無不都是遵循這種直接的發放原則。

直接發放其實是真正深入貧苦，激發自我悲心的最佳途徑；看到災難，親臨貧苦，多數人都會啟發自我內心的慈悲。苦難自有一股吸引力，它會牽動環繞著你的心。許多志工在賑災回來之後，好像是經歷了另一個世界，心靈深深被觸動。那種既悲亦喜的心情，長長久久不去。你會希望再去賑災，再去看見苦難，再去幫助他們。臺北志工陳金發師兄是一位傑出的企業家，事業成功順遂之後，他迷戀上紅酒。每天上午十一點多之後，公司的事情交代完畢，他就開始打電話詢問朋友，下午有沒有人可以陪他喝酒。直到進入慈濟，從事國際賑災，陳師兄深入北韓的饑荒、中國大陸偏遠區域的貧困、斯里蘭卡的海嘯等災難，他完全變成一個再造的人，酒也早就戒了，現在的他吃素，過著單純的生活。國際上一發生災難，他一定即刻報名參加。對於他而言，幫助人是喜悅的，愛人的感受讓生命的喜悅重新點燃，在慈悲中個人重拾自我生命的價值。[8]

重點的原則與實踐

證嚴上人雖然鼓勵大家親臨貧病或災難現場救助苦難眾生，但是他也主張救難者必須注意自己的安全，不能超出自我能力去涉險，或從事難以獲致實效的救難計畫。他強調重點的原則，集中力量在能夠實現救援的區域，確實落實慈善救助，並樹立人文典範。一九九一年中國大陸華中水災，受損面積超過十個省，上億人受影響。慈濟王端正副總是首批到達中國大陸的慈濟人，他向中國大陸官員說明慈濟的理念就是重點原則，選擇最苦的區域，進行發放與長期扶困計畫。安徽全椒縣是最早救助的縣市之一，從一九九一年到二〇〇八年為止，慈濟的救助腳步從沒有一刻停止過。早期的發放，蓋大愛村，建學校，到二〇〇八年慈濟開始自辦學校，讓慈濟人文深耕於大陸學子心中，這是重點原則。

重點原則強調由一個小區域做起，樹立模式與典範之後，再逐步向其他區域擴大。從一九九一年到二〇〇八年慈濟在中國大陸救助的範圍超過二十二個省份，幫助人數超過千萬人次。而長期救助的部分，除了安徽全椒，也包括在最窮困的貴州，慈濟施行遷村計畫；在最乾旱的甘肅，興建水窖。一切的慈善都是從小規模逐步建立起來。這是證嚴上人以《無量義經》所言一生無量的理念，鼓勵慈濟人：「由一生百，由百生千，如是輾轉，乃至無量。」[9]不求量很大，是慈濟的原則，但是時間累積下來，綿綿不絕，就會創造很大的成果。證嚴上人早年出家時，一日不做，一日不食，他也做農事。二月天，是農田除草的時機。花蓮二月天特別冷，有一回他要下田除草，感覺天氣這麼冷，水這麼冰，稻田面積這麼大，要什麼時候草才除得完？他回神一想，不管那麼多，就雙手能觸及的先做吧！他邊念著《大學》的辭句，「大學之道，在明明德，在親民，在止於至善……」一會兒工夫，一大片的草就除完了。然後繼續進行其他區域的除草工作。[10] 這是證嚴上人早年的體會，不管事情多難，苦難多大，總是從自己能做的部分開始進行。他相信有心就有力，願有多大，力就有多大。如《靜思語》所說：「善用力氣的人，不疾不徐；善守理想的人，不猛不弛，一志向前，堅定不移，終可達到目標。」[11]

重點原則，讓慈濟的救災不是求表面的成果，而是深耕人文。真誠地關愛感恩戶，帶動感恩戶的積極性與愛心，在確實幫助他們脫離貧困之際，也能啟發他們富有的心，使感恩戶也能成為幫助別人的人。證嚴上人相信我們給予災民的不是物資而是愛；愛能轉化貧困的心態，使人人都能在互愛與利他的實踐中，獲致生命真正的富足。

尊重的原則與實踐：膚慰眾生苦

從一九六六年開始，五十多年來，慈濟人不間斷地，每一年的歲末之際，都會舉辦冬令發放。長期關懷生活困苦的感恩戶或者獨居長者，慈濟人都會邀他們到慈濟分會，志工們為他們修剪頭髮，發放物資，並且陪他們圍爐、吃年夜飯等。一九九一年開始，每一年歲末，在中國大陸的臺商志工與部分臺灣前往支援的志工，都會一同到各偏遠鄉間，進行發放與關懷。

中國大陸許多省分，冬季下雪，天寒地凍，但是在發放過程中，不管天氣多冷，慈濟人在極冷的低溫下也一樣不能戴手套，因為感恩戶也沒有戴手套。志工們不只沒有戴手套，還遵循著上人所抱持的情懷，要用雙手去膚慰苦難的眾生。證嚴上人常告訴慈濟人，「天地間有一種力量叫做『膚』」。當一滴水落下，它不會散開，一滴燭淚滴下，也不會破碎，因為有一種力量支撐它，那力量就是膚。[12] 因此災民不戴手套，慈濟人即使來自亞熱帶，比較怕冷，但是在低溫下，他們一樣不能戴手套。每一個災民過來領物資，慈濟人一定伸出雙手，去握著他們，膚慰他們。志工會幫凍傷手的老先生搽上凡士林，老人家的手已經長出厚厚的繭，摸起來像樹皮。志工常常覺得，即使一整瓶的凡士林都塗上去，恐怕還不夠溫潤他的雙手。

慈濟師姊們也會溫柔地在老太太或孩子的臉上，抹上防凍的藥品；場景另一頭，志工們正幫著孩子穿上厚厚的棉大衣，看到冷得發抖的老奶奶，會馬上過去抱著他們。老奶奶一開始會有一點靦腆，之後的神情有說不出的欣慰，這場景就如同親人見面一般地溫馨。這是證嚴上人要慈濟人力行的理念，以苦為師，體現無緣大慈的悲心。

身體的接觸，是一股巨大的力量，不管是對被幫助者，或幫助人的志工而言都是如此。在各種災難現場，慈濟志工看到傷痛欲絕的受災戶，總是會自然地抱著他們，讓失去親人的倖存者盡情地在他們的肩膀上落淚，然後慢慢安慰他們傷痛的心靈。透過親身接觸，感恩戶感受到志工如家人般的愛，志工更因此體會到貧苦與受災戶的切身之痛。經由這種情境洗練，志工體會了人生無常的道理，感受了災民所面對的艱辛人生。這種歷練激發著志工深深的慈悲心，堅定了他們內心善的種子，因此更無怨無悔地走在濟世救人、予樂拔苦的人間菩薩之道路。

慈濟人對往生者的尊重

這種接觸不只對於生者，對於往生者，慈濟志工一樣地用愛與尊重膚慰他們的身體與靈魂。一九九九年發生在中臺灣的九二一大地震，有將近三千人在地震中不幸往生。慈濟人在地震發生後的第五十四秒，就趕到現場進行搶救。從生還者的搜救，到遺體的挖掘與安置，志工們全臺總動員，煮熱食、調集物資、搭建帳篷、興建大愛屋等，慈濟人動員將近二十萬人協助九二一地震後的各種重建工作。

在九二一災後的幾天時間裡，往生者的人數隨著挖掘工作不斷增加，政府的屍袋不足，向慈濟緊急調集。慈濟提供上千個屍袋，但是當時正值氣候炎熱，屍體容易腐臭。慈濟資深志工李宗吉居士是船運公司的負責人，他從高雄調集大型冰櫃，藉以安置往生者的遺體。往生者的遺體依序地堆放在冰庫裡面。但是因為天氣炎熱，雖然有冰庫，遺體堆疊仍會造成遺體損害與腐臭。為了避免類似情況發生，慈濟人每半小時輪流進入冰庫，將遺體翻身、移動，以免受到損害。在九二一地震中，軍方出動許多阿兵哥（士兵）前往搬運遺體，許多士兵接觸大量死亡，心靈因此受到創傷。而相對地，慈濟志工在事故現場，包括九二一地震、空難等，同樣照顧遺體，甚至收拾屍塊，但是他們並未懼怕，甚且還在災難現場安慰士兵們，無須懼怕往生者。慈濟志工會說：「你們是在幫助往生者，他們會感恩你們，他們不會傷害你！」慈濟人的行善，不只在膚慰生還者，更是要安慰死者的靈魂。對於志工來說，「生者心安，往者靈安」，才是他們實現濟助眾生的完整使命。[13]

如果進一步深究，為什麼慈濟志工們在災難現場，接觸這麼多往生者的遺體，卻不會感到懼怕？原因還是愛，因為志工同樣愛著這些往生者，所以不會懼怕，也不會因為看到大量死亡，而心靈受傷。生命無常是慈濟人一向堅信的生命之道，大限來時，必須自在。長養慈悲心才能面對生命驟然到來之無常，才能生出愛的力量，而這力量使他們勇敢。

二〇〇四年嘉義阿里山發生小火車出軌翻覆事件，幾十位乘客不幸往生。一位慈濟師姊陪伴並照顧一對倖存的母子。這位倖存母親的先生、婆婆及長子都不幸在翻軌事件中喪生，只留下她和小兒子。慈濟師姊陪伴著這對經歷無可言喻傷痛的母子，整天在災難現場陪著他們祭拜亡靈，清理遺體直到傍晚。師姊陪著母子坐上一部箱型車下山。然而，因為她婆婆的遺體放不下大貨櫃車，所以跟著師姊的小箱型車一起下山。一路上，師姊的右肩讓年輕的母親靠著，左手抱著她的兒子。她們在極度傷痛與疲累中半睡半醒。婆婆的遺體安放在箱型車裡，因為山路顛簸，婆婆的頭隨著山路的彎曲一路擺盪搖晃著。師姊看著她婆婆的遺體一路搖晃很不忍心，於是輕輕地在心裡對婆婆說：「婆婆對不起！我用腳扶著您的頭，這樣不太禮貌，但請您見諒！」師姊隨後用腳輕靠婆婆的頭部，就以這樣的姿勢一路下山。中間一度師姊自己也禁不住疲憊與山路顛簸而嘔吐若干次，但是她持續地照顧著倖存的這對母子，與婆婆的遺體，一直到大林慈濟醫院。證嚴上人聽聞這個故事，向大林慈濟醫院的所有志工與同仁讚歎這位師姊就是人間菩薩。這種對於生者與亡者全心全意的關懷、陪伴與膚慰，是慈濟慈善的核心精神。[14]

志工在苦難的場域所體現的，其實是一種修行的態度。證嚴上人期許志工，從善的實踐中，體會無所求付出的快樂。而要做到無所求，就必須縮小自己，降低自我的欲求。唯有降低個人的欲念與貪婪，才能逐步做到無所求的付出。一個欲望很大，自我很強的人，如何能無所求付出？因此，慈濟志工從行善入門，最終的目的，仍然是希望志工們以苦為師，從行善中漸次到達修行境地，在善的實踐中逐漸走向個人內在的修持。慈濟人的善行，不只改變了貧困人們的命運，也逐漸改變了自我與自身家庭的命運。這也是一生倡議人間佛教的印順導師所說：「淨心第一，利他為上。」以證嚴上人的理念是，唯有透過利他，才能度化自己。

從利他到度己

當代著名的心理學家馬斯洛（Abraham Maslow），針對人一生的追求提出一個理論。馬斯洛認為人都是先從生理需求開始，生理需求包含蔽寒的衣服、溫飽的美食。生理需求滿足了，會進一步要求心理需求，心理需求就是要愛、人際關係和諧、家庭溫暖等等。人類需求的第三個階段，就是自我的實現，有意義價值的生活方式和可以完全投入的行業。最後一個層次是社會實現，即在成就自我之後，渴望獲得社會肯定，希望在對群體的付出當中得到社會的認可，與超越自我的崇高價值體現。[15]

馬斯洛的理論很符合當代社會所有專業人士及富裕階層的生涯軸線。世界的首富Microsoft負責人比爾．蓋茲在成功以後，不斷地付出大筆資金幫助愛滋病患與瀕臨飢餓的人，他是馬斯洛理論現代典型的代表。先自我實現，然後回饋社會，做最後生命階段的實現。這是馬斯洛金字塔型的人生，在抵達峰頂之後的回饋與反省。

現代人把比爾．蓋茲這樣的企業家當作是人格典範，這固然是一項令人渴慕的生命之旅。姑且不論比爾．蓋茲有沒有覺得自己已經到達峰頂，馬斯洛所留下的一個問題是，對絕大多數的人而言，問題不是到達峰頂之後回到人群，而是什麼時候才是他們人生的峰頂？

其實問題是人生本來就不平等，沒有幾個人真正登上艾佛勒斯峰，也沒有幾個人能夠像比爾．蓋茲一樣，在企業界擁有如此的成就與出類拔萃。在現代社會中，每一個人都在追求自我的完成，但其實自我完成已經變成一連串的物質、名位、權力的追逐，而一切的追逐都諭示著一種不足。我要汽車，因為我缺汽車；我要一個文憑，因為我缺文憑；有了一億，還要百億。不管要多少，不管有沒有要到，缺乏的心永遠都填不滿，所以人永遠在追求的同時失落。因為那個處在「缺」和「不足」的心永遠是苦的。

因此很多人已經很富有了，卻永遠都嫌錢不足。很多貴婦雖然衣服已經多得擺不下櫃子了，但她永遠覺得自己少一件衣服。因為心只要是往「求」的方向走，就永遠「缺」，這就是一味追求自我的必然結果。

證嚴上人教導慈濟人從捨的心看到自己的富足。正因為我們能捨，所以顯得自己已經很富足，或者體會心本來就很富足，為何要一味地外求追逐？追逐的心就是永遠「缺」的心。證嚴上人要世人把追求的、想獲得的心，倒轉過來成為捨的心。能捨的心和你擁有多少物質無關，而能利他，才是利己。因為能捨、能給予的心，才能體會自我是如何地富足與滿足。

改變世界從改變一個人開始

從這個角度出發，使得慈濟的慈善工作與許多西方的慈善發展非常不同。西方的慈善家回饋社會，如比爾．蓋茲、華倫．巴非特、洛克斐勒、福特基金會等，多半是所謂有錢與成功之後行善，而慈濟的成功卻是由一群家庭主婦、中產階級所組成。他們的事業未必成功，他們的家庭未必幸福，但是他們在行善中看到自己的無缺與富足。證嚴上人相信「有心人」比「有錢人」更能夠發揮社會善的力量。這一群中產階級的家庭主婦，在付出心力幫助貧困的人之後，發覺自我生命產生重大的變化。

這奇蹟是證嚴上人的智慧及慈悲所締造。中產階級投入慈善，最重要的動力是她們在慈善行動中改變自己的性格及命運。見證上人一直關注的利他就是利己；照亮別人的蠟燭，自己不會流淚。[16]

住在花蓮的李時師姊，是早期加入慈濟的志工。她的家庭生活其實頗為艱苦，先生做生意，但卻喜好玩樂，收了貨款，一轉眼就去花天酒地。李時師姊必須幫忙先生做生意，並且小心看著先生，不能將辛苦賺來的錢瞬間虛擲一空，一方面又必須照顧三個孩子。這是一個相當不容易的重擔，但是李時師姊在這時候碰到證嚴上人，開始做慈濟。她在慈濟的行善工作中，逐漸領悟感恩、知足的心，才是人生最能把握的心境；她用善解、包容來引度略微放蕩的先生。漸漸地，她把先生的生意穩固下來了，三個孩子也健健康康地長大，受良好的教育。慈濟使她學會不一樣的生命智慧。

不只如此，慈濟醫院興建的過程中，百分之九十的善款是來自臺北，而臺北的第一位、第二位及第三位慈濟委員都是李時師姊帶領出來的。臺北現在有數百萬會員，其中有許多慈濟委員，都是這前三位委員篳路藍縷開拓出來的。這前三位臺北的慈濟委員竟是一位原本家庭不算幸福、教育程度不高的家庭主婦所帶領出來。

甚至連高雄第一位慈濟委員涂茂興，也是李時師姊陪伴引導出來的善心委員。高雄現今也有超過百萬會員，一開始就是這位涂師兄開闢出來的慈善福田。李時師姊，這樣一位看似平凡的家庭主婦，卻是慈濟慈善大道拓荒的開路先鋒之一。慈濟世界裡就充滿了成千上萬像李時一樣的家庭主婦，她們默默地耕耘付出，才締造了慈濟慈善偉大的歷史足跡。[17]

強調由小做起，從一個人改變起，才能改變世界。這印證《無量義經》所言，「從一種子生百千萬，百千萬中一一復生百千萬數，如是展轉乃至無量。」[18]經由一些小小的善行啟發並擴大人們的愛，是非常重要的慈善起點。慈濟過去在中國大陸賑災、土耳其地震，以及南亞海嘯等，都進行街頭勸募，就是希望擴大愛心的人數，讓社會凝聚一股善的洪流。

李時師姊的生命經歷，也證實證嚴上人的信念，「愛心是有心人的權利，不是有錢人的專利。」[19]臺灣慈濟的慈善就是由這樣的中產階級，從家庭主婦開始，一步步開拓出來的一項偉大的歷史奇蹟。這奇蹟不只造就臺灣數百萬的愛心志工，其後的數十年之間，更幫助全世界六十多個國家。

在一九六〇年代臺灣經濟正在起飛之際，證嚴上人已經開始推動慈善志業，這也和今日中國大陸，在歷經經濟高度發展之後，逐漸由政府思考推動慈善事業不盡相同。企業家回饋社會是一項值得敬佩的善舉，而證嚴上人所強調的不只是行善，而是修行；經由行善達到修行的目的。也是因為這修行的力量，讓慈濟志工不管貧富階層，都能以生命投入慈善，而這種以生命投入的力量是非常巨大的。

住在臺北的紀靜暘師姊已經八十多歲了，一九八〇年左右，她當時是一位生活頗為優渥的退休老師，她的優渥不是當老師，而是家族有一定的財富。她的先生受日本教育，個性非常嚴謹愛乾淨，靜暘師姊也是一位個性很強的人，所以夫妻生活難免就會有許多爭執。加入慈濟之後，靜暘師姊的性格有了很大的轉變。她在上百場的演講中提到她家裡「無子西瓜」的故事感動許多人。

因為靜暘師姊的先生的媽媽是日本人，日本籍的婆婆切西瓜總是將西瓜子剔除。紀先生習慣吃無子西瓜，娶了靜暘之後，也要求太太和他媽媽一樣必須將西瓜子去除，但是靜暘師姊在進慈濟之前是一個非常嬌生慣養的女人，她常常告訴先生，這裡是人間，不是天堂，哪來的無子西瓜？

靜暘師姊進了慈濟之後，從幫助貧困、勸募善款，並接受上人教誨之後，逐漸改變性情。她變得不再跟先生強辯、爭贏，而且對貧戶的愛與柔軟，逐漸地讓自己更知足更柔軟。證嚴上人不斷叮嚀慈濟委員必須做好家裡的事，才能做慈濟事。於是，靜暘師姊有一天終於剔出一盤無子西瓜給她先生吃。她的先生當然非常感動。後來靜暘師姊的公公中風，當媳婦的她必須照料他。上人說老人家就是家裡的活佛，因此靜暘師姊在家裡幫中風的公公沐浴，在她的眼中，這就是上人要她們做的「浴佛」。[20] 宗教精神從過去祈求佛的保佑，轉化為激發自我的愛心、自性佛；將對佛的恭敬轉化為對眾生的恭敬，這就是宗教情懷入世的精神體現。

慈濟醫院資深的神經內科醫師曹汶龍，曾經擔任臺灣神經學學會第十二屆理事長。他投入慈濟慈善的工作不遺餘力。在一次中國大陸的賑災過程中，他深入敬老院去關懷老人。志工們到敬老院會幫老人家洗頭、刮鬍子、剪頭髮，還要洗腳。筆者就在敬老院聲明第一次幫人家剪頭髮，而曹汶龍醫師則是幫老先生洗腳。天氣零下好幾度，非常冷，老先生、老太太其實難得洗腳，因為走一趟澡堂，還要燒熱水對他們來說很不容易。慈濟志工一字排開，從洗頭開始，刮鬍子的刮鬍子，剪頭髮的剪頭髮，最後幫他們洗腳。一行人蹲下來，用熱騰騰的水，放進香香的中藥材，恭恭敬敬地幫他們脫下鞋子、襪子，忘記了數週未洗的腳臭難聞，志工歡歡喜喜地幫老人家按摩腳，洗乾淨後，用毛巾擦乾，然後穿上新買的厚厚的棉襪。老人家開心得嘴都合不攏。就在洗腳的一刻，曹汶龍醫師突然間眼裡一片淚水。事後他分享，因為他幫老先生洗腳時，想起他一輩子從未幫自己的父親洗過腳，所以很慚愧，很感動。回到臺北，曹醫師真的幫父親洗腳。他父親歡喜與欣慰自然不在話下。這是從利他中度化自己，從行善者轉化成一位修行者。[21]

慈濟志工用修行的心做慈善。「以苦為師」，在幫助他人的行動中，啟發自我內心的慈悲。這慈悲的愛會逐漸轉化到日常生活中，從利他到度己。這利己，是自我的生命，經由善行的薰習，不斷地提升與淨化的歷程。這歷程的核心信念，就是證嚴上人所教導的佛陀教法——「無緣大慈，同體大悲」。

與我們不相識的人我們要愛他，與我們每日相處的人，我們更要付出關懷。同體大悲，必須深入每一個生命之中，去體會生命的無常本質，盡一切力量去關懷膚慰。而每一個生命，指的不只有形的生命，佛陀所說，愛一切眾生，這眾生，不只是人類，不只是有形的生命體，更包含往生者，包含一切物質的生命，一切天地萬物，即使一張紙、一片葉、一個寶特瓶，都富含生命，我們都必須同等地珍惜疼愛。

平等愛之一：
教富濟貧；無分別地愛一切人

「無緣大慈，同體大悲」，即是以平等心愛一切眾生。[22]慈濟志工深入災區，分布在地球每一個角落，哪裡有災難，哪裡就有慈濟人。在二〇〇七年一年之中，慈濟志工在全世界幫助的人數超過一千萬人。以南亞海嘯為例，慈濟印尼志工在班達亞齊（Banda Aceh）與美拉坡（Meulaboh）的救助，從災難發生一開始的物資發放，到三千戶大愛屋的興建完成，讓印尼的災民在兩年內就重建家園。在興建大愛屋之際，信奉佛教為主的慈濟人，甚至在亞齊與美拉坡為伊斯蘭教徒建清真寺，這是一種不分宗教種族的大愛。同樣在天主教國家的薩爾瓦多，在二〇〇一年與二〇〇三年，美國慈濟志工為災民建大愛屋、學校及警察局，當地居民在大愛村落成之後，也開始在社區裡，以慈濟模式做起慈善的工作。這是慈濟慈善的信念與實踐，超越宗教種族藩籬的例證。

而不僅是南亞海嘯的受害者，或是巴拉圭火災的罹難者，深受愛滋病之苦的南非黑人、美國卡崔娜風災的居民、甘肅缺水的農民，無法上學的印第安部落孩童或是中國大陸西南的孤兒、臺灣的獨居老人、菲律賓的連體嬰，以及罹患超大腫瘤的印尼男孩諾文迪（Novemthree）等，慈濟人以平等心給予社會上處境最艱難的人最大的協助。慈濟人不分宗教、種族、國界，以平等心關照一切有情眾生，這是一種平等的長情大愛。

當代著名的倫理學及哲學大師約翰・羅爾斯（John Rawls），生前最引起西方學術界注意的就是他的《正義論》（*A Theory of Justice*）。[23]正義論強調要實現當今社會的正義及平等之方式與真義有二，一是創造機會均等，二是必須給予社會上最弱勢者最大的利益。羅爾斯於一九八〇年代在哈佛大學發表闡述平等的真義，對於高度資本化國家有了自由而失去平等做了最有利的思想論述。但是過去五十多年來，證嚴上人所帶領的慈濟志工已經在默默實踐這種平等觀。

機會均等原則

一九九八年的一場喬治颶風（Hurricane Georges），橫掃多明尼加的波羅（Polo）、拉羅馬那（La Romana）、聖皇（San Juan）及拉卡巴拉（La Cabra）等地區，造成無數家庭毀損。但這場颶風也讓慈濟美國紐澤西州的一群志工，和當地的臺商一起來到拉羅馬那這個地方，美國慈濟志工看到當地的生活情景時非常地震撼和不捨，因為當地一個近萬人的社區居民，竟然在附近的垃圾場撿垃圾食物維生，把每天從城市運過來的垃圾，當成是他們的超級市場。風災過後五個月，拉羅馬那的貧民仍在垃圾堆中找尋生鏽鐵皮、塑膠布，一點一滴地蓋出他們的房舍。整個社區的發展幾乎處於停頓狀態，這種景況有如人間煉獄。

慈濟美國分會號召包括美國、阿根廷、多明尼加等共一百五十多位志工在災區進行物資發放及義診，以舒緩數千災民生活及身體健康之所需。慈濟人的賑災理念遵循證嚴上人的理念，先安身，給予物資及醫療的協助；然後安心，給予災民心靈的膚慰；最後是安生，亦即構思長期如何給予災民適當的生活重建。[24]

慈濟人看到在拉羅馬那唯一的一所小學，孩童們在簡陋的教室上課，五十八位學生必須擠在一棟民宅，且分成上、下午輪流上課。室內缺乏照明，只有一小塊黑板和破舊的椅子。慈濟賑災人員在參觀過國際飢餓援助組織（Food for the Hungry International，簡稱ＦＨＩ）在多明尼加所援建的公廁及水井設施之後，開始評估於拉羅馬那貧民區興建教室及公廁、水井的可行性。[25]

慈濟志工與當時同行勘災的大愛臺同仁將當地的情景拍攝下來，傳回位在臺灣花蓮的慈濟本會。影片裡呈現居民在垃圾山翻找食物的畫面，以及地上一只紙箱，裡面竟有個孩子露出一雙眼睛，眼神既純真又惶恐。證嚴上人在看完影帶之後，非常不捨地說：「看到影片裡的這個畫面，啟發我一個動念，我內心很不忍，叮嚀慈濟人除了濟貧、發放物資之外，還要著手籌建學校；因為孩子的希望在教育，有了教育，社會才有希望。」[26]在幾經規劃之後，慈濟志工聘請工人先將垃圾山剷平，道路開通了，然後興建新校舍。校舍蓋好之後，自來水和電力隨著學校的興建進入社區。房地產業者也開始進入在該地興建新社區，整個市容開始活絡起來。如今新社區為居民帶來工作機會，也創造無限的生機，學生們穿上慈濟人為他們設計量製的整齊制服，乾乾淨淨地上學；學校教育為拉羅馬那的孩子們打造他們過去未曾夢想的未來。

多明尼加的拉羅馬那是慈濟對於世界貧困地區眾多援助的項目之一。慈濟在全世界最落後的國家進行教育工作，包括在中南美的原住民部落、南非、中國大陸、墨西哥、伊朗、巴拉圭等十多個國家興建學校，希望給予貧困的孩子同等的機會就學，以改變自身的命運；這是機會均等理念的實現。

人間苦難到處都是，雖說機會均等，但是要救助所有世間的貧困，難上加難。證嚴上人深信慈悲智慧必須並行不悖，慈濟人相信欲拯救全世界，必須要先從有效地救助一個人開始；要改變整個社會，要先從改變一個社區開始，因此重點務實原則格外重要，有限的資源必須做最有效的運用。慈濟志工選定能直接有效進行慈善、醫療、教育等專案的工作地點，以當地人文風情能接受之方式，長期扎根，整村推進；如貴州的遷村計畫、甘肅的水窖、薩爾瓦多震災後的社區整體營造。[27]

在許多生存條件最惡劣的國度裡，生存機會最差的地方之一，應屬連國家歸屬都成問題的泰北。

一九九四年慈濟開始進行泰北的扶困計畫，慈濟志工從物資的發放，果苗、茶苗、樹苗贈與，到舉辦農業講習、建村、通電，乃至近年的建校等，讓泰北的居民完全脫離過去顛沛流離、貧病交加的生活樣態，這是整村推進的典範之一。期望由這樣務實的整體營造，讓貧困居民得以安生。[28]

另外，過去十多年來，慈濟國際人醫會的醫師及志工，在全世界各個落後國家及偏遠地區舉行上千場的醫療義診，幫助的窮困病人已經超過一百萬人次。慈濟醫師常在義診的場合裡感受到，「我們等他一分鐘，就能改變他的一輩子」。這亦是給予社會上的每一個不同生活處境的人，平等無私的愛。

給予社會最弱勢者最大的幫助

二〇〇二年在菲律賓，距離馬尼拉的車程約十一小時的卡令佳村，村民瑪莉塔（Marieta）女士生了一對連體女嬰莉亞（Lea）和瑞秋（Rachel），為當地小村落帶來一陣騷動及議論。當地原住民的村民相信生出連體嬰是因為祖先犯錯受到詛咒才會有這樣的業。

這一對連體嬰一出生就是不幸的，但是母親瑪莉塔卻不願意放棄，堅持帶著連體女嬰到馬尼拉求醫。然而醫師說如果要進行分割手術需要一百萬元以上的費用，瑪莉塔頓時腦袋天旋地轉，難以形容內心的絕望。但奇蹟發生了，就在她抱著莉亞和瑞秋要離開醫院的那一剎那，剛好碰到菲律賓慈濟人醫會的副總幹事李偉嵩，李師兄適巧到醫院探望一位義診的病人，當他看到這一對連體嬰的狀況，了解之後決心幫助瑪莉塔。於是李師兄聯繫臺灣花蓮慈濟醫院，慈濟醫院也派出醫療團隊到馬尼拉為莉亞和瑞秋進行評估。在幾次聯繫及各方奔走下，慈濟菲律賓分會志工順利辦好瑪莉塔及莉亞和瑞秋的護照，將莉亞和瑞秋送到花蓮慈濟醫學中心進行分割手術。

慈濟人把這一對異國來的連體嬰當公主般地看待。志工一路陪伴，各種玩具及各種愛的關懷從護士到志工，從志工到醫師，極力讓瑪莉塔和孩子忘記思鄉之愁。在醫學上，十幾個不同科別，五十多位醫師同仁的共同會診努力，歷經三個多月的評估、研究、添購器材，終於在二〇〇三年六月順利將連體嬰分割成功。

瑪莉塔感動慈濟人的付出，也發願終身茹素以表達對這一切的付出之感恩。菲律賓的慈濟人並且在馬尼拉幫瑪莉塔找到一個處所，好讓莉亞和瑞秋能繼續受到醫療之照顧。志工為安定他們的家庭，還幫父親安迪找了一個工作，讓他們能在馬尼拉住下來。半年過後，連體女孩的身體狀況穩定，回到山上卡令佳村，村民的驚訝及喜悅自然不可言喻。傳說中的祖先受詛咒所承受的痛苦，因為慈濟人共同的努力將它改變了。約翰．羅爾斯所稱讓社會最弱勢者獲得最大的利益，在慈濟的世界裡，這樣的故事情節，每一天都在發生，這是平等真義的真正實踐。[29]

而要做到以平等心愛天下人，先決條件就是要接觸。直接是慈濟行善所堅守的原則，直接的發放、接觸窮困之人，就能夠轉化富有之人內心的慈悲。教富濟貧，必須從直接的親身參與著手。許多臺灣及世界各國的企業家，過去也常常捐款給慈善機構，但是當他們真正參與慈濟慈善或醫療的工作之後，生命立即發生重大的改變。他們接觸到多明尼加垃圾山的窮苦，感受到外蒙古及新疆寒冬的悲涼，驗證了阿富汗人民因人禍所承受的命運，體會了印尼垃圾河流裡數不盡的人生滄桑。經由直接接觸，他們的悲心從此被激發，他們不只投入行善，更進而改變自己的生活及家庭，

覺得自己是幸福中人，所以能夠惜福再造福。悲劇自有一股力量會讓人牽繫不已，透過災難及貧苦的親自參與，人可以轉化一己之私，淨化我們的無明。

平等愛之二：濟貧教富，一切人皆能付出愛人

以感恩心付出，才能讓受災戶安心，重拾生命的尊嚴及信心；用尊重的平等心付出，才能讓貧窮的人們走出悲苦，成為能付出的人，這是慈濟所欲建立的愛的循環。

在教導富有的人濟貧之後，證嚴上人還要「濟貧教富」。貧者和富者是平等的，他們一樣有付出及布施的可能。佛陀當年也曾稱許一位布施一塊破布的貧婆是具有無上之功德。[30]

慈濟基金會的許多發放都是先進行訪視，了解災民需求，並逐一造冊才進行發放，絕不會出現丟擲物品給災民，或讓災民搶物品之情事發生。因為發放的重點在尊重，在給予愛和關懷。所以慈濟志工所到之處都是隊伍整齊，發放的過程都要向受災戶致上感恩，並深深地鞠躬。一個災區的災民災難來襲前可能是一個生活相當寬裕的中產階級，一場災難襲來，親人離散，家產頓時蕩然無存，我們能不以恭敬的心關懷陪伴他們嗎？如果用傲慢的心進行發放，一定會讓受災戶受到心靈更深的創傷。因為慈濟以感恩的心情進行救災，讓災民得到物資的同時也得到關懷和愛，所以他們能從愛中逐漸止痛療傷。

在災難現場協助災民走出哀傷最好的方法就是讓災民加入賑災的行列。在南亞海嘯之後的賑災期間，慈濟志工到達斯里蘭卡的漢班托塔（Hambantota）災區。一位慈濟的企業家看到一名漢班托塔災民因為失去親人，絕望失魂，已經一週未曾進食。慈濟志工擁抱他，陪伴他，和他聊天，之後再給他一碗玉米濃湯。喝完湯，他終於痛哭失聲，一週以來壓抑的情緒突然崩解。第二天慈濟人請他穿上志工背心開始協助發放，他從那一刻起就逐漸忘卻哀傷，當看見有更多的人在受苦，人就會生出無比的勇氣及力量。因此投入志工再付出，是真正走出哀傷的良方。這是安身之後的安心，而安心要憑藉著尊重、關懷

及陪伴，並引導他們一起加入付出的行列。[31]

南非祖魯族的黑人長期處在貧困之中，慈濟人在村落間發放物資，為他們開設縫紉班，協助他們改善經濟生活。多年後，南非的祖魯族人自己也組織起來，撥出他們縫紉所得的一部分，集合眾人之力，在鄰近的村落開設更多的縫紉班，幫助其他的黑人社區脫離貧困。像這樣的縫紉班在南非已經有六百多所，目前已經超過兩萬五千名祖魯族的婦女加入受惠。這批祖魯族黑人中，超過五千人加入慈濟志工行列，利用週末到貧苦村落進行訪視，並且深入南非社會最黑暗的角落關懷愛滋病患。

透過尊重及無所求的愛，讓一切被幫助的人，也都能開始為他人付出，這是愛的循環，也是慈濟人的平等愛，在非洲大陸這一批基督徒身上得到更深遠的實踐。[32]

在印尼的伊斯蘭教世界，一位佃農之子蘇彎多長期受到胃部疾病的困擾，在家鄉附近接受慈濟人醫會的幫助之後，終於擺脫困擾他將近十年的宿疾。康復後，他開始號召家人及村民加入「竹筒歲月」的行列。他們每天省下幾盾的錢，從十二戶佃農開始，逐漸增加到一百多戶。幾個月後，打開竹筒，他們一共省下兩百多元新臺幣；他們雖然貧苦，但卻一樣加入助人的行列。這就是上人所說的「濟貧教富」。幫助貧窮，但是教導他們富有的心。慈濟印尼分會副執行長黃榮年是印尼著名金光集團的第二代企業家，他不只自己加入慈善行列，親身力行扛大米，辦義診、蓋大愛屋，他也為自己數萬名農園的員工進行義診服務。在義診多年之後，黃榮年所屬的六千多戶農園的家庭，開始加入慈濟早年推動的竹筒歲月，每日發善心，希望能夠幫助比他們更為窮困的印尼人，這也是濟貧教富的另一項成功例證。[33]

平等愛之三：平等愛超越對立衝突，消弭對抗才能消滅貧窮

平等對待一切眾生，須更進一步推展到如何對待仇視我們的人。人類花在對抗所耗費的資源正是今日貧窮產生的諸多因素之一。只有真正放棄對抗，開始互助，我們才能終久地消弭貧窮。

一九九八年當印尼發生暴動，許多華人被印尼人攻擊殺害，華人紛紛出走。大批逃難的人在機場等候，準備搭機離開那個殺戮之地。但是證嚴上人那時卻呼籲他的弟子——慈濟志工不要逃離印尼，而是應該藉這個機會積極地付出回饋印尼人。證嚴上人的悲心智慧啟發了在雅加達的慈濟志工。一九九八年印尼排華暴動期間，慈濟人在雅加達當地發放物資及藥品給十萬個以上的窮人及軍警眷屬。二〇〇二年更在雅加達最髒的紅溪河開始進行慈善及醫療的工作。慈濟人將整條長達十多公里布滿垃圾的紅溪河整理乾淨，並且辦義診救治將近五萬人。印尼的慈濟企業家出錢出力，將住在河上的上萬名居民遷出，然後興建大愛屋讓他們有嶄新的住所及亮麗的社區。慈濟志工更在社區內興建學校，讓下一代的孩童能接受良好的教育，同時有一個永久性的義診中心及建立庇護工廠，讓這一群原本貧困的住戶，有穩定工作可以謀生的機會。慈濟志工更為社區裡伊斯蘭教徒住民，蓋一座各宗教都可以使用的聚會所。慈濟人對於一向仇視的印尼人不只安身、安心，還要安生。這是力行平等愛之最高意義，也是證嚴上人不對抗之宗教本懷。[34]

雅加達省長說，紅溪河計畫是雅加達有史以來最成功的慈善計畫。省長以紅溪河大愛村的成功來告訴雅加達的市民，雅加達的未來一定會更好。在這之後，省長推出七萬戶住屋計畫，希望每年提供兩千個住屋給低收入戶，國家住屋部也相繼提出百萬住屋計畫，希望有效改善印尼貧困戶的居住問題。這些

計畫究竟能不能實現，目前還不得而知，但是慈濟紅溪河整治及大愛村的興建，給予政府鼓舞或是讓政府沒有任何藉口再規避低收住戶的居住問題。[35]

二〇〇二年一月的雅加達，在一次印尼慈濟人所舉辦的義診中，來了一位背著巨大腫瘤的婦女叫蘇瓦西（Su Warsih）。蘇瓦西背上的腫瘤重達十三點五公斤，已經背了三十多年。從六歲開始，她就與腫瘤共生。在村裡她是乞丐，這一次義診，當地華人阿古思將蘇瓦西帶來給慈濟人醫會醫師檢查，臺灣嘉義大林慈濟醫院的林俊龍院長（現為慈濟醫療志業執行長）為她看診，但是蘇瓦西的腫瘤巨大，導致她營養失衡，倘若立即開刀會有生命危險，因此慈濟雅加達的一位師姊，將蘇瓦西收留在家中照顧，為她補充營養的食物。

兩個月後，蘇瓦西的身體狀況漸佳，就在雅加達的一家醫院接受開刀手術，去除宰制她三十多年的枷鎖，她從此恢復自由身。回到家鄉，村民都非常震撼，蘇瓦西是村裡最貧困的婦女，以行乞維生，帶著兩個女兒，相依為命。手術結束以後回鄉，蘇瓦西獲得姨婆的幫助，將一處空屋借給她居住，結束了她行乞流浪的生活。她現在幫人家洗衣服維生，恢復尊嚴的人生。由此可見，愛在最弱勢的人身上彰顯，才是真正的正義。[36]

治癒後三個月，蘇瓦西到雅加達回診，大愛電視採訪小組跟隨蘇瓦西回到家鄉，到達村子的那一刻，村民都出來歡迎。從蘇瓦西之後陸續有幾百名村民也到雅加達接受慈濟人的醫治。據當地華人慈濟志工阿古思所言，這個村莊是當地最排華的村莊。一九九八年左右，如果華人行經這裡，不是被打，就是被殺。但當慈濟志工及大愛電視小組到村裡，卻受到熱烈的歡迎。在歡迎的人群裡有一位年輕人身著繡有賓拉登照片的襯衫，一樣在人群中笑著，當筆者問他，你知道慈濟嗎？他充滿笑容地說：「德尼馬卡西！」亦即印尼話「謝謝」之意。曾經仇恨華人的村民如今對華人慈濟志工表達真誠的感恩，甚至出自一位對恐怖主義英雄充滿崇拜的年輕人口中，這是族群仇恨具體化解的印證。[37]

一直以來，解決仇恨的方法不是打擊不正義，正義的辯證充滿了對立與衝突。仇恨只能用愛化解消弭。正義說消滅那不義，但愛卻說愛那被我們認定為不義的人。

除了以愛化解種族間的仇恨之外，證嚴上人更鼓舞慈濟人能超越一切宗教及國際的藩籬。印尼雅加達近郊的伊斯蘭教習經院努魯爾．伊曼（Yayasan Al Ashriyyah Nurul Iman Islamic Boarding School），是由哈比（Habib Saggaf）長老所創建。哈比長老以無比的愛心將鄰近的孤兒及貧困兒童收容一起，鼓勵他們向學讀書。習經院在過去仍然像許多較為激進的伊斯蘭教信徒般，對於美國的帝國主義作風有某種程度的仇視。

二〇〇三年慈濟開始幫助習經院，發放大米給他們，每月五十噸，並興建校舍。習經院在接受慈濟幫助之後，學生人數也逐漸增多，從剛開始的一兩千位，至今已經接近萬名孩童在這裡生活就讀，年齡從小學到大學都有。證嚴上人希望印尼慈濟志工能夠輔導習經院學習慈濟靜思精舍的師父們自力更生的精神，不受外界供養。

哈比長老受到啟發，開始在習經院裡推動自力更生的精神，孩子們學習做麵包，製作有機肥料，到市集販賣，所得支助習經院的生活。慈濟的援助並沒有間斷，只是進一步輔導他們獨立自主。慈濟志工帶來稻米的種子，讓學生開始利用課餘種稻，實現耕讀的理想。哈比長老也運用家鄉清澈的泉水，製作成礦泉水，取名天水，希望能逐步實現自立的生活方式。[38]

有感於證嚴上人及慈濟無所求的奉獻精神，哈比長老在二〇〇七年四月，請慈濟人贈送習經院一張證嚴上人的法照，他要將上人的照片掛在習經院最主要的辦公室，並與《可蘭經》共掛在一起。二〇〇七年八月哈比長老更進而在每一間習經院教室裡都掛上證嚴上人的法照，讓學生進入教室上課前能向上人禮敬，以感謝上人對於他們的教導。哈比長老並且鼓勵兩千名習經院學生在二〇〇七年雅加達水患期間，穿上慈濟志工背心做起志工，學會如何為社會付出，協助苦難的人民。大愛將這一群伊斯蘭教徒與佛教徒緊密地結合在一起。[39]

這其實體現了英國著名宗教學作家凱倫・阿姆斯壯（Karen Armstrong）的宗教理念：這世界需要新宗教，一種能包容各種不同信仰，或各種不同信仰的宗教能互相接納共融、共榮。[40]而慈濟人將佛陀平等愛的理念，帶進世界每一個角落，跨越宗教的鴻溝，將人們的信念及行動緊密結合，一起為更美好的社會努力。

自由與平等之後

從十八世紀末法國大革命所標舉之自由、平等、博愛等口號，諭示著人類三階段的理想社會之實現；十九世紀的哲學家約翰・米爾（John Mill）奠定了《論自由》（*On Liberty*）的基礎理論及實踐之後，個人在人類歷史上享有前所未有的拓展空間及自主性。以約翰・米爾的觀點，個人是至高無上的，個人的權益不受多數暴力的壓制與脅迫。約翰・米爾的觀點是相對於十九世紀專制政府的威權制度，對於人民的權利造成傷害而提出的相對應理論。但是約翰・米爾也提出個人雖享有至高無上的權利，但是個人自由不能對於他人造成身體傷害或是進行道德性的強迫，這是他著名的「傷害原則（Harm Principle）」。[41]

《論自由》強調，人們可以自由任意地做任何事，只要不傷害到其他人。這是約翰・米爾的觀點，這觀點影響往後的人類社會既深且巨，儘管許多學者對於傷害的定義各有不同的看法，但是任何一種自由主義的派別都是以此作為核心的圭臬。

從現實的角度來看，沒有任何一個個人的行為不會對其他人造成影響，其影響在許多情況下也是被解讀成有害的。自由主義在資本主義的雙重催促下，造成個人的財富逐漸累積，個人無止盡地發展，加上自由市場高度自由競爭的機制，最終造成的是人類社會在經濟與政治兩方面極端不平等的現象。今日地球的社會現象是窮者愈窮，富者愈富。經濟的不平等造成落後地區孩童的死亡率暴增，也導致戰爭及新興傳染病毒的傳布蔓延。

約翰．米爾的《論自由》出版後，歷經一個多世紀，期間有海耶克（Friedrich August von Hayek）提出資本平等才是自由的真義。有經濟學家凱因斯（John Maynard Keynes）提出自由市場對個人自由權利可以是一種剝削，因而凱因斯打破傳統自由主義所主張的自由放任經濟體制，而主張國家的角色必須致力於經濟利益的平衡與平等。凱因斯從經濟的放任主義過渡到國家干預主義，但是他並不是贊成國家公有的企業體制，而是希望能夠經由國家機器的調解，讓資本市場能夠有效運轉，讓經濟的成果能全民均霑。[42]而到美國的哲學大儒約翰．羅爾斯才提出「正義論」（The Theory of Justice）。正義論論述了平等的真義與理論基礎。約翰．羅爾斯的正義論界定平等意味著兩個意義，一是機會均等，二是給予社會最弱勢者最大的權益。[43]雖然界定誰是最弱勢者，以及對於何謂機會均等，世人依然爭論不休。但是約翰．羅爾斯仍然為平等找到合理的、可理解的、可溝通的理論基礎。雖然如此，他在思想上提出了解決平等的問題，但是一切的平等基礎如果不是基於愛，平等始終只是一項理論。見諸全世界高度發展國家與低度發展國家貧富差距之大，甚至在一國之內，貧富懸殊之情況日益嚴重。西方極力透過國家的手段，期望以制度解決貧富差距問題，但是政府所能做的仍然是給予窮人救濟金，給予低收入孩童助學金，一種更積極的力量仍然未被建立。資本追逐，利潤剝削的情況，不會因為政府的介入而有所改變。貧窮是一種文化問題，不是政治問題，它深深地根植於我們社會的觀念與整體的體制之中。

只要人們還是無止盡地追逐欲望與利益，只要我們對於別人的處境仍舊視若無睹，貧富差距的不平等仍會繼續。證嚴上人的無私之大愛，不只是一項理論或理想，他透過人與人經驗之接觸，啟動人人具備的悲心，以無所求的態度，感恩的心付出，讓貧困的人得到愛與尊重，並因此逐漸地走出貧窮的宿命，不是一定在經濟上，而是在觀念與心態上擺脫貧窮，成為一個也可以為社會付出的人。

另一方面，在親身接觸貧窮的過程中，原本以利益、欲望追逐為導向的富有之人，在接觸與愛護窮困的人們中，逐漸地去除貪婪的心念，以簡單、純樸、修行的態度過生活。只有去除貪婪，這個世界才能真正達到平等與富足，而這貪婪的去除是從利他開始入門。西方世界數百年的思潮——自由、平等、博愛。似乎博愛的思考與理論最為稀薄，而博愛，亦即慈濟證嚴上人所陳述的大愛，是人類邁向和諧、富足、進步的最大關鍵。

證嚴上人所提出並積極實踐的無私大愛，亦即「平等愛一切人，令一切人皆能愛，怨親平等愛」，正為西方之自由、平等思維具足後，所留下愛的理念之缺口找到完整的歸屬。證嚴上人五十多年來所實踐的「無私的大愛」，應該是當今人類消滅貧窮最終與最高之理論及實踐依歸。

真正的自由是愛，只有在愛中，人才能獲得自由；真正的平等也是愛，只有人人都互愛，才是真平等。在慈濟社群裡，富裕的人去幫助窮困的人，實踐上人的教富濟貧之理念。貧困的人被幫助，最終也成為幫助別人的人，這就是平等，而這平等是透過愛所得到，這也印證佛法所說的三輪體空的信念：三輪體空亦即「沒有給予者，沒有接受者，連給予這件事都不存在」。這是真正的大自由，這是證嚴上人的信念——付出無所求。[44]

因為愛他人無所求，所以能心無掛礙；無掛礙的心就是真正的自由。佛教思想中的自由，是心不被欲望捆綁，心不被外在境界牽絆，就是自由。而這種內在自由是透過節制的心才能達成。人心能自我節制，欲望才能受到控制。人心能因節制產生定力，就不會被外境所羈絆。而人心都能互愛，環境或群體就不是對個人之禁錮，而是成就個人最好的助力及場域。因此無私的愛，是自由與平等的基礎，也是最終的出路。

歷史逐漸釐清，政治給予的個人自由，並不會帶來個人經濟的自由；而個人沒有經濟的自由，一樣是處在被禁錮及被捆綁的境遇。但是經濟的自由不只是競爭的自由，而是個人的生存能得到公平合理的保障。這保障以約翰．米爾的傷害原則而言，一個人過度的浪費及縱欲，就是另一個人貧困的根源。今日世界的貧窮並不是來自不自由，而正是個人與社會自由的結果。消弭這個現象就必須將人的欲望加以節制，這節制不是來自資本市場的競爭，不是來自政府的管制或控制，而是來自於人與人的互愛。

消滅貧窮是本世紀也是人類有歷史以來一直追求的夢想和目標，貧窮不是起因於無知，而是源於無止盡的欲望；貧窮不是導因於落後，而是冷漠的緣故；貧窮不是因為資源不足，而是過度浪費；貧窮不是因為社會缺乏正義，而是堅持正義所造成對抗仇恨，耗費巨大的物資。

消滅貧窮不只是從富人捐款開始，而是從一個節制的心萌芽。今天掉在地上的一粒米，可能就是幾百萬公里外饑荒的原因。眼前的仇恨對立，正是造成地球另一端孩童飢餓的關鍵因素。人類只有開始接觸貧窮，不再覺得貧窮遙遠抽象，我們才能認知自己的欲望乃他人窮困之淵藪；我們只有開始互助，實踐無私的大愛，並且用愛化解一切種族、宗教或國家之紛爭，我們才能永遠地驅離貧窮於地球之上。

第6章

慈濟以病為師的理念與實踐

——醫院作為一個修行的道場

醫者，視病如親；不應成為只看病的醫匠，而是關心病人的人醫；是聞聲救苦的良醫，更是膚慰眾生身與心的人師。

——證嚴上人

前言

英國著名的醫療社會學家羅伊．波特（Roy Porter）說：「沒有一個時代比我們的醫療技術更進步，同時，這也是一個病人對於醫療最不滿意的時代。」[1] 此論述在下述一項醫療研究中做了最具體的表示。羅伊．波特引述在一九九〇年，美國波士頓大學醫學中心所做的一項調查，這調查針對八百位病人在波士頓醫學中心接受診治後的結果，這些病人承認，他們都經歷了因為醫療診斷或處置錯誤所導致的各種身體的失衡。其中有兩百九十位病人有嚴重的併發症，十五位病人的死亡，更可以部分歸因於當時醫療處置的失當，這個數字與結果令人震驚。在麻薩諸塞州（Massachusetts）這麼高等的波士頓醫學中心竟然有這樣的醫療結果。[2]這結果一如社會評論家伊凡．伊利奇（Ivan Illich）在他的著作《醫學的限制》（*Limits to Medicine*）一書裡提出的嚴厲警告：「現代的醫療體系，正造成對人體健康最大的威脅。」[3]

醫療的目的是為了維持我們的身體與心智的健全與健康，即便人最終都會經歷死亡，但是現代高科技的醫療卻讓病人在死前經歷身體更大的痛苦，原因之一正是高科技的醫療發展。在美國，仰賴高科技的醫療設備與技術的結果，讓醫生們花更多的時間與精力去了解學習醫療機器設備的操作，相對地，對於病人所處的環境與心理狀態的了解程度與所花費的時間大幅減少。高科技醫療設備固然讓醫生可以更快速地分析病人的病況，但是卻造成病人相當程度地被器物化（Alienated）。醫生對於病人本身的關心度減少，醫生只看到疾病，沒看到人。英國倫敦大學的羅伊．波特教授指出，「當今病人在意的，不是讓醫生們把他們看作是一個不正常的生物體，而是希望醫生能把他們當作一位超乎生物性的個人來看待。」羅伊教授說：「醫生作為一個心靈的撫慰者早就不存在，而是逐漸淪落為熟悉生物身體的技術人員。」[4]

羅伊．波特在一九九〇年代出版的《劍橋醫學史》中，總結說明了當代醫學的大問題。但是醫療體制逐漸失去以人性為本的現象，早在一九六〇年代，證嚴上人就意識到，並且不斷地提出呼籲，希望醫護專業人員必須回到人本，以病為師的理念。他說：「醫師不要成為醫匠；醫生不只是看病，而是關心病人的人醫；是聞聲救苦的良醫，也是撫慰病人，使他們邁向身心靈健康的人師。」[5]

慈濟醫療的核心價值是「以病為師」，治病是一種修行，是一種生命的學習。以病為師也是一種專業的精進。「以病為師」、「視病如親」，是慈濟醫療的方法，這是涵融人文的工具理性。

慈濟對醫療人員的典範期待是「人醫、良醫、人師」，醫者大醫王，曉了藥性，隨病授藥。護理是白衣大士，是濟助苦難眾生的觀世音菩薩。慈濟醫療的最終目的，是「苦既拔已，復為說法」。疾病對醫師、對病人都是一種生命的修行。

醫治疾病同時視病如親

一九七六年證嚴上人在花東開辦義診，一直到一九八六年慈濟醫院創立之際，他總是殷切著期待醫師、護理與志工們，真正把病人當作親人般地疼愛與接納。這種思維不只說明一個宗教家的情懷，他其實真正相應當代醫療心理學發展的方向。美國康乃爾大學醫學院的艾立克．卡賽爾（Eric J. Cassell）教授，在他的《痛苦的本質與醫療目標》（*The Nature of Suffering and the Goals of Medicine*）一書中就指出：「身體重大缺陷的病人，他們所經歷的不只是疾病的痛苦。由於疾病帶來的行動或外觀的不便，會造成他們內心極大的社會壓力。因為他們的行動無法像一般人一樣，可以全然符合社會的規則與期待；例如跛腳的病人上下車，乘客們都必須等待，眾人目光看著他們，這些都會對殘疾者與病人產生巨大的心靈創傷與壓力，很多病人因此產生退縮，從而加重病情，或是導致病人的整體生命都逐漸從社群中退卻下來。」[6]

因為醫學家發現，缺乏足夠的心理支撐，病人即便在接受治療，在症狀上得到緩解，甚至在醫療檢查上也已經看不出任何的問題，病人仍會持續出現治療前的各種症狀。例如一位肩痛的病人，在醫師治療之後，在診斷上與儀器檢查上，應該已經康復，但是肩痛的問題卻一再出現。醫療社會心理學家艾立克．卡賽爾指出，這就是缺乏心理支撐，或因為該疾病發生之後，承受過大的社會壓力，導致即便醫學檢查無異狀，病人仍會有症狀出現的情況。[7]

因此，群體社會對病人的關懷與愛的接納，對於殘疾的病人邁向身體或心靈的健康是必備的關鍵要素。慈濟醫療一直強調視病如親，就是希望給予病人心理支撐，期望他們的心靈與健康人無異，而在身體上，也能逐漸地因為接受治療而獲得舒緩。

從一位罹患惡性腫瘤的印尼男孩看慈濟醫療理想

二〇〇四年四月，英國一個電視製作團隊飛了十萬多公里，來到臺灣東部花蓮，為英國第四頻道（Channel 4）與 Discovery 頻道製作一支醫療紀錄片。這紀錄片是報導一位印尼男孩諾文狄（Novemthree），他臉上長了一個腫瘤，這腫瘤是全世界最大的齒堊質瘤。諾文狄在花蓮慈濟醫院接受一項艱難的手術。英國第四頻道的製作團隊與慈濟主管的一段有趣的對話，應該是慈濟醫院人文最佳的寫照。當被問到對慈濟醫院最大的感受時，英國導演 Izzy Charman 回答慈濟基金會發言人說：「我最感到特別的是，在慈濟醫院裡面到處都充滿了微笑。醫生笑、護士笑、志工笑，連病人也在笑。（There are so many smiles in Tzu Chi hospital.）」

慈濟人文精神在醫療志業的具體理想，就是希望將地獄化為天堂，這是慈濟創辦人證嚴上人最大的期望。醫院就像地獄，病、苦、老、死都在這個地方發生，不管階級、年齡、富貴、貧賤，每一個人最終都會經歷病苦老死，把「苦集」的醫院，轉變成喜樂的天堂，正是證嚴上人領導慈濟人全心努力的使命；這使命雖然在一般人看來幾乎是不可能實現，但是慈濟人堅信，經由共善之力量，人們一定能扭轉受苦地獄為清淨喜悅的天堂。天堂、地獄都取決於我們的一個善念。

以印尼男孩諾文狄為例。慈濟人發現他的時候，當時他只有五歲。從一歲半開始，諾文狄就罹患腫瘤的惡疾，幾年下來，諾文狄的臉腫得像隻河馬，大大的嘴，整個舌頭大面積翻轉到外面。從正面看去，真的像是一隻張著巨嘴的大河馬，嘴裡還不時地滴出血來。突出的腫瘤將整個眼睛全部遮住，左眼已經出現失明的情況。由於腫瘤不斷地壓迫，使得他的咽喉已幾近窒息。

貧困的家境使諾文狄從來未曾就醫，不斷長大的腫瘤壓制了他原本活潑的性格。他看到陌生人就躲到媽媽的懷抱裡。二〇〇四年慈濟在巴淡島的一次義診，家人帶著諾文狄來義診。慈濟醫師看到諾文狄的景況，知道再不盡快進行手術，諾文狄很快就會往生，但是義診的醫師無法處理這麼艱難的手術。整個齒堊質瘤基本上就是珐瑯質，是極端艱難和危險的手術。在詢問過新加坡醫院醫治的可能性，未得到具體的結論之後，花蓮慈濟醫院的醫師團隊，飛到巴淡島為諾文狄進行醫療評估。醫療團隊最終決定將諾文狄接到臺灣花蓮慈濟醫院進行手術。

從未接觸過外面世界的諾文狄，飛了五個小時終於來到花蓮。醫院院長與醫療團隊在花蓮機場迎接他。這是他從未想過的，他只是一個生長在窮困鄉下，眾人都稱之為大不幸的生病的孩子，家鄉裡的人們看待他難免會有異樣眼光，但是此刻來到花蓮慈濟醫院卻受到如此地關愛與禮遇。諾文狄與父親一時之間表現得很靦腆，不知如何應對。然而，慈濟人對於諾文狄的關愛，不會只是接機這樣的禮節，志工們早就為他準備好必須的衣物，慈濟人，包括護理人員把他當作自己的孩子一樣地照顧。他們幫他準備好聽的音樂，諾文狄聽著音樂禁不住地顯露出原本活潑的性格，他扭起屁股跳舞。志工也知道他喜歡看動物影片，就擺了一臺電視與錄放影機，播放動物奇觀給諾文狄看，諾文狄看著看著，就在床上翻滾起來，用手遮住大嘴笑開懷，這才像一個五歲的孩子。在花蓮慈濟醫院期間，因著慈濟人的愛，諾文狄終於展現好心情，這也是他五年來難得的快樂時光。

慈濟醫療團隊跨院區的會診，為諾文狄進行審慎的醫療評估。策劃、模擬，經過兩個月的縝密討論，醫療團隊決定對諾文狄動手術。但是他整張臉的百分之八十都是腫瘤，而且腫瘤的性質是屬於如牙齒般堅硬的琺瑯質，一次手術就將腫瘤去除，恐怕連眼睛，下巴都會塌陷下去，那會有高度生命危險。會議中，整型外科與小兒科的醫師們都堅決主張不應一次就將整個腫瘤去除。於是計畫在六個月當中，為諾文狄的腫瘤手術分四次進行。當然，即便手術之後，腫瘤仍會長出來，醫療必須持續關懷到諾文狄十六歲，臉上骨骼定型之後，才能將腫瘤百分之百去除，而不會導致生命危險。

二〇〇四年四月，慈濟醫療團隊為諾文狄進行第一次手術。在手術的當天，當時麻醉部主任石明煌醫師一早五點多就到醫院旁邊的靜思堂虔誠默禱。麻醉是攸關手術成功與孩子生命存續的重要關鍵。石主任的默禱顯現一位醫療人員的悲憫與謙遜。他希望這一次艱難的手術能夠成功，然而他需要的不只是一身專業的功夫，而是藉助更巨大的慈悲之力量，讓一切手術的變數降到最低，期能讓這一位歷經磨難的孩子得以重生。

手術進行了十多小時，結果相當成功。諾文狄左臉的巨大腫瘤切割下來，醫師發覺他原本被認為失去視力的左眼，竟然還能清楚地看見，這真是一項喜訊與奇蹟；醫師對諾文狄完全恢復容貌的目標更具信心。二〇〇四年六月，醫療團隊經過四次的手術，諾文狄終於恢復接近一般人的正常臉龐。出院前的晚上，他快樂地騎著小單車，在醫院裡轉來轉去，他其實十分不捨離開花蓮，但想著可以回去見媽媽，還是很高興。英國電視的製作團隊第三次到臺灣拍攝這支紀錄片，並跟著諾文狄回去巴淡島。

出院的那一天，諾文狄到靜思精舍見上人，他和上人握手告別，手久久不願鬆開。諾文狄掉下眼淚，似乎感恩慈濟與上人給予他小小的生命一個重生的機會。

回到巴淡島，諾文狄頓時成為島上最知名的人物，原本被上天詛咒遺棄的孩子，如今成了全世界最幸運的人。他的母親終於如願地看到她的孩子第一次可以和正常人一樣吃、喝、說話、大笑。想起八個月前出發至臺灣時，嘴裡還不斷地淌著血的模樣，如今因為慈濟人的到來，生命竟全然改觀。村子裡在這期間已經有許多人接受過慈濟人醫會的義診。[8]真正的醫療正義與人間大愛，正應該在最不幸的人身上得到彰顯。

醫療社會心理學家席林（Chris Shilling）就說：「身體對於人與社會而言，是一個不斷經歷變化，具有生物意義，也具有社會意涵的現象。身體，可以被界定為一種持續的、未完成的狀態；它是一種成為的過程（process of becoming）。換言之，它是一直在變動的實體現象，而它的變動，也決定了人對自我的認知。（The body might be best conceptualized as an “unfinished biological and social phenomenon”. The body is therefore in a continual “state of unfinishedness”. The body is seen as an entity which is in the “process of becoming”. And it conveys the importance of “self identity”.）」[9]

換句話說，身體不是固定不變，身體的變化不只從生理看，它也具有社會意義。當身體改變，人對自我的認知、人的社會處境也完全改變。

諾文狄在回到家鄉的第一年，真正恢復了一個孩童應有的快樂與尊嚴。他可以盡情地和弟妹玩，鄰居的孩子不再鄙視他。五年來病苦折磨稍稍離開，他的心情也逐漸揮別長期的抑鬱；他的家人也從最不幸的家庭，變成全村最幸運的人之一。

但是如同醫療團隊的評估，疾病並未完全離開他。諾文狄在手術一年後，腫瘤又逐漸長大，正在評估是否讓他回慈濟醫院再開刀。諾文狄在一天夜裡，於睡夢中，因為口水噎住咽喉，窒息往生。他手術之後的那一年，成了他短暫的歲月中最具尊嚴、最快樂、最幸福的一段時光。英國第四頻道於二〇〇五年再次製作諾文狄第二支紀錄片。紀錄片裡英國導演 Izzy Charman 認為，如果沒有慈濟人的愛，諾文狄的一生不會有這麼尊嚴和快樂的一段歲月。諾文狄往生後，他的父母親比以前更恩愛，全家在感恩的氛圍中，悼念諾文狄短暫又戲劇性的一生。

一念悲心，開啟全新的醫療理念

歷史事件的發生可能是偶然的，而人的意志使它的發展成為必然。歷史學巨擘湯恩比（Arnold Toynbee）在他的《歷史研究》（*A Study of History*）一書中，引述伯格森的話說：「我們不相信歷史中有所謂無意識的因素（unconscious factor），人們津津樂道的『偉大思想伏流』之所以能夠流動，是因為社會之中有一個或一些人出來引導這一思想……社會的進步事實上是一種躍進，只有當社會決定嘗試一項實驗時，這種躍進才可能發生。亦即說，一定要有人出來說服社會，或無論如何，讓社會受到震撼，而造成這震撼的，永遠是出於個人作為。」[10]

某一個個人強有力的心念，經常決定歷史走向。佛教思想中的因緣觀說明，事物的生成因與緣不可分，因就是人的心念，緣是各種主觀客觀的社會心理條件。心念在各種實際條件成熟之際，通常決定了一個人的命運，也經常決定整體社會的命運。歷史上常常會證實，一個偉大的事業，經常是因為一位原本看似平凡的人，因為某件事讓他起了一念心，而逐漸建立起來。慈濟醫療志業的緣起，為這種歷史的定律，做了更明確的印證。

如果我們把時空拉回到五十年多前，在一九六六年的春天，一位年輕的法師和他的兩位弟子，到花蓮鳳林的一所診所探望弟子的親人。在探視將近一小時之後，約莫上午十點半左右，法師與弟子正準備離開診所，剛剛走到診所門口，這位年輕的法師赫然看見門口騎樓的地面上有一灘血。法師帶著疑惑與不安的心情詢問旁邊圍觀的鄰人，一位叫李滿妹的中年婦女，告訴這位年輕的比丘尼說，這是花蓮豐濱的一位原住民婦女因為難產，家人抬著她，走了八個小時的山路，來診所就醫，因為繳不起八千元，又被家人抬回去了，留下這一灘血。法師聽了心情極為震撼與悲痛，貧困的人無法就醫，就是這麼無奈，貧困的人沒有能力負擔醫療費用的例子何止這一樁？但在那個時候，多半的人都視為理所當然，或是縱然知道了，看見了，有感覺到遺憾，也未必有勇氣採取行動改變它。

但是當年這位比丘尼回到花蓮秀林鄉他獨自修行的小木屋之後，就開始思索著他修行出家的真正目的。他想起自己的師父印順導師告訴他的：「為佛教、為眾生。」眾生如此地悲苦，他即便追求自力更生，潛心修行，又對這苦難的世間有何幫助呢？於是他找來在小木屋與他共同修行的五位弟子，告訴她們他此刻的心境。弟子們與他平日都是以製作嬰兒鞋作為生活之所需，而當日法師告訴弟子，「從現在開始我們六個人，每天多做一雙嬰兒鞋，一雙嬰兒鞋四塊錢，每天多做六雙，就有二十四元。一個月會存下七百二十元，一年就有八千多元，那就能幫助那一位繳不起八千元的原住民婦女。」

這位年輕的比丘尼，就是現今慈濟基金會的創辦人證嚴上人。一九六六年三月，證嚴上人和他的幾位弟子開始以身作則，以縫製嬰兒鞋，開始了行善濟貧的悲願。他們沒有像西方的大企業家，等到自己很有錢才開始做慈善，他們也沒有等到勸募了鉅額款項才開始行善的志業。他們從自身做起，以一念悲心，默默地創立在日後人類的歷史上，足堪為表率之一的恢弘廣大的慈善志業。

同樣是在一九六六的那一年，證嚴上人的皈依師父印順導師要他離開花蓮，到臺灣南部的妙雲蘭若擔任住持。印順導師連搬家的錢都寄過來給他了。證嚴上人正考慮著是否離開花蓮之際，他在花蓮的三十位在家弟子捨不得他離開，希望集體聯名要印順導師緩兩年再讓證嚴上人到西部。證嚴上人看到弟子的心意，就告訴她們：「如果妳們真要我留下來，可以，但有一個條件，就是妳們要跟著我做慈濟，一起用行動濟貧行善。」三十位弟子當然欣然答應，只要能留下上人，她們說什麼都會答應。上人要每一位弟子拿著竹筒，每天出門買菜前，都投下五毛錢，一個月十五元，這樣就能夠去幫助貧困的人。這就是日後在全世界由慈濟人持續推動的「竹筒歲月」精神。「愛心，是有心人的權利。」每天行善，每天發善心，積少成多，逐漸匯聚愛心的大海。

證嚴上人在推動竹筒歲月之後，逐漸在花蓮的各街頭巷尾得到廣泛的響應。大家發覺每日行一小善竟然能夠幫助貧困的人。在一九六〇年代的臺灣經濟剛開始起飛，慈善的腳步就這樣悄悄地在一個偏遠的花蓮，人稱後山的地區，如火如荼地推動開來。第一個訪視個案是一位八十歲的林曾老太太，她一個人獨居，是中國大陸來臺的老人家。慈濟人一路照顧她，不只補助生活費，更是常關懷陪伴，視她為自己的親人，直到她九十歲往生為止。[11]

慈濟慈善的腳步，包括每一個月在靜思精舍的發放，幫不良於行的照顧戶洗澡，清洗照顧戶家裡的汙垢、給予補助金、建新房等。證嚴上人帶著慈濟志工逐漸從花蓮擴及到西部，經常全臺訪查照顧戶的情況。遇到災難，上人會和弟子租車子一起下鄉去救災。一九六八年發生的一起水災，上人和弟子在勘察災情與發放的路途中，車子拋錨，雖然當時志工都是女性，她們全部下車推車，上人也下車幫忙，並親自拍攝他一生中拍過僅有的兩張照片中的一張，那是一張很珍貴的慈濟早期賑災的畫面。另一張照片是上人無意間拿起相機，對準一隻在樹上爬的貓，正伸出長長的爪，要去抓一片葉子的一瞬間，那張照片，似乎直接捕捉住、透視了貓的生命之神韻；這照片從藝術角度看，是有很高的水平。但筆者看到這張照片，真正感受到的是，它顯示了證嚴上人對於各種生命都有很獨特、深刻的透視力，他的心透過鏡頭永久地封存了一隻貓調皮、愜意的神情。

對於一個沒有學習藝術攝影的人有這種水平，唯一的解釋是他對生命直接的理解能力，這應是他長期與其他生命真誠互動的結果。證嚴上人曾說：「從做慈善開始，我就是用生命在投入生命。」以他們的苦為苦，以他們的悲為悲，每個人的生命都是他的經典，都是讓他感動啟迪的動力。

一九七〇到八〇年代的時期，慈濟雖然做慈善救濟的工作，但慈濟人也極力改善照顧戶的生活習慣與生活環境，這其實就是在執行公共衛生所強調的，身心的健康之前提，必須改變人們的生活習慣與他們所處的周遭環境。在一種地毯式的慈善訪視中，證嚴上人與慈濟委員們，逐漸在貧困中體會到社會處境影響著人們的觀念，而觀念造就生活環境，這些正是導致他們貧困的根源，貧困的生活又增加他們致病的機會。

貧與病的互為因果

醫學社會學家威爾金森博士（Richard Wilkinson）的研究指出，處在社會較低階層的人們，或者對於自己的生活比較沒有控制力的人，是比較容易獲致疾病。因為他們經歷更大的生活壓力，他們必須面對更多的負面情緒，這會導致生理上的負面結果。[12]

因此，改變貧窮，必須從改變人們的生活處境開始。醫療衛生學也強調以社區為中心，醫師必須了解病人所處的生活環境與生活習慣，才能真正為病人做有效的醫治。[13]

證嚴上人顯然在一九七〇年代就逐漸意識到這一點，他經由慈善訪視工作，比一般在醫院或診所的醫師們，可能更能體會貧困與疾病的深刻關係。病的起因是與群體社會的經濟條件與生活環境不可分割。在全臺各地的訪視貧戶中，證嚴上人逐漸意識到，貧因病而起，病更會加速貧窮的嚴重程度，因此他開始思索真正解決貧困的方法，應該從疾病著手。

證嚴上人回憶說：「有一次來到一棟傾斜破舊的草屋，……這位病人全身癱瘓沒有痛覺，看得見老鼠啃自己的肉，亦無力驅趕。……我發現愈救貧戶愈多，到底原因何在？當時臺灣經濟正值起飛之際，只要願意，不愁沒有工作，為什麼有那麼多壯年人需要幫助？我開始深入研究社會貧窮現象，……除了孤老無依之外，發現中年受助者，多半是意外傷害或職業病，或者小病不醫拖成重病，導致原本的小康家庭，不堪長期病患拖累，尤其大部分都是家中支柱，一旦病倒，生活都成問題，孩子也無法求學，連帶引發青少年問題。……得到『因病而貧』的結論，所以決定辦義診。」

一如他創立慈善志業，不是等有錢的人士參與才開始做，他自己率先從一小步著手，逐漸建立模式，再號召更多的人加入；慈善志業如此，醫療志業也是如此。一九七二年佛教克難慈濟功德會第一次在花蓮仁愛街舉辦義診，花蓮醫院的醫師與多位護士都前來協助。一切的費用由慈濟功德會提供。這在當時的臺灣社會是一個創舉。當時花蓮醫院的小兒科張澄溫醫師、外科黃博施醫師、婦產科朱隆陽醫師，以及多位擁有醫護專長的會員，每個星期固定兩次到仁愛街慈濟義診所服務，多年下來未曾缺席，有時還遠赴臺東鄉下為貧戶治療。

慈濟功德會的志工在義診的同時，也注意個案的發覺。如果在義診中發現貧困的人，功德會的志工就會進行訪視，了解他們的生活狀況，並給與必須的補助與關懷。這是證嚴上人所堅持的，解決貧困必須先治病，欲治根本之病，必須從貧困著手。[14]

證嚴上人回憶那一段義診時光時曾說：「如今回想起來，那段義診的日子依然教人感動；也因為有這樣的因緣，令我深感花東醫療缺乏、交通不便，重症患者要赴西部看病，已經非常辛苦了，更何況又貧又病的人，真是無語問蒼天。因此，我決心在東臺灣建立慈濟醫院。」

經過十多年的義診經驗之後，在一次偶然的機遇中，花蓮一家銀行的一位年輕女性辦事員，因為車禍，整個身體被卡車輾過。這位女士經濟並不困難，但是遭逢巨大的變故，慈濟志工仍盡全力協助她就醫，當時東部醫院的醫師們都已經宣布放棄，認為她的下肢必定癱瘓。數月後，大家集思廣益，認為應該把這位病患送往北部試試看，但是到臺北就醫必須大費周章，因為她的下半身都已幾近癱瘓。慈濟志工在證嚴上人的堅持下，幫這位年輕女士協調出一部直升機，直接將她送到臺北的醫院。結果到臺北的醫院之後，竟然發覺這位女士只不過是骨盆腔脫臼，她很快就出院了，健康地回到花蓮。這個故事給證嚴上人一個深深的啟示，東部主要還是沒有具規模的大醫院，一個可能治癒的疾病，都在拖延或設備不足的情況下，喪失生命或變成終身痼疾。[15]

證嚴上人在花東辦義診多年之後，雖然治了許多小病，但是重大疾病在花東地區仍是一個艱辛的問題。證嚴上人有了更深的感慨：「在花蓮有義診所之後，讓我深刻了解花蓮的醫療欠缺，有些是因為設備不足，醫師根本不知道是什麼疾病；有的病情嚴重，必須住院，卻礙於資源有限，不一定有辦法醫治。此時救濟工作又遇瓶頸，由於東部醫療資源不足，我們要搶救生命，必須將病患送到西部治療；先生北上治病，太太必須跟隨照顧，留在家中的孩子無人照顧，怎麼辦？於是我們為他們安家，又要設法去照顧孩子，問題愈來愈多。早年我講《地藏經》時，體會地藏菩薩的大願，加上親眼所見人間的種種苦相，讓我立願在東部建醫院。儘管當時自不量力，……當時倘若沒有勇敢地踏出第一步，現在哪有『搶救生命、守護愛』的慈濟醫院？花蓮建院實無經濟價值可言，但是慈濟考量的是生命價值，生命平等，『尊重生命』就是我們的使命……不為營利，只是為了搶救生命。」[16]

慈濟醫院建院的過程當然十分艱辛，當時功德會的會員不過幾萬人，許多人都不看好，認為建院根本不可能。慈濟人在募款過程中被潑冷水的機會很多，但是上人始終沒有放棄。那時候逐漸有許多臺北的委員，像紀靜暘、林靜曜師姊等都逐漸加入。她們每週末趕搭慈濟列車，帶著許多臺北的會員來花蓮見上人，希望能找到更多的愛心大眾，為花蓮蓋一座具西部水準的醫院。

直到一九八三年慈濟醫院動土，六億的工程款當時只有兩千多萬元，距離建設經費還差得很遠。這期間有一位日本企業家，他的祖父曾經在日據時代待過花蓮，這位日本企業家有感於一位出家人願意在偏遠地區蓋一所醫院，於是想捐兩億美金給證嚴上人，兩億美金形同建院經費加上十年的醫院營運費用；

但是證嚴上人婉拒了，他認為慈濟醫院必須由廣泛的臺灣大眾之愛心蓋起來，而不是由一位有錢人的善心所建立。一九八六年醫院正式落成，慈濟基金會已經超過二十萬個會員。[17] 慈濟醫院正是由二十萬個臺灣的愛心人士所支持捐助而成，這證實上人所言，慈善與愛心是有心人的權利，非有錢人的專利。

關於慈濟醫院不收保證金

證嚴上人一開院就向外界說明，慈濟醫院絕不收保證金。這在當時的醫界引起相當的震撼。衛生署的醫政處處長葉金川就召集全國公立醫院的院長開會，討論是否仿效慈濟醫院廢除保證金，結果百分之七十以上的公立醫院都反對廢除保證金。因為他們認為如果醫院營收出問題而倒閉，反而對不起廣大的病患。結果慈濟醫院並沒有倒閉，醫院開幕至今，雖然沒有盈餘，但是廣泛的社會大眾仍舊支持著這個醫院，讓它持續擁有最優質的醫療人員與設備，為偏遠地區的病患服務。

至今為止，花蓮慈濟醫學中心是東部最大的後送醫院，它的醫療水準逐漸臻至國際的水平。就以印尼男孩諾文狄的醫療手術為例，Discovery 頻道播出慈濟醫院的醫療團隊醫治諾文狄的紀錄片中，英國製作團隊還特地飛到美國，專訪了美國著名的梅約醫院（Mayo Clinic）的整型外科醫師，這位梅約醫院的整型外科主任讚揚慈濟的醫師們，在諾文狄的手術中所經歷的，是世界上罕見的高難度手術，而慈濟醫療團隊的手術結果非常成功，非常美。

建構以慈善為本的醫療體系

Channel 4 頻道的英國製作團隊之導演 Izzy Charman，曾經與筆者有一段對話，她說英國是公醫制度，看病由國家給付，個人無須付費，但病人往往等很久才能排到開刀，病人抱怨很多，納稅人又覺得賦稅太重，兩邊不討好。筆者就回答，慈濟醫院不是公醫制，也不是商業機制，貧困的人在慈濟可以得到免費醫療。財源除了健保，其餘則是捐款來補貼。但是捐款的人歡喜付出，得到幫助的人也心生歡喜，這是另一種醫療人文的思維。西方的公醫制以高稅賦來給付公民的醫療費，但是醫療的品質與效能備受質疑。美國則是以私人保險制度，沒有錢的人付不起高額保費，一樣無法受到良好的醫療照顧。以加州為例，加州三千多萬人口中至少有將近五百萬人沒有保險。[18] 這些人生病的醫療給付始終是州政府偌大的壓力。慈濟走第三種模式，健保給付固然是重要醫療給付來源，但是東部的醫療健保給付比例相對偏低，加上慈濟醫院不以營利為目的，一切的投入，不管人員或設備，都是以病人的醫護品質為最重要之考量。慈濟醫院不會因為一部重要的檢查儀器成本過高，而東部病人過少，就如一些以商業成本考量的醫院體制一般不予添購。慈濟醫院要讓每一個花東的病人，都享有與大都會地區同樣的醫療品質與更優質的人文照護。

花蓮慈濟醫院目前是臺灣東部最大的後送醫院，也是東部唯一的醫學中心。以衛生福利部的標準，醫學中心是服務兩百萬人的醫療規模，但是花蓮人口不過三十七萬人，慈濟醫學中心投入需要兩百萬人的區域才能符合成本效益的醫療設備與人員，其目的就是希望縮短城鄉間的醫療品質之差距。大林慈濟醫院的設備近九百床，也等同於一個醫學中心的規模，但是嘉義縣的縣民也只有五十七萬人。在東部的玉里、關山兩個小型慈濟醫院更是以偏遠醫療的照護為目標。花蓮是一個狹長的地形，從玉里到花蓮，或從玉里到臺東都需要兩個多小時的車程，在富里、玉里一帶的居民如果有緊急病痛或發生車禍，送到花蓮或臺東都可能回天乏術。慈濟玉里、關山醫院就是守護這一些緊急的病患，甚至住在山區的原住民，讓他們的健康有基本的保障。以醫學中心的服務品質來照顧醫療相對落後的花蓮、嘉義一帶居民，在偏遠的地區醫院投入優良的設備與優質的醫療人員，這些也都是落實醫療平權的具體實踐。

根據高雄醫學院葛應欽教授所做的研究顯示，即便至一九九〇年代，從光復之後的三十多年當中，山地鄉一直維持每三千人至三千五百人才有一位醫師的「標準」；[19] 截至二〇一六年，三十個山地鄉平均每萬人口醫師數僅六點八九，較臺灣平均每萬人口醫師數十九點〇五，仍相去甚遠。[20] 因此慈濟醫院的慈善救濟的目標，不只針對低收入戶民眾給予醫療優免和救濟補助，而是針對醫療弱勢地區的民眾，給予醫療上的充分挹注，包括優質的醫師與設備。這些資源的挹注本應由政府來承擔，但礙於政府財政的壓力，慈濟醫院不會顧慮醫療損益是否平衡，在醫療資源貧乏的地區開設醫院，廣設必須的專科門診，聘僱西部專業的良醫良護，添購重要的醫療儀器與設備，為的就是提供弱勢地區民眾最優質的醫療服務，以免除東部與偏遠地區的民眾，為了尋求醫療而長途南北奔波的窘困。

慈濟玉里分院的張玉麟前院長與關山分院的潘永謙院長，原本都是優秀的都會型醫師。他們舉家搬遷到這個偏遠的山區，幾乎全年無休地為病患奉獻努力。由於分院的醫師人數畢竟沒有市區醫院充足，所以這兩位院長晚上都值班到深夜，清晨一早五、六點就必須看診，原因是農人務農都是早起，看完病還要早早下田工作。這種吃力又位在偏遠地區的工作，支撐醫師與護理們信念的，還是對於病人真摯的愛。關山與玉里醫院的院長及醫師，每週定期到偏遠山區探望病人，他們深入無法上醫院的病患之家裡進行往診。醫療社區化的概念不只是在院區裡面，慈濟醫師們還實踐行動看診，到家中為不良於行的病人治病，或教導家屬如何照料長期慢性病患者。

雖然長期下來，慈濟醫院整體醫療損益都是呈現虧損的狀態，因為如果以商業的醫療損益平衡的前提為考量，慈濟醫院裡許多科室或許根本應該關閉，許多重大儀器設備都應該裁撤，以維持或追逐醫院的營運或盈餘。舉例言之，花蓮慈濟醫院一個月僅有兩百位嬰兒出生，在門診少、住院少、手術少、專科醫生少的情況下，小兒外科早就該關門大吉了。另外，像是燒燙傷中心，一年的佔床率也僅有百分之十二，就成本考量，也不應該設立開放。然而，慈濟醫院秉持證嚴上人的願力，要給予弱勢醫療地區的民眾一個完整、功能齊全的醫療服務，這並非慈濟醫院管理不善導致損益不平衡，而是刻意要彌補偏遠地區的不足。

慈濟醫院的醫師、護士和志工更是經常性地走出醫院建築體，前往醫療資源弱勢地區進行往診，像是花蓮慈濟醫院前往偏遠的秀林鄉進行IDS計畫（醫療效益給付提升計畫），從二〇〇四年八月開始，已經服務了超過八萬人次。

慈濟醫院社區關懷團隊包括醫師、公衛護士、營養師、社工師、志工，對於住院返家的慢性病患或獨居老人等，提供家庭訪視、居家護理、居家關懷、臨終關懷等服務；其中更針對糖尿病患者組成關懷團隊、癌末患者提供居家護理等。社工師為患者及家屬尋求社會資源，營養師教育患者飲食要點，志工們關心他們醫療之外的所有家居需求，用心陪伴。坐鎮玉里、關山兩地的慈院分院，除了固守醫療本位，假日時更是固定下鄉照顧周邊村落的居民，進行義診、訪視與居家關懷，幅員從花蓮到臺東的偏遠角落。

對於偏遠醫療的投入，不只是包含慈濟六個醫院的醫療人員。慈濟人醫會一九九六年成立至今二十多年，成員包含八千多位醫護人員與五千多位的志工共同組成。他們義診的足跡遍及全世界五十多個國家。醫師團隊與志工在世界各個偏遠的角落舉辦義診，在全世界已經幫助了超過三百萬人次。

在大山的那一頭實現醫療平權的理想

醫療平權的理念長久以來一直是醫界追求的理想，但是在一九八〇年代，能夠追隨證嚴上人，或如當年的慈濟人那樣勇於付諸實踐並身體力行者，絕對不會是多數。在地理上，花蓮從太平洋的海岸看過去，一座高聳入雲的大山，非常雄偉。它是觀光的好景點，但是大山分隔著花蓮與臺灣的西部。因著這大山的阻隔，過去人們稱花蓮為後山，即便到了一九八五年，花蓮仍被認為是較為落後的地區。因此要吸引專業人士從臺北都會地區搬到花蓮來服務，除非有非常特殊的因緣，或是具備服務偏遠民眾的理想，否則多數專業人士，不管是醫師或教師，絕少人會選擇到這窮鄉僻壤之地定居。當慈濟醫院啟業之後，醫師的問題困擾著上人和負責醫療志業的林碧玉副總執行長。林碧玉副總從一位傑出成功的會計師，加入慈濟追隨上人之後，就逐漸放棄事業，做全職志工。在建院當時眾多的反對聲浪中，林碧玉副總是少數幾位極力支持與奔走的志工。千辛萬苦蓋好醫院，卻發愁醫師們來花蓮的意願。經過林碧玉副總在西部各醫院奔走，要來花蓮的醫師仍少之又少。

皇天不負苦心人，醫師們長期來花蓮的契機終於出現了。臺大醫院定期派人到沙烏地阿拉伯兩年，回來就可以升等，臺大醫院的主管同意讓住院醫師到花蓮，等同於到沙烏地阿拉伯。逐漸地，有少數幾位接受這個條件，來到花蓮慈濟醫院為偏遠病患服務。

但沒多久，有些醫師們來了，不到一年，卻又要一起離開，因為北部給更好的工作機會。上人憂心花蓮的病人怎麼辦？他要林碧玉副總持續尋求北部大醫院的合作。林副總不斷地登門拜會大醫院的主管，有時候一等就是一整天，但經常未必見得到面。可能他們也盡力了，沒有人要去，也煩了，乾脆不見面算了。

在極度傷感之際，林副總有一次苦等之後，終於見到某大醫院的大主管。她恨不得當場跪下來求他幫忙，但是又覺得這樣太莽撞、太唐突。那一回得到的答案仍是否定的。真的沒有醫師要來，眼見回花蓮，某一科門診就得要被迫關起來，眾多的病人竟得不到醫治。在遍尋不得的情況下，林副總覺得回到花蓮無顏見上人。那天晚上，臺北下著細雨，林副總一個人走在雨中，腦子空了，霓虹燈與車潮都彷彿消失無影，她獨自在中山北路漫無目的地走著，念頭一起，她乾脆跨過安全島走向快車道，這一步跨出去，似乎一切的絕望與慚愧就會消失。她快步向前，一腳跨過安全島，一陣車子緊急煞車的聲音，聲嘶力竭地響徹著，這一聲響，震住她的念頭，這一下去，見了報，上人怎麼辦？慈濟怎麼辦？在最後的關頭，林副總收回另一隻腳，回到安全島上。已記不得停下來的車子，裡頭的司機怎麼咒罵？她走回人行道，繼續在細雨中往前走著。這一走下去，經歷坎坷的三十多個年頭，從沒有醫師要來，逐漸讓慈濟醫院成為臺灣，乃至全世界許多頂尖醫療科學家尋求合作研究的醫療院所。

從上人發願蓋醫院，到醫院蓋好，直到尋求醫師來花蓮，慈濟人不間斷地從西部到花蓮來付出心力，大家齊力要把那座分隔著東西、考驗著人心、決定著東部人民醫療機會，令人望之生畏的絕望的大山，打造成希望的磐石。

在上人不斷的努力、鍥而不捨的號召下，將醫院設備與醫療人員不斷地朝優質化邁進。這過程中，廣大的愛心大眾與慈濟志工是慈濟醫院最重要的支柱，也是實踐以病人為中心的最大動力。慈濟志工不只在建院過程中出錢捐助，建院之後更是身體力行，投入醫院為病人付出奉獻，慈濟醫院志工體系的建立更是全世界最獨特的醫療人文。這些當年翻山越嶺從西部來到東部的志工們，數十年辛辛苦苦地四處募心、募款，籌備建院。如今醫院蓋好了，他們繼續付出愛心；他們的使命就是要做到證嚴上人所期待的——將地獄化為天堂。

志工將醫院打造成愛的大家庭

醫院是生老病死最直接、最頻繁的場域。從花蓮慈院，到臺北慈院、中部的臺中慈院、南部的大林慈院，全臺每一天有將近一千位志工穿梭在慈濟各醫院，照顧被病痛折磨的病患。疾病會削弱一個人的心志，病人身苦，心靈更苦；不只病人自己，病患家庭也因此陷入經濟或心靈的深淵之中。醫師的角色是醫病苦，志工的角色是幫助病人面對疾病的挑戰，並重拾對生命的樂觀與信心。志工如同病人的親人一般經常在病房陪伴，他們幫病人洗澡，鼓舞病人，為他們張羅各種生活所需。

花蓮的顏惠美師姊從花蓮一建院就進駐醫院，三十多年如一日。她像是病人的媽媽，也像是醫師的大姊。醫院裡的每一個醫師，她都認識，哪一個病房的病人有什麼狀況，她都能隨時知道，即刻前往問候，舒緩病人的挫折焦慮或哀傷。當有病患不幸往生，志工們會即刻前往陪伴家屬，跟著助念，希望讓生者心安，亡者靈安。志工是病人的守護菩薩，也是醫師的好夥伴。已故的蘇郁貞師姊曾經在診間協助名譽院長陳英和醫師超過三十年，三十年如一日，默默地協助陳院長關懷病人，處理各種診間的行政事務。[21] 她們是醫師最好的善知識。曾經形容自己是「恰查某」的蘇足師姊，專門處理不講理的病人。病人如果大發脾氣，或因為病苦情緒失控，醫師們就會請蘇足師姊出馬，她對於安撫這種脾氣大，不願意配合醫師的病人，特別有辦法，經過她說服調解之後，病人會乖乖地吃藥，配合醫護人員。臺中慈院的黃明月師姊也是終年守候在醫院裡面的志工，三十年前加入慈濟醫院擔任全職的志工。問她什麼力量給予她這樣的使命感？是什麼力量讓她能克服在醫院可能遇到的挫折或困難？她說：「就是病人！」每當想到病人需要關懷，她不管多累或多麼傷感挫折，她就會立刻產生力量。這種力量就是證嚴上人鼓勵他的弟子的「菩薩所緣，緣苦眾生」；志工們源源不絕的力量，就是來自不忍眾生苦。

從醫學專業到愛的智慧之學習過程

醫師與護理看著志工對病人、對醫院的同仁無所求的愛，心靈孺慕其中，自然而然病人與醫護關係有了很大的正向影響。在慈濟醫院服務十多年的李啟誠醫師，是花蓮慈濟醫院血液腫瘤科的醫師，他覺得在慈濟最深刻的感動，是向志工學習如何無所求的付出。李啟誠醫師從小就是一位心性敏銳，而情感較脆弱的孩子。父親從小陪著他讀書，在他小學畢業之後，父親就過世了。即使數十年的時光過去了，每當想起年少時父親陪著他在公園念書的情景，他的傷感與懷念之情從未隨時光流逝而淡薄稀釋。念醫學院時期的他，碰到上人體解剖學，他都不太敢拿真正的人體頭顱研究，只是一味地看教科書。直至考試前一天，他才不得不把頭顱骨頭帶回寢室。結果那一夜，他睡夢中夢見自己奮力地在挖掘墳墓，一直挖，一直挖，直到挖出一個人體的頭顱，他大叫一聲，驚醒了！結果醒來，看見他拿回寢室準備應付考試的那一顆頭顱就擺在床前。

李醫師是一個情感豐富的人，一開始當醫師，每次面臨病人即將往生，他總是不知所措。一次在臺北某醫院當住院醫師沒多久，碰到一位很可愛的十多歲女孩子，已經是癌症末期。那女孩的父母離異，她與舅舅同住。當時她的身體不只飽受末期癌症之痛苦折磨，她的心中更充滿了怨恨。這女孩咒罵每一個人，父母、醫生、護士、舅舅，她見到誰就罵誰，她覺得全天下的人都對不起她。就這樣，這女孩在懷著極度怨恨的情緒中，走完她生命最後的一程。這件事對當時的李啟誠醫師打擊很大，他覺得非常無助，害怕面對臨終的病人，他的脆弱性在此刻，是他從醫生涯極大的挑戰，而他並未找到轉化的力量。

直到進了慈濟，李啟誠醫師開始學會對臨終的病人放開心情，他在志工身上學會如何讓病人自在，讓自己自在，如何以因緣觀來看待事情。既然醫療的技術已經窮盡，他就會試著安慰病人。李啟誠醫師學會選擇用比較淡的字眼來向病人說明病情。他怕傷到病人，所以如果病人檢查出來是癌細胞，他寧願說是細胞有一點不正常。他的脆弱性已經逐漸轉化敏銳的同理心，過去他會猶豫，他會遲遲地不願意把已經無法再治療的癌末病人送往心蓮病房，但是現在的他會比較果決。不過，即使把病患送往癌末病房之際，他仍會常常去看他們，他的不捨之情仍然存在，只是感性已能適當掌握，情感的經營變得比較成熟。慈濟世界裡那種愛人的智慧與因緣觀，給予原本情感較脆弱的李啟誠醫師一個適當的轉化。愛病人，竭盡全力拯救病人，但是不執著。一個人的身體終究是有期限的，但是心靈的力量卻比身體更長遠，給予病人心靈的力量，是更為重要的使命。一如在心蓮病房，慈濟志工們不怕在臨終病人面前提到往生的意義，他們會告訴一些比較能接受的病人，換一個好身體再回來人間。[22]

李啟誠醫師告訴筆者，慈濟醫院給予他一個巨大的善之能量，這能量是賦予他能夠真正面對病苦，不逃離病苦的絕對力量。逃離病苦？一個醫師怎麼會逃離病苦呢？這當然有可能，因為當一個人每天都是與生死在拔河，初期會很震撼、很傷感，但是久而久之，人會慢慢地適應，甚至是適應到沒有感覺，這時候冷漠的心就會萌芽。在這種情境下，病人與醫師逐漸變成純粹客戶關係，除非醫療人員逐漸學習了一種更超越的生命觀點，或是在環境中獲致一種開闊、純淨的情感支撐，否則一位醫師不容易長久保有他的悲憫心與同理心。慈濟這個富含智慧與愛的能量的大磁場，正是給予醫師一種更高遠、堅毅，和純淨的生命觀與情感的力量。

證嚴上人期許醫師不只是醫師，而是人醫、人師；不只是關心疾病，更關心病人；不只是關心病人的生理狀況，更能給予病人正確與正向的價值觀。從來沒有人給予醫師如此的期待與願景。佛經所說：「苦既拔已，復為說法。」懂得說正法，才能真正拔苦。苦，常常是心理造就與自我強化。經常看到慈濟醫院的醫師在診間告訴病人必須將不好的生活習慣屏除，苦口婆心地勸說，他們不必理會所謂時間就是金錢的約制，因為每一個病人的健康，是醫師唯一需要關心的事情，商業機制在慈濟是不存在的。沒有一位醫師必須因為擔心金錢壓力，而拒看病人，或吝於在病人身上花必要的時間。要做到人醫，就是以病人為中心，而不是以醫療為中心。前者關心病人，後者把病人標準化，只關注醫療的流程或在意自我醫療的成就，而要進一步做到人師，就必須樹立醫師自我的品格典範。慈濟醫院要求醫師儀容端莊，打領帶，視病如親，就是希望樹立醫師的良好典範，而最重要的是必須學會證嚴上人所強調的無所求的付出。一位醫師能為病人而無所求付出，自然能樹立高尚的人品典範。

慈院的醫師在進入慈濟之後，最感動的就是志工那種無所求付出的精神。醫師可能會為了收入、為了醫學成就、為了名聲而醫治病人，但是慈院志工對病人的態度卻始終是無所求地在付出。這精神透過經常的接觸互動，影響著專業醫師的態度。

醫師在專業上有一定受尊敬的高度，他們在醫術與收入上是成正比的，這使得醫師要完全擺脫商業機制，做到付出無所求是非常不容易的，加上醫學的競爭激烈、學術研究，以及教學等等要求，都必須讓醫師處在一種相當緊繃與高度競爭的狀態中。為何從醫？其實逐漸地被收入、地位、聲名所取代，救人的初衷被遺忘了，醫師醫治病人的神聖性被商業物質主義逐漸取而代之，醫師、人師的地位當然無從建立。

證嚴上人希望透過志工無所求的精神，轉化醫師專業的執著，以及既有的商業醫療體制對醫師所造成的壓力與負面影響。當然這種改變是緩慢的，甚至隱而未顯的，但是從慈院許多醫師具體行醫的過程中，這影響可以逐漸得到確切的印證。

慈濟醫院視病如親的精神體現

醫療心理學家佛羅恩德（Freund, P.E.S.）博士在其研究的論文中指出，當一個人面對巨大的生命挑戰時，社會的凝聚力和強大的支撐，會讓人們遠離負面思維，並且在心理上更具安全感。[23]

這放諸一般的病人，當面對疾病磨難，身與心、家庭與經濟都承受巨大的挑戰，周遭社群給予的愛與支撐實則與醫療救助同樣重要。這就是為什麼證嚴上人三十多年來不斷強調，醫師必須能夠視病如親。

花蓮慈濟醫院的陳英和名譽院長，從一九八六年慈濟醫院開院就進入慈濟。身為基督徒的他是臺灣骨科的權威，他對待病人如同親人一般。一位臺東來的病人，罹患骨髓炎，在慈濟醫院住院。原本必須截肢的她，因為陳英和醫師看她才四十多歲，還必須身負母親照顧全家的責任，因此陳英和醫師盡全力把她的腳保留下來了。在住院期間的夜裡，病人和她先生都已熟睡，突然間，病房來了一個身影，這身影竟然整個趴在病患的腿上，病患的先生醒來，所看到的竟是陳英和醫師正在聞病患充滿臭味的腳，病患的先生嚇一跳，但是也非常感動。[24] 陳英和醫師經由腳的味道就可以知道病患骨頭恢復的程度，這就是視病如親。

一九八七年，住在花蓮的原住民年輕人林傳欽，因為家境貧困而輟學，他在玉里一家修車廠當學徒；林傳欽是一個活潑好動的十四歲男孩，身手十分矯健，但是在一次修車意外中，他的下半身不慎被翻落的大理石壓碎，腰部以下嚴重粉碎性骨折，大動脈與大靜脈完全斷裂。這在過去幾乎是要宣告無效的生命，卻在慈濟醫療同仁與志工共同努力下得到重生。

林傳欽被送到花蓮慈院急救的時候，陳英和醫師用了六十三加侖的食鹽水為他清腸洗肚，並且輸血兩萬西西，全身幾乎換了五次的血，才把他的生命狀況穩定下來。但是最後因為他的下半身已經嚴重感染，醫師最後不得不對他進行雙腿齊截手術。截肢之後，他的下半身包括肛門、坐骨都沒了。對於十四歲的孩子來說，這種痛苦的折磨是雙重的。他不僅要忍受劇痛，接踵而來的泌尿系統和皮膚重建問題，對於他的心志更是一項艱鉅而痛苦的考驗。

慈濟醫院泌尿科醫師郭漢崇細心地為他重造人工生殖器、人工肛門。而截肢後的傷口面積很大，當時慈濟醫院整形外科醫師簡守信為他進行皮膚移植。簡醫師幾乎花了幾個月才完成這項皮膚移植手術。林傳欽在慈濟醫院住了一年半，經歷一次又一次的生死關頭。

從死亡邊緣走回來的林傳欽，復健的過程是艱難的。為了讓林傳欽能穩穩地坐著，而不會傷害好不容易植皮完成的傷口，陳英和醫師反覆思考了許久，他終於想出了一個妙招。陳英和開始吹著氣球，他把上百個氣球放在林傳欽的下半身與輪椅之間，以減少傷口處的摩擦與壓迫。就這樣，林傳欽在醫師、護理，與顏惠美等志工的悉心照顧與鼓勵之下，終於恢復身體的支撐力，也讓破碎悲觀的心靈逐漸獲得甦醒。

若干年後，林傳欽說：「很慶幸碰到慈濟，如果當年上人沒有在花蓮蓋醫院，我受傷後，很可能還沒送到臺北的醫院，就在半路上往生了。」林傳欽在慈濟醫院獲得奇蹟似的重生；住院期間，醫護人員和志工給予他很多的愛和膚慰，讓他有勇氣逐漸地揮開陰影，甚至在醫院中，他已經在關懷其他的病友。

出院之後，顏惠美等志工安排他到彰化和美實驗學校讀書，讓他取得了高中學歷，他也因此學會了電腦繪圖，希望藉由這一技之長，讓林傳欽的後半生得以安安穩穩地生活下去。

但是命運並未如預期的順利，畢業後的林傳欽一度酗酒，不能自拔。志工在他出院前為他募集了一百多萬元，看到他的生活狀況無法自我掌握，所以始終不敢給他。顏惠美等志工菩薩們並沒有因此放棄他，他們鼓勵他繪畫，做手工藝，轉移生活上的挫折與憂鬱。二〇〇三年十二月，林傳欽真正走出生命的陰霾，他戒掉酒，結了婚。回到慈濟醫院與醫護人員開了一個感恩記者會。志工們把當年募集的款項交給他，因為林傳欽長大了。當年才十四歲的他，經歷如此重大的變故幸能重生。但是身體救回來了，二十多歲時的他心卻沉淪，終日迷戀在酒的墮落之中，不能自拔。慈濟志工不離不棄的陪伴，林傳欽感恩慈濟醫師給予他身體的重生，感恩慈濟志工給予他心靈的重生。當日記者會，林傳欽最大的心願是在花蓮成立一個中途之家，希望能幫助許多和他一樣身體殘疾的人。他說：「我希望慈濟的愛，能從我身上散發出去，並不斷地發陽光大！」[25]

信仰基督的陳英和醫師三十多年來始終在慈濟醫院守護著東部的病人。他的學生遍及東部與西部各地。大林慈濟醫院骨科簡瑞騰醫師，一次他為病人動大手術，手術後，病人進入加護病房，簡醫師一夜都趴在病房裡，以備病人有任何狀況可以立刻處理，這就像是自己親人般看護著病患的生命。簡瑞騰另一個令人難忘的病患，就是罹患嚴重僵直性脊椎炎的阿吉伯。阿吉伯的舌頭已經突出將近六公分，再突出兩吋他就會窒息。簡醫師師承陳英和醫師，陳英和醫師也曾經在花蓮治癒一位全世界最罕見、彎曲近一百六十度的僵直性脊椎炎患者。簡醫師成功地醫治好阿吉伯的僵直性脊椎炎之後，阿吉伯順利出院，但由於他是獨居，因此康復後就住進安養院。簡醫師與他的夫人經常去看阿吉伯，把他當兄長一樣地照顧與關懷。[26]

大林慈濟醫院尹文耀醫師幫罹患肝病病人進行手術，手術後就住在加護病房，以便及時知道病人癒後情況。花蓮器官移植小組的李明哲醫師，碰到需要移植的病人，經常南來北往，送器官，加入移植手術，經常不眠不休超過三十多小時。[27]這種為病人的生命竭盡全力之態度與情懷，正是證嚴上人期望醫師體現人醫精神的具體實踐。

一個醫師如何尋回純淨的醫療價值

現任臺中慈濟醫院簡守信院長，自一九八八年開始在慈濟醫療志業服務，他一直相信好好當一個醫師才是生命的目標，並未期望太過探究或深入理解所謂慈濟的醫療人文精神。然而，一九九七年他擔任花蓮慈院副院長期間，在一次參加菲律賓的義診中，他心靈有了很大的轉變。他真正看到了超越原有醫療體制的專業局限，感受到醫病關係原來可以這麼簡單，病人是醫師唯一的目標。專業、榮耀、聲名、收益，在義診中完全不存在，醫師與病人的關係變得這麼單純與直接，這麼令人不捨與感動。從此他積極投入慈濟志業，也成了大愛電視知名的醫療節目主持人。同時不遺餘力地與當時的大林慈院林俊龍院長（現任慈濟醫療志業執行長）共同推動實踐人醫人師的醫療人文精神。[28]

一樣在義診中深受感動的王志鴻醫師，是花蓮慈濟醫院的心臟科權威，同時也擔任醫院的副院長，他是東部最優秀的心臟科醫師，他過去也認為把醫師本分做好最重要，所謂人文精神只是閒暇才必須參與的次要活動。但是王志鴻副院長深愛證嚴上人，他在慈濟慈誠的培訓過程中，體會到慈濟師兄師姊無所求付出的美，可是在他受證過程中一直有些障礙，因為他離不開菸，他戒不了。而在二○○四年伊朗巴姆大地震的救難義診中，王副院長是領隊，看著三千年的古城瞬間毀於一旦，他真正看到生命的無常。在醫治病人的過程中，他原本樸質的悲心再次受到深深的洗禮，在幾天的巴姆義診中，他連作夢都還在和病人講話。這一趟義診是他轉變的一個開始，他回花蓮後戒了菸，受證當慈誠隊員。王副院長在義診中的感受，正是擺脫醫師習以為常的以醫療為中心的機制，築起專業高牆的醫療習染，他找到原本生命中那一分清淨無染的愛，那個愛，帶給他心靈的無比喜悅。這喜悅使他不必再依賴菸來逃避煩悶，來躲開內心深處極為渴望的價值感。[29]

正向行動轉移人內心深處的負面依賴

人會逃避對自己真正有益的、有價值的事物，特別是環境教育未能提供適當的管道賦予人這一分價值的時候，人會透過各種的替代物，酒、菸、性等來彌補那一分失落，藉由短暫的快樂作為自己苦悶的補償。直到人真正轉向面對自己的內心需求的價值感，那種面對是痛苦的，因為環境沒有給予適當的引導，因此需要極大的勇氣去面對追尋。在慈濟的義診中，醫療的理想情境顯現了，內心渴望的價值感也得到滿足，逃避或追逐心靈快樂的補充物，已經沒有必要。

其實每一位醫師心中都有醫療的理想，只是專業教育或現實的醫療環境未必給予這分價值充分彰顯的機會。想像現代社會中一位醫師在成為醫師之前，他可能喜歡研讀生物科學、自然科學，他也很可能是喜歡接近自然與動物，喜歡照顧小生命，然後立志研讀醫學。那時候純粹學習的快樂和金錢名聲或外在報酬是絕對無關的，但是一位醫學生只要在進到職場中，專業的高牆與商業體系就包圍了他；他一切的特長與天分都被化約為金錢、升遷、專業地位等外向價值。純粹的內在價值與心靈純粹之快樂逐漸遠離，甚至不見了。小時候幫動物包紮的樂趣不見了，看到病人康復的心情及對病人所感受的苦也慢慢地淡了。時間等於金錢，病看得快就是醫院的經濟效能，病人的心不再是他們能體會的，更談不上看到病人痊癒的那分快樂。

從醫治病人中獲致的最美的喜悅

德國最著名的哲學家康德，曾為「美」下定義，他說「美」是一種無目的的快樂。[30] 鯨魚唱歌是沒有目的的，牠就是愛唱。傑克打籃球一開始是沒有目的的，他就是覺得快樂。原始社會的木匠做工具品一開始也是沒有目的的，因是基於樂趣。然而當興趣成為一項職業，創作成為商品，心就染了，目的就轉化了，商品的價值扭轉了一切。單純的快樂不見了，單純的人際互動也轉化為商品的對價及利害關係。

慈濟許多醫師在義診中找到那一分失去已久、單純、無目的的快樂。人醫會的醫師們可以花上一整天的時間跋山涉水，歷經數十小時到偏遠島嶼、深入鄉間，這其實是違反分秒必爭、看病效率等同於金錢收益的商業醫療體制。但是人醫會的醫師在義診中得到的快樂及內心的滿足，卻是任何金錢及利益所無法取代的。醫師找到那一分治病的單純的快樂，病人沒有付錢，你還得翻山越嶺，但病人的苦，你卻可以感受到；只有感受到病人的苦，然後將病苦拔除，快樂才能顯現。如果一位醫師無法深切感受病人的苦，他自然也無法享受將病人治癒的那一分快樂。一旦金錢介入，心就被物化了。如果醫師的時間就是成本，看病時間要短，單價要高，病床流轉率要快，這一切都扼殺了原本單純的付出所能感受的那一分快樂。

一樣在義診中確認自我醫療價值的林俊龍醫師，現在是慈濟人醫會（TIMA）的總幹事，也是慈濟醫療志業執行長。林俊龍醫師過去擔任美國北嶺（Northridge）醫院的院長多年。在一九九三年加入美國慈濟分會在洛杉磯成立的義診中心，照顧沒有醫療保險的弱勢族群與非法移民者。一九九五年上人希望他回到臺灣，他把加州固定來看診的病人一一轉出去之後，結束美國優渥的生活環境，回到花蓮開始他慈濟醫療人文的生命之旅。[31]

醫院把整個社區建構成一個大家庭

二〇〇〇年大林慈濟醫院創立，林俊龍醫師擔任院長，他將慈濟醫療人文，確實地實踐在這一所稻田中的大醫院。林俊龍院長為了吸引優秀的醫師前來，深知嘉義大林是鄉下，真正要吸引醫師還是慈濟醫療那一分愛病人的情懷與理想。於是他以身作則，每天六點鐘起床，開始巡視醫院四周，看到垃圾立刻彎下腰撿起來，年輕醫師看到院長這樣地謙卑，這樣地愛醫院，都深深受到感動。林俊龍院長還在醫院開闢大愛菜園，讓醫師和病人可以在工作之餘，在這裡種菜。他自己每週也到大愛菜園工作。上人說：「換一個方式工作就是休息。」醫師們一得空到菜園種菜，換一種方式勞動，不但可以接近田園，也能舒緩平日醫療的壓力。

林俊龍院長的夫人——慈聯師姊，更是大林慈院的媽媽，是的，大家都稱她為林媽媽。林媽媽每一天都會巡視醫院各角落，關心醫師與護理同仁的生活與心情。她與醫師的太太家人都非常熟悉。每一個家庭有什麼喜事、孩子上學有什麼狀況，林媽媽都一清二楚。林媽媽和林院長的帶領風格，正是證嚴上人所期待的——讓醫院變成一個家，一個充滿愛與溫暖的大家庭。病人、家屬、醫師、護理、志工，全都是大家庭的成員，大家不分彼此，互相照料關懷。這種大家庭的氛圍，是吸引醫師們留在這個窮鄉僻壤的重要原因。

不只院內是大家庭，整個大林慈濟醫院的成立和運作，就是用愛把社區帶進醫院，同時將醫院的愛融入社區，讓嘉義偏遠周遭地區成為一個社區大家庭。無私的愛，會感召更多無私的愛。

在醫院建院之前，有一位地主鄒清山先生捐出近八分地。有感於上人的悲心為偏遠地區的民眾興建醫院，這位鄒伯伯從醫院動工開始，就每天都來醫院工地燒青草茶給工人與志工享用。建院之後，他一樣每天三點多就起床，採青草茶，準備燒茶器具，到醫院煮茶給醫生、護士和病人喝。鄒伯伯在大林慈院，二十餘年來如一日。每天藉著青草茶與大家結緣。[32]

醫院開院沒多久，也有一對每天靠綁蔥、賣蔥維生的老夫婦，先生名叫謝杏源，夫妻倆每天來醫院，在社服室走來走去。社服志工以為老夫婦需要什麼協助，就問他們有沒有什麼事需要幫忙。老夫妻猶豫很久，才終於開口說，他們想要捐一輛休旅車給醫院。為什麼捐休旅車？因為這樣就可以接送鄉親來醫院看病。這對老夫妻每天綁蔥一把才賣一塊錢，卻有這麼豐沛的愛心要捐贈四十多萬元的休旅車。後來他們的積蓄當然不足，社服室的明月師姊知道了，號召志工、護理同仁及醫師一起響應，圓了老夫妻的心願。[33]

大林慈院一樓大廳更是許多老伯伯每日聚會的處所。醫院一樓大廳入口處佛陀問病圖旁邊的穿廊，刻意把視野與活動空間設計得特別開闊，因為這裡可以是一個音樂演奏的廣場。從花蓮到大林，從大林到臺北慈院，每天一樓的穿廊廣場都會有熱心有才藝的志工們，為病人演奏鋼琴、古箏，或詠唱優美的慈濟歌曲。病人與家屬坐著輪椅，或坐在前面安排好的座椅，聆聽優美的絲竹之聲。在大林，看著志工彈唱，許多鄉下老伯伯看完病，也把家裡的三弦、胡琴帶來，一起加入演奏歌唱的行列。進了大林慈濟醫院，經常看到一堆人圍在一起，聆聽老先生、老太太的演奏。許多人來到慈濟醫院，直歎這裡真的一點都不像是醫院，這正是證嚴上人與慈濟人的渴望——讓醫院變成一個溫暖的家，變成左鄰右舍可以參與的傳統四合院裡的曬穀場，變成一個人間的天堂。

醫療專業與志業心靈的養成

大林慈濟醫院的林俊龍也是醫院同仁心中的大家長。身為慈濟委員的林俊龍院長，以身作則，帶領醫師們體會實踐慈濟人文。定期舉辦的慈濟人文營，讓醫師更深入了解慈濟的價值核心，看看各地志工在世界各窮鄉僻壤之地，付出無所求，人醫會的醫師下鄉義診，以病為師的醫療人文理念，都深深烙印在醫師護理同仁的心中。不只人文營聽課，身體力行最重要，林俊龍每逢假日，經常邀集醫師們下鄉，為照顧戶們打掃家裡。院長長得高，經常都是清理屋頂、梁柱等。獨居老者，或身體殘疾者，看到院長醫師們前來幫他打掃汙穢的屋子，都覺得不可思議。這是醫院投入社區的另一項實踐，也是讓大醫王們，在這種苦相的親身體驗中，感受證嚴上人期待醫師能以苦為師，以病為師的人文情懷。

這些人文的養成，逐漸引發慈濟的醫師們對待病人的胸懷。他們平日在院區為偏遠民眾守護健康，守護愛，而一旦國際上發生重大緊急災難，無論是伊朗巴姆地震或是南亞大海嘯，大林慈院的醫師積極參與救援義診行動，從來不落人後。

以大林慈院創院開始的前八年為例，有超過七十位以上的醫護人員，培訓為慈濟委員與慈誠。他們利用空檔，參加慈濟的音樂手語劇，藉演出與師兄師姊及各志業體同仁打成一片，藉著音樂手語劇，深入佛典經藏之中，希望能做到人醫，也是人師，達到「苦既拔已，復為說法」的生命境界。

二〇〇五年大林慈濟醫院的醫師們在林俊龍的帶領下，在醫院附近買下的農地，做起農夫，成立大愛農場。每年兩次醫師們親自下田，播種、插秧、除草及收割。在農耕的生活中體驗大林鄉下的農人們，也就是他們的病人們平日的工作與勞苦，種田的經驗讓這一些醫師們更深深感受農人種稻粒粒都辛苦的滋味。慈濟大林醫院的醫師們脫下白袍，下田耕種，雖然一年就幾次，但是在這期間學會的謙卑與感同身受，讓嘉義大林鄉親都很感動，也很敬佩慈濟醫師們的謙卑，願意一起體會鄉親同甘苦的情懷。

收割完成的稻穀，醫師們捐出來，讓志工們在慈濟每一年的歲末祝福之際，把醫師種的這一串一串稻穗，黏在福慧紅包上，這福慧紅包是證嚴上人用自己書籍版稅的錢，於歲末圓緣的場合，親自贈與志工與委員們，感謝他們一年來為眾生無私的付出，也和全球慈濟人結緣並祝福。稻穗象徵飽滿與謙卑，是來自大林慈院的醫師與同仁用汗水與愛心所奉獻的果實。大愛農場也是一個學習如何去愛的場域。[34]

醫身與醫心的結合

證嚴上人創立慈濟醫院的最終目的，不只是希望醫院能成為全世界第一流的醫療院所，也不只是為了救治偏遠地區的病患，更希望藉由醫療人文的建立，讓醫師、護理、醫技人員、病人、志工，都經由醫院的場域得到生命徹底的覺悟與純淨。

這亦是為什麼醫師已經夠忙了，還要下鄉為照顧戶打掃，還要到農場種菜、種稻及比手語，醫師不是應該全心全力救助病人嗎？醫師除了看病，還要做研究，還要教學，這麼忙碌的行程，還要分心做這一些與醫療無關的人文活動？其所為何來？

醫療的關鍵是愛，真正的醫療技術每個醫院差距不大。慈濟的醫師之素質與設備，已經具備醫學中心的水準，但是證嚴上人創立醫院，並不只是希望培養出一批批優秀的醫匠，而是希望醫師能夠真正視病如親，真正以愛呵護病人。幫照顧戶打掃、種稻、做香積、比手語，都是在養成醫師的謙卑、愛人、合群等的情境教育之一。醫師的專業非常之高，與社會的隔閡當然也很高，所以才會有白色巨塔之稱。在白色巨塔裡，大家為名、為錢、為權進行無止盡的爭鬥，與其如此，不如寓教於樂，和各種不同專業的人一起深入經藏，演出手語劇，讓音樂戲劇溫暖心靈，透過群體的配合，讓醫師走出象牙塔。在與照顧戶的互動與活動中，同理心、謙卑心自然逐漸養成，這是培育良醫的一種境教。

以證嚴上人的思想出發，沒有任何的專業訓練比具備愛的心靈更為迫切和重要。科學主導的時代已經讓醫病關係走入一種醫師是萬能的假象。正如劍橋大學醫療歷史學家羅伊．波特教授（Roy Porter）所言，這是一個醫療最發達的時代，也是一個病人對醫療最不滿意的時代。[35] 這個問題的產生，一方面，是商業主義深深地埋入醫療體制中，讓醫病關係過度變成消費者關係，因此只要消費者不滿意，就會產生醫療糾紛。病人作為消費者，一方面認為醫師無所不能，一方面又認為醫師收取費用是商業行為，自然醫師的道德高度與尊嚴就會降低。醫師淪為醫匠，是當代社會醫療糾紛的肇因。解決這個困局的唯一方法，就是把醫療視為不只是醫治身體，而是應該關注病人的心靈狀態。當病人盡一切力量要求延長生命而不可得，他的內心又完全沒有超越有限身體的精神力量，他的痛苦與絕望就會滋生。醫療再怎麼進步，總是有窮盡，人的身體不可能保持永生，如何接受無常，如何在醫療盡力之後，病人能心懷感恩，醫師與護理人員具備愛的心靈是重要關鍵。

慈濟醫院對於病人心靈之轉化

在醫療過程裡面，我們都只是從醫治的成果來論斷醫療成就。固然醫療的目的在康復，但是不是所有的疾病都得到康復，在醫療窮盡之際，人的心靈如何轉化、昇華，其實是醫院一項重要的人文醫療工程。這就是佛教精神裡所說：「苦既拔已，復為說法。」苦可能不只是肉體的苦，精神的苦更苦。不管醫療最高超的技術最終能不能救回病人，然而如何轉化病人精神之苦，也是醫療的目的。而這期間，愛，是最重要的轉化力量。

在花蓮慈院曾經有一位癌症末期的病患，綽號叫阿昌班長，早年的阿昌為惡者多，浪蕩江湖。由於生活極度不正常，他得到口腔癌，進入慈濟醫學中心進行治療。個性原本就好勇鬥狠的他，如今面對臉上癌症傷口不斷擴大，腐肉、膿血、斷骨，考驗著一個浪子的心志。過去和別人比氣魄，拚死活，如今侵蝕他的，卻是自身體內的癌細胞。面對身體上的痛與死亡的威脅，這位鐵漢內心難免生出恐懼。而當憂苦絕望的陰影籠罩他的時刻，陪伴他度過的，不是過去的義氣之勇的兄弟，而是素昧平生的志工與醫護人員。他們的愛像黑夜中的明燈，照澈他過去幽暗的人生。

接受癌症化療無效後，在心蓮病房期間，阿昌加入志工的行列，他每天幫忙送病歷，陪其他的病患聊天，安慰那些病苦的老人。雖然癌細胞一天一天地吞噬他的身體，但是他的心靈卻比以前更純淨、更快樂。他的歲月一天一天地消失，而他的快樂及內心的平靜卻與日俱增。

在這種疾病折磨底下，為什麼阿昌快樂平靜？因為他得到愛。二〇〇三年五月五日，醫護同仁與志工請阿昌班長到交誼廳一趟，當天阿昌感覺有一點頭痛，但是他拗不過志工蘇足與護理們的盛情，還是去了交誼廳。結果一到場，才知道是大家要幫他慶生。對於過去浪蕩江湖的他，從未有人為他舉辦這樣溫暖的慶生活動。大愛臺同仁也給他寫一張滿是祝福的生日卡片，大家一起為他唱〈無量壽〉，然後一起逼著他吃完蛋糕才能回病房。

在〈無量壽〉這種奇異的祝福歌聲中，阿昌懷著興奮又不捨的心情回到病房。結果一回到病房後，另一個驚喜又來了！他的主治大夫徐莉萍醫師、護理長與護士等，好多人都到病房為他祝福。阿昌看到這情景，一時之間無法回神，也忘記頭痛。他激動地說著：「真的很感動……」但是阿昌班長一時口拙了，不知該繼續說些什麼。阿昌想哭，卻又努力忍著。有些護士當天是休假日，還是專程回到醫院為他慶生，每個人都在一張大卡片上，簽下自己的祝福送給阿昌。在這生命最後的慶禮，彼此之間都有一分難掩的不捨，希望生命不必這樣地痛苦，阿昌最後很瀟灑地說：「若是，還有下一個生日，一定要親自做個大蛋糕，請大家吃。」

阿昌最後還是走了，對於曾經迷失自我、浪跡黑道的他，竟然在身染重病之際，才在醫院裡學會愛，體會到生命純真的自在，與對他人付出的喜悅。阿昌的許多親人其實並不能接受他的轉變，但是慈濟醫院醫師、護理、志工眼中的阿昌班長，是一位熱心的志工，是一位從黑暗中轉化昇華的未來菩薩。大家相信他會換一個好身體與好心靈再回到人間。他獨特的稱號——阿昌班長，也彷彿一直駐留在醫院的一隅，深印在醫護同仁心靈的深處。[36]

阿昌班長在慈濟醫院裡淨化為菩薩般，具備寧靜的心與單純的愛，他不必等到死後才進地獄，他過去的黑暗生活與進醫院時被癌症纏身，就如置身地獄之中。阿昌班長也不用等到死後才渴慕天堂，慈濟醫院就是他的天堂，是他虔心懺悔與奇蹟似的重生之地。醫院原本就是如地獄般的痛苦，生老病死交互循環，折磨著每一個病人與他們的家屬。證嚴上人希望能轉化地獄為天堂，就是要從醫院做起。醫護人員與志工就是地藏王菩薩，「我不入地獄，誰入地獄？」而有愛，就有天堂。醫護與志工們付出無所求的愛，就是希望將這充滿病苦死亡的折磨與恐懼的煉獄，轉化為淨土與天堂。

在許多的個案中，慈濟人愛的力量的確實質轉化了病人與家屬的生命觀。透過愛與陪伴，家屬與病患了解到「生命的價值」，一如證嚴上人所言：「不在長短，而在於它的深度與寬度。」而這價值觀是轉化如地獄般的醫院為淨土天堂的樞紐。

死亡與生命價值的重生與轉化

死亡是醫院必然有的現象，人在經歷死亡之中，如何轉化對於死亡的恐懼與哀傷，是每一個人必須面對的課題。證嚴上人的理念總是希望人們能夠直接地面對問題的本身，在事情發生的當下，給予超越的力量與精神的支撐。在慈濟，人們會發現力量的來源不是經由傳統的教堂，不是經由莊嚴素淨的廟宇之洗禮，而是由死亡經驗最多的醫院裡獲致轉化重生的力量。在事情發生的當下超越，是慈濟一貫的理念與實踐，而醫院如何成為超越死亡與生命轉化的力量泉源呢？泰雅族青年古天星的故事或許就是一個例證。[37]

花蓮秀林鄉的泰雅族青年古天星在二〇〇三年二月七日凌晨發生一起車禍，送到花蓮慈濟醫院。由於受傷部分已經傷及腦幹，進了醫院已呈現腦死、昏迷狀態。醫師雖然盡全力急救，但是生命跡象十分渺茫。才三十二歲的古天星，正值青年，意興風發，家人無法接受他的意外。八日中午，經過兩次腦死判定後，在志工的勸慰與關懷下，天星的母親在傷心之餘終於做了一個勇敢的決定，這決定對於泰雅族人而言甚且是歷史性的。古媽媽冷靜地說：「既然我兒子活不了，就讓他去救別人吧！」她與家族商議，決定讓古天星捐出器官，以幫助更多年輕的生命。古天星是泰雅族人，依泰雅族數千年的傳統，人往生一定要留全屍的，甚至往生親人都還埋在家人住家的地底下，要與家人同在。而古天星的母親在慈濟醫療團隊與志工的愛護下，毅然捐出器官，對族人來說是破天荒的行為。古天星的心臟交臺北振興醫院，兩顆腎臟交大林慈院移植，肝臟和兩眼的眼角膜在花蓮慈院移植，骨骼則存入慈院骨骼銀行，日後將移植給有需要的患者；初估受惠者超過五十人。

古媽媽提及兒子古天星生前曾經在電視上看到有人往生後捐器官救人，當時他就很讚歎地說，如果有一天他自己發生意外，也願意效法這種救人的方式。慈院志工安慰古媽媽，她能圓滿兒子的心願，他一定會很高興，天主一定也會覺得祂的子民能夠捨身遺愛世人，是很偉大的行為。況且他所捐出的器官連同骨骼，已經幫助了五十多個家庭。古媽媽很欣慰地說：「那麼說，我等於有五十幾個兒女囉！」

古天星的兩枚眼角膜分別植入一位十七歲陳姓女學生的眼睛裡，和一位八十六歲爺爺的眼裡。爺爺終於重見光明，在他生命最後的歲月中，藉著古天星的眼睛，看到生命餘暉的璀璨晶瑩。而陳同學得知捐角膜給她的是一位三十二歲的英勇男士，她就尊稱古天星為「大哥哥」。陳同學說，從植入眼角膜那天起，她都會在心裡和這一位「大哥哥」說話，她要用愛的眼睛，認真讀書，將來出國留學，帶著「大哥哥」的眼睛一同周遊各國，盡情探索欣賞這個美麗的世界。[38]

醫院作為生命覺悟的場域

二〇〇五年花蓮慈濟醫院來了一位從加拿大回來的年輕壯碩的優秀青年，他是一位模範青年，一位孝順的兒子，一位慈青的領袖，正值二十年華，在溫哥華攻讀他深感興趣的生化科學。一切的完美似乎都眷顧著這一位陽光青年，一直到淋巴癌降臨到他壯碩的身體，考驗著這位陽光青年吳泰儀的心志與生命觀。[39]

一年多來面對難纏的惡性淋巴癌，泰儀一直保持正向的態度。和病魔奮戰之際，病情總是起起落落，他的情緒當然也曾被病魔左右，但有家人、醫護團隊、志工的陪伴，加上證嚴上人的法髓給予他的啟發，他總是能轉念度過。二〇〇七年十月，泰儀幸運地找到骨髓配對，並且順利地進行了骨髓移植手術。

移植手術很成功，但是排斥緊接著發生，病魔似乎緊緊抓著這位完美的青年不肯須臾放棄。加護病房裡，媽媽還是很堅強地撫摸著泰儀的頭，告訴他：「你要放心，不要擔心爸爸、媽媽與哥哥，我們會好好照顧自己。」

一天下午，二十多位加拿大溫哥華慈青回臺灣參加全球慈青日，剛抵達花蓮的第一件事是到慈院內科加護病房探視同是溫哥華的慈青吳泰儀。那時候的吳泰儀正飽受病苦折磨，排斥現象持續困擾著泰儀的身體。在加護病房的泰儀情緒略顯興奮，蒼白的臉色仍堆起滿滿燦爛的笑容面對老友。加拿大的慈青夥伴們正安靜有序地進入加護病房，躺在病床上的泰儀，由於肝功能運作不佳，全身黃得異常，原本想與老友敘敘，但此刻的泰儀不僅無法睜眼，也不能與他們交談。慈青們看到泰儀被病魔折磨的憔悴神情，大家都凝住哽咽的心情，不敢在加護病房掉淚，但是一出加護病房，女同學們再也控制不住淚水。

在排斥現象持續一段時間以後，其實泰儀的心已經不想再接受治療，但是孝順的他，心裡知道爸爸媽媽要他好起來，所以父母親建議的治療，再怎磨痛苦他都接受。他此刻要盡一切孝心讓父母放心開心。然而，他知道，塵世因緣似乎已經到了盡頭。

那一天，上人再來看他，他向上人比一個手勢，他指著他的心，向上人比一個「ＯＫ」！泰儀要告訴上人——他敬愛的師父，他的心「ＯＫ」！這個完美的青年在歷經病苦無常的折磨之後，更顯得他心靈的高潔與純粹，他仍是一個完美的青年。歷經人生的甘美，懂得惜福再造福；歷經生命的險境，卻堅強面對，病痛剝奪他的身體，但似乎並未剝奪他對生命的堅定與信心。他的心ＯＫ！多麼貼心的孩子！他體貼父母的心，忍痛接受似乎已經無望的療程。他要無牽掛地離開此生，好告訴慈濟的夥伴，生命的信心與心靈的勇氣，足以超越肉體的藩籬。

在泰儀的追思會上，數十位慈青向他作最後的告別。每一位慈青在最後，一一地向泰儀的爸爸媽媽擁抱，他們說他們都是泰儀的兄弟姊妹，是他們的孩子，他們會代替泰儀繼續向爸爸媽媽盡孝道。擔任告別式司儀、同時是泰儀最要好的朋友之一的呂宗翰說：「泰儀是陽光的代表，他愛吃、愛笑、愛慈濟，從沒有退轉過，為我們做了最好的示範。在這個追思告別會的場合，我們雖然很懷念，但也帶著歡喜心祝福，希望泰儀很快回到慈濟，再做慈濟菩薩。」[40]

在泰儀的告別追思會上，播放著泰儀生前最愛的一首歌——〈因為有愛〉：

愛的故事，永遠在人間連載
多少有情人，重逢於茫茫人海

似曾相識，心有靈犀
因為有愛，與我們同在
因為有愛，每個日子都活得有期待
因為有愛，整個地球都充滿關懷
因為有愛，每個明天都活得更精彩
因為有愛，整個世界都亮了起來

作為一個完美兒子的父母親，內心有多麼地驕傲與萬般地不捨！但是在慈濟的大愛中，他們絕望的心重新得到轉化與甦醒。生命永遠在別處繼續開展，有更多的生命需要關懷，有更多的愛會慰藉傷痛的父母心情。泰儀的堅毅與純粹的情感鼓舞著每一個與他接觸的人，在面臨生命的盡頭，當人間的幸福即將遠逝，當面臨離開最摯愛的親人，他說：「我的心，ＯＫ！」一個更永恆的生命已經開展。在此刻的人間，在另一個不為此刻所覺知的空間，永恆慧命之光似乎照耀著泰儀在人間最後的笑容。

將醫院打造成人間天堂

證嚴上人的理想，期望醫院成為轉化病人心靈的處所。這轉化的力量以上人的角度，不只是來自豐富的愛的心靈，更必須來自空間的鋪陳和開展。境教，對於上人的思想來說是有絕對力量的，慈濟醫院的空間設計就是希望經由空間可以收攝人心的痛苦與絕望。

以臺北慈濟醫院為例，走進醫院的大廳，入口處就懸掛著佛陀問病圖，這諭示著慈濟醫療的精神正是秉持佛陀大醫王拔苦予樂的情懷。寬廣的走廊懸掛著志工們精心挑選的畫作，讓人們走進來就像是進了家裡的客廳，也像是置身在休閒飯店，盡量讓病人覺得舒適；生病已經夠苦了，還要忍受擁擠單調沉悶的空間，這是許多醫院給人的感覺。但是慈濟醫院的病房區裡，每一個樓層都設有一個寬廣的祈禱空間，讓病人與家屬能在這裡得到心靈的舒展與慰藉。待診室的椅子是古董式的木頭家具，讓人置身古樸的氛圍中，這也是志工悉心選購捐贈給醫院的愛心。

面對死亡最近的安寧病房，在慈濟稱為心蓮病房，病房區設有雅致寬敞的家居沙發座椅的擺設，讓心蓮病人在生命的最後休憩之所如同在家中一般。家居空間的背後，就是通向空中花園。以臺北慈濟醫院為例，位在六樓心蓮病房的空中花園非常寬敞舒適，大都會的醫院能有這麼一處空中綠地，格外令人嚮往。病人刻意在這裡種樹、種花，讓將來結出纍纍的果子，讓生命繼續開展延續。

心蓮病房的病人一待可能數週甚或數月，但是他們不缺陽光，他們每一天都可以在空中花園散步，看樹看花，這裡永遠有志工陪伴，陽光、綠樹、紅花、志工與家人的愛，心蓮病人即便可能面臨著人生的終點，仍舊盡情享受著生命不朽的光輝。

醫院含容著生命的結束與開端。如果心蓮病房代表生命的盡頭，婦產科則是生命的開始。位在臺北慈濟醫院五樓的婦產科病房，有一個專為母親與孩子休憩設置的遊樂室，室外還有一個面積超過五十坪的空中花園，讓母親待產時可以散步，不只心情舒暢，也藉由這種軟性的運動讓孕婦生產時具備應有的體力與健康。每一個生產室都可以看到綠樹與花園，讓孕婦與新生兒在一個優美自然的環境中迎著新生命的到來。臺北慈院的婦產科特別繁忙，臺北地區幾乎百分之四十的新生兒在臺北慈濟醫院誕生。

這種人性化與自然相含容的醫院景觀設計，當然不是給高收入的病人來就醫。所有的人，即便是繳不起醫療費的窮困病人，同樣享有舒適的病房設施與一切醫院給予病人的設備。實踐醫療平權一直是證嚴上人創設醫院的理想。

邁向世界共通的醫療新人文

從一九八六年慈濟醫院創建至今，從一個招不足醫師的偏遠醫院，到二〇〇八年已經不只是東部最優質的醫學中心，它更逐漸成為全臺灣，甚至全世界最具水準的醫療院所之一。在二〇〇七年之前，全花蓮能進行心導管手術的只有花蓮慈濟醫院的王志鴻副院長。全臺灣百分之四十因為帕金森氏症而必須移植晶片的病患，都是來花蓮慈濟醫院，接受陳新源醫師與哈鐵木爾醫師所帶領的神經外科團隊，進行精密的醫療手術。值得一提的是，慈濟醫院近年進行以幹細胞治療中風的實驗更是全世界首創的研究。

二〇〇二年諾貝爾獎得主，同時也是世界著名的癌症專家哈維爾博士（Dr. Lee Hartwell），前來花蓮拜訪證嚴上人。哈維爾博士也是美國最具權威的佛萊德・霍金森癌症研究中心（Fred Hutchinson Cancer Research Center）的總裁。二〇〇一年哈維爾因為發現癌症細胞的躲避機制而獲得諾貝爾獎。二〇〇二年筆者製作骨髓移植紀錄片，到佛萊德・霍金森癌症研究中心採訪他，同時向他介紹慈濟與證嚴上人，並希望他有機會能到花蓮參訪。同年十月，哈維爾果真拜訪花蓮慈濟。哈維爾博士在花蓮慈濟醫院會見證嚴上人，一開始兩人還沒有機會交談，而主持人先邀請哈維爾博士致詞，他還沒開口，就已經哽咽，眼眶泛著淚水。他的夫人坐在證嚴上人另一旁，已經感動得掉下眼淚。那是一位慈悲的宗教家無言的力量，感動這一位真性情的諾貝爾獎醫學大師。哈維爾夫婦送給上人一幅照片，照片是佛萊德・霍金森癌症研究中心一位喜歡登山的醫師所拍攝。照片是拍下一處險峻壯美的高山，山上積著雪，通往山頂的只有一條艱難的路徑。哈維爾博士說，他們選這幅照片，因為登上這山是這麼艱難，一如證嚴上人的志業，因為艱難，所以更顯得偉大。

在參訪慈濟醫學中心與靜思堂的過程中，哈維爾博士不斷地向筆者說，他能為慈濟做些什麼？在筆者邀請下，哈維爾博士立刻就答應成為慈濟醫學中心的顧問。證嚴上人當天親自把證書頒給他。之後，慈濟醫院送了多位血液腫瘤醫師到哈維爾主持的佛萊德·霍金森癌症研究中心接受骨髓移植訓練，大大提升慈濟骨髓移植的醫學技術。

哈維爾博士在二〇〇六年再次到靜思精舍會見證嚴上人。哈維爾博士對上人說，他一生的前五十年都在追求外在世界的理解，在外在世界的知識追尋與理解中，他個人生命得到很大的喜悅與成就感，但是一直到五十歲以後，他才開始思索自我內在世界的問題。哈維爾花了十年才逐漸理解自我內在世界靈魂的深密，他得到很大的自在與確立生命的價值。哈維爾博士請教上人，一個醫師應該理解外在世界，也應該理解自我內在的世界。他詢問上人世界上有哪一個地方能夠教導一個學子同時理解外在與內在的世界？上人沒有直接回答他慈濟就是這樣一個世界。上人說：「人的本心如同佛心，本自清淨自如，但是心能與萬物映合，能映照萬物。當外在物移、轉變，心不會因此執著或染著，就能得清淨自在。」在上人的回答中透露一種思想，亦即外在世界與內在世界本來就相關聯。而內在的心，具備超越外在境界的豐沛能量。在長達兩個多小時的談話中，哈維爾感受到上人的情懷與理想，他發覺這兩個世界的整合，正在慈濟世界裡實踐著。

證嚴上人不斷地鼓勵醫師愛病人，關心病人身心之苦，他常常感恩醫師們為他照顧好這些病人，其實這好像與專業無關，卻是專業能真正成就的最重要動力。一個人能不斷地超越極限，超越現有醫療科學的瓶頸，研發創新不是為了發明新藥賺錢，不是為了贏得個人的專業高峰，而是能以病人之苦為苦，以病人之盼望為盼望。筆者經常在世界一流醫學大師身上看到這種生命情調及人格特質。當筆者訪問佛萊德・霍金森癌症研究中心之際，拜訪另一位諾貝爾醫學獎得主——愛德華・湯瑪斯（Edward Donnall Thomas）博士，他是全世界骨髓移植的發明者，一九九〇年他因為對骨髓移植的貢獻，榮獲諾貝爾醫學獎。因為他的骨髓移植之發現，拯救全球數萬人的生命。湯瑪斯博士的夫人告訴筆者，當湯瑪斯博士被通知獲得諾貝爾獎的時候，「愛德華沒有立刻告訴我。」她說。直到當天晚上睡覺，湯瑪斯夫人問他：「為什麼明天記者要訪問你？」湯瑪斯博士回答太太說：「因為他們告訴我，我得到諾貝爾醫學獎。」湯瑪斯夫人愣了一下，猛然從床上翻起身：「什麼？你得到諾貝爾醫學獎。」這就是愛德華・湯瑪斯博士。在他眼中，得獎不是最重要；他很平常心。骨髓移植的研究發明，是因為不忍看到血癌病人一個一個死去，他一生到晚年都仍然繼續努力於骨髓移植及治療血癌病患的方法。

專業的高峰不是他的終點，終點到了不是去享受，不是去追尋逸樂，而是仍兢兢業業地繼續努力。筆者問湯瑪斯博士，即便有那麼多人因為骨髓移植而得到醫治，但是仍有百分之六十的病人在移植後往生，他有沒有因此感到挫折？湯瑪斯博士回說：「沒有，正因為問題還存在，所以正是我們必須繼續努力的理由。（You don't quit, because there is a problem.）」問題，正是他努力的原因與動力。只要醫療的成效仍有問題，就是他奮鬥不懈的動力。

電視劇《白色巨塔》描述醫院裡的權力、欲望、男女關係的墮落，不都是對於生命缺乏真正的關注與熱情，缺乏對於人類的慈悲與關愛，缺乏生命的最終理想所引起的嗎？只要我們仍然認為醫療成就是個人的聲名、地位、金錢之滿足，而不是基於對病人的摯愛，那成功之後的盲目貪欲，以及因之而來的各種逃避，經常是無法避免的挑戰。

一如湯瑪斯博士的心境，證嚴上人創立慈濟醫院正是一種不忍人之心，只有不忍人的愛心，才是醫療的核心。證嚴上人不斷地告訴大醫王人文情懷的重要性，因為它是醫治現代專業人專業至上的病灶。這病灶何止是醫療，其他各種專業領域的人，為了追求自我成就高峰，在缺乏愛的灌注之下，高處不勝寒，極度壓抑的扭曲，造成壓迫式欲望的流瀉，造成生命的極度扭曲，正是現代專業領域世界裡最嚴重的問題。這問題，白日可能被光鮮給遮蔽著，可能被自信的智力結構否認著，但當白日迷人的外殼褪下，無法抵擋的自我的空虛，又藉著欲望的宣洩而得以躲避。

證嚴上人這種以「心靈生命的開啟與覺悟」，作為醫療的核心理念，吸引著許多世界一流的醫學科學家前來偏遠的花蓮，進行合作與研究。世界的醫療與專業正逐漸走向回到以人為中心的價值體系裡面，純粹物化、科學化、純理性導向的專業主義已經逐漸受到檢驗與反省，真正回到關愛人，才是專業的核心，而證嚴上人稱它為志業。

二〇〇一年被美國《時代》雜誌選為全美國最優秀的十八位科學家與醫生之一的華人醫師楊詠威博士（Dr. Wise Young），二〇〇七年與慈濟簽訂備忘錄，邀請慈濟加入楊博士創立的大中華治療脊髓損傷醫療網，進行脊髓損傷的幹細胞治療研究。

楊詠威博士會見上人時，上人對他說自己的醫療理念，上人說：「醫師醫病要給病人帶來希望。盼望是當病人長年被病折磨，試過各種醫師，已經不抱希望了，但內心仍抱著一絲盼望，盼望有朝一日他的病能得到醫治。」這句話聽在楊教授的心裡感受特別深。楊詠威教授長年照顧著脊髓損傷的病人，他理解脊髓損傷的病人經歷的孤獨和寂寞。脊髓損傷使得罹病者遠離人群，經常必須孤伶伶地待在家裡，因為疾病剝奪他的身體自由；遠離人群久了，心靈也跟著封閉起來。這種苦，一般人很難體會。如何讓這一群人的生命重燃希望。一直深深地繫著楊教授的心。他一直問筆者，希望與盼望應該如何用英文表達？筆者說明這翻譯似乎很不容易，不過似乎可以這麼說：

「As a doctor, we are all hoping to bring hope to the people who have given up the hope after underwent long suffering and yet are still expecting and dreaming to have someone to bring hope to them.」

很難說筆者有沒有翻譯得很對。但是，與其說是這一句話深深地繫著他，不如說是他感受到上人說這句話的時候，所傳達對病人無可比擬的大愛與慈悲。是這大愛和慈悲讓楊詠威教授深深地震動。證嚴上人要醫師醫病、醫人，還要醫心，這是多麼不容易的情懷。這種談話的力量，不是措詞，而是語言背後的深刻的慈悲。

楊詠威教授三十多年來醫治過無數脊髓損傷病人，他致力於尋求新的醫治方法，期望讓脊髓損傷者能重新站起來。他在眾多的合作醫院中，不只挑上慈濟，更是希望與慈濟擴大合作，他的理由是，他相信慈濟的醫師所追尋及考量的都是人類最重要的公益。在二〇〇七年九月，楊詠威教授第二次見上人時說，上人是他的導師，因為過去他在醫療體系裡面，一直相信醫療是為了救人的目的，但是他的同事們其實都不是很認同。因為對於絕大多數一流的醫學科學家而言，他們所追求的都是某某研究是否成為世界第一；救人，經常不是他們內心真正的動力，或成為生命追尋的優先目標，而楊詠威教授在上人身上看到這種救人、愛人的真正情懷，他開始覺得自己不是一個孤單的人。

楊教授與慈濟正式合作，進行脊髓損傷的研究治療計畫與幹細胞複製之實驗。慈濟醫院與楊教授領導的紐澤西羅格斯大學凱克脊髓研究中心合作，每一年慈濟醫院派醫師到羅格斯大學學習幹細胞植入脊髓損傷的醫療技術。楊教授並且與慈濟醫院共同發展幹細胞的研究，他也成為慈濟醫學中心的榮譽教授與顧問。

這些世界一流的醫學研究機構與專家，陸續尋求與慈濟醫院的合作，他們所看重的不只是慈濟醫院的醫療發展與技術，而是上人的慈濟世界大愛的人文情懷。當年後山的偏遠，正逐漸展現它世界性的醫療科學水平，並與全世界深具人文的醫學家共同努力，打造一個全心的醫療人文。

醫院是一個究竟修行的道場

證嚴上人所創立的志工精神，更是影響到全臺灣各個醫院的人文關懷與實踐。目前每一家醫院都設立志工的體制，而慈濟醫院的志工體制之完善與對於人的感化，恐怕不是其他醫院能望其項背。慈濟醫療網每一年投入的志工數達十萬人。這十萬個來自全臺或是海外的志工，在醫院為病患、為醫護人員默默付出。他們利用一年年修的時間，排班到醫院來當四天五夜的志工。他們每天四點鐘就起床，參加靜思精舍的早課，五點三十分聆聽證嚴上人講經典開示。六點早餐，六點十五分開始打掃精舍四周，六點五十分開始參加每天的志工早會。七所醫院全部透過衛星連線，七點整上人開示，講述全世界慈濟人的行善足跡，或是發生在全世界的重大災難，或是分享感人的愛的事蹟。七點半之後，各醫院志工派代表分別上臺分享他們昨天在醫院幫助病患的心得。一直到八點十五分志工早會結束，他們依序到醫院就位，開始一天的病人服務的工作。到了晚間七點半回到精舍，或回到醫院的宿舍，他們還要寫筆記，做心得分享。這樣滿滿的四個工作天，對於他們來說就是一種心靈的深刻之旅，這是修行的實踐方式。

對於上人來說，醫院就是道場，一個真真實實、體會生老病死、苦集滅道的道場，是一個給予絕望的人勇氣與希望，給予痛苦的人溫暖與舒緩，給予面對死亡的人永生信仰的道場。醫院對志工們而言是一個最真實的生命歷練，在醫院服務久了，生死早就看淡，富貴榮華早就不會汲汲營營。在醫院的道場裡，讓人體會生命的最根本處，仍是回到單純的愛。一如志工老兵、慈濟醫院最資深的志工顏惠美常常教導大家的：「單純，是生命的根本，也是一切修行的根本。」顏惠美師姊從一九八六年醫院創立就來當志工，全年無修，沒有家庭牽掛，每日清晨四點即起，到晚上九點四十分就寢，她的生活從未離開醫院與醫療的志工夥伴。她比修行者還更修行，所以證嚴上人創立清修士之後，就把顏惠美師姊列為清修大菩薩的名單之中。醫院，這個人間煉獄，因為志工菩薩們堅定的愛與信仰，終究能使它逐漸轉化為人間的淨土天堂。

文明的契機：從一法生無量義

當年因為一位東部難產的原住民之不幸所建造的醫院，如今卻逐漸成為一個具世界水準的醫療典範之一。這醫療典範所揭示給世人們的，不只是醫療平權與醫療正義，它更標舉出全新的醫療人文生命觀。正因醫療見證苦與滅，因此它是覺悟與修行的最佳處所。證嚴上人期望讓醫師、護理、病人、家屬與志工都同時經由病苦老死，重新體會界定人生的價值與意義。

經由創立慈濟醫院，證嚴上人重新界定了醫師的社會功能與專業角色。醫師不是追求名聲與金錢的名醫，而是視病如親，以病人為師的良醫和良師。醫院不再是苦集之地，而是經由佛陀的悲憫，創立以全人關懷為目標的大家庭；醫院對於病人與家屬不再是如地獄般受盡折磨試煉，而是充滿愛與關懷的人間淨土；醫院成了一個生命重新省思的空間與處所，在這裡，人們經由慈濟的宗教情懷，或許終能領悟一個永恆的生命，是超越肉體的局限或寂滅。

這一切的醫療人文實踐，正印證佛陀的教法，苦、集、滅、道之真義。病最苦，苦集就必須接受醫治，不管醫術多麼高明，人最終還是要邁向寂滅，還是無法永恆延續有形的生命；然而這個滅，其實正是「道」的開始。誠如上人所言：「此身非我有，用情在人間。」因為有「滅」，人們才能真正體會生命的真義，是把握人人具足的無形慧命，這慧命以證嚴上人的詮釋就是「清淨無染的大愛」，它是個人通向覺悟的永恆之道。

第7章

宗教教育的現代化轉型

前言

當代僧伽教育是應採取師徒制，以傳統的宗教情懷為主，以德化、人格化為目標？抑或是以專業化、學術化為重心，培育當代佛教的僧才？

歷史悠久的天主教神父之培育，以神學素養及世俗專業並重。因為作為一位神職人員，他所須關注的不只是信徒的信仰，他更必須統理教會所屬的世俗化機構，如醫院、慈善、教育，乃至教堂的運行等。

當代佛教的發展，有一部分的趨勢是以人間化為主體，主張佛法邁向人間，融入生活。世俗的機構如慈善、醫療、教育、人文等管理，在在都需要僧才投入，或具備一定的視野能選擇適當的專業人員進行管理。世俗專業的涵養之需求無疑地會愈趨重要，宗教性及專業性這兩種面向的素養能否得兼？是佛法引入世間，或者世間俗化佛法？一直是各種佛教僧才培育所考慮、關注的議題。

本文主張宗教性與專業性的雙重養成在當代佛教的發展是必須的、無可迴避的。在以品格養成為主的師徒制，以及強調自主與專業的學術涵養的雙重目標下，當代僧才教育仍應以宗教性為主，專業性為輔；以人格養成為主，以學術能力為輔。因此，建構當代佛教僧才教育的體制，必須在一定程度上不落入當代大學體制的種種學術規範，如強調客觀性、批判性等，而是應以宗教的弘揚與信仰的強化為僧才教育的重點。畢竟一切入世間的機構之目的，在於強化信徒的人格與情懷，其專業的內涵，仍是帶著宗教性的成分與理想。

未來慈濟靜思佛學院若能成立，慈濟之僧伽教育，必然著重「佛法的修持」、「勞作的鍛鍊」，與「世間權智的素養」，三者兼具。尤其證嚴上人著重品格與品德的陶冶。因此，「佛法為體，備德之相，智識為用」，是慈濟、也是當代佛教僧伽教育的三大目標。

宗教教育是人類文明最古老、最重要與最輝煌的智慧傳播體制。宗教的興衰與教育有關，伊斯蘭教能傳播到全世界與它的先知穆罕默德重視教育息息相關，而伊斯蘭教在西元十世紀所開創的大學教育，輾轉被信奉基督教的歐洲沿襲、發展，至今成為人類知識與思想傳遞最重要的殿堂。宗教教育是維繫一個宗教的神聖性、教義的統一性、團體的凝聚性，與信仰持續性最關鍵的力量；沒有宗教教育，人類的文明無法發展至今。

然而，隨著現代化的進程，宗教不再是領先知識與引領思想唯一的體系。在當代多元思維的社會體系下，宗教教育與世俗教育的不同至為明顯，宗教教義與當代的普世價值之衝突亦層出不窮，而宗教教育對於當代社會的價值是不可抹滅的。相反地，它需要重新審思自己的定位，並以之調整它的發展方向，在以西方自由主義與資本主義所衍生的普世價值盛行的今天，宗教的意義仍然是穩固社會倫理道德與品格修養不可或缺的基石。但是值得憂心的是，宗教在當今社會經常也成為保守、封閉，甚至是激進、恐怖攻擊的代名詞，宗教教育甚至還被冠上禁錮與保守的基地，與製造恐怖攻擊的溫床。

宗教教育如何以自身所具有，歷經千年不墜的智慧，創造性地融入當代社會各種蓬勃發展的力量，並成為推動它正向前進的動能，繼而再造一個人類的新文明，是宗教教育從傳統向當代轉化的過程中最刻不容緩的思考課題。

伊斯蘭宗教的經學教育 Madrassa

Madrassa 經學教育的機制是伊斯蘭宗教能傳遍全世界的重要關鍵。在伊斯蘭教創立之前的阿拉伯世界是遊牧民族的生活型態，文字的書寫並不普遍，故事的流傳主要以口述為媒介。《可蘭經》是第一部以文字書寫成的阿拉伯書籍，《可蘭經》不只教導阿拉伯人認識真主阿拉，它更是一部阿拉伯世界的百科全書。《可蘭經》裡教導信徒新的生活知識，擴大信徒對天文地理的了解，要他們遵循一定的飲食習慣、應對的禮儀、婚姻的信條、男女的關係，以及文化藝術等，它是宗教的、知識的、科學的、倫理的，也是藝術的經典。《可蘭經》所代表的正是阿拉伯人的新生活運動，亦是阿拉伯人最終生命的歸向。

為了讓不識字的阿拉伯人能讀《可蘭經》，教讀書寫字成了傳播伊斯蘭教不可或缺的工具。第一所正式的伊斯蘭學校應該開始於 Zaid bin Arqam 的住所，先知穆罕默德在這山谷裡親自教導族人讀書寫字，他的第一批信徒就是他的學生。等到穆罕默德定都麥迪納（Medina），一所正式的經院學校（Madrassa）Al-Suffa 就坐落在緊鄰著先知所主持的清真寺旁。在這裡先知穆罕默德透過教育來統一伊斯蘭的教義，整合強化穆斯林信徒的思想與信念。穆罕默德要弟子以口傳頌《可蘭經》，會書寫的信徒，抄寫《可蘭經》傳送到其他阿拉伯地區，讓不識字的人都能接受伊斯蘭的信仰。等到伊斯蘭教發展到非阿拉伯世界，經院教育（Madrassa）就成為統一各地伊斯蘭信仰的重鎮，而各地的清真寺也成為阿拉伯世界的教育中心。[1]

當伊斯蘭宗教在阿拉伯各地逐漸傳遞開來以後，為了因應不同國家地區的語言，穆罕默德也要他的弟子學習外國語。布哈利的《聖訓實錄》裡就記錄賽德撒比特接受穆罕默德的指示學習希伯來文及敘利亞文。外國語文的學習，讓穆罕默德的聖訓可以經由弟子直接傳道至非阿拉伯語系的地區。穆罕默德甚至在巴德爾戰役攻打古萊氏之後，要求會識字讀書的俘虜必須教孩子讀書寫字，就可以換回自由的權利。由於伊斯蘭的征戰，在征服統治各國之後，以阿拉伯文傳播伊斯蘭信仰，被統治的外族人因為信仰與政治的理由，也必須學習阿拉伯文，因此改良了阿拉伯文的語法。伊斯蘭宗教在軍事的勝利之後，繼而擴大了阿拉伯文化的視野。[2]

經學教育在全世界也逐漸開展出伊斯蘭宗教教育的四大內涵，分別為：伊斯蘭法律（Fiqah）、先知的傳統（Sunna）、聖訓（Hadith）、《可蘭經》的詮釋（Tafseer）。[3]而這些文化教育的進行主要在清真寺。清真寺成為各經學教育中心，經學教育也成為世界傳播《可蘭經》、發揚阿拉伯新文明、詮釋穆罕默德聖訓與整合各民族國家伊斯蘭教義的重鎮。[4]

伊斯蘭大學教育之發展與奠基

中世紀的伊斯蘭學者喜歡雲遊各國，傳播《可蘭經》與聖訓，他們的思想與足跡遍及之處，孕育了伊斯蘭高等宗教教育的誕生。當今普遍於全世界的大學制度，就是伊斯蘭教所創設。據傳世界上第一所設立的大學是埃及的艾資哈爾大學（Al-Azhar University），它創建於西元九七二年。坐落於開羅的艾資哈爾大學致力於阿拉伯文化及伊斯蘭信仰之傳播。艾資哈爾大學即為經學教育。艾資哈爾大學是十世紀統治埃及的法蒂瑪王朝（Famitid dynasty）所建立。[5]

法蒂瑪王朝的統治者艾資哈爾（Al-Azhar）據稱是穆罕默德的女兒及夫婿阿里的後裔，他統治埃及及敘利亞等北非地區，並在十世紀建立了埃及首都開羅。艾資哈爾清真寺是以他的名字所建。艾資哈爾大學也是艾資哈爾清真寺（Al-Azhar Mosque）於九七二年建立。

法蒂瑪王朝興盛於伊斯蘭宗教的黃金年代，王朝的征服足跡甚至到達巴格達及西西里島，貿易觸及印度及中國。到一〇六〇年左右，受到土耳其帝國的挑戰與基督教十字軍東征影響而逐漸衰微。而法蒂瑪王朝在文化的表現，在當時是居於世界的領導地位。艾資哈爾推動經學教育不遺餘力。在艾資哈爾大學傳授的範圍，除了《可蘭經》教義，也包括天文學、神學、邏輯學、語言學、伊斯蘭哲學等。在當時基督教還處在黑暗時期之際，法蒂瑪王朝對宗教教育與教育的思維已遠遠超出世界各國。

究竟誰才是歷史上第一所大學？這當然在歷史上出現很多爭論。有部分阿拉伯國家論述世界上最早設立的大學是位於當今摩洛哥的卡魯因（University of Al-Karaouine 或是簡稱為 Al-Qarawiyyin）。卡魯因大學是西元八五九年由一位伊斯蘭教富商默罕默德（Mohammed Al-Fihri）的女兒法蒂瑪（Fatima Al-Fihri）所創辦。[6]卡魯因大學是由卡魯因清真寺所支持建立，這與艾資哈爾大學一樣都是由清真寺興辦，其目的當然是傳遞伊斯蘭信仰與文化。法蒂瑪繼承父親大量財產，一生致力於建立一個真正屬於社群生活的清真寺。

艾資哈爾清真寺是現今非洲最大的清真寺，寺裡空間可以同時容納兩萬兩千人聚會。而卡魯因大學從西元八五九年創立，一直到一九六三年轉成摩洛哥的國立大學為止，它所培育的學者與學生，為伊斯蘭宗教信仰與文化研究做出極大的貢獻，其影響遍及非洲，以及猶太人的世界。曾經影響西方文藝復興時期從事新大陸探索極為重要的伊斯蘭地圖學家（Cartographer, Geographer）伊德里西（Mohammad Al-Idrisi）就曾經在卡魯因大學研究。

世界上最早的兩所大學都是伊斯蘭宗教清真寺所創立，世界古老的大學教育也都從宗教教育出發，兼及地理學、科學、邏輯學、哲學、醫學的傳授，最後發展出現代專業功能式的大學教育。隨著中世紀伊斯蘭宗教的教育體系設立，影響所及，歐洲的基督教教會也同樣遵循這種宗教傳播的模式，陸續建立大學教育與宗教教育的體系。

基督教宗教教育的發軔

歐洲第一所創立的大學是義大利的波隆納大學（Bologna University）。波隆納大學是由幾位教授宗教法、羅馬法的教授所發起創立，波隆納大學教授之羅馬法與宗教法是由第六世紀東羅馬拜占庭帝國皇帝甲士丁一世（Justinian I）所訂定。第一位波隆納大學的法學教授佩波（Pepo）是十一世紀最著名的法學家，他除講授教會法律，也兼及市民法的教授；但是英國牛津大學也宣稱他們是歐洲最古老的大學，其大學學院（University Collage）創建於西元八四八—八四九之間，是當時英國國王阿爾弗雷德（Alfred the Great）所建立。[7] 波隆納大學更宣稱他們是在西元五世紀，亦即四二三年，就由狄奧多西二世（Theodosius II, 401-450 A.D.）所創立。[8] 狄奧多西二世將羅馬帝國的法律彙編成《狄奧多西法典》（*Codex Theodosianus*），其祖父狄奧多西一世（Theodosius I, 347-395 A.D.）就是將主張三位一體的基督思想之尼西亞教會列為國家級教會。

不管誰是歐洲最古老的大學，歐洲中世紀最古老的大學如巴黎大學、波隆納大學、牛津大學、劍橋大學等，幾乎都是在國王與教會或修道院的共同參與規劃設立。中世紀歐洲大學的創建者其實都深信，創辦大學可以讓他們的靈魂得到庇護。

基督宗教教育與現代教育之結合

牛津大學的道明修會（Dominican Order）所建立的黑衣修士學院（Blackfriar College），創建於西元十三世紀，即一二二一年八月。因為道明修會的修士們都穿著黑袍，所以又俗稱黑衣修士（Blackfriar）。黑衣修士學院至今都還保留由修士們教授大學課程的傳統。學院有教堂，平日供學生與信徒做禮拜。黑衣修士學院創辦之初有十三位神父，創辦人是義大利波隆納城道明修會的聖多明尼克（St. Dominic）神父。道明修會希望藉由學院教育傳遞道明修會的基督信仰，也同時讓學生與教授們能置身在學術濃郁的牛津大學裡，學習知識、陶冶智慧、堅定基督信仰，同時培養基督教學術人才、高級知識分子，以及政治與經濟領袖。

十三世紀時期，牛津大學的董事教授（Regent Master）成為道明修會的神父，所以學院與牛津大學的關係一直都十分地緊密。黑衣修士學院出過大主教，以及其他國著名的教士與學者。現在黑衣修士學院裡有一般的平民教授，也有十多個是身穿白袍的神父、修士教授（現在已經不穿黑袍），歷任院長多數也是神父。

其實，牛津大學的四十五個學院附近都有教堂，早期每一個學院都是由教會興辦，由教士們授課，甚至學生被要求一定每日都必須上教堂。黑衣修士學院歷屆的學生有數百位，不全都是基督徒，他們可能主修經濟、政治、神學、或法律。學生們可以在黑衣修士學院修習學院裡開設的宗教神學課程，也必須在其他學院修習專業課目。牛津大學的學院相對都有很高的自主性，學院是學生住宿、生活、學習的地方，設有導師指導他們學習的方向與成果，專業科目則是依導師意見或自主地到各學院去選修。

黑衣修士學院的神父教授們，也同時身兼牛津大學神學與宗教學系（Faculty of Theology and Religion）的教授，藉此他們可以把道明修會的基督思想傳授給一般神學系的學生。道明修會與牛津大學以此結合，讓他們在學術與宗教思想上相互滋長。從牛津大學與黑衣修士學院的密切關係，我們可以看出中世紀歐洲的大學具備濃厚的宗教色彩，它像是中世紀歐洲宗教教育的現代縮影，只不過已轉化為現代教育，以專業研習為主軸的大學教育模式。

臺灣基督宗教與現代教育之結合

臺灣第一所由天主教創辦的大學是由梵蒂岡教宗若望二十三世所支持建立的輔仁大學；輔仁大學其實是國共戰爭後，中國大陸三所天主教大學在臺共同復校成立，這三所大學分別為北京輔仁大學、上海震旦大學、天津津沽大學。一九四九年國共戰爭之後，當時天主教南京總主教于斌離開中國大陸。一九五九年教宗若望二十三世以一張十萬美金的支票交給于斌總主教，要他在臺灣創辦輔仁大學，于斌便成為輔仁復校後第一任校長。一九六三年輔仁大學正式成立，董事會是由三個男女修會，分別為耶穌會、聖言會、聖神婢女會，以及中國聖職教區共同合作經營管理，並設三位副校長，由三個合作的修會分擔管理經營責任，三個修會分別負責法律、管理、社會科學三個學院。

作為一所天主教支持創辦的大學，輔仁大學初期的學院院長、系主任多為神父。這些神父都受過梵蒂岡的大學高等教育。許多非基督信仰的學生，在接觸神父之後，認識基督信仰，或受洗成為基督徒。

輔仁大學設有宗教輔導室，輔導學生皈依基督宗教信仰。一九六三年總主教于斌校長任命法學院的張志宏（George Donohoe）神父為宗教輔導室主任，並創辦聖母會，一九六四年法學院有了第一位受洗的學生，接受基督信仰。

輔仁大學的另一個特色是設置使命室，由使命副校長直接掌管。使命室負責大學的宗教活動，雖然臺灣的大學教育法規定不能強迫學生信教，但是可以自主性地參加宗教活動。使命室或使命副校長就是負責舉辦宗教性的活動、宗教節慶的規劃，以及監督學校的行政與教學不能偏離天主教的教義。

來自加拿大的詹德隆（Louis Gendron）神父，是耶穌會的成員，他在美國柏克萊大學獲得牧職博士學位，並擁有羅馬聖座教育部副教授資格。他曾擔任輔仁大學使命副校長，至今仍是輔仁大學董事。在三個修士會掌握副校長期間，副校長具實權，預算訂定、課程安排等，都是由副校長決定後呈報校長。到了一九八〇年代之後，臺灣大學法對宗教的活動涉入大學教育愈來愈嚴格，於是輔仁大學的預算、課程規劃等實際營運權力回歸到校長。今天的校長江漢聲是一位醫學教授，他不是神父；但是使命副校長一職仍然存在，並且編列獨立預算，繼續於校園中推動基督信仰。

輔大神學院詹德隆神父作為宗教教育之範例

除了輔仁大學歸臺灣的教育體制管轄之外，輔仁大學旁邊還設立一個輔仁聖博敏神學院。輔仁聖博敏神學院獨立於輔仁大學之外，是由耶穌會興辦的獨立法人，也是經由梵蒂岡教廷教育部認可的正規神學院。輔仁聖博敏神學院規模不大，主要培養神職人員，目前學生人數有將近兩百名，其中將近八十位學生來自中國大陸。

神學院與一般正規大學不同，主要教授神學、哲學、靈修與科學等。耶穌會的規定，成為神父或修士之前必須先就讀神學院。進入神學院之後要先靈修兩年，所謂靈修是指禱告、寫心得、打掃及各種勞動性的服務，然後再上兩年哲學課程，再進入神學課程，一共六年。詹德隆神父說：「輔仁聖博敏神學院沒有梵蒂岡的神學院規定般的嚴格，可能四年就能完成學業。」[9] 但是他自己過去是受過這樣嚴格的神學教育課程，有心靈的、哲學的、神學的與科學的課程，都必須具備；之後可能再去普通大學進修專業博士等。

詹德隆前院長曾擔任過耶穌會中華省的省長。天主教的耶穌會在每一個國家教區都叫做省，如大中華地區稱為中華省、日本地區為日本省、美國地區為美國省，負責人稱為省長。

詹德隆成為神父的過程，是基督宗教培養神職人員教育最典型的範例。詹神父出生在加拿大的法文區魁北克省，父親是醫師，母親是護士；他的父親在住家附近的修道院當醫師。他高中時期就讀的是耶穌會興辦的中學，是一所私立的住宿學校，也是魁北克最好的高級中學。高中時期與神父老師經常互動，其中一位喬治神父每一個月都與他會談一次，喬治神父的聆聽能力與智慧讓他很受啟發。高中時期自然交過女朋友，談過戀愛，但他時常在耶穌或女友之間考慮。

在高三寒假時期，年輕的詹德隆參加學校辦的辟靜活動。一連四天，每天聽一小時神父講道，然後辟靜、禱告、寫下心得。四天下來，他覺得自己想當神父，因此就加入神職的培訓，進入神學院就讀。六十年後，詹德隆神父打開他高中辟靜時的日記，發現當時的宗教體驗與現在幾乎一致，他明白他這一生做對了選擇，而他的一生奉獻給了基督，也奉獻給了臺灣的宗教教育。

臺灣新修訂宗教研修學院辦法對基督宗教教育之影響

作為梵蒂岡直接興辦的輔仁聖博敏神學院，在詹德隆院長領導下，已經在臺灣度過五十三個年頭（從一九六八年迄今）。從過去臺灣政府不承認純粹的宗教學院之學歷，到了二〇〇九年臺灣新頒《宗教研修學院設立辦法》之後，輔仁聖博敏神學院面臨是否必須接受臺灣政府規範的問題。梵蒂岡的教育部在全世界設立宗教學院，已經超過一千三百五十八所。梵蒂岡的教育部（Congregation for Catholic Education）運用聖部（Congregation）的經費，制定教育部的制度，培養神父與修女。他們自身成為一個完整的體系，如前所述，詹德隆神父所接受的神學訓練課程。全世界八十多個天主教徒眾多（Highest Catholic Population）的國家，包括美國（二〇二一年，百分之二十一）、菲律賓（二〇二一年，百分之八十一．四）等國都承認梵蒂岡政府舉辦的神學院之畢業學歷。因此，神學院畢業的神父、修女可以再攻讀各地專業正規之大學，取得更高的學歷，培養與世俗接軌的專業能力，獲取博士學位，繼續在大學傳播基督信仰或將基督信仰融入專業教學。

但是在二〇〇九年之前，臺灣政府並無《宗教研修學院設立辦法》，包括輔仁聖博敏神學院及其他佛教、道教、基督教等神學院或佛學院畢業之神職人員、僧侶，都無法在畢業之後直接進到一般專業大學的研究所，除非重新從大學本科念起。宗教研修教育與一般正規教育之脫離，使得很多神職人員在與世俗接軌上有更多的困難，這在歐美等基督教發源的西方國家是不存在的障礙。因此，近半個世紀以來，輔仁聖博敏神學院的畢業生，必須到國外繼續攻讀研究所學位，他們通常選擇承認他們學位的西方國家就讀。

有趣的是，等了四十多年的輔仁聖博敏神學院，當臺灣政府通過《宗教研修學院管理辦法》之後，反而拒絕申請適用新法。梵蒂岡政府與輔仁聖博敏神學院拒絕臺灣教育部介入他們的課程規劃與管理。但是輔仁聖博敏神學院仍然希望臺灣政府直接承認聖博敏神學院的學歷，包括已經設立多年的博士學位。臺灣政府希望以一套辦法管理，才不會厚此薄彼。如果臺灣教育部直接承認輔仁聖博敏神學院的學歷，而不用納入臺灣教育體制的管理，那其他宗教研修學院是否也可以比照辦理？然而，在梵蒂岡政府與臺灣政府的折衷協調下，臺灣政府終於同意以梵蒂岡教育單位承認之學位，直接接受其學歷文憑資格，等同於臺灣學生赴海外攻讀學位，如到美國、英國及其他國家等，臺灣教育部是承認其學歷的。

但是這些海外留學生其學歷是在海外完成，而輔仁聖博敏神學院則是在臺灣地區行使教育，但不受臺灣政府管轄，卻享有等同海外學歷的優遇，應該是某種政治因素考慮所促成。當然這結果讓詹德隆院長與梵蒂岡政府十分滿意。負責宗教研修學院管理辦法的前臺灣教育部政務次長林聰明告訴筆者，這是一項臺灣與梵蒂岡政府的默契，是一個例外，其他宗教研修學院不可能如此對待。

這個事件顯示宗教學院在面對政府介入的情況下，堅決維護自身信仰的教育體系。這堅持也是宗教教育與世俗教育的內在緊張與衝突。接受政府管理，意味著必須置入更多共同科目，接受更多監督，接受教師是非其宗教信仰者。這當然大大折損其宗教信仰傳承之純粹性。政府的監督，意味著神學教育內涵必須接受某種程度的多元價值，而這種多元價值往往是宗教教育所抗拒的元素。

艾蒙（Garbriel A. Almond）在《強勢宗教》一書裡曾以宗教「圍城」的概念來探討當代宗教與現代化之間的矛盾以及無可迴避的緊張關係。

當宗教愈接受當代社會的普世價值，宗教的開放性當然就愈高，但是信徒流失的機會就愈大。而當宗教將自我封閉起來，進行艾蒙所稱的「圍城」，他們可以成功的保住信徒的忠誠，但是與當代工業資本社會、與自由民主體制的衝突就愈大。

築起美德圍牆在一個程度上成為每一個宗教都必須進行的信仰護衛工程。當愈來愈多的信徒穿起牛仔褲、喝可樂、除去面紗，或上教堂次數減少等現象出現之後，捍衛信仰的鬥士們就會從傳統教會裡跳出來，刻意凸顯他們捍衛信仰的角色。甚至不惜以激烈的方式遏止信仰的世俗化。[10] 宗教教育的現代轉型一樣會出現這種尖銳與難解的圍城現象。

現代伊斯蘭教的宗教教育

如先前所述，伊斯蘭宗教教育是全世界教育的先驅者，它催生了現代大學教育的體制。而經學院在當代工業、資本與自由精神的社會裡，一樣面對前所未有的挑戰。今天的經學院一如歷史以來所扮演的角色與職責，在世界各地收留中下階層的孩子到經學院就讀。經學院提供住宿及一切生活所需。孩子們在這裡學習《可蘭經》、聖訓，以及其他哲學與倫理等知識。以印度、巴基斯坦及孟加拉而言，經學院至少幫助了六百萬個孩子就學。這些孩子如先前所說，他們的父母可能無法負擔他們進入世俗的正規學校就讀。[11]

烏里瑪（Ulema）拒絕政府過度干涉經學院的運作，經學院一如傳統般過著與世俗隔離的學習生活。雖然如此，經學院與政府乃至與世俗的經濟世界，始終有著某種切不斷的歷史性的連結。換句話說，在政府或世俗的經濟領域中，這些經學院的學生仍享有一定程度的宗教優越性待遇。經學院的畢業學生，一般來說比接受世俗教育的孩子們更容易找到工作。[12]

伊斯蘭對教育的定義以阿拉伯文 tarbiya（تربية）一字，意指實質的知識學習，道德倫理的薰陶，最終通向信仰的虔敬。[13]但是到了現代社會，信仰與道德的教育逐漸與專業的教育分流。西方文藝復興之後的現代教育，以傳授專業知識為主，信仰的教育逐漸由教會承擔。隨著世俗世界專業教育之普及，經學院仍必須做出一些妥協，比方說讓經學院的孩子開始學習西方的語文，以便讓學生接受其他專業知識的傳授。或是增加一些世俗學校所開設的專業課程，哪怕這種課程的規模仍然非常局限。

全世界以伊斯蘭為國教的國家，也都另外成立宗教部，負責清真寺的管理與宗教學校之教育。宗教教育與世俗教育本質上的分流，造成宗教人士與治理國家的領袖們，對於解決社會問題的態度與觀念大相逕庭。

巴基斯坦著名的穆斯林學者穆罕默德．塔基．烏斯馬尼（Maulana Muhammad taqi Usmani）面對嚴重的巴基斯坦就業問題曾說：「如果真主阿拉賜食物給狗、猴子、豬隻等，為何不會賜食物給信仰他的人們呢？」所以穆罕默德．塔基．烏斯馬尼呼籲宗教學院（Seminary）的學者不必憂慮失業與經濟衰退的問題。[14]這現象說明世俗所關注的問題，與宗教學院學者所關注的問題，乃至關注的角度有重大歧異。

八〇年代巴基斯坦政府更允許宗教教育不必遵循正規教育的課程及考試，就可獲得畢業文憑。這使得宗教教育處在現代社會的邊緣之外，封閉在自我宗教的藩籬中。乃至對於當代社會關心的民主、人權，特別是對女權的寬容等基本價值，失去了思想上與實質上的聯繫。導致伊斯蘭宗教教育禁錮在傳統價值的思維中，無法與時俱進。

早期的伊斯蘭宗教經學院的學者經常在學院裡辯論，討論教義、聖訓、天文地理、建築藝術等知識。在中世紀到近代之前，阿拉伯的文化能遍及全世界與它這種開放性有關。但是時至今日，伊斯蘭宗教教育逐漸走向與世俗教育分離的情況，清真寺的教育也不再主張思辨，特別對於神聖教義不可挑戰。這與當代科學的發展與宗教間相互接納、容忍之趨勢亦有背離。在此種背離的情況下，當經濟的客觀環境或政治氛圍不利於伊斯蘭人民，甚至外在世界與伊斯蘭信念相衝突之際，很容易被某些激進分子解讀為是對伊斯蘭信仰之挑戰，而非因自身疏離或背離當代社會普世價值之緣故。

這種與當代世俗世界疏離，在阿拉伯世界與南亞一帶的伊斯蘭國家有升高的趨勢。這趨勢讓某些激進分子以較激烈的手段，對抗外來之挑戰，特別是西方的挑戰。

伊斯蘭教與恐怖主義

在美國九一一事件之後，西方社會深深地被這一群由賓拉登領導的受過高等教育的恐怖分子所震驚。這群受過高等教育信奉伊斯蘭宗教之青年，以他們一生受過的所有教育與訓練，去炸毀世貿大樓，並發動在美國、歐洲、中東，甚至印尼等地區的恐怖攻擊。這種恐怖攻擊會不會因為賓拉登的被殺就終止？存在伊斯蘭教義與伊斯蘭教育體制的根本性原因，是否就是造就這些恐怖攻擊的源頭？特別是伊斯蘭聖戰（Jihad）的概念，是否是導致恐怖攻擊的內在因素？

臺灣政治大學前講師金玉泉指出，Jihad 在伊斯蘭宗教的概念是「做一個更好的人，挑戰自我的人」。[15] 它絕不會也不應成為恐怖攻擊的教義。

Jihad 在伊斯蘭的傳統教義是反抗自我內心的負面傾向與攻擊人的惡念，Jihad 與攻擊他人的意含剛好相反。美國佛蒙特大學教授薩里姆．阿里（Saleem H. Ali）接受美國政府委託，針對恐怖攻擊與伊斯蘭經學教育的關聯性作研究。薩里姆．阿里進行了長達三年的研究，研究結果指出，雖然有百分之二十七的恐怖攻擊人士接受過經學教育，但經學院絕不是製造恐怖攻擊的場所。恐怖攻擊與經學教育並無直接關聯。[16]

也有部分人士認為，恐怖攻擊是源於受教育不足所致。暴力等同於無知識階層的產物。但是研究結果證明相反。以斯里蘭卡為例，斯里蘭卡是南亞國家受教育程度最高的國家，受教育比率高達百分之九十二。但是從一九七〇年至今，斯里蘭卡發生的恐怖自殺炸彈事件超過兩百起，奪走數千人的生命。因此高等宗教教育與暴力減少並不成正比。[17]

愈受過高等教育的伊斯蘭知識分子，感受到現代化給伊斯蘭的壓力就愈高。這些受過高等伊斯蘭宗教教育的知識分子，對於現代化的價值與伊斯蘭價值的衝突感受應該更為強烈。如女性的權利、更自主的個人、更多元的價值觀、科學實證精神與神學主張的不同等等，這些都可以看作現代化對伊斯蘭宗教的挑戰。

當然現代化不是必然的善，但是現代化的腳步與發展如此的快速與廣泛，部分傳統宗教信仰者之回應更顯得僵硬而不理性。如同艾蒙所言：「現代化的潛在意義是人類對神的反抗，對於激進分子而言，外界充滿拒絕接受《古蘭經》的高傲者。這語詞也常和『帝國主義的奴才合用』。伊斯蘭遜尼派偏好使用一個現代名詞『高傲』，意指拒絕阿拉（安拉）的主權，用人制定的法律代替阿拉（安拉）的法律。」[18]這種對於現代精神思想的排斥造成伊斯蘭與西方、伊斯蘭與現代社會持續的緊張與對立。這緊張與對立對於伊斯蘭的知識分子可能特別深刻而且無可逃避。

臺灣伊斯蘭教長、政治大學阿拉伯語文系前講師金玉泉也說，伊斯蘭宗教的教義的確主張以肉身對抗不義，即使粉身碎骨，在天堂將得到最大的功德與獎賞。金玉泉提到在以色列與巴勒斯坦的衝突中，有些年輕伊斯蘭少女，身上綁炸彈，在市集裡引爆炸死許多以色列人，這是被逼到不得已。美國已經被猶太人控制。美國對巴勒斯坦的不公平，是造成這些恐怖攻擊的主因。[19]這種思維也多少說明了伊斯蘭信仰對西方強權的不滿，這種伊斯蘭高級知識分子不滿西方的態度應該不是一個孤立的案例。

現代化與西方化對伊斯蘭宗教之挑戰與回應

歷史上出現過非西方國家的領袖在「西方化」之際，出現的「反西方」情節，這情節稱之為Westernized Anti-Western。這種「西方化」後反西方情節在南亞一帶的伊斯蘭宗教國家經常出現。在崇拜學習西方之際又反西方。學者稱之為「尼赫魯現象」（Symbolized Acutely Nehru of India）。

印度首相尼赫魯本身生活與想法是一位高度英國化的政治人物，但一生當中很多時間都在反對英國。這些菁英分子可能看出，反西方可能帶來更多的民眾對自己的支持，雖然在此同時，他自身卻抱持著濃厚的西方思維與西方生活習慣。

反西方背後的真正原因，可能是現代化與傳統信仰之間產生的張力。現代化多少代表著西方化。反現代化，轉化成反西方化。把對現代化適應的困境，導向對西方壓迫之反感。

馬來西亞前首相阿都拉．巴達威（Abdullah bin Haji Ahmad Badawi，二〇〇三—二〇〇九在任）作為一個伊斯蘭的宗教學者，他帶曾領這個以伊斯蘭信仰為國教的國家，成為伊斯蘭宗教教育的現代化成功典型。阿都拉疾呼現在的伊斯蘭宗教幾乎與極端分子與恐怖主義畫上等號，伊斯蘭宗教的變革工作勢必要進行。阿都拉引用十四世紀穆斯林的歷史學家伊本．赫勒敦（Ibn Khaldun）的概念「Islam Hadhari」亦即「進步的伊斯蘭（progressive Islam）」，以此概念促進伊斯蘭國家的城市文明、經濟發展、公民生活以及文化的進步。阿都拉曾以六十頁厚的報告書，呼籲伊斯蘭必須更包容、更含融各種文明的價值，並且以更開放的形象展現在世人面前。[20]

印尼是全世界最大的伊斯蘭國家。二〇〇五年發生了巴里島恐怖攻擊爆炸事件，震驚了全世界。與馬來西亞由上而下的改革不同，印尼的伊斯蘭經歷草根型的改革運動（Grassroots Islam Reformation）。現今印尼四千四百萬的學生當中，大概有五百七十萬名學生就讀經學院。印尼伊斯蘭改革運動的領袖之一Sikand，是一位女性領導人，她所創立的組織讓經學院的學生與學者，能夠與外界的精英一同努力合作，共創印尼伊斯蘭的人道主義與普世價值。伊斯蘭信徒與非伊斯蘭信徒在她的組織裡能一起合作，致力於各項社會的改革。

印尼努魯．伊曼習經院與佛教慈濟基金會

佛教慈濟基金會印尼分會從二〇〇三年開始援助印尼西爪哇的一座努魯．伊曼習經院（Yayasan Al Ashriyyah Nurul Iman Islamic Boarding School）。該習經院有一萬五千多名學生。和許多寄宿學校（Pesantren）一樣，院長哈比．沙卡夫（Habib Saggaf）幫助低收入或孤兒到學校就讀。彼時印尼慈濟人與習經院結緣十多年，從一開始大米發放，接著又幫忙蓋了兩棟新穎優美的教學大樓。習經院從幼兒園到大學一應俱全，是完全教育。絕不體罰是老師們必須恪遵的規矩，曾經有老師體罰學生，後來哈比院長請他們離開了。

一開始習經院接受慈濟幫助之際，其他教會的長老告誡哈比院長說：「你會下地獄，竟然接受非伊斯蘭教徒之幫助。」哈比長老因著慈濟的幫助而脫離困境，並逐漸學習慈濟靜思精舍自力更生的生活方式。學生做麵包、種稻來資助自己的教育所需。習經院從早年的幾百名學生、四千名學生，增加到一萬五千多名學生，不但辦學有聲有色，孩子們身心都極為健康。哈比長老的夫人烏密（Umi Waheeda）說，

習經院多一個學生，就少一個未來潛在的恐怖分子；她說，這都是向證嚴上人學習的。哈比長老不只接受慈濟幫助，甚至基督教會也幫助他們，建立跆拳道館及球場等。哈比長老說，他要讓孩子看到諸多宗教之美。看到哈比長老所辦的習經院的成功，許多其他教區也開始向印尼慈濟人尋求幫助。

習經院現在四十多個教室都掛著證嚴上人的法照，這是出自哈比長老多年的要求，慈濟人才把證嚴上人的法照給他。長老說，他要每一個孩子學習證嚴上人的大愛。習經院裡除了傳統伊斯蘭的課程之外，孩子們也研讀證嚴上人的靜思語。哈比長老鼓勵習經院的學生們到慈濟做志工，二〇〇七年二月雅加達的一場大水災，就有三千多位習經院的學生加入慈濟做志工。在印尼努魯・伊曼習經院裡看到一種宗教的融合與相互學習的範型。

臺灣伊斯蘭宗教教育

臺灣的伊斯蘭教徒大約五至六萬人。一九四九年前後來臺的回族約兩萬多人，回族是臺灣的少數族群。臺灣的伊斯蘭教（臺灣都稱為回教）並沒有發展出專門的宗教學院或宗教設立的中小學，如天主教或佛教在臺灣，已經設有從小學到大學的專業教育機構，以及宗教教育學院。政治大學金玉泉教授從小在山東長大，是回族，他說他的祖先是阿拉伯人。小時候在村子裡就開始在清真寺裡學習《可蘭經》，他們也稱阿拉伯文為回文。金教長從小在清真寺裡學習很多課程，念《可蘭經》、背誦聖訓，學習認主學、神學、修辭學，以及文法等。這是他在中國大陸時候的教育，在臺灣就沒有這樣專門的習經院。

臺灣的伊斯蘭經典教育只有在週末開設，孩子們週末到清真寺學習回文，讀《可蘭經》；但只是週末，不像他們家鄉，父母親送孩子到清真寺上課，住在學校。山東有三十幾個村子都是回族，基本上每一個村子都有清真寺，都有習經院，而臺灣的信徒太少、太分散，伊斯蘭經學教育的制度已經在臺灣消失，回教家庭的孩子只能上國民教育。金教授的第二代、第三代已經不再像他一樣維持虔敬的伊斯蘭信仰。在全球超過十八億伊斯蘭信徒的當今世界，臺灣伊斯蘭宗教教育的式微，是一個比較獨特的現象。

臺灣佛教研修教育的轉型

臺灣的佛教在過去半個世紀的發展過程中，相當成功地發展出現代佛教的樣貌與運作型態，包括佛光山、法鼓山，以及慈濟基金會等，都在現代化與傳統佛教信仰之間找到可以相應結合的契機。特別是慈濟功德會從慈善、醫療、教育、人文、環保、骨髓移植、國際賑災等，在各種領域裡融入佛教的理念，讓各種專業人士能經由佛教理念提升自我生命的價值。

中國人民大學魏德東教授就說：「慈濟把中國佛教的當代性徹底地表現出來，而且帶到一個新的世界高度。」[21] 慈濟已經在全球一百二十多個國家地區建立慈善、醫療、教育等工作。目前正籌設專屬的宗教研修學院。成立二十多年的慈濟大學作為一所宗教機構所創立的大學，是按照一般政府認定的正規大學教育來營運管理。雖然慈濟大學注入許多慈濟人文思想在課程與社團裡，但它畢竟不是純宗教教育的學院，比起佛光山與法鼓山很早就建立培養僧材的佛學院。這些佛學院與其他宗教開設的神學院一樣，過去五十年來都沒有被臺灣教育部認可為正式學歷。宗教學院的課程多以佛教義理為主，其他專業課程不是佛學院強調之重點。

二〇〇九年臺灣政府通過的《宗教研修學院設立辦法》是因應宗教對社會的影響日深，宗教對社會的正面價值應該更被強化與突出，所以宗教研修管理辦法才孕育而生。臺灣過去的大學教育不准在大學教育裡過度強調宗教信仰，這當然是從自由主義（Liberalism）及世俗主義（Secularism）的觀點來看待教育體制，認為教育必須遵循實證科學，教育必須價值中立，以及教授治校等，這都是自由主義與世俗主義的思維下所訂定的教育制度。這些意識形態當然來自西方近代思想，但是當自由主義發展過度，社會出現了嚴重分裂的弊病。過度強調世俗主義，倫理道德崩解的問題也逐漸浮現，這時候宗教的重要性就會慢慢凸顯。

宗教會讓人們的心靈更穩定，更富有愛心，更不追逐物欲，更強調品格與倫理道德、對社群的責任，與對環境的正向關懷增加等益處。這些思維，臺灣教育部前政務次長林聰明向筆者坦言是訂定《宗教研修學院設立辦法》的時代背景與立法目的。[22]

但是宗教教育的確也有一些局限，這是我們先前所探討的，在強調宗教靈修與宗教教義的過程中，難免與現代社會的普世價值與專業價值產生衝突。這些衝突並不意謂著宗教是保守的、是落伍的；也不意謂著專業與現代普世思維是進步的、不可修正的。如何在宗教信仰與現代社會的專業價值間找到互相適應、互相融合的部分，是宗教研修學院設立所面臨的挑戰。

一旦宗教研修學院被政府認可，就必須遵循一定的規定，包括教師資格審查，學生人數的限制，開設的課程之範圍等。這些規範是必須的，但不是每一個宗教團體都能接受，先前所提輔仁聖博敏神學院就不願意接受這個規範。

目前臺灣十三所申請中的宗教研修學院已有六所通過，分別為基督教臺灣浸信會神學院、臺北基督學院、臺灣神學研究學院、南神神學院、一貫道天皇學院、一貫道崇德學院。慈濟的靜思佛學院申請已獲准辦學。新的宗教研修學院可以放入正規大學的教育體系，但這意味著研修學院必須規劃更多的通識課程以符合一般大學招生的規定。而好處是，放進正規大學成為其中的一個學院，可以讓神職人員或學院的學生接觸更廣闊的專業知識，擴大思維的向度。從宗教團體的立場來看，與正規大學合流的缺點是與世俗社會過度靠近，缺乏神聖性的氛圍與必要的宗教陶冶。

至今為止，十三個宗教研修學院都是單獨設立，沒有與正規大學合併，其原因不外是希望保持自我的宗教認同與信仰之忠誠，深化靈修與神聖性。就某種程度而言，也是「圍城」心情的另一種反應。

臺灣教育部前政務次長林聰明先生在退休前告訴筆者，他轉往佛光山創辦的南華大學擔任校長。他跟筆者說，他希望未來將佛光山的佛學院與南華大學合併在一起，讓佛學院的僧眾人才能在更寬廣、多元的教育體系下學習。[23]

這當然不是宗教家的思維，不過如何在世俗中成就神聖性，如何在入世間中出世間，如何在煩惱中得清淨，一直都是大乘佛教的思維。這種正規專業大學與佛學院的合併，其成果如何不是必然，而是考驗一個宗教家如何面對聖俗之際，區分何者為根本的實智，何者為應機的權智？

慈濟申請之靜思佛學院本身是獨立於慈濟大學之外，與其他的佛教團體不同的是，慈濟先發展實踐，再進行宗教學術的論述與宗教學院的養成教育，這讓慈濟在推動全球志業的過程，比較沒有發生宗教信仰與當代世界互動時所可能產生的矛盾與衝突。慈濟志業的發展，一向僧眾與居士並行不悖，使得慈濟在入世的過程顯得更為彈性而開闊。

慈濟創辦人證嚴上人認為，從事志工就是一種修行。慈濟在入世的志業發展逐漸成熟之際，創立一個著重心靈修持的宗教學院，或許對於慈濟人未來入世間出世間的領會，對以佛教教義淨化凡俗世界，是一種由外而內，由內而外的圓融力量。

世俗的權智與宗教的實智

「內修外行」一直是佛教僧伽修行的理想；內修戒定慧，外行弘法利生。過去的外行難免傾向給予眾生佛法，引領眾生行十善守五戒，而時至今日的人間佛教，外行涵蓋著對於現世間苦難的改善，「拔苦予樂」；「苦既拔已，復為說法」。因此當代僧伽的教育兼顧佛法的內修、戒律的持守，還要對於世俗智慧的理解，以便能更好地適應世間的需求，引導世間對佛法有所體會與仰慕。入世間的學習如何不礙修行，修行如何不厭棄世間，對於世間的事物能涵融圓滿，這是當代僧伽教育體制的雙重目標。

佛陀的智慧是涵融實智與權智，總一切法，持一切善。一切世間、出世間的法，佛陀都通透，僧侶修習佛法亦應如此。

當年太虛大師對於僧伽教育的改革，就期望佛教僧寺，不只是傳播佛法的道場，並且能扮演社會教育的重要基石。他列舉六朝時期，社會菁英都是崇敬佛寺，寺廟中有豐富的典籍，有大師給予莘莘學子智慧的指導。北宋的范仲淹等朝廷大臣，都是在寺廟之中讀書成名。

太虛大師一心改革僧才教育體制，就是希望僧伽能成為社會中一流的思想家，恢復僧伽在隋唐時代居於思想的領導地位，不再如當時僧伽被社會視為無用之才。

太虛大師在民國初年提出佛教教育制度改革，希望將僧侶專業化，專業化不是世俗的知識，而是指僧伽對於佛法的知與行充分理解，因而讓國家發給證書，如同社會上的律師、會計師一般，被社會大眾普遍認可。只有佛法的專業化，才能被社會所接受。太虛大師在《僧教育之目的與程序》中說：「宗教師縱無何特別優崇之地位，然應與律師、醫師、會計師、工程師等受同等之待遇。」[24]

內修外行的現代僧伽教育

太虛大師對於僧伽教育的理想，主張「澹、寧、明、敏」四字。這四個字也是漢藏教理院的院訓，是學僧修學的目標。太虛大師詮釋這四字的意涵為：

「澹，謂澹泊，即澹於欲，在佛法上，就是尸波羅波羅蜜，即所謂持戒。寧，謂寧靜，即寧於心，在佛法上，就是禪那波羅蜜，即所謂修定。明，謂明於理，在佛法上，即般若波羅蜜，即所謂得慧。敏，謂敏於事，即工作敏捷之謂，在佛法上，即勤學五明無量功用。前三為理體，第四字才是事用。」[25]

太虛大師理想中的僧教育，主張僧儀的重要性。他認為離開律儀，就無所謂僧。太虛大師說：

「現代的學僧，以種種善行，為律儀內涵之精神要素。故菩薩戒以攝善法為本質，契之於一心，施之於四體，謂之依律儀戒，發之於世間，行之於社會，謂之饒益有情戒。今之學僧者，起心動念，行止，不可不本此也！律，謂紀律。儀，謂威儀。個人則前後一貫，群眾則彼此和合，行動整齊，形態嚴肅。此為律儀之自相，依此乃能使吾人改造身心，變化氣質，以構成僧伽之體格。

古人五夏以前，專精戒律，五夏以後，方乃聽教習禪，深有所以。今西藏、錫蘭等處之僧伽，亦猶如此。故僧教育所修一切自利利他之佛學，皆須建築於律儀的基礎上也。」[26]

印順導師認為律儀是佛教復甦的關鍵。沒有持守戒律，是佛法沒落的主因。他說：

「中國佛教，從前在大陸時，不是說不傳戒，只是戒期完畢，戒牒到手，到處雲水掛單，流為有養無教的一群，佛教當然衰落下來！像這樣的授受戒法，不能說沒有益處，但不能合於佛意，不能在和樂清淨僧中，培養僧才，住持佛教。」[27]

文質並重的僧伽培育體制

除了律儀，佛法通透，太虛大師的僧伽教育理想，更強調「勞動」的重要性。僧伽不是四體不勤、五穀不分的學問僧，而是在勞動中體會鍛鍊身心的強健與樸質之人格。太虛大師在《現代僧教育的危亡與佛教前途》言：

「我所希望的僧教育，不是去模仿學作講經法師而已，必須要學習整個的僧伽生活，要勤苦、勞動、淡泊，要能做擔水、扛柴、掃灑、應對，以及處世理事，修禪弘法的工作。

一、要守清苦淡薄的原有佛法的生活：出家人，尤其是修學的學僧，不要以奢華的生活為美，而且要比較一般人格外能清苦淡泊，過簡單樸素的生活，以此為我們出家人的美德。二、要能勤苦勞動：受過教育而有知識的僧徒，要格外的勤苦勞動才好！」[28]

佛教慈濟創辦人證嚴上人所建立的僧團——靜思精舍，一切日常的生活所需，都必須由出家眾自己耕作、做手工，養活自己。精舍師父們必須輪班，燒飯、揀菜、劈柴、種菜、磨豆元粉，「一日不做、一日不食」，數十年如一日。

靜思精舍的僧眾做過四十多種手工藝，而務農的工作從未停止，這體現了太虛大師所倡議的理想——耕讀、勞動與修行並重。

靜思精舍是一座樸質的修行道場，唐式風格的主建築三十多坪的空間，早期拜經、慈善會務、會員聯繫、吃飯睡覺都在這裡。即使經過十多次的增建，精舍建築仍維持著不超過三層樓的高度。在近兩百位靜思精舍的師父中，有一部分（約五分之一左右）會經常參與慈濟基金會的運作。

他們是作為法的指導者，實際執行面比較少介入。這些參與會務的師父，平日還是要輪值洗碗、飯桌整潔或煮熱食等工作。這個概念是精舍就是一個家，作為家庭的一分子，家務事大家都得一起參與，一起承擔。

證嚴上人期待靜思精舍的師父們做好法的傳承，樹立德的典範，為居士、為志工、為慈濟人、為眾生開啟佛法的智慧，以身行為典範。僧伽是慈濟宗門法源的傳承者、繼承者與踐履者。因此在即將設立的靜思佛學院的理想中，除了強化佛法，學習世間的種種專業，勞動與人格的陶冶仍是證嚴上人培養僧伽的最高理想。

師徒制與專業制

北京大學樓宇烈教授對於當代僧伽教育的觀點認為，「僧伽教育不應過度學術化、論文化、文憑化，而是要回到傳統的師徒制，對於人品的養成，是僧伽教育的關鍵。」[29]

這觀點呼應了慈濟證嚴上人對於僧伽培育的理想。證嚴上人重視實踐、勞作中培育僧伽的人格與信仰。靜思佛學院的規劃課程當中，勞作與實踐始終是重要的教育核心。一如天主教的神父之養成，在七年的學習中，其中的兩年就是服務與服侍。清掃環境、服務他人，一直是宗教人格養成的重要路徑。

在這樣地重視勞作，又必須深入經藏，同時對於世間的專業又必須有一定的了解。否則無法真正地入世間，去為眾生服務，救拔啟發眾生。今天的佛教之人間化，必然把佛教精神引入各種的專業領域之中，如何學習專業的核心思考與知識，也是僧伽教育的一項重點。

走筆至此，難免覺得今日的僧伽負荷更加艱鉅，更加挑戰。但如同印順導師面對當代宗教的入世間之需求，也是強調宗教的實智，與世間的權智似乎都必須具足。印順導師言：

「第一、今日是知識發達的時代，佛教徒要想降服魔外，高建法幢，這必須對深奧的佛法，有一番深入，才能以深入淺出的善巧方便來施化，使未信者信，已信者增長。眾生根性不一，當然可以種種法門，或者不需語言文字，以身教感召別人。但約廣大人心和現代風尚說：弘法者對於廣大精深的佛法，必先要有明確的深刻的理解。從深廣的義理中，不但能條理嚴密的發揮深義，更能提出簡要的綱宗，使大眾可以對佛法有一正確扼要的觀念，如此才能使現代人士易於接受。大師曾以唯識學——適應現代科學方法來教化他人，就是因為這個。實際上，佛教任何義理，都可以此方法表達出來。

第二、一個身為宗教師的，要教化他人，除了對佛法具有深刻了解之外，對於一般世間知識，也應有廣泛的涉獵，這倒不是說對於現代知識都應該專心研究。

如中國佛教史上的道安、慧遠大師們，對於中國學術都有很好的造詣；出家學佛後，才能引導當時社會一般的知識界歸向佛法。

印度的馬鳴、龍樹、無著、世親諸大論師們，那一位不是當代有名的大學者？

對於流行的四吠陀典和十八大論等，都有過研究，這才能以佛法融通世學，批評世學，從相互比較中，顯出佛法之精深與高妙，使人們易於崇信而接受。

以其他宗教之牧師、神父們來說，他們要作一個傳教師，都是在一般大學知識以上，再予以數年的宗教教育，才能到處傳道，發生良好的效率。雖說他們以物質來引誘，但傳道人才之造詣，有他們的長處。不要以為過去唐代禪宗之發揚，專於著重自身的熏修，無須了解其他。不知禪者的力求實踐，不重聞思經教，正因為那時的教學，已極為發達普及，而我們現在是怎樣呢？當時的對手，是儒、道，禪者多少有些認識，而現在世間的學術，又是怎樣呢？在現代，對於無邊佛法的義理，不能隨分隨力的聞思修學；對世間知識太欠缺，要想弘法利生，確實是件難事！」[30]

當代僧伽的培育，「聞、思、修」，不單單是佛法，而世間的知識仍然必須具備，仍然必須融通，否則佛法無法入世間，佛法無法進入專業領域。尤其像慈濟功德會這樣橫跨不同專業領域，跨越不同宗教與文化的國際性組織，其僧伽所必須具備的世間知識是不可或缺的。

隨著慈濟靜思佛學院即將成立之際，慈濟之僧伽教育，必然著重「佛法的修持」、「勞作的鍛鍊」，與「世間權智的素養」，三者兼具，這是其必然努力的教育目標。而品格與德行的陶冶更是證嚴上人著重之處。在龐大的全球志工支持與參與的各種慈善、醫療、教育、人文、環保、國際賑災等志業中，未來僧伽的角色即便是定位在「治理」，而將「管理」的責任主要託付居士運作，然而僧伽除了佛法之修持，具備著世間良好專業之素養，仍是其選拔人才、領導居士的重要關鍵力量。

「佛法為體，備德之相，智識為用」，是當代佛教僧伽教育的三大目標。

慈濟專業教育與佛教教義的融合

慈濟的教育發軔於一九八九年成立的慈濟護專。慈濟護專以專業為導向，但是兼顧佛教精神的教導。慈濟以四無量心「慈、悲、喜、捨」期許慈濟護專的學生能夠像白衣大士、觀世音菩薩一般的聞聲救苦。慈濟護專的大門口上方鑲上一個卍字，標舉著佛教為主的護理教育。證嚴上人創辦的理念就是希望將佛法融入當代的護理教育之中。

證嚴上人說：「教育並非只有傳授知識的功能，而是要啟發每個人的愛心；有了愛心，所發揮出來的功能才能自助助人，這種『愛的啟發』教育，就是慈濟的文化；進一步說，就是菩薩精神的文化。」

證嚴上人創辦教育志業的目的，就是要啟發每一位學生的良知，把人人埋藏在心底的愛心引導出來，然後用這分「大愛」和「良能」去服務人群；因此，「慈濟人文」即是愛的啟發，愛的行動。[31]

重視實踐的證嚴上人不只是倡議佛教理念融合於護理教育之中，他是從體制上建立這樣的學習環境，所以慈濟護專在一九九一年成立「慈濟人文室」。人文室負責規劃慈濟人文的教育課程，並且以志工投入慈濟護專，陪伴年輕學子。證嚴上人相信人能弘道，非道弘人。以具備人文的志工，去影響其他人，一向是慈濟採行的模式。人文室規劃懿德母姊會，讓慈濟志工陪伴學生。證嚴上人向志工說：「你們要用菩薩心愛自己的孩子，用父母的心愛他人的孩子。」慈濟志工的關懷陪伴學生，帶進慈濟慈悲感恩的人文。由於這些志工都是長期投入慈善工作的實踐者，也是佛法的修行者，因此成功地將慈濟人文注入慈濟護專的教育之中。

這種模式的成功如同俄國教育學家維果斯基（Vygotsky）所倡議的「最近發展區間（Zone of Proximal Development）」理論所發現，孩子們的學習是從最接近他的人之行為，建立觀念與行為。

慈濟人文教育的目標是以學生「人格的養成」為目標，當代教育體制則著重專業智能，不強調學生人格的養成。慈濟的做法不只是以佛教的人格修持為依歸，也似乎融合儒家的人格教育與君子不器的觀念。慈濟的人文室規劃茶道、花道、音樂教室、禪修室都融入慈濟護專的教育當中。

當年慈濟護專的主任洪素貞（靜原）就說：「北邊教室設立的花道室、茶道室、禪修室、展覽館與慈濟館等屬於人文教育的教室，是供學生怡情養性、淨化心靈之處。」洪素貞進一步說：「上人的智慧與用心，無時無刻不環繞在我們四周，其精神風貌亦呈現在學校的每一棟樓中：洗石子建造的淺灰色大樓外觀，給人十分樸實、沉穩的感覺，而其間方正的外型，配合圓柱、圓頂與方窗的設計，寓含著『做人要方正，存心要圓融』的教育理想；在慈悲喜捨的擁抱中，時時散發愛與關懷的情意，這也正是慈濟人文精神所在。」

建立心靈能夠依止的實體空間，著重境教，是證嚴上人採行的教育模式。在具體的空間上強調「身、心、境」的結合，在教育內涵上著重「知、情、意」的兼備，是慈濟教育的理想。

當代教育受杜威（John Dewey）影響甚深。杜威的教育哲學著重知識結構與思辨能力的建立。慈濟提出的慈悲教育似乎提出杜威教育體系所欠缺的心靈與人格的養成。當代麻省理工學院的彼得·聖吉

（Peter M. Senge）推動慈悲教育，彼得．聖吉的理念靠近慈濟，都是希望通過慈悲的養成，培育學生足夠健全的人格與心靈。

杜威的教育所建立的知識結構與思辨能力，培養出聰明的學生，但這些聰明的學生，未必把聰明才智用於造福社會。杜威體系的教育發展至今似乎過度地強調工具理性，逐漸把教育淪為技術、技能的培育。知識結構、思辨能力、慈悲情懷，三者結合是慈濟教育的理想。這是相應中國傳統「知、情、意」和合理想，知是知識，情是情懷，意是思想，也是意念、動機的意涵。換言之，培育青年在知識結構、思辨能力，以及人文情懷兼備相容的教育模式。

慈濟於二〇〇〇年成立慈濟中小學教育，慈濟中小學非常重視品格教育。學校中，品學好的可以打掃廁所及打飯菜，培養學生服務他人是榮譽，不是處罰。另外，學校設立慈善社團——慈幼社，讓孩子從小就能透過去幫助人，去服務孤寡老人，探訪育幼院，到醫院做志工，到海邊淨灘，到環保站做志工等。這些服務性的活動成為慈濟中小學的教育主軸。慈濟中小學也設立茶道教室、花道教室、武術、書法、國樂團、交響樂團、天文臺等等，似乎把儒家禮、樂、射、御、書、數的理想都融入青少年的教育之中。

慈濟中小學全部素食，中學以上的學生都是住宿為主。慈濟在中小學一樣有慈懿會，懿德媽媽、慈誠爸爸陪伴青年、少年，輔導他們的人生觀，傾聽他們的心聲。

慈濟從中小學到大學，除了學生穿制服，老師與教授也一律穿制服。這種制度是希望老師以身教，而非僅僅言教作為學生的楷模。以身作則，是證嚴上人對教師的期待。如同我們先前所引述維果斯基的研究，孩子是從身旁最親近的人學習，他們的行為對孩子的人格影響最大。身教、境教、言教三者並行。

慈濟大學的設立為慈濟的世俗專業教育提供一個更優質與開闊的平臺。慈濟大學從醫學院開始，其設立的原初目的之一是醫院需要醫師。慈濟稱醫師為大醫王，是出自佛典，特別是《無量義經》所稱，醫者大醫王，醫師的職責不只是「曉了藥性，隨病授藥」，大醫王以佛教義理言之，還要「苦既拔已，復為說法」。因此，慈濟的醫學教育著重的不只是專業知識，還特別強調醫者人格的養成。最成功的醫者教育應該是「無語良師」的大體捐贈與解剖，醫學生通過大體捐贈，學習到慈濟志工大捨捐大體教導學生，所以稱為「無語良師」。大體老師多半是慈濟志工，一部分是非慈濟志工，他們深信證嚴上人的信念，「此身非我有，用情在人間」。一位大體老師生前曾經跟醫學生說：「當你們的刀在我身上劃下的時候，是我生命最莊嚴、最圓滿的時刻。你們要記住，將來你們解剖我，你們可以在我身上劃錯一刀、十刀、百刀、千刀，但是以後不要在病人身上劃錯一刀。」[32]

可以想見，若干時日，當這群醫學生解剖這位大體老師，當他們的刀劃下去，他們心中應該有無限的尊敬與感動。許多慈濟的醫學生的確表達他們在醫學院最大的人文影響就是大體老師了。他們後來行醫，常常想起當時他們解剖大體老師的感受，一個用自己身體教導他們醫學知識與同理病人感受的「無語良師」。耶魯大學的努南教授研究指出，醫學生的第一刀，將影響他的一生。對於大體老師本書另有專文撰寫，在此不多表述。[33]

慈濟大學、慈濟科技大學是全臺灣服務社團最多的大學，各服務社團引導學生投入公益服務，包括在臺灣，包括慈濟在海外的各重要慈善與人文活動。這些人文活動不只能增進學生的慈悲心之啟發，也增益他們的國際視野，與跟不同文化交流與學習的機會，這對於學生更開闊的心靈與思想，自然有實質的助益。

總結慈濟教育的理念與理想是朝著「知識結構、思辨能力與慈悲情懷」的結合，亦即「知、情、意」的圓滿和合，這是慈濟教育對學生的期待。

慈濟教育對於教師的期待，則是「身教、境教、言教」三者必須合一。從慈濟教育環境的設計、人文教室的規劃、懿德會的陪伴、老師穿制服，以及以身作則等，都是慈濟成就自身教育理想的遵循模式。

結語

慈濟的教育體系嘗試結合佛教義理與當代專業知識的結合。在世俗教育的層面，慈濟提供完整的從幼兒、中小學，到大學。慈濟通過世俗教育融入，擴大佛法對世間的影響。在世俗專業教育的建構取得成果之後，慈濟正致力建構佛教專門教育的機構。佛教教育機構的設立——靜思佛學院是慈濟將來培養僧才、建構理論、培育各地資深志工精神理念與管理智能的理想園地。慈濟的教育在這個基礎上，對於慈濟宗的永續發展有很深遠的影響，慈濟教育體系扮演的是一個論述中心、一座人才的搖籃以及和普世接軌的智識平臺。

在當代宗教教育面臨兩極的困境，純然的宗教教育機構與世間的融入不足，而宗教團體興辦的世俗教育機構逐漸地專業化與去宗教化。耶穌會神父多半具備長遠的神學教育與世間教育，這是一個很理想的結合。雖然如此，基督神學教育與世俗教育在理念上的張力始終存在。伊斯蘭的基本教義與世俗的扞格如前所述，是當代伊斯蘭世界與西方世界乃至與高度發展的資本世界衝突的原因。慈濟似乎努力結合這兩者，宗教教育機構具備一定程度的普世專業的智能，世俗教育機構具備宗教的人文情懷，這樣的中道之建構與維持，應該是慈濟教育想要達到的最高理想，同時也是所面臨的最大挑戰。

第8章

捨的智慧與慈濟大體解剖教育

前言

慈濟大體捐贈提供人們對於死亡的一個全新的意義模式，這意義模式如同德悉達（Jacques Derrida）的延異理論（différence）所言，是放在一個時空的網絡中實踐。[1]證嚴上人讓人們對於死亡的印象從陰森、腐朽、寂滅、被遺忘的感受，轉化為在「空間上」，是晶瑩剔透的潔淨莊嚴；在「價值上」，是神聖化的利他之表現；在「時間展延上」，是在救助他人中延長自我生命之價值。

證嚴上人創立的大體捐贈，也改變了醫學生對於身體的感受，從面對一具腐朽的無名屍，在解剖時用戲謔來逃避逼視死亡的恐懼，以及對惡臭屍體的厭惡感，轉化為恭敬審慎地面對一位大捨的親人，激發感恩與疼愛。醫學生對身體的感受是恭敬的、疼惜的、可親近的、甚至敬佩的。這種對身體的正向感受如同耶魯大學努南（Sherwin B. Nuland）教授所言，將伴隨他們的行醫生涯，決定性地影響醫生們用敬意及正向情感對待一個生病的身體。[2]

宗教文化之差異與對待遺體的觀點

人體，對於生命究竟是何意義？中國人說死後這一身臭皮囊，意味著死寂的身軀一點價值都沒有。然而沒有價值的究竟是敗壞的身體？還是死亡的本身？

人類對於死寂身體的對待，其實反映了人類在不同階段各種宗教文化的發展樣態。務實的中國人不相信靈魂不朽，所以認為死亡的軀體是臭皮囊。對於古埃及人、中南美洲，以及安地列斯山脈的古老民族而言，只要肉體保持完好，看不見的精神的孿生姊妹「靈魂」就能繼續存在。[3]這種宗教信仰解釋了當時的人們對於遺體的解剖充滿了恐怖驚懼的情緒。為了完好地保存屍體，以便保有不朽的靈魂，古埃及人發展出木乃伊的處理方式，將裹布及防腐劑塗在屍體上，以保留不死之身軀。

這種保有身體即是保有靈魂的信仰，甚至在對待獵物時也是如此。七千多年前的古薩滿人會把熊的骨頭埋葬，以便熊來日能夠復活，可見屍體與靈魂不可切割的態度曾經支配人類數千年的時間。[4]

埃及人發展木乃伊是為親人尋求永恆，避免走向死亡的毀滅。古埃及人沒有「零」的觀念，亦驗證他們相信不朽。印度教對於遺體則採火葬，將骨灰撒入恆河，回歸梵天，走向永恆。西藏的天葬，肉身佛，尋求靈魂的完全超升，並利益於眾生。印尼的土著吃食祖先身體，讓祖先的生命與子孫合一。印尼某部分地區至今還有將祖先埋葬屋內之習俗，代表祖先未死，仍與子孫同在。中國採土葬，讓身體回歸大地。

不管是何種信仰，解剖遺體對於人類的文明發展是非常後期的社會行為。原始宗教對身體其實充滿著禁忌，不敢解剖屍體，一方面也是因為人們懼怕接觸屍體將招染邪靈。在人類最初的生活中，並沒有形成對人體解剖的文化形態，除了在獵物的處理，或是在某些食人族的儀式中，才會發現解剖人體的歷史痕跡。

疾病與神祕鬼魅附身

正因為身體混合著神聖及靈魔的意涵，因此古印地安人的巫醫會戴上野獸的面具或帶有邪靈的衣物，拍打病人身體，希望能驅趕魔鬼，因為生病被認為是魔鬼附身。初始文明對於未知的疾病或任何事物總是歸納進神聖與惡魔的形式及範圍，而對於身體愈是無知，就愈強化神鬼支配附身的神祕境域。[5]即便在中國，殷商時代甲骨文中找不到「醫」字，卻找得到「毉」字，這暗示著當時巫術與醫術相混合的社會情況。[6]史前的人類信仰超自然的力量，把疾病歸因於鬼神所降的懲罰或敵人所施的巫術。在原始的部落中，通常有專人負責醫療的執行；這種人往往是部落裡公認最有智慧、可以和鬼神溝通的人，集醫師與巫師的角色於一身，享有崇高的政治地位。巫醫用宗教儀式、符咒和草藥來治病。新石器時代人類的頭骨，有明顯被鋸開和傷口邊緣癒合的痕跡，其手術的目的可能是為了釋出附身的魔鬼。《舊約聖經》裡出現過四次對瘟疫的描述。古代希伯來先知們將瘟疫視為是耶和華懲處背逆祂的百姓，當時人們面對疫疾束手無策，認定為上天的懲罰。

在文明發展初期的幾百個世紀，人類面對未知的世界，心中充滿了恐懼，深怕一不小心觸碰到未知的神明或魔鬼的領域，而招致毀滅的厄運。由於人類活動範圍的局限，部落群居生活無法駕馭更大範圍的自然規律及挑戰，人們只好用禁忌來維持生存的秩序。禁忌是由恐懼所創造，禁忌產生無知，無知強化禁忌。好奇之心一度在人類發展過程中被認為是一項罪惡。

希臘神話中的潘朵拉盒子就是抑制人類好奇之心的一種歷史印記。希臘神話裡描述潘朵拉因開啟祕密寶盒，結果導致了人類苦難的命運。好奇之心雖然揭開了問題，但是卻無法被當時的人類文化所理解或解決，於是好奇之心就被封閉在社會繁複的禁忌儀式中，這維持了生存的軌道。

對於人體的禁忌與好奇，從人類古老神話中就可窺見其端倪。《聖經》記載上帝根據自身的形象造人，而後夏娃在蛇的引誘下嚐食智慧之果，並說服亞當吃下，人類因而為自身的裸體感到羞愧，這似乎透露了人類最初對自身形體的強烈意識和好奇；但是對身體的好奇一直被社會禁止，所以才有亞當夏娃在認識自我身體之後，被逐出伊甸園。對身體的好奇心在人類文明發展初期是一種社會的禁忌。

但社會禁忌最後仍無法戰勝個人的好奇之心。當文明的曙光逐漸揮開知識的黑幕，人類自我意識隨著知識的累積而逐漸甦醒，好奇心會招致災難的迷思已然消逝。人類進一步經由理性的知識尋求避免災難之道，並運用智能為命運做正確的抉擇，其中當然包括醫學知識的開展。

希臘理性主義與人體奧祕之解開

希臘早期的醫學仍充滿了神諭的療效，著名的阿依斯古拉譜斯神（Aesculapius）廟，在古希臘時期是著名的恢復健康的處所。這裡有潺潺的溪流、優美的山峰、宜人的氣候、潔淨的空氣與富含礦物質的泉水，最重要的是這裡的祭司會教導阿依斯古拉譜斯神的訊息，透過夢境傳給病人，讓病人痊癒。疾病的治療在古希臘仍脫離不了藉助神力的神祕主義色彩。[7]

照見身體奧祕之光來自西元前五世紀，希臘哲學帶動理性思維，把醫學從迷信中解放出來，賦予它理性的面貌；疾病不再是鬼神作祟，而是自然的因素所致，揚棄超自然說法與控制，認為理性可進行歸納分析。[8]希臘人對於人體有極高的興趣，當希臘藝術家以雕塑捕捉人體所代表的神性與完美，隨之而來的運動家、哲學家，以及醫學家都對於人類自身的身體給予高度的肯定與關注。然而，這一個藝術家眼中完美的身體，卻不可避免地會經歷生、老、病、死，這種奇異矛盾，引發人類對自身軀體構造的好奇，並進一步希望透過理性的分析及理解認識人的身體，以解決疾病問題。[9]

希臘時期理性主義的抬頭，為人類的好奇心和知識的追尋找到合理的基石。亞里斯多德認為：哲學是因好奇而產生，故好奇等同於知識、智慧，潘朵拉的盒子遂變成文明躍升的象徵。據說亞里斯多德提倡科學方法研究人體，而比亞里斯多德稍長的醫學大師出現在西元前四世紀的希臘，他就是人類歷史上最傑出的醫學家希波克拉提斯（Hippocrates）。當時整個歐洲解剖醫學仍然是禁忌，宗教文化上的禁止與恐懼，僅有的解剖知識，主要來自動物、倉卒下葬的人體殘肢、傷殘的戰士。希波克拉提斯是這個時期的代表人物，處理關節脫位是他的外科手術的傑作，可見他在當時對人體的解剖已經有相當的了解。[10]希波克拉提斯讓醫療成為人道的藝術，他揭櫫醫師的使命，也樹立了今後人類共同遵循的醫學尊嚴。

希波克拉提斯之後的數百年後，亦即西元二世紀，羅馬的蓋倫（Claudius Galenus）繼承了希波克拉提斯的傳統，加上初具科學觀念的解剖、生理知識，建立了完整的疾病理論體系，在接下來的一千多年裡被後人奉為權威。他大多數的解剖知識來自動物而非人體解剖，因此有一些錯誤，譬如誤以為人類的骨骼與猿猴的相同。

在此同時，醫學在東方則有長足的進步。西漢時期，中國的解剖知識已相當成熟。《史記》〈扁鵲倉公列傳〉中，對於人體解剖程序已有條理分明、層次清楚的描述。著名的中國醫書《黃帝內經》開始正式記載人體解剖，其中對人體的骨骼、臟腑及血管等的長度、重量、體積、容量都有詳細的記載。《黃帝內經》書中一些解剖學的名稱，其中一些臟腑的命名，還沿用至今。[11]

東漢的華佗在外科方面也有驚人的成就，後世更尊奉華佗為「外科鼻祖」，[12]特別是他發明「麻沸散」，為關公刮骨療毒，開啟了人類歷史身體麻醉的先例，華佗成了世界上最早使用麻醉術做腹腔手術的人。但華佗醫術的精湛，最終卻導致他的死亡。相傳曹操長期罹患頭痛，華佗知道曹操可能罹患腦瘤，準備為曹操打開頭顱進行開腦手術。曹操有疑心，認為華佗藉機要殺害他，竟然下令將華佗給殺了。[13]

雖然中國在東漢末期一直到宋朝，都有聽聞舉行大規模的解剖活動，王莽甚至對他的政敵進行活體解剖。只是中國醫學很快就走上氣血運行、脈理診斷的醫療形態，強調身心一體的全息觀，因此未能建構像西方以解剖為主的醫學系統。[14]

當華佗在為關公麻醉開刀之際，中世紀的西方，解剖人體仍然是教會的禁忌；教會認為解剖人體是褻瀆上帝，這禁忌和耶穌的命運相關聯。耶穌被羅馬人釘死在十字架之前，他就曾預言自己的復活。因此耶穌死後，他的門徒小心翼翼地將他的屍體藏起來放在洞穴裡，用石頭將洞穴堵住。《聖經》記載，三天後石洞打開，耶穌向世人證實他的復活。所以《聖經》上才說，耶穌復活，所以世人復活。留下完整的屍體是復活的關鍵之一，這是教會反對解剖，是禁忌的來源之一。

耶穌自己在人間就是兼具神與人的雙重特質。耶穌被釘在十字架上的最初一兩天，曾呼喊上帝：「主啊！祢為何離棄我？——My God, my God, why have you forsaken me?」[15]此時的耶穌作為罪人，替世人承擔罪愆，這一刻天地昏暗，上帝離開耶穌，這是作為人的耶穌。而在隨後的幾天裡，耶穌又向上帝禱告說：「天父啊！請原諒他們，因為他們不知做的為何事。——Father, forgive them, for they do not know what they are doing.」[16]這個時期的耶穌展現神格的境界。耶穌是神與人的完美結合化身，是許多基督徒信仰的核心。基督徒在教堂儀式中經由喝耶穌的血，亦即儀式中的葡萄酒，以及吃耶穌的肉身，亦即儀式中的聖餅，人會得到永生及昇華之印記。這是人的身體極度聖化、神化的宗教信仰及文化。所以解剖屍體被中世紀的教會列為禁忌是理所當然。[17]

西元三世紀之後，狄奧多西一世（Theodosius I）將基督教定為羅馬的國教，從此基督教成為世界性的宗教。但是到了西元五世紀，西羅馬帝國滅亡，蠻族入侵，使得歐洲陷於割據與動亂。在這種艱困時期，基督教精神適足以撫慰人心，並成為動盪社會中一股相對穩定的安定力量。在現實的苦難下，人們所思考的多半是審判、死亡、地獄，在期待上帝救贖以及對天國的企盼中，希臘理性主義的知識追求都是無用的，這使得當時的人們忽略現世事務的興趣及研究。[18]

事實上，基督教對於醫學有一種曖昧的態度。和猶太教一樣，基督教希望教會和社群生活是密不可分的，因此宗教應該觸及深入生活中的每一個領域。基督教對於世俗世界高度的參與，使得傳教士也負起床頭邊醫療的角色。[19] 當時醫學的典籍也只有在教會和修道院裡才能得到保存與傳承，傳教士也是醫療的執行者，而疾病被視為對罪惡的懲罰。傳教士們相信上帝是唯一的治療者，用祈禱、懺悔等儀式和聖油、草藥來治病。在基督教的歷史裡，耶穌行神蹟治病；他讓眼盲者能看見，讓跛子能行走，讓耳聵者能聽見。因此神職人員在早期承繼治病的工作是一種歷史的必然。在教會裡，神蹟被視為是痊癒重要的環節。對醫學並不積極研究，只埋首抄讀古籍，這讓蓋倫的解剖學說能輕易地傳諸千年。[20]

曾經有一段時期，基督教並未如此強烈反對解剖，在黑死病流行期間，教會明確允許屍體解剖，教宗思道四世（Sixtus PP. IV）和克里門七世（Clemens PP. VII）明確允許進行人類遺體的解剖。在十字軍東征時，許多戰士將他們戰死的同胞支解煮沸，以便將他們送回故鄉神聖的土地埋葬，但這種做法削弱了部隊的作戰能力，教宗波利法西爾斯（Bonifacius PP. IX）發表敕書阻止這種做法。然而，過度熱心的教士將其闡釋為對解剖的一種普遍禁令，這或許是因為人乃來自於上帝形象、身體乃聖靈之居所，使信徒認為受解剖者將失去回歸天國之機會。

就這樣，在上千年的時間裡，人類對於身體的理解一直是用蓋倫從豬及猴子身上學到的解剖學知識，運用在人體醫學上。這錯誤一直到西元十六世紀的維薩留斯（Andreas Vesalius）出現之後，人類才開始真正用科學的方法去了解身體真正之奧祕。

當代人體解剖的發軔與因緣

西元六世紀到十一世紀的宗教戰爭，一方面毀掉了羅馬建立的知識及理性主義的殿堂，但一方面又為近代西方理性預備了溫床。十字軍東征和十三世紀蒙古西征，促進了中國、伊斯蘭教世界，以及東西方文明交流。中國人發明的火藥藉由蒙古人的西征而引進歐洲之後，打破了封建莊園的壁壘。人民的移動自由了，階級藩籬逐漸式微。中國的造紙技術傳入歐洲，也加速文明知識擴散的腳步。廉價紙張取代了僧侶藉以壟斷學問的昂貴羊皮，而印刷術更加快了知識的傳播，人們的心靈也逐漸擺脫教會意識形態的籠罩，展現無比的文化生氣。十五世紀中葉，歐洲的歷史正式邁入文藝復興時期，在文學、藝術、科學等領域綻放出璀璨的成就。

歐洲的黑暗世紀雖然被認為是文明的停滯時期，但是中西方文明在這幾世紀的交會，孕育出全新的文明形態。信仰伊斯蘭教的阿拉伯人，一方面承繼了希臘羅馬醫學的精華。另一方面，從中國帶回來了豐厚的醫學知識，並藉由領土擴張傳到歐洲，為即將來到的啟蒙運動預備了豐厚的養料。第十世紀，被世界醫學史喻為和蓋倫一樣偉大的醫學家波斯帝國的伊本．西納（Ibn Sina，或叫做 Avicenna 阿非西拿），在一〇三七年過世之際已經是伊斯蘭教世界最著名的哲學家、詩人及醫學家。在他的著作 *Canon of Medicine* 一書中，首次定義醫學是一項科學，從這一項科學中，我們學會人體的構造及健康時的生理狀態。伊本．西納強調我們須學會判別哪些情況是對健康有利，哪些情況是相反。醫學家必須能保留人們那些健康的身體狀態，以及當他缺乏這項狀態時，也能適時地回復它。伊本．西納已經準確地了解人體各部位的結構及生理特質。[21]

Canon of Medicine 或稱為《醫典》是伊本．西納最重要的作品。全書由阿拉伯文寫成，書中詳細記載各項醫學知識，包括各病的灶因、症狀及徵兆、治療及預判的方法和流行病學（epidemiology）。伊本．西納的書已經十分接近現代的醫學教科書。在十一世紀到十五世紀之間，他的書被翻成各種文字，流傳在伊斯蘭國度及歐洲各地。即便在十七世紀的比利時魯汶（Louvain）和法國蒙彼利埃（Montpellier）等醫學院都還沿用伊本．西納的教科書。《醫典》一書在比利時的布魯賽爾自由大學醫學院（Faculty of Medicine, Université libre de Bruxelles）還一直使用到一九〇九年。戰爭一方面帶來文明的摧毀，另一方面打通了文明的壁壘，讓伊斯蘭教阿拉伯世界的智慧通向中國，也帶進歐洲。從伊本．西納的醫學成就，足見伊斯蘭教世界對於歐洲醫學科學重大及深遠之影響。[22]

受到伊斯蘭教世界醫學之衝擊，十一世紀崛起於歐洲義大利的沙勒諾醫學院（Schola Medica Salernitana）是大學醫學最早的雛形，它是由僧侶所創辦，提供醫學生基礎哲學課程、醫學專業科目和一年的師徒制實習。十二世紀起，大學在歐洲各地陸續成立，傳統由僧侶執行醫療工作逐漸讓步給專業的醫學生及博士。這些大學的醫學院開始提供有系統的醫學教育，吸引了愛好學術、慕名而來的各方菁英，如巴度亞大學（University of Padua）一直是歐洲的學術重鎮，傑出的師生包括伽利略（Galileo Galilei）、維薩留斯（Andreas Vesalius）、哈維（William Harvey）等人都是出自於此。[23]

蠻族的入侵歐洲，以及長達六個世紀的十字軍東征結束之際，使得教會的控制逐漸鬆動。這個時期的西方思潮逐漸回到希臘時代自然理性主義的宇宙觀，信奉自然主義的藝術家強調藝術必須反映現實及真相。對人體的了解，就是對自然完整結構的了解。醫學與藝術開始互動，解剖圖、解剖實況描繪，並採取各種屍體取得方式，如死刑犯、親友遺體及盜墓。

醫學大量開展的同時，蓋倫老舊醫學仍宰制著當時的醫學教育。義大利醫師與解剖學家維薩留斯從學生時代就熱衷於解剖，當時因為宗教的限制，醫學生只能解剖即將腐爛的動物屍體，只有離經叛道的學生敢在絞刑臺上偷屍體進行解剖，而維薩留斯就是這樣的學生。他一次在絞刑臺上拿到一具死刑犯的屍體，這名死刑犯頭顱的肉已經被烏鴉吃得精光。維薩留斯把他偷偷帶回家，將頭及骨骼煮熟之後，剔乾淨，漂白，曬乾，再重新組裝起來成為一具人體骨架，那是人類歷史上第一個人體骨骼標本。[24]

維薩留斯以人體作解剖，發現並更正了許多蓋倫基於動物解剖的錯誤觀念。二十三歲時，他當上了巴度亞大學的解剖學教授。六年後，這位醫學界的哥白尼出版了《人體的結構》（*De humani corporis fabrica*, 1543）一書，為解剖學和醫學帶來革命性的突破。維薩留斯在《人體的結構》一書中所描繪的人體靜脈系統，其精密的程度令人讚歎。人體解剖科學從此正式走向實證性與成熟期。

文藝復興時期，解剖學知識廣受歡迎，英國亨利八世（Henry VIII）下令將絞刑後的屍體交予解剖學家。維薩留斯首先於臨時解剖劇院（temporary anatomic theatre）公開展示人體解剖。這種人體秀曾在十六世紀的歐洲廣為流行，羅馬天主教會頒布法令同意以這種方式讓人們感知自己是神的偉大造物。

當時醫學家或醫師都覺得拿外科手術刀是一件丟人的工作，因此聘請許多澡堂師父及理髮師當助手，所以人體解剖的工作多半是由理髮師來進行。在解剖劇院裡，醫師通常坐在高高的臺上，指揮底下的理髮師進行人體解剖。接觸屍體上不了天堂，哪怕是碰觸這些不會復活的無名屍，都不是一件光彩的事，因此醫師不碰觸屍體。十五世紀理髮師傳充當外科醫師的工作是普遍性的社會現象。亨利八世甚至把理髮師公會及外科醫師公會合併，因為他認為這是相似的行業；這合併一直到一七四五年理髮師公會才正式與外科醫師公會分開。

解剖藝術與科學的合流

藝術及科學在中世紀是不可分割的兩門學問，藝術家一開始被認為是工匠，他們的領域是相近似的。中世紀之後解剖學的興盛其實必須感謝文藝復興時期最偉大的畫家達文西對解剖藝術的深究。當猴子解剖學家蓋倫的人體解剖一直被奉為圭臬的十多個世紀之後，達文西用藝術的熱情，揭開人體的奧祕。他把人體賦予最聖潔及優美的藝術形式及意義，拒絕用希臘的審美觀畫人體，力圖以真實自然的人體樣態畫出人的生命。他在佛羅倫斯的醫院裡解剖了三十多具屍體；屍體的年齡性別職業都各異，他嚴謹地以科學家的精神畫出人體的骨骼、肌肉、神經、器官部分等，是當代人體解剖的傑作。他的八百多張繪畫稿公諸於世之後，讓人類驚歎於人體結構之繁複及美。[25] 蒙娜麗莎的微笑是美學的，更是科學的，是達文西歷經各種屍體解剖之後的研究解析所重塑的人體之美。他把冰冷的屍體重新賦予美學藝術的生命層次，經由死亡的身軀，人似乎再度復活。達文西的筆記透露出他對解剖的心儀：

> 「有的人會說觀看一場解剖示範要比看這些圖畫強，這是正確的，因為你如果想從一幅簡單的繪畫中觀察到所有的細節，即使你有聰明的頭腦，你也不會看到或獲得比那少數幾條血管更多的知識。我已經解剖了十多具人的屍體，分解了各種器官組織，我把那些血管周圍極小的新鮮的肉塊分離開，除了毛細血管微不足道的滲血外，幾乎沒有引起任何出血。由於一具屍體不可能保存太長的時間，所以很有必要同時對如此多的屍體進行解剖，這樣我才可以了解到全面的知識。我再重複一遍，這

樣做也是為了找到不同點。有的人會說觀看一場解剖示範要比看這些圖畫強，這是正確的，因為你如果想從一幅簡單的繪畫中觀察到所有的細節，即使你有聰明的頭腦，你也不會看到或獲得比那少數幾條血管更多的知識。」[26]

醫學與藝術的合流，創造了當代解剖及醫學雙重的革命性發展。人開始變得自信，身體不再是禁忌；身體的碰觸解剖不再阻卻人們上天堂，甚至科學的進一步發展，人自認可以取代上帝的角色，實現創造人的古老夢想及神聖預言。《科學怪人》（*Frankenstein*）[27]一書出版，不只呈現出當時盜屍之盛行，以及解剖技術躍進發展而帶給世人的想像，它更反映出當時科學主義興起，認為物質是世界和一切生命的基本結構，人定勝天、科技能超越一切的信念普遍深植在科學家的心中。

當科學突破了禁忌，當人類以極快的速度理解探究身體的奧祕，這就像潘朵拉的盒子被打開後，好奇心固然帶來知識，也帶來了罪惡及各形式的墮落。幾個世紀以來，以死刑犯屍體做解剖的文化成了慣例，解剖死刑犯意味著對罪犯的雙重處罰，解剖他們的身體讓死者不可能復活或升天，讓他們的污名永久化，作為他們罪行最終極的懲罰。

西方解剖醫學發展與身體的物化趨向

十七世紀以降，逐漸脫離上帝掌握的西方社會，逐漸將身體物化，人體解剖的表演受到歡迎，十八、十九世紀私人解剖學院在英國盛極一時，大量的遺體需求引發民間不法勾當，當時並無法律禁止盜屍，而解剖師亦以相當物化不敬的方式對待大體，好奇心終於引致罪惡，最著名即布克與黑爾殺人販屍案。布克案引起社會軒然大波。[28] 一八三六年，英國會議通過解剖法案，大體只能由政府所提供之無名屍。無名屍的認定是屍體於四十八小時內無人認領；這些屍體多半來自窮工人，所以有歧視窮人之爭議。在英國禁止公開的屍體解剖表演，目的是阻遏不道德的醫生從社會收容所偷取不明屍體，轉而進行營利性質表演。

一個多世紀之後，德國哈根斯教授（Gunther von Hagens）於海德堡大學發展出塑化人體的標本，並且一九九五年首次於日本展示死亡的身軀。一開始，哈根斯教授的創舉頗獲得學界及社會正面的評價；往後的十多年，哈根斯教授的人體標本不斷地在歐洲及世界各地展出，預計全球有超過兩千五百萬人觀看過這個展覽。然而，從道德角度批評的浪潮也隨之而來，特別是那些陳設各種姿態的死者之軀體，看了令人不捨與震驚。展覽場上許多器官被刻意地擺弄，每一個器官及肌肉都傳遞著死亡的信息；而當觀賞者近距離地逼視著死亡之際，很多人當場昏厥、驚愕、嘔吐。

在倫敦的人體展場中，抗議人士進行破壞及攻擊；有觀賞者無法承受這樣的展示，他們衝進展覽廳，在地板上潑油漆，阻止人員進出展場。哈根斯引以為豪的一幅懷孕婦女的人體像，也有宗教人士用毛毯把它包裹起來，因為那懷孕的人體裡露出的是一個未出生的胎兒死亡的樣態。英國政府在輿論的攻擊和抗議者的壓力下，發出永久性地禁止展示人體的命令。在二〇〇三年二月九日之後，類似的展覽完全被禁止。

雖然英國政府嚴厲禁止展出人體，但是哈根斯教授並沒有放棄他的想法，他宣布將在倫敦進行公開的屍體解剖，並且希望每一個英國人都能觀看這場表演。哈根斯認為他的作品：「就像當年米開朗基羅在西斯汀大教堂的屋頂繪製人體裸畫一樣，在當時是不被教會人士接受，但是其後卻成為歷史上不朽的偉大藝術品。曾經《聖經》也只允許少數的神職人員閱讀。如今對展覽和公開解剖的限制，就像一項新的法律，只允許專業教授知曉我們的身體，這些身體是呈現世人內在的身體之美，它是集醫學、解剖，以及藝術於一爐的作品，每一個公民都有權知道並理解。」[29]

二〇〇二年十一月二十日晚上七點，倫敦東區杜魯門釀酒場舊鍋爐房裡舉行了一場令人驚悚的表演。數百名英國人集中在表演場睜大眼睛注視著哈根斯教授從容地拿起解剖刀，對躺在金屬臺上的死者進行解剖。現場觀眾發出沉重的叫聲，整個過程在英國第四電視臺剪輯後於午夜播出，解剖過程持續了兩個小時，雖然第四頻道事先對觀眾提出警告，但是當死者的器官被送到觀眾席上相互傳閱的時候，許多觀眾無法控制他們內心的激動及震撼。

倫敦政府派出警察在場監控，衛生單位最後裁定哈根斯教授已經違反了《英國人體解剖法》，他必須面臨罰款和三個月的監禁，但是最後哈根斯還是獲判無罪。[30]

雖然哈根斯教授自認為是竭盡全力要讓人們真實地看到死亡，以及了解人類身體之奧祕，但是他似乎忘記，人們真正應該在意的是遺體有沒有受到尊重的對待，將人體器官在觀眾臺上傳閱不是人道的行為。雖然在歷史上，每一個社會對於大體處理的態度及觀點都不盡相同，處理方式也各自有異，但各個族群似乎都一致關注死亡的遺體是否得到足夠的尊嚴及善待。

解剖遺體逐漸物化的反思

西方醫學從紀元前對於身體充滿了各種宗教的禁忌，相信人的身體來自上帝的形象，身體是聖靈的居所，信徒們認為接受解剖者將失去回歸天國之機會。到了科學昌明之後，西方的醫學又過度地物化身體，人體之神聖及個體之尊嚴，逐漸稀釋在科學研究的巨大波濤中。

如今西方醫學院的學生們對於大體的解剖，經常是以戲謔及情感抽離的方式來學習解剖課程。由於對大體的不夠尊重，極少數人願意捐贈大體作為醫學教學，大體來源仍然集中在無名屍；學生得到的大體可能是一名溺水者，頭部已經腫大，樣子可能令人作噁。在這樣的情境下，學生很難對大體產生恭敬之心，這成了惡性循環。

但是近年來西方醫學教育的人道思想逐漸抬頭，許多世界名校如：史丹佛大學、紐約大學、耶魯大學、加州大學舊金山分校等，都開始在反省大體處理方式，積極倡導尊嚴與人性的醫學解剖。

耶魯大學醫學院努南教授對當代西方醫學提出反思。他在《蛇杖的傳人：西方名醫列傳》（*Doctors: The Biography of Medicine*）一書的〈前言〉中就寫道：「今日的醫師是經由何等的過程而獲致他們所共有的假設；我們在看待疾病的過程時，又是持何等共通的理論。因此醫學的故事可說就是我個人的專業生涯的故事……我們均是同一傳統的繼承人……我前來檢視我所揀選的醫生之生平，以一種全新樂觀的角度來看待未來的文明。處在這些日子裡，人類的未來看似一片荒蕪而無法測度，直到我發現自己人格的某些特質，再度燃起我的希望。對生命的崇敬、對學習大自然奧祕的赤忱、為進步而成就奉獻犧牲的意願……我篤信我們必定繼承了這些優良的品格。」[31]

日本白菊會的大體解剖

幾乎和西方醫學界的反省同步，東方日本的解剖醫學曾經落後於西方，而在二十一世紀初，也開始以尊重遺體，作為解剖教育的核心理念。

日本的解剖學早期是沿用中國的解剖學用語，在三百年前就有「五臟六腑」這句話。五個內臟及六個腑臟，只能算是一種概約的醫學論述，並不是很準確。十七、八世紀之際，從歐洲傳來解剖的圖譜，當時日本的醫生們看到這種醫學圖譜之後，因為自己沒有解剖過，很想知道實際的情形，所以在一七五四年，第一次得到官方、政府的許可，從死刑犯的遺體開始解剖。受了這個激勵，於是有人翻譯了荷蘭的解剖書，那是一七七四年日本的解剖醫學情況。事實上，歐洲在一五四三年就有精準的解剖學書籍，因此東西方的解剖醫學差距超過兩百年以上。「如何迎面趕上和西方的差距，成了明治維新時代的一大課題。在一八七〇年時，日本醫學界開始決定採用德國的醫學，解剖學方面也採用德國的解剖學，一直沿用到今天，也寫成日本式的教科書。當然也引進美國、英國等的教科書。」東京醫科齒科大學名譽教授佐藤達夫說：「這就像日本料理，將中國料理做成日本式的味道一樣，完成了日本的解剖學。」

在第二次大戰前或是一九四〇和一九五〇年代，日本利用「行旅死者」，就是病倒路上的人，他們通常是流浪漢的遺體較多。一般醫學院不太喜歡仰賴這些遺體做解剖，因為這種遺體無法確認死者本人的意願。「說不定他本人不想被解剖，也有可能他希望被解剖。」白菊會的佐藤達夫教授說：「我想大部分人都不希望吧！而且肉體上來說也是大體，這對學生會有不好的印象，所以不受歡迎。用這樣的遺體，對學生的倫理方面的教育很難有所幫助。現在用來解剖的遺體是志願的，他們的心中會說，為了讓你們成為好醫生，請使用我的身體；有這樣的人的話對學生是會有很大影響的。」

白菊會成立於二〇〇〇年左右，大約有兩萬多名捐贈者登錄。白菊會是以會員制的方式組織起來，他們透過各種管道，號召志願的遺體捐贈者加入會員。當會員往生時，家屬會通知解剖教研室。教研室的值班教授，接到通知立刻穿上放在櫃子裡的黑色喪服，奔赴往生者告別儀式的現場，並轉交給遺體捐獻者兩萬日圓的香燭費，和一份遺體捐贈的同意書。家屬簽署同意書之後，白菊會的教授們或工作人員就會將遺體接回學校，作為醫學院學生模擬教學之使用。

日本的解剖教學強調對於捐贈者的尊重。學生每次上課前都必須要向遺體默哀，感謝大體會員們的奉獻。無論老師還是學生都是懷著對死者的崇敬來教授和學習這門課程。解剖實習開始的當天，老師會請捐贈大體協會的會員出席，說明他們為何會捐贈，老師想讓學生們了解他們是以自己的意願捐出大體的，所以才請他們來說明。學生在上第一節解剖課時，都會帶上一束白菊花；白色代表哀思，菊花象徵高貴。在老師的帶領下，到校園裡的遺體捐獻者紀念碑前去獻花。而每次解剖前一定全員默禱，結束後也一樣。整個解剖實習全部結束，要入棺時，學生們分組將自己解剖過的大體放入棺木內，並獻上花束。有的學校在火葬時，學生還會去幫忙撿骨。在解剖實習結束後，學生會將過程，例如當初是抱著什麼態度進行解剖，或是在解剖結束時自己的心境有什麼的改變等等，將這些心得結集成一本文集，然後寄給遺族，以及還健康的大體捐贈的會員。[32]

日本醫學教授們也大都是遺體捐獻志願者，因為他們深知他們擁有今天是得益於昨天的捐獻志願者，而為了醫學的明天，他們覺得應該這樣做。白菊會一位未來的大體捐贈者——丸山就說：「我常對學生說要成為好醫生，那是因為我們入會完全是無條件無報酬，請使用我們的身體好好地學習，希望對下一世代會有所幫助。對醫學方面，希望成為一個好醫生，成為一個好學者，我們的願望就是這樣。所以每一年醫學生的解剖學實習開始的日子，我一定對學生說這些話。」[33]

早期受到西方思維影響的日本醫學界，對自然科學抱持著以物質為宇宙中心的信念，認為科學教育就是要倡導理性主義，他們深信探索物理世界的理性精神，就是追尋真理的最高價值，亦是最高的人格表現。但是到了二十世紀末，日本大體捐贈的推動者白菊會卻開始深層反省思考；白菊會開始將科學理性與日本傳統的禮儀結合為一，大體捐贈逐漸被日本社會普遍接受為一種美德。但是白菊會刻意地排除宗教色彩，而純粹以科學主義作為核心信念，他們的立意不是在解決人們如何面對死亡，或是引導他們超越生死的恐懼。白菊會似乎也不強調如何讓家屬或捐贈者的情感失落，經由捐贈而獲得轉化與昇華，而是純粹以實用的心情，將身體做最有效的運用。這種理念很像英國近代功利主義的創立者邊沁（Jeremy Bentham）所主張，追求最大幸福是社會最高倫理價值的體現。在這種理念下，日本醫學界的解剖學創造一種互利的氛圍，學生尊敬遺體，而遺體也透過捐贈的形式，成為社會的可用之「物」。[34]

慈濟大體老師之創立

在東方的中國社會，佛教淨土宗的思想裡，人死後必須放置若干時日，不得移動，因為往生西方淨土必須給靈魂一定的時間超渡到極樂淨土。這觀念深深地支配著臺灣多數佛教徒，甚至一般的民眾也都以這項習俗作為往生之後的歸依處。這思維大大限制了人們做器官捐贈及大體捐贈的意願。

證嚴上人提出「此身非我有，用情在人間」的理念，認為身體不過是載道器，不存在著往生之後靈魂還須停留若干時日才升至極樂淨土的景況。人往生後，身體就是一個軀體，無用之物如果能有大用，是一項智慧的生命選擇。而慈濟對待大體的禮敬方式，不只是對死者遺體的尊敬，也是對生命的絕對肯定；死亡並不是結束，而是愛的延長及擴大。

尊重的第一步就是讓學生了解大體老師的生平。醫學院的學生在解剖前必須拜訪大體老師的家人，了解老師的生平事蹟。當學生開始認識他們的老師後，一切的關係開始改變，躺在手術臺上的不再是一個冷冰冰的軀殼，學生們會想到他生前風趣的模樣，會開心地笑，會有溫暖的雙手。他們已經無法把他當作只是課堂上的一個解剖遺體，而是有思想、有生命的人，莊重地將他的身體奉獻給這群學生。

老師們生前想要告訴些什麼給這群未來的醫師呢？他們希望他們能夠好好地學習到什麼呢？許多慈濟大學醫學系的畢業生回憶，大體解剖課程是影響他們最深刻的記憶。之前在心蓮病房探訪的老師，此刻正冷冷躺在他們的面前。過去傳統醫學生，往往不認識他們的老師，當那些屍塊落在他們的頭髮上，或者地上，也只是隨意丟棄。但是如今這些學生的生命有了改變，他們不像他們的前輩，面對的只是一個軀體，如今他們認識了他們的老師。

張群明醫師是慈濟大學培養出來的醫師，他回憶當時大體解剖的課程，記憶仍如此清晰：

「第一天剛開始的啟用儀式之後，就是開始劃第一刀，那時候印象很深刻，覺得蠻可怕的，就是你以前從來沒有這樣的經驗，是站在一個大體老師旁邊，因為他不是活的，其實已經往生了。站在一個往生者的旁邊，那個壓力就很恐怖，然後你還去給他劃第一刀，那時候我們那一組同學都推我，叫我，你你你，你去劃，那時候心裡很害怕，因為大體老師跟真人畢竟不一樣，你摸他身體是冰的，他沒有溫度，然後你要拿刀子在一個沒有溫度的人身上給他劃下去，那種感覺真的還蠻可怕的。

可是我在這個過程的感覺，很快就度過去了，因為學校給我們的概念是，大體老師其實是一個人，他是一個老師，不是一具屍體，他跟你們一樣是有生命的，只是他用他的身體來教導你們。我們也默禱，然後也有很多的儀式幫助我們，很快地度過這一關，我想這是我們跟其他醫學院比較不一樣的特色。我們學校有很多的人文精神，很多的觀念在告訴我們說，其實大體老師一樣是一位老師，是值得被尊敬的，是要幫助我們很快地度過我們這一個心理障礙，很快地進入課程裡。開始上課的過程中，其實學最多學最快的是從老師身上學來的，因為書本上的圖再怎麼漂亮，它是平面的，可是大體老師是立體的，他很真實可以讓你去摸，那時候印象非常地深刻，就是對那些結構，記得非常非常地深刻。」[35]

傳統解剖的情境是學習西方醫學傳統，避開正視大體背後是一個曾和我們一樣具有靈性的生命。一具無名屍或許對於解剖的學生們心情都會比較無所謂，因為將大體當作物，不必投入情感，不必面對死的恐懼，或者不必經歷解剖一位熟識的人所可能產生的強烈自責及不捨。一位英國的醫學生，在一次醫學院解剖過程中，突然察覺到被解剖者竟然是他的阿姨；他的精神幾乎崩潰，無法繼續他的醫學教育。怕正視所解剖的軀體是一個具有生命的人，是西方醫學解剖行之數個世紀因襲的慣例。學生用戲謔開玩笑的心情進行解剖，疏離的態度避開面對解剖生命的罪惡感及緊緊逼視死亡所產生的恐懼。

一位芬蘭醫學會的會長在拜訪了慈濟大體解剖室之後，很有感觸地說，她覺得很不可思議，慈濟的解剖教育能做到讓學生真正地面對一位他們認識且了解其生平的大體，這麼嚴肅恭敬地面對一個往生者的身體進行醫學人體教育。她知道西方的醫學生在解剖中會拿器官開玩笑，說「這是你的肝，這是你的心臟」，將器官扔擲過來，丟過去給彼此。西方科學主義精神將大體過度物化的結果，讓學生避開情感投入，表面看起來是避免心靈受傷，實則讓學生對人體的感覺整個抽離。客觀化了的人體，將對他的行醫生涯產生重大影響。

慈濟要求學生對大體捐贈者投入個人情感，去體會這躺在面前的大體，曾是一個活生生的生命，並且是一個高貴充滿愛的靈魂。這一方面避免將身體物化，也同時深化學生對生命的尊重。楊雅雯醫師就回憶當年在慈大解剖大體老師的心情。她說：

「當我打開她的身體之後，其實我跟學長發現她腸子的地方有一些異常的沾黏，也有幾個地方有幾個硬塊。我們那時候才知道說那是因為肺癌多處轉移然後往生的，我感到非常地心疼。我相信她在最後一段路的時候，一定有很多身體上的疼痛；然後去翻，再回想起那段時候，我就會非常地心疼她，甚至會想說我今天做哪個地方是不是太粗魯了。雖然我知道她已經沒有感覺了，但是我還是會很怕去弄痛她，或是做錯什麼事情。然後就是……沒有辦法表達那種難過。」[36]

一九九八年一位大體老師李鶴振，他拒絕做化療以便能捐大體。他往生前和學生見面談話，他說：「疼痛往往在半夜來臨，人在受苦的時候，意志力也會被擊垮。有時也很想跟它拚一下，接受開刀或接受化學治療，看看會不會舒服一點？反正能活多久算多久。但是我的病，動刀或做化學治療都是多餘的，我只希望把身體完完整整交到你們手上，給你們做研究，或許對人類會有幫助，如此一點心意而已。上人說身體壞了就像房子破了，拖著一個破屋子，也沒有意義，不如把握當下，快去快回。所以，當你們在我身上動刀時，也是我心願圓滿的時刻。你們可以在我身上劃錯十刀百刀千刀，但以後不要在病人身上劃錯一刀。」

當幾個禮拜之後，學生們解剖李鶴振老師的遺體，他們的內心想起他曾說的話語，怎能不感動？怎麼能不戰戰兢兢、崇敬謹慎地解剖他的遺體？努力學習身體的奧祕，以便完成老師的願望，將來不在病人身上劃錯一刀。

許多大體老師一生奉獻慈濟，他們也是社會上傑出的企業家如李宗吉，或是有為有守的專業人士，或是極具愛心的慈濟師姊。當學生認識到在他眼前所躺著的是曾經傑出奉獻心力給社會，利益眾生的人，在他們死後又願意將大體留給醫學生實驗學習。這種以身示現的典範，讓學生學習的不只是專業的醫學知識，而是成為一個懂得利他，品行更為健全的人格。這是全人教育的典型，他們被期待真正要學習的就是大體老師無私奉獻的大捨之心。

醫學生對身體的感受

耶魯大學的努南教授（Sherwin B. Nuland）就曾經說：「一個醫學生初次面對身體的感受會決定他以後面對病人的態度。」醫學生解剖的如果是一具頭已經腐爛的無名屍，或一具罪犯的身體，他對於身體的厭惡感，會一路伴隨著、影響著他日後對待病人身體的觀感及情緒。

解剖身體的學生一開始看到死亡的軀體，當然會有恐懼。尤其想到被解剖的人跟自己一樣曾經是血肉之軀，如今要被一刀一刀地切割，當然心中會害怕。為了避免對於解剖的恐懼，空間設計上，希望不能有那種陰森和疏遠的感受。所以慈濟的大體解剖室設置在二樓教學的大教室旁邊。一九九四年慈濟大體捐贈剛剛要創立之初，證嚴上人就要求大學從空間上讓學生有明亮及舒適的感受，他說：「解剖學科將設置於大樓通透明亮、視野良好的二樓，以有別過去臺灣大部分醫學院將解剖學科設置於地下室或學校較偏遠的習慣。」

除了空間上讓學生去除對死亡刻板陰森的印象，慈大解剖系主任王曰然教授說明，大體捐贈者家屬的支持和鼓勵對於學生克服內心的恐懼有很大的幫助。

「這個課要開始的時候會邀請家屬來，會告訴家屬說，這個課程要開始了。因為醫學系三年級的學生才二十出頭，這些二十出頭的小朋友對於一個去世的遺體還是會有畏懼的，或是你要他們拿起刀子在人身上切切割割，也不是一般人可以做得到的。大體老師的家屬來，一方面是告訴家屬我們要開始這個課程了，一方面是家屬也會給學生一些鼓勵、支持，就是要他們好好地學，不要害怕等等。所以就是要家屬跟學生之間有更多的互動，讓家屬對於醫學教育這塊領域——好像給人很遙遠的這塊領域，有了一些接近的感覺。」[37]

證嚴上人強調對大體老師的尊重，也在解剖技術的設計上表達出來。慈濟大學對於大體的處理方式極其恭敬及審慎，大體老師在經過冷凍後，很安詳地平躺在床上睡著一般，與西方的解剖劇場或過去的醫學院對待大體的態度，有著明顯的不同。在德國及美國若干醫學院，他們將大體像吊起動物一樣地掛在天花板上，成排成排地像牛肉宰殺場。那種場面讓人難免感受到人體只不過是一個準備上刀的肉體。可是在慈濟，他們是一個用身軀教導學生們如何使用手術刀，以致未來不會傷害病人的老師。我們可以預期如果學生能恭敬地對待一個已經寂滅的身軀，他將會更恭敬地對待以後面對的活生生的病人。

負責大體科學處理的解剖學教授曾國藩，也曾是慈濟大學的研發長、模擬醫學中心主任及學術副校長，他多年來一直致力於大體老師保存及解剖過程如何做到上人期許的尊重。他建議慈濟採用皮下注射，而不是福馬林，以避免大體有福馬林的異味感。曾國藩進一步觀察到，以往傳統防腐處理造成蛋白質變性，使操作者觸碰人體的感覺與臨床手術時所遭遇的情境截然不同，限制了基礎解剖學與臨床手術間的連結。又看到遺體捐贈者對慈濟完全的信賴及本身對醫學教育的期許，促使他不斷思考，要如何進一步發揮這份可貴資源。在得知德州休士頓醫學中心偶爾會因遺體處理程序延誤，將未做防腐的身體冷凍起來，作為日後病理檢查使用。這種作法啟發了曾國藩教授擴大遺體捐贈意義的思考，進而引進急凍大體技術。

急速冷凍的技術是在捐贈者往生八小時內，經過驗血、消毒後，以攝氏負三十度急速冷凍儲存遺體。遺體看來和睡著沒有兩樣，大體老師存放數月或一年後，只要上課前三天回溫處理，室溫下只能使用四天。冷凍大體除了沒有血液流動、心跳、脈搏、呼吸與體溫之外，組織器官皆與活體相同且具有彈性。學生手術演練時，可以準確觀察各組織與器官，並模擬臨床處理與手術技術。

二〇〇二年五月二十六日，開創性的「人體模擬手術教學」課程，在解剖學科老師與外科醫師通力合作下，當歷史性的第一刀劃下後，揭開臺灣解剖教學史新頁。解剖的感受隨著科技的進步，讓大體老師宛如一位活著的病人。

正如達文西將人體的美用科學理解，用藝術表現。過去無名屍的解剖，學生很難有美的經驗與感受。慈濟的大體捐贈，捐者懷著願意奉獻的心，而他們的身體又經過細心完善的處理，因此學生的感受是一種美的歷程。張群明醫師敘述他在慈大七年級解剖大體老師的經驗：

> 「我在整個大七的規劃中，對大體解剖這一堂課是最有興趣的，為什麼最有興趣？因為我覺得人體是非常漂亮的，就是它的結構你打開之後，就像你打開你的身體，你看到器官裡面的組織，那個色彩非常地鮮豔，有各種不同的顏色，很飽和很漂亮，我覺得看到的人體就是一幅很漂亮的畫，然後可以有機會在上面做大體解剖，在那上面修修補補，因為我自己也蠻喜歡藝術創作，我覺得那是非常有趣的一件事情。」[38]

這種科技及藝術結合的感受，不只讓醫學生在第一次接觸人體的過程中留下美好的記憶，學生面對的更是一個高貴的靈魂。看到大體之上的一個大愛無求的生命，學生在以後的日子裡，將會承繼這種崇敬及高貴的心靈意識對待病人的身體。身體是高貴的，是美的，是深具愛心的，而不是一具惡臭、沒有情感、麻木的肉體。

大體老師對學生人格養成的影響

在大體解剖之後，學生必須小心翼翼地將每一個器官放回原來的部位，並且將大體縫合。每一針都必須對齊，間距要一樣，務必讓大體老師及家屬感受到那一分尊重。在上千針的縫合中，學生恭敬不捨地經歷與老師的離別。一年下來，從老師身上學到人體的奧祕、獨特、高貴，那是他對人體的第一個印象，也會是永遠的印象。這印象伴隨他們在行醫的路上懂得尊重生命，不懼怕病痛的身體。

慈濟大學解剖系的王曰然老師說：這是學生尊重大體老師最重要的步驟之一。他們不會將大體物化，因為最後他們必須將老師的身體與容顏完整地復原。這復原過程就是一段感恩的過程：

「早先我們在學習的時候，常常將取出來的器官放在一個一個桶子裡，可能五年、十年後，這個桶子裡的器官，我們可能都還會拿出來學習。在慈濟大學裡，我們要求把所有的器官放回人體裡面，連皮膚都要縫合起來，這也是相當有意義的一點。

因為二十出頭的小朋友對這種切切割割的人體，對他們來說，其實是一個必要的學習過程。可是在心情上面還是一個不舒服的過程，當他們把大體老師縫合起來之後，看到大體老師的面容又回來了，對他們而言，這就是一個完整的學習過程。一顆心終於放下了，就是把人家解剖了，學習過後，要把人家回復到原來的原狀。對學生來講是一段放心的過程，對家屬來講也會很放心，他們不用擔心大體老師支離破碎，這邊東一塊手，西一塊腳，好像支離破碎的殘骸在這個地方。

所以，家屬對這一點很放心，還有學生會把大體老師包裹上白布，穿上白袍，親自為大體老師入殮，這些家屬都看得到，他們會很放心。把他們的家人交給慈濟大學，讓醫學生可以學習，就因為有了這些放心，有了這些信任，學生有了尊敬的心，對生命也多了體認。所以願意把遺體給慈濟大學的也就愈來愈多，我們才會有這麼多的大體老師。」[39]

大體縫合之後，火化儀式前，在靜思精舍師父的帶領下，舉行追思的儀式。儀式在莊嚴肅穆的音樂聲中舉行，一行行的家屬與醫學院的學生，靜靜地佇立於佛前。

感恩儀式中，當學生因為看不到老師的臉而痛哭失聲時，學生的生命已經經歷過一次蛻變，他們對老師有了情感，他們動刀，他們縫合，他們闔上了透明棺蓋，他們已經把他當成自己的親人。當他們終於在真實的患者身上劃下第一刀，那一切都要感恩他們的大體老師，他們曾經在老師身上劃下百刀，以求現在能在患者身上劃下正確的第一刀。大體老師的大捨，成為醫學生一種無言的教化，所以上人稱他們為無語良師。

對於老師的家屬而言，原本只是屬於家族的記憶，或許隔個兩三代這個名字就被遺忘，但是現在這記憶，卻是涵括一群醫學生，還有醫師在裡面，他們永遠記得這位老師。家屬感受到大家庭的聚會，知道人的一生很難得有如此尊嚴的、受到那麼多人的尊敬、惦記和懷念。

對於學生們而言，每一位大體老師都是他們的親人，他們的淚水是因為開心而流的。慈大畢業生楊雅雯說：

「那段回憶就變成是我們生命裡頭非常特殊的，也非常美好的一段回憶。對我來說，她是我生命裡面一位重要的老師，而且她也很高興說阿嬤身後還有我們這樣的一群孩子，陪她走最後一段路，完成她一個非常重要的心願。」[40]

當一個醫學院畢業生成為一個住院醫師後，生活是相當忙碌且辛苦的。楊雅雯剛成為慈濟醫院第一年的住院醫師時，她每兩天要值班一次，每次二十四小時，可是當學校有大體課程時，她依然每次都會參加，藉以磨練刀法，以便將來有天當她遇到患者時，可以減輕他們的苦痛。對於她而言，這樣的課程顯得彌足珍貴。哪天當她因為疲倦而對於大體有所不尊重時，她回家會痛哭一場。

醫學系七年級的學生為了他們的老師寫了一首大提琴協奏曲，感念老師對他們的指導。學生常在半夜裡，學習上碰到了困難，他們會來向老師訴說心中的煩惱。有一位學生還曾帶著吉他，在夜裡唱歌給大體老師聽，將大體老師視同還存在的生命。

這些高貴靈魂依然存在著，永遠存在每一個孩子的心裡。無形的存在，如今又化作有形，所以證嚴上人說：「藉假修真，以有形的軀體，修無形的慧命；以有限的身軀，培養永恆的慧命。」老師捨的精神常留在學生心中，這是一種慧命永恆的體現。在慈濟這些感人的故事裡，在大體老師的愛中，學生們看到他們的無形的慧命依然存在，依然在教導這些年輕的醫師，引領他們未來成為醫師所要面對的第一刀，是他們在醫學院裡劃在老師身上的最後一刀。張群明醫師把大體老師給他的一生行醫的影響，做了如下的陳述：

「我覺得我整個觀念可能不單是大體解剖課一堂課，很多時候是從臨床上整個跟病人這樣一路互動下來之後……看了那麼多生病的人之後，我自己的感覺是，你會覺得就像上人講的，你真的不曉得無常先到，還是明天先到？我對自己的生命觀是你能夠活，就是你真的要去奉行上人講的，你不曉得自己能夠活多久，所以你能夠活的時候，就要盡力去做你要做的每一件事情。

我覺得我的生命觀是這樣地想，從以前就一直覺得，抱著悲觀想法，可能明天，或是今天閉著眼睛，可能睡了一覺就醒不過來，所以你今天就好好地做。我到現在還是常常這樣想，所以你今天就要好好做，因為你明天不一定會醒過來。那是生命觀，也是死亡觀，我自己沒想過我對死亡的想法，但是我知道大體老師對我們來說，他的確是活在我們的心中，這是實話，而且是不可否認，一輩子都會存在我們心中，所以到現在我還記得有哪些大體老師曾經幫助過我，讓我學會這些醫學知識。」[41]

對於學生而言，他們很感念老師的教導，當他們犯錯時，只有老師可以接受他們的心事。學生認識到家屬的感覺，傾聽患者的聲音，當他們觸摸老師身體時，會想到老師身體受到癌症侵蝕的痛苦，他們想知道如何才能夠減輕這樣的不舒服。他們在經過這樣的課程，不單是在醫術上進步了！他們以病人為師、為親，成為了一種醫學上的信仰。

情感的投入與醫學專業之兩難

證嚴上人期待經由大體大捨的情懷能激勵學生視病人如親，另一方面也能夠讓學生浸潤在利他的精神之中。雖然如此，有些醫療見解仍在醫學界爭論著，那就是當醫師們真正視病如親的時候，是否會因為情感的牽絆，而阻礙他們的刀法進行呢？

醫學生、住院醫師、總醫師，以及一些老醫師，他們如何面對這樣的問題？老醫師是否會因為常做同樣的手術，而像公式化，不帶情感地動刀？那樣是否是技術的頂端？其實技術的終點就是愛。正如前花蓮慈濟醫院外科醫學發展中心副主任、器官移植中心主任李明哲醫師對於外科手術的精確性提出非常精闢的看法：

「……過去對於解剖課程的認識，你必須要在你的心目中，你的腦海當中，已經構築了整個人的正常構造的樣子，今天他的這個疾病必須要從這一個地方手術進去的時候，你會發現的是，你會碰到什麼樣的問題？你過去看的很可能都是正常的構造，但是現在你執行的手術，是一個不正常的病人，所以你才需要執行手術，你必須要把它的病灶切除掉，所以你不能夠如同過去一樣，這刀劃出來沒關係，反正斷掉了無所謂，只是學習。當你在做這樣工作的時候，一刀下去，永遠就是一刀，沒有重複的，也無法再回來。事實上，就如同我經常跟學生講的，當你外科醫師執刀的那一剎那，開始你就已經決定了病人的生命，而且決定了病人的命運，這一刀劃下去之後，到底是直的、歪的，就會決定這個病人手術完醒過來後會不會埋怨你的這一個結果。」[42]

一個醫學生的大體解剖訓練是如此關鍵地影響著醫師的開刀技術，也影響病人的權益。而且醫師工作壓力又非常大，這壓力經常決定醫生對於病人的態度。李明哲主任長期負責器官捐贈及移植，他對於開刀的壓力及醫病的喜悅作了如下的分析：

「外科醫師的生活其實是忙碌的。所以在我的感覺當中，我當外科醫師從住院醫師開始到現在，已經十五年。我對外科醫師的工作，一向秉持著很熱忱的心在對待它，為什麼必須要有熱忱，因為實際上這樣子的工作是吃力不討好的，你的工作時數高，工作量大，同時你承受的壓力，相對地也大。更重要的是病人接受醫治的後果，很可能會決定你跟病人之間，以及家屬之間的關係如何維繫？這些都在在顯示，在這樣的工作職場上，除非你有非常高的熱忱，否則你可能待不久。

我個人覺得我為什麼會喜歡外科，一方面是因為這樣的學科對於一個醫生來講是極富挑戰性的，因為從你拿著刀子在病人的身上劃刀開始，就已經決定了這個病人的命運即將掌握在你的手上，你的一刀一針一線縫得好與否，很可能都決定了病人的命運，所謂的命運就是死與活，不是死就是活，或者說活得痛苦或是活得快樂，很可能都是在這瞬間就已經決定了一切。所以，在我而言，外科的生活是極富挑戰性的，也是因為這是一項非常極富挑戰性的工作，讓你會沉浸其中，甚至著迷。每天看著病人好，你就會跟著高興；看著病人不好，你就會開始焦慮；或是到最後也許病人變得很好的時候，你那種非常、無法形容的喜悅，沒有辦法說得上來；但是一旦病人的狀況不好的時候，你頓時之間又掉入了谷底，非常非常地難過，所以可能我本身也是在享受這樣子的感覺——忽高忽低，忽上忽下，但是其實可能在絕大部分的時間，我都是享受我跟病人之間，彼此之間的喜悅，所以我對這份工作的確是非常地嚮往。」43

享受與病人之間的喜悅是一位醫師源源不絕的內在力量，而這喜悅程度從大體老師的互動中開始得到啟發。大體解剖模擬手術課程，將學生由教科書帶到真正的人體身上；他們也開始真正認識到在手術臺上的外科是怎樣一回事，那與想像中的情景仍然有一些距離。他們開始思考未來是否有往外科這方向走的計畫。

由於近年來整個醫界的醫病關係不佳，外科醫師冒著時常被告的風險，以及工作上比其他科醫師加倍地耗損體力，因此使得學生往往失去興趣。但是在大體老師的這堂課中，他們開始認知外科的重要性，以及不怕面對問題的勇氣。他們可以更積極地去改善醫病關係，更不辭辛勞地幫助一個患者。

張群明醫師敘述當一個醫生在開刀極度疲憊之際，正思考是否要休息時，腦子裡卻閃過大體老師的身影，而那一幕又給了他新的力量與勇氣，繼續進行手術醫治在手術臺上正等待新生的病人：

「比如說開刀開很累的時候，你會覺得說，我是不是要繼續開下去，因為有時候手術不是那樣順利的時候，你會很累，然後你會覺得說，是不是該停手，因為有時候我們要評估，到底做多少是對病人有幫助的。

有時候做得很累的時候，你會偶爾，不是每一次，會真的在腦海裡閃過大體老師，以前他們為什麼願意這樣子幫你的過程，那時候你就會打起精神，好吧！就是你要繼續地做下去。所以就會有一點激勵自己的一些意圖說，那我要繼續地為病人再繼續，看我能夠做多少，我繼續地打起精神來做。

還有另外的狀況是……有時候開刀順利時，你會想到，也不是每次，偶爾心裡會想到，我以前就有解剖到這個東西，然後就會很快樂，因為大體老師有教，也不是這樣講，應該說，也沒有想那麼多，只是想到有似曾相識的感覺，好像我以前在大三、大七的大學模擬解剖，就做過這樣的事情了，所以那種感覺還蠻愉快的。」[44]

雖說大體菩薩們生命已經終結，他們活在每一個醫生的心中，在他們的每一刀裡，在每一個生命垂危的病人身上復活。一如羅曼．羅蘭（Romain Rolland）所說：「我不曾死，我只是改換了住處，我在你心中常住，你這見到我哭泣著的人，被愛者化身為愛人的靈魂。」[45]大體老師的靈魂好像仍然在學生的心中佇立長存。

大體捐贈與死亡的哀傷轉移

目前慈濟大學之大體老師超過四萬人，比起過去的醫學院一體難求的景象截然不同。慈濟大學解剖學科王曰然老師回憶起當學生時代的大體捐贈之不足，大體都是些無名屍：

「遺體不足從我當學生時代就開始了，早期我們大體老師的來源就是，比方說路邊去世的無名屍。像最近這幾天很冷，就是有人會凍死，那他去世之後，政府公告六個月沒有人來領這個遺體的話，他就會被送到醫學院，成為醫學生學習的對象。像這種在路邊去世，又沒有親人認領的人當然是很少。」[46]

過去許多人不願意捐贈大體，一方面也是擔心自己的軀體不會受到尊重。想像自己私密的身體在一群人面前展現出來，如果還受到輕佻的行為，情何以堪。但是當慈濟大學的學生及教授用感恩尊重的心來對待他們，這激發了捐贈者遺愛人間的心念。一個良好的解剖環境，加上簡單莊嚴的儀式，讓往生者及家屬都感受到大捨之心的神聖性，這清靜莊嚴的氛圍讓家屬忘卻親人離去的不捨與接受解剖之恐懼。

在許多大體捐贈的個案中，我們的確發現捐贈的神聖性轉移對死亡的哀傷。二〇〇二年五月，住在彰化的蔡翠錦師姊一早起床準備為兒女做早餐，她進浴室洗臉，不料洗臉盆突然爆炸破裂，割傷頸部的大動脈，她在平靜無痛覺之中，因流血過多而往生。她生前已簽署捐大體，她的先生謝景雲師兄及三個小孩，來不及悲傷，立刻聯絡慈濟大學，正好慈濟大學的翌日就要準備大體模擬解剖手術，來上課的都是醫生及七年級生的醫學專家，蔡師姊剛好可以趕上當老師們的老師。

車子經過合歡山，謝師兄想起他的師姊蔡翠錦過去來中橫遊玩的種種情景。謝師兄對著她的遺體說話，敘述過往種種美好的回憶。[47]這一路過程延緩了親人離去的哀傷。家人彷彿還在身旁，只是去進行一項莊嚴有價值的活動。

大體捐贈的神聖性一個程度上膚慰了悲傷的親人，原本應該悲痛萬分的情感，被緊湊匆忙的捐贈準備行程及儀式給轉化了，匆忙於救助新生命的價值之體現，轉化對死亡滅寂的失落與恐懼。

彰化到花蓮的車程中，一幕幕過往的記憶逐一地從腦海中被喚醒，從眼前浮現，隨車速飄移，而如今一切過往的快樂和悲傷，都在這神聖莊嚴的利他行動中，為人生最後的一幕劃下美好句點。

第二天清晨，蔡翠錦師姊順利成為大體解剖課程的第五位大體老師。慈濟志工一路陪伴謝師兄及三位孩子，關懷膚慰他們，給予他們面對死亡的正向力量與態度。家屬們來不及為往生者悲傷，因為立刻要進入捐贈程序，悲傷已轉化為對醫學教育「新生」的期許。清朝龔自珍有一詩句，可作為大體老師精神的最佳寫照：「落紅不是無情物，化作春泥更護花。」

在事發第三天的志工早會上，謝師兄及他就讀高中的兒子上臺分享。他們含著悲傷但不覺得崩潰，謝師兄說他的師姊很幸福，已經做菩薩了。一個有形有限生命的結束，是另一個無形的、無限的生命才開始。死不是生的結束，是生的另一種轉化及延續。在大體老師的親人當中，我們經常可以看到這種超越死亡悲戚的巨大力量。蔡師姊十七歲的兒子上臺分享，語氣帶著平靜的哀傷，他說：「媽媽已經成為菩薩，我知道她的身體能幫助更多的病人。我會好好地照顧自己，不會讓媽媽擔心。正如師公上人說，前腳走後腳就得放開，我會懷念媽媽，也祝福她早日回來。」

這是一幅令人動容的場景。那一刻家屬的感受是深刻且幸福的人生境界。死是生的開始，一個人的往生帶給這麼多的人生命的勇氣及力量。

雖然大體老師的家屬無法按照傳統民間的習俗信仰，讓他們的親人盡快入土為安。他們也沒有遵行習俗，為往生者作頭七，或者作百日儀式，也沒有立即發訃文為家人追思、緬懷。但是家屬們在歷經親人捐贈大體救助他人的歷程中，卻上了一堂真真實實的人生課程。這堂課，教導他們死亡不是寂滅，人的身體雖然終歸太虛，但是與其哀傷痛哭，不如祝福親人在他的身體滅寂後，還可以將無用之軀化作久遠的價值體現，幫助更多的人，延續生命的意義。對於家屬來說，他們的親人將永遠活著，活在眾人的記憶裡，活在學生的每一刀裡，活在被救助的千千萬萬個病人身體裡。

大捨與神聖莊嚴之體驗

一般傳統習俗的厚葬，雖然看起來風風光光，但其實親人的遺體進入棺木，埋入泥土中，就任由蟲咬菌蝕。按習俗，若干年後親人要對往生者撿骨，看到的遺體也已經是腐屍臭味的景象，其景況令人不捨。證嚴上人曾經描述他的父親過世之後多年，風水師準備撿骨，結果父親是民間所稱的「蔭屍」，軀體並未完全腐爛。風水師只好灑些米酒七日後再來。當時上人思考人死後究竟還有何價值？因此埋下對生死的困惑。[48]

死亡後的腐臭，加深人們對於死亡的負面情緒。大體捐贈將這種對死亡的未知及恐懼轉移為永恆的價值之追尋及體現。人在離開人世間最大的恐懼是面對那未知。不管願不願意，我們有朝一日都必須孤獨地面對身體寂滅之後的未知。捐贈大體的願望，給予他們轉移面對未知的恐懼。他們知道，未來自己的身體不再是放置在荒煙蔓草裡，任由菌蟲蛀咬，而是幫助學生救助更多的人。這種價值的轉移，為面對死亡的人們找到克服未知與恐懼最好的出路。

在大林慈濟醫院心蓮病房的劉舜正大體老師，在往生前說了一段話，這段話為人即將面臨孤獨地死去所產生的恐懼做了相當真切的詮釋：

「……這幾天，我就是上了這個生死學，我覺得說其實也沒有什麼嘛！真的就是眼睛閉著就去，就睡著這樣而已，但是我覺得可能最可怕的是，最後那一剎那怕身邊沒有人。這幾天我都碰到這種事情，這個世態冷暖，讓我覺得說有時候家人親屬走的時候該來的人沒有來，一個人將要走的時候那種遺憾，那種痛苦，那種孤寂感，真的是很害怕。

回來心蓮病房，其實人還是會有很空虛的時候，這段期間真的我最害怕，最害怕人把我丟掉……因為我感覺，這個時候人將要面臨死亡的時候，應該你會覺得說這個人對你好不好，也是你感受最深的時候。」[49]

在心蓮病房裡，劉舜正老師受到家人，特別是姊姊的陪伴，以及慈濟志工的一路扶持照顧，她孤獨面對死亡未知的恐懼，在無比的愛中得到紓解，在決心捐贈大體的願望中，獲得轉化。恐懼被神聖的價值感取代，孤獨被自身及周圍散發的愛給吹散。劉舜正說：

「就是整個心蓮病房給我的這個感覺，我會覺得這裡有太多愛了，我覺得這一點小愛（捐大體）比不上大眾付出的大愛。真的，我只是一個小小的這個，這個都不足以掛礙，我覺得是這樣子。我很感恩，感恩我到了慈濟，慈濟給我這種感受，真的。

後來，還有一次，就剛好那一天，我姊有提到大體捐贈的事情，那時候我就跟我姊說，如果有一天我要大體捐贈，以後如果我要回來的時候，是不是我的眼角膜捐出去，我回來就會看不到、找不到我家人了，我怎麼辦？所以那時候我也很害怕，我姊就笑我說，你就要幫助別人了，還想那麼多。」50

舜正老師在獲知她的身體可以捐贈之後喜悅地說，她好高興終於獲得捐贈的許可，她的身體將可以幫助其他病人。

「那段期間我一直在猶豫，我一直在猶豫不決，可是當我進來，我做了決定後，這段期間，感受又更不一樣了，當我拿到我那張大體捐贈卡的時候，我很驕傲，我很驕傲。」51

舜正不是一位慈濟委員，她不是沒有恐懼，她並不是沒有掙扎，只不過每一次的恐懼，都讓即將給予醫學生正向的幫助，那種神聖的價值感轉移了。每一次對死亡的掙扎，都因為自己將心志緊緊依附在大體捐贈的價值上，寬慰了她面對即將死亡的絕望感。

而當這種掙扎轉化為利他，當恐懼轉化為愛，舜正老師的心念充滿了莊嚴的形象。她依然必須和病痛對抗，但是那種即使在睡夢中都出現的莊嚴形象，紓解了她身心雙重的痛。

「我現在眼睛一閉起來，我就會看到觀世音菩薩坐在我前面，就是坐在一個石洞上，石洞上有一個光線，這樣往下照，然後觀世音菩薩再上去，有光在回照，就變成一個圓圈圈在那邊繞圈，然後我就一直在他面前懺悔，在那邊念經，在那邊念，一直念，只要我眼睛一閉上，我就有這種念力，然後感覺好舒服，就覺得我跟西方極樂世界好貼近。

甚至有時候我痛，我坐在那邊，我忘記了痛，真的我就已經有到那個境界了，我坐在佛堂不愛起來，很奇怪，每次（護士）小姐拿著止痛針去追，她是拿著止痛針去追我，然後又跑到哪兒去了？然後一定在佛堂，要不然就是在廂房（病房），廂房（病房）有時候找不到我，我這樣子拉簾一拉，找不到，對啊！都這樣，而且現在針都幾乎快打不到我了。昨天抽，今天也抽，不過我覺得那個痛都沒有痛的感覺了，都沒有關係了，所以我現在就是在修練我自己，我覺得這是在修我自己，蠻好的，當成自己在苦行，那就好了。然後一個轉念，就沒事了，我甚至現在眼睛一閉上，那種境界好美，真的。我可以到佛堂，然後靜下來，你看我現在腳腫了，一般腳腫的人，他會麻，可是我不會，就坐在那邊，而且會覺得說早上五點半，我就一定到佛堂去了。然後坐在那邊，我就不走，不愛走，好貼近喔！跟觀世音菩薩好貼近，一定有到這種境界了，所以我好高興，因為我高興，觀世音菩薩能讓我那麼快，及時轉化跟他那麼接近，然後能轉這個念，轉這麼快，這也是福氣。」[52]

任何覺得今是昨非的人，都會心生懺悔；懺悔什麼？懺悔過去總是困在個人的得失裡面？懺悔給予某人的愛不夠？懺悔未能將此生作更有意義的發揮？在決定大體捐贈之後，一位非佛教徒的舜正依然可以感受到菩薩或佛的形象不斷地出現在夢境及意識裡。在懺悔之後、在大捨之後，內心神聖莊嚴感油然而生。所以，她會看到她自己虔心念佛的美麗景象，而這種莊嚴神聖的心境，給予她勇氣面對終極，竟也同時舒緩她受到癌症侵蝕的劇痛。

創造生命終曲的美感經驗

大體老師在火化之後，安置在慈濟大學的大捨堂裡，骨灰放置在細心設計由透明琉璃所製成的靜思堂裡，這種莊嚴素淨明亮的氛圍，也深深吸引捐贈者，比起遺體埋葬在荒涼陰暗之墓地，任憑風吹雨打，自己往生後似乎也被親人及世界永遠地遺忘。只有一年一度，親人才會來剪修已被雜草掩蓋的墳墓，去除一些污穢的泥塊。當歲月流轉，年復一年，代代子孫更替，再富麗的墓園，也早湮沒在荒煙蔓草間。安住在晶瑩剔透、素淨優雅的琉璃靜思堂裡，死亡增添了一分尊嚴、莊嚴與溫暖。一位慈誠師兄張秋林只要來花蓮慈濟醫院做志工就會抽時間到慈濟大學大捨堂，泡杯咖啡和他已經往生的師姊（妻子）聊天。對於他來說，師姊（妻子）還在人世間，只是換了一個居住的處所。這種美，讓大體捐贈者舒緩對於死亡污穢的聯想，重塑人們對死亡的經驗意識。

英國哲學家培根（Francis Bacon）就說：「死亡的儀式，比死亡本身更可怕。」[53]這句話很真切。在習俗經驗中，死亡意味著陰森、恐怖、污穢、腐朽、荒涼、被棄置的感受，證嚴上人將死亡的歷程塑造為莊嚴、神聖、素淨的美。不只用琉璃靜思堂作為大體老師最後安身之處，溫暖的大捨堂是他們永遠的家，追思會的儀式更是設計得莊嚴溫馨。上人務實地將每一件關於未知的事物，都建構成可以預知、可以被大家共同感受到的一種美的歷程。這種可經驗的美的歷程，緩解人們埋藏在心靈最深處那分對於死亡寂滅的恐懼。

德悉達（Jacques Derrida）延異理論（différence）指稱：「意義不存在符號之內，而是存在時空的網絡之間。」死亡，這符號，對人的定義各異，它可以是意味著未知、黑暗、腐朽、寂滅等。要改變人們對於死亡的感受，不是建構符號，而是重新建構一個新的時空網絡。[54]證嚴上人建構一個新的時空，將死亡賦予新的意義。傳統習俗中，往生者對於淨土的嚮往，轉化成對大捨堂「淨如琉璃」的盼望；對於身體毀滅的懼怕，轉化成對今世人類具體幫助的喜悅。在這個生命課程的網絡中，學生、往生者、家屬、志工，都可以體會到身體既是有、又是無，有形的身體能培養無形的智慧之生命，而這智慧之生命以證嚴上人來說是透過「捨」，亦即無私的利他精神所體現實踐。

從空間設計上，慈濟大學大捨堂之莊嚴潔淨，與日常人群之生活作息毫無距離，這相當程度上消弭了人們對於死亡之後將置身於絕對孤獨的感傷。無論如何，死亡，是人們必須單獨面對的未知，而孤獨與未知會在心理上產生絕對的恐懼。在教學上，上人將解剖教室與一般教室一起，在透明玻璃隔間的設計下，視線可穿透空間的局限，讓解剖中的學生不害怕，也讓大體老師不孤單。

在儀式上，死亡不再是哀戚的會場。學生於每次解剖課程進行前必須恭敬地向大體老師合十問好；學期末了，解剖課程完成後，必須一針一針地對齊縫合，復原遺體，再現他的生命，這是一種神聖莊嚴樂章的終曲，一個完整生命的完整對待。他們不是物，甚至不是軀體，而是一個心靈，一個不朽的靈魂。這種對待讓家屬及學生都覺得寬慰，對他人尊重就是善待自己。遺體縫合，讓學生沒有侵犯他人身體的罪惡感，讓他們更珍惜大體老師的奉獻與付出。

另外，捐贈過程也轉移了親人離別的哀傷。人一往生，就立刻投入另一個新生的行動，立即實踐另一種救助別人的價值，投入殷切教導學子的崇高意義中。這種生死無別，經由親身的經歷，讓人感受到死亡可以是另一個新生的開始。重生，不再是純粹宗教意義上的神祕主義，而是具有現世實際價值的行動與體驗。更有甚者，學生、家人、志工又經由這樣的互動連結成一個愛的大家庭，這種愛的擴大，消弭了人們面對死亡的孤寂與哀戚。

最後，大體老師無言的教誨，讓學生永遠深埋在心中。他們無聲的身體所呈現的醫學知識，他們無聲的身體所透露的捨己利他的精神，在學生們最疲憊與絕望之際，是大體老師成為豐沛他們心靈力量之泉源；在學生們厭煩與憎怒之際，是大體老師敲響他們良知與愛的清澈警鐘。

結語

證嚴上人極具創造力的智慧，將一切抽象的思維與無形的精神意涵，都能夠將之具體化及有形化，甚至轉化成可以經歷的真實人生之歷程，大體老師就是一個具體的例子。一個永生的觀念是如此地邈遠、抽象、幻化，但是透過大體捐贈的大捨之情，學生永久性地受到感化及影響。學生在解剖過程中與大體老師之溫馨互動，宛若大體菩薩仍在世間般地存在著，誰能說他們已經往生？

透過科技的發展、空間的設計、儀式的尊重與情感交融後產生的心靈之教化，已經往生的大體老師，變成可以觸摸，可理解，可以被親身經歷的一種更恆久之生命與價值，而死亡，也變成另一種重生，在病人與學生身上重生。它不是陰森晦暗的，而是晶瑩剔透的明亮；它不是荒煙蔓草般的孤寂與淒涼，而是與親人不分離的一種存在；它不是短暫存在的終結，而是那存在的再次轉化成另一種形式的存在。

而對於千千萬萬經歷死亡掙扎的人們，與其留戀現世的一切物質及成就，不如將此生化作一種大捨之美的喜悅；與其盼望縹緲之天國或彼岸之淨土，不如將生命的延續轉化到更多需要救助的病人；與其貪戀有形色身之長存，不如將無用之軀捐出以教化更多的學子。這相印佛教思維裡所謂：「生又何嘗生，死又何曾死？」人愈是執著自己，愈是會感受到壞滅的絕對性。愈不執著自我的生命，愈能經歷永恆生命之甘美。大捨的智慧，是生命得以超越寂滅的究竟之法。慈濟大體捐贈為人類歷史上所有與大體解剖有關的困思，提供一個創新的實踐與意涵。證嚴上人的理念避開了物化人體的危機，給予大體捐贈一種全然的尊重；淡化了宗教神祕主義對靈魂永生的追尋，而以利他奉獻的情懷將人類對不朽的渴望具體化。他一方面以科學主義的精神，支持研究人員以最好的科技方式處理大體，讓大體在軀體上就能潔淨與有尊嚴。在淑世的理想上，以大捨的精神強調「無用之用有大用」。在生死的對待上，讓捐者、學生、家屬及大眾都感受到生命的價值不在死亡之際就寂滅，一種超越自我的慧命（或心靈）仍能穿越時空，超越肉身的形式繼續影響救助他人。

第9章

慈濟人文傳播之理念與模式

慈濟人文以證嚴上人的觀點是「慧命的磐石」。一切慈善、醫療、教育最後都歸到人文。人文是一種理念與精神，所以證嚴上人說：「慈善有慈善人文，醫療有醫療人文，教育有教育人文，人文也要有人文。」人文精神與理念是慈濟的根本。

慈濟人文的核心本體是「慈悲利他到究竟覺悟」；慈濟人文的實踐方式是「克己復禮，謹守十誡」；慈濟人文的目標是淨化人心，祥和社會，天下無災無難。

人文在東西方的傳統

「文化」在西方羅馬時期西塞羅（Cicero）解釋為「靈魂的培養」（Cultura Animi）。在中國傳統的「文」是指紋飾、物質的紋理、裝飾等。《周易．繫辭下》：「物相雜，故曰文。」化，是變化，萬事萬物的適應與變化為化。文化意味著「特定的原理」如何放諸世間「適應各種變化」。所以《周易・賁卦》說：「剛柔交錯，天文也；文明以止，人文也。觀乎天文，以察時變；觀乎人文，以化成天下。」文化，以人文化成天下，以人文改變社會習俗，人文化俗之意。因此，人文是社會世俗生活的依歸、準則、模式。

「人文」在希臘時代的字源——humanitas，人文的範疇在希臘時代包括哲學、史學、戲劇、語法學、邏輯學及教育學。希臘文明給予西方文明一個重要的啟示，就是通過教育來塑造人類個性的發展。[1]「人文化成」這個中國文化的概念，在希臘同樣具備這種理想。人有別於動物的優越性是因為他的理性，他的表達，包括邏輯、語言精確的掌握，這些都是最為人必備的素質。人文，與思想、邏輯、表達不可切割。辨士（Sophist），在希臘時代即是哲學者、思考者、辯論者，蘇格拉底是偉大的辨士，他運用語言與邏輯的能力無人能比，以理性與知識教化人民，是希臘人文的意涵。

人文主義（humanism）一詞，在近代是由德國教育家尼特哈麥（F. Niethammer）在一次關於古代中等教育的辯論中提出這個人文字眼，後來伏伊格特（George Voigt）於一八五九年出版的著作《古典或人文主義第一世紀的復活》（*The Revival of Classical Antiquity or the First Century of Humanism*），這是人文主義第一次運用在西方的文藝復興。[2]

文藝復興所稱的「人文學」，當時是一種新學。拋棄上帝主宰一切的命定式思維，十五世紀的「人文學」開始研究講授邏輯、語法、修辭、史學、藝術、道德倫理等學科。「人文學」開拓了「以人為中心」的學問。

牛津大學前副校長布洛克（Alan Bullock）就把西方思想分為三種不同模式看待。第一種是超自然的模式，這是以上帝為中心，把人當作神所創造的一部分。第二種模式是自然的，即科學精神，焦點在自然，把人看作是自然秩序的一部分。第三種是人文的模式，焦點在人，以人的經驗作為人對自己、對上帝、對自然了解的出發點。[3] 回歸人為主體，探討人在時間、空間及人與人之間依循的準則與信奉的價值，是人文的本質與內涵。

慈濟人文的發軔

證嚴上人在二〇〇五年逐漸將慈濟文化改成慈濟人文，是因為文化含有不確定性的因素。各國文化，各民族文化，各原始部落文化，都各自有自己的特色，有其優美，也有其缺點與問題。古代社會的迷信巫術，現代社會流行的各種崇拜圖騰等，都是人類文化的一部分。人文，是以人為中心，如同文藝復興時期的人文學一樣，回到人對於世界正確的認知，對於自身處境與理想的論述與表達。對於人與自然，人與超越界的關係之理性認定與陳述，這些都是人文精神的表現。證嚴上人對於人文的理想與文藝復興時期的人文學有相應的旨趣，與中國文化的「人文化成」具有一樣的理想，希望人文能淨化人心，能祥和社會，能與自然無爭，天下無災。

人文就證嚴上人思想言之，是以符合道德倫理的模式生活，是慈悲利他的實踐，是社會與人心調和的意涵。人文，不是純然的相對主義，而是有取、有捨，而非如人類學家一樣以一種客觀的角度，探討與認同每一種文化習俗。相反地，慈濟的人文是有取有捨，有尊重他人觀點與生活，但是具備著絕對性的價值觀。為何這麼說？

因為慈濟的人文不是純然的相對主義，也不是純然的絕對主義，而是在絕對主義中含有相對主義。慈濟人文對於特定事物有全然的、完整的觀點，如尊重生命、保護自然、不殺生，乃至素食，這是慈濟的人文。慈濟可以包容其他不同的生活屬性，但是他們會堅持自身的價值，這與強調相對主義的現代西方人文精神並不完全相同。文藝復興之後的人文精神逐漸去目的性與價值性，受科學主義影響，在人文學一樣採取價值中立，使得人文的多樣性蓬勃發展，但也失去其共同性及相容性，因此社會衝突與道德淪喪，這是價值中立與多元主義必然承受的後果。

慈濟從慈濟文化發展成慈濟人文，其關鍵在於文化的差異性難以突顯證嚴上人所要強調的慈濟精神的核心內涵。慈濟作為佛教為本的團體，如同天主教教會一般，絕不可能遵循世間純然相對主義的立場，而是在相對世界當中，有主觀的意義與價值的特定結構，這包含一套完整的生活倫理準則、價值體系與生命終極觀點。儘管對世間一切的不完美採取包容的態度，但是吾以為慈濟並不落入相對主義的框架，它提出的價值框架是「付出無所求」、「慈悲利他」、「人心和合」、「社會無爭」、「物質無缺」、「心靈富足」、「清淨美善」的人間理想。

證嚴上人期許慈濟人文志業以守護慧命的磐石，因此慈濟人文終極目標，是從自我人格的養成開始，圓滿人與人、人與社會、人與自然的關係，以慈悲的精神，利益他人，度化自心，直到邁向覺悟的境界。不只自己覺悟，還要一切眾生覺悟，這是守護自我慧命與人人的慧命；度化眾生的道路，不是自己覺悟再度化眾生，而是在度化他人中覺悟。度一切眾生，得一切智慧，幫助一切眾生，養一切慈悲，這是自我與全體生命相互關聯、互相圓滿的境界。

慈濟人文的三個面向，理念、實踐、結構。理念在每一個志業裡都有表現，慈善以苦為師，醫療以病為師，教育以法為師，人文以眾生為師。慈善對治貪，醫療對治癡，教育對治瞋，人文對治疑。

慈善人文對治貪

慈善人文「以苦為師」。從苦難中激發自我內心的慈悲，從為他人付出中去除自我的貪欲。貪，是求索無度，有了還要再多。人心的貪無止盡，在慈善的布施中去除貪欲；布施愈大，貪欲就愈小。行善如果還貪功德，那就不是真布施。布施如本書一再說明證嚴上人的理念是「付出無所求」，許多慈濟志工的確是在布施中去除一己貪欲的擴大。

許多企業家們在投入慈善之後，生命產生很大的蛻變。他們從以自我利益為中心，到以關懷他人為中心。從自利到利他，從追逐事業的不斷擴張，到領悟對人群付出的重要性。企業家們的投入慈善，不是為著虛名，而是他們真正感受到付出的喜悅，從無所求的付出中，感受到生命的價值與喜悅，這是驅使他們不斷地、長期地投入慈善的關鍵。

慈善，就是利他與慈悲人格的養成，從慈善工作的投入，擴大到生活的一切善行，從行善到善行，包括企業與組織的治理，以善、以愛為核心，創造祥和的社會。

醫療人文對治癡

醫療人文「以病為師」。眾生的病苦，是啟發智慧的關鍵，不只是醫療的創新，更是建立正確對待生命的態度與智慧。眾生以無常為常，以苦為樂，汲汲於短暫的此生之擁有，忘記更永恆慧命的追求，故為「癡」。而慈濟醫療對治眾生的癡。

對於證嚴上人來說，醫院就是道場，一個真實體會生老病死、苦、集、滅、道的道場，是一個給予絕望的人勇氣與希望，給予痛苦的人溫暖與舒緩，給予面對死亡的人永生信仰的道場。慈濟醫院對志工們而言，也是一個真實的生命歷練。在醫院服務久了，生死早就看淡，富貴榮華早就不會汲汲營營。

慈濟的理想是希望醫院也是病人的生命教育之場域。在慈濟醫院的心蓮病房，慈濟志工們不怕在臨終病人面前提到往生的意義，他們會告訴一些比較能接受慈濟思維的病人，換一個好身體再回來人間。志工傳達的信念是，一個人的身體終究是有期限的，但是心靈的力量卻比身體更長遠，給予病人心靈的力量，是更為重要的使命。

醫院原本就是如地獄般的痛苦，生老病死交互循環，折磨著每一個病人與他們的家屬。證嚴上人希望能轉化地獄為天堂，就是要從醫院做起。醫護人員與志工就是地藏王菩薩，「我不入地獄，誰入地獄」。而有愛，就有天堂。醫護與志工們付出無所求的愛，就是希望將這充滿病苦死亡的折磨與恐懼的煉獄，轉化為淨土與天堂。

教育人文對治瞋

教育人文「以法為師」。證嚴上人常言：「大哉教育益群生。」這是有教無類的精神相應。給予法，法包含「知識、思辨與慈悲」。法是客觀的，佛陀示現眾生的是法，不是對他的崇拜，這如同亞里斯多德的信念，吾愛吾師，吾更愛真理。以真理為師，「唯真理是尊」。證嚴上人詮釋佛陀一手指天，一手指地下，說「天上天下唯我獨尊」；證嚴上人認為：「我」是真理，唯我獨尊、唯真理是尊。

以法為師，平等施教，是慈濟的教育人文。

眾生難調難伏，教導眾生必須耐心地、柔和地調伏自己的無知、無明，因此教育可以對治「瞋」。

佛陀也是大教育家，教化眾生，忍受眾生的各種習氣、煩惱、執著，所以柔和的態度是對治瞋念的良藥。證嚴上人也是大教育家，教化無數的慈濟志工克服自我的無明，利益群生。證嚴上人說：聖人既柔且強，柔能調伏眾生，剛能堅強己志。真正的聖者的剛強是對自我內心的克服，對眾生都是柔順的。瞋的人其實內心很脆弱，很容易因外境不順己心就發出怒氣，所以從內心對治有助於瞋念的消弭。

慈濟的教育，就是要根治眾生的習氣。慈濟的教育著重人格的養成，不只是知識的汲取，思想的提升，更是品德的陶冶，而作為師表的自己要莊重己身。慈濟的學校老師穿制服，規定學生穿制服，老師要以身作則。證嚴上人很強調為人師表的品格表率，學生則是以恭敬心對待老師。在慈濟教育體系裡，學生向老師奉茶，甚至要泰北的慈濟學校學生向老師行傳統的跪拜禮。學生敬以待師，師亦以和敬教導學生。「理直氣和」，自己具備真理，要和順地教導，讓學生如沐春風接受教育。

人文的人文對治疑

慈濟人文「以眾生為師」。眾生一切的煩惱，一切的疑，都是人文對治的目標。眾生煩惱無量，故人文志業具備的智慧也是無量，這是慈濟人文的最高理想。以眾生為師，入眾生心，就是入一切經藏，度一切眾生，得一切智慧，解一切眾生疑惑。

疑，為疑惑，對生命沒有信心，無法確信正面的生命價值觀。人文必須開啟自身的智慧，一個人文工作者自己對生命起疑惑，如何能引導社會釋疑起正念？

臺灣媒體多年來以腥羶色為內容，著重批判。二〇一一年十二月，幾位臺灣的媒體主管見證嚴上人，提到對媒體工作愈來愈灰心絕望。筆者安排這次會談，筆者有感而回覆：「我們每天在報導社會的黑暗，久而久之，自己也活在黑暗之中。」[4]

人文工作者自己疑，無法給他人解惑。對治自己的疑，才能解社會之疑。其實社會永遠有兩個面向，善惡、黑白總是存在的。愈報導黑與暗，自己就愈黑愈暗；愈加報導社會之正向與善良，自己也慢慢去除生命的疑惑。證嚴上人創設慈濟的人文志業目標，就是對治疑。

慈濟人文作為一項志業

人文作為慈濟各志業的核心價值與內涵，人文自身也是慈濟的志業體。本文論述慈濟人文志業包括三個面向，一是理念，二是實踐，三是平臺。

慈濟人文志業的「理念」是要匡正人心，以實現淨化人心的理想。

慈濟人文志業的「實踐」是「報真導正，報真導善」，期許通過傳播的力量度化眾生的各種疑惑，解決社會的各種紛爭，建構祥和無爭的社會。甚至期許在度化影響人心之際，自己獲得智慧，邁向覺悟，最終也度化人人都能覺悟。

慈濟人文志業的「平臺」，就是各類傳播的載體與平臺。

慈濟人文志業作為媒體平臺，要追溯到一開始慈濟功德會成立的隔年就創辦《慈濟月刊》，每月登載慈濟訊息、佛法理念、捐款者的徵信。至今五十多年，《慈濟月刊》曾每月發行超過三十萬本。《慈濟道侶》半月刊是慈濟醫院落成之後創刊，發行十七年半，於二〇〇四年停刊。《經典》雜誌及慈濟人文志業所屬的出版部門都是弘揚慈濟理念的平臺。《經典》雜誌著重普世人文，是與慈濟之外接軌的人文平臺。慈濟大愛電視臺創立於一九九八年，以淨化人心、祥和社會為宗旨。

本文針對慈濟人文的理念、實踐與平臺，分析慈濟如何透過各種媒材，提供社會人人一套屬於慈濟的價值觀、生活倫理，以及生命的目標，達到證嚴上人所倡導「佛法生活化，菩薩人間化」的淨土在人間的願景。

慈濟人文為顛狂慌亂作大正念

慈濟宗門以四無量心──「慈悲喜捨」，推動佛教入世的四大志業──慈善、醫療、教育、人文等。慈為慈善，以無緣大慈之心，濟度眾生。悲為醫療，醫者大醫王，以同體大悲之情，拔苦予樂。捨為教育，教育目的在知識與人格的啟迪，以創造生命喜悅之境地。喜為人文，人文傳播目的是淨化人心，建構祥和社會，無所求的捨心，啟發人心從捨貪瞋癡，喜捨付出，利他度己，終至人心淨化、社會祥和、天下無災的理想。

證嚴上人對於人文的思維是：人格成，文化才成。文化必須建構於人品之上。有優質人格建立在先，才能德香被澤於眾生；一位菩薩行者，一位慈濟人文工作者要如《無量義經》所述：「處處為眾作大導師……顛狂慌亂作大正念。」[5] 證嚴上人創立大愛電視與人文志業，就是期盼建立清流，以淨化社會，匡正時代紊亂之風氣，引導迷惘顛倒之眾生。

淨化世間的動能，以慈濟的思維是來自個人的修持。一個覺悟的心靈，才能影響另一個人，才能夠淨化社會，提升人類的文明。一顆覺悟的種子，能度化百千，一如《無量義經》言：「從一種子生百千萬，百千萬中，一一復生百千萬數，如是展轉乃至無量。」[6]

因此，慈濟的人文志業首重人格的啟發，而其具體的人文志業實踐則信奉透過文化傳播的力量，建構一個更美善的社會。負面的訊息傳遞，不管批判得多麼精準貼切，總是帶給社會傷痕。

《慈濟月刊》的創立

證嚴上人在一九六六年成立慈濟，第二年，即一九六七年就創辦《慈濟月刊》。月刊創辦的目的一開始就是「弘揚佛法」、復興中華文化，以及體現佛教淑世的理想。證嚴上人於一九六七年七月《慈濟月刊》的創刊號就強調發行的目的為：

「『復興中華文化』，是目標而不是口號，是具體而絕非抽象的，其唯一的重點，乃在恢復我們的固有知能和倫理道德，揉和民主與科學，使更發揚光大，強健起我們的民族精神……協調世界，為整個人類的自由、和平與幸福而繼續奮鬥。」[7]

《慈濟月刊》的創辦在花蓮，當時慈濟的會員只有幾十位，就有很大的胸襟與眼光要弘揚中華文化於全世界。這些話在當時大概只會被認為是因應政策方向，但其實證嚴上人所懷抱的佛教淑世的理想已經在其內心深埋了種子。

《慈濟月刊》的重大目的當然是弘揚佛法，以及實踐佛法對世間的妙用及貢獻，所以創刊號上表達了慈濟的真義與理想：

「我們這個『慈濟雜誌』，顧名思義、無疑地，是『慈悲為懷，濟世為志』，但卻是廣義而非狹義，積極而非消極的。所以，我們的創刊主旨雖然是：（一）闡揚佛教真諦。（二）報導佛教動態。不過，我們的主要用意，卻完全在乎：（三）介紹好人好事。（四）挽轉社會頹風。

『闡揚佛教真諦』和『報導佛教動態』是以『慈悲』為出發點的；而『介紹好人好事』與『挽轉社會頹風』，乃是以『濟世』為總歸驟。因此，我們才敢強調地說：從命名到主旨，都是廣義而非狹義，是積極而非消極的。」[8]

《慈濟月刊》的徵信功能

在《慈濟月刊》四大版中，第四版全部登錄捐款者的姓名及捐款數，這是當時非常先進的捐款透明的徵信方式。證嚴上人強調慈濟「內修誠正信實，外行慈悲喜捨」。證嚴上人在創立慈濟之前就堅持自己和出家弟子們的生活要「自力更生，不受供養」。在成立慈濟功德會之後，由於慈濟就是用靜思精舍為活動地點，發放工作都在精舍進行。有一次發放完，一些米掉在地上，志工把這些米收起來，放在精舍的米缸裡，結果被證嚴上人制止。[9] 精舍對慈濟絲毫不取，這是他的原則。因此精舍的財務與慈濟財務分開，一直是證嚴上人與慈濟人堅守的原則。《慈濟月刊》承擔著早期捐款透明，落實誠正信實的理念。

《慈濟月刊》也是透明慈濟慈善工作的重要工具。每個月慈濟委員到會員家裡收善款，就會帶《慈濟月刊》給會員。告訴會員慈濟現在正在做什麼，這不只是一種徵信方式，更是度化的工作。借著月刊讓會員知道自己的善款進入功德海之後，用到哪些貧困的人家。

《慈濟月刊》發行份數最多曾超過三十萬。到了近年減少用紙，實體發行七萬三千份。其他為電子版，供會眾索取閱讀。

《慈濟道侶》的發行

隨著慈濟志業的腳步逐漸擴展到全臺灣，《慈濟月刊》每個月的發行，已經無法完整地登載慈濟慈善的腳步。因此一九八六年，也就是慈濟成立醫院的那一年，《慈濟道侶》半月刊正式發行，發行目標為：

「報導慈濟志業進展、對會員徵信之餘，更著重傳揚人性美好的一面，以及全球慈濟志工的善心懿行……

無論是急難救助、茶會聯誼、資源回收……提供最即時、實用的訊息；發掘社會光明面、美善的人事物，將每一則動人的故事，凝聚成大愛力量。……

我們最期盼的是聽到讀者受到善的感染──『你們報導的人能做到愛的付出，我也可以！』」[10]

《慈濟道侶》半月刊發行十七年又六個月，於二〇〇四年三月一日，最後一次以報紙型態出刊，之後併入新版《慈濟月刊》，並規劃出版「慈濟道侶叢書」。[11]

其原因之一為一九九八年慈濟成立大愛電視臺，透過衛星，全球慈濟會眾都能即時看到慈濟四大志業之發展。原因之二為二〇〇三年慈濟網站擴大編制成立「慈濟全球資訊網」。網路的即時與方便瀏覽閱讀，讓會眾無論在何處，都能即時看到慈濟的各項賑災援助行動。各種感人的故事透過慈濟人文真善美志工，從世界各地傳回到網站，它的立即與快速性，擴大強化了慈濟與會眾的連結。

《慈濟道侶》轉而成立叢書，以故事為中心，撰寫慈濟人的各種生命的付出與付出後心靈的蛻變。

慈濟英文雙月刊與各分會期刊

慈濟英文雙月刊是以佛法的宣揚及慈濟在全球的重要賑災為主題，每期也報導一個慈濟人的故事，對於西方友人長期理解佛教慈濟的工作幫助甚深。

一九九一年，《美國慈濟世界》創刊，全美慈濟人透過這份報紙型態的中文雜誌，汲取證嚴上人的佛教思想，了解美國當地慈濟志業的脈動及慈濟人的故事。

二〇〇四年，美國英文版 *Tzu Chi USA Journal* 雜誌創刊，成為非華語讀者了解慈濟的視窗。《美國慈濟世界》及 *Tzu Chi USA Journal* 所有的文字、攝影，都由全美國人文真善美志工提供，以電子版的形式，在電腦網路上傳播。

此外，馬來西亞、菲律賓、日本、印尼、新加坡等慈濟分會都創辦慈濟月刊。以當地慈濟工作及證嚴上人的開示為其內容核心。

慈濟廣播電臺與慈濟人文的深化

一九八五年，在天南廣播電臺的林義傑先生聽聞友人談起慈濟，在與證嚴上人見面後，深受感動，於是和搭檔，也是慈濟志工的柯美玉女士，於一九八五年十一月十六日，將天南電臺《歡樂之聲》撥出一小時，每天清晨五點五十分到六點五十分說慈濟事。之後又一起開創《慈濟世界》廣播節目，從臺灣北部開始發聲。[12]

翌年，一九八六年四月八日，中廣電臺每週一到週六早上六點半到七點播出《慈濟世界》，由慈濟志工李惠瑩（法號靜淇）製作主持。靜淇原本在臺灣省政府人事處任職，下班做好晚飯，收拾好家務，晚間就到臺中市的中廣電臺錄音。不只廣播，她仍然投入各項慈濟志業作為一名全方位的志工。靜淇投入慈濟廣播三十餘年，她最深的感觸是：「感恩上人，讓我優遊在廣播世界，雖是方寸空間，卻是無限天地。」[13]

慈濟廣播平臺的建立，也同時給予慈濟許多資深志工如紀靜暘、文素真等人，能擁有更充裕的時間說感動的故事。從個人到慈濟團體，說慈濟人付出的心得，說自己在做慈濟的過程中生命的轉變。這些生動的第一手聲音，感動無數的社會大眾。[14]在大愛電視尚未成立的年代，透過廣播，也更能夠讓慈濟會眾聆聽證嚴上人的開示，無論是佛法講述或慈濟的事蹟，透過證嚴上人的話語，十分具有感染力與穿透力。

從一九八五年到一九九一年，臺北的廣播錄音都是借用林義傑先生的錄音室。至二〇一五年全臺灣有十七家電臺、二十三個頻道，每天十個小時播放慈濟訊息，而且以「法音節目」為主；包括全臺聯播的中廣新聞網，還有高雄漁業電臺、雲林神農電臺、臺南自由之聲、教育電臺等，服務慈濟會眾與臺灣人民。

一九九一年臺北忠孝東路的慈濟臺北分會啟用，也同時設立錄音室。慈韻女士是負責《慈濟世界》節目的主持人，當時證嚴上人特地為《慈濟世界》節目寫開場詞：「步行在清朗芬芳路上，沐浴在佛法清泉流中，他，是慈悲康莊的道路；他，是智慧不息的泉源。」[15]

慈濟大愛廣播的主持人並不是只專注廣播，以廣播負責人慈韻為例，廣播主持人不只在錄音室說慈濟，隨師、採訪、送帶；大型活動擔任司儀、講課、賑災採訪等。[16]他們不是專業導向，而是以志業為導向的菩薩道上的踐行者。

二〇〇五年元月一日，位於臺北市北投關渡的慈濟人文志業中心啟用，包括大愛電視臺、平面出版及廣播；二〇〇五年九月一日，大愛網路電臺開播，聽眾利用電腦和網際網路連線收聽，不受時間與空間限制，於全球各地都隨時點選收聽慈濟的節目。[17]

大愛網路電臺主要以閩南語和華語為主；慈濟美國總會的《愛在洛城》、北加州的《大愛知音》，也都是華語發聲。

二〇一三年，慈濟志工鄒裕儒於大愛網路電臺開設《心的力量》（*The Power of the Heart*）節目，以英語發音，圍繞著證嚴上人的佛法講述與慈濟全球志業為主題，透過網路全球播送。慈濟廣播給予慈濟志業發展更生動深入的內涵與更寬廣的表達空間，它的發展還在持續中。

《經典》雜誌與慈濟人文的普世性

有別於《慈濟月刊》、《慈濟道侶》、慈濟廣播，都是以慈濟人、慈濟事為主，《經典》雜誌則是更寬廣地報導全球的人文、歷史、自然生態之普世性議題。以符合慈濟理念為核心的各種社會議題都是《經典》涵蓋的範疇。

《經典》雜誌發行人王端正先生表示，由慈濟人文志業中心所發行的《經典》雜誌秉持證嚴上人的期許：「為時代作見證，為臺灣寫歷史」，以最真、至善、盡美的方式，發揮深入報導的特性，將「尊重生命、肯定人性」的理念傳達給全球海內外的華文讀者，使其能以宏觀的角度了解自小生長的地方和世界，同時也讓國際人士了解臺灣，達成「立足臺灣、放眼世界」的理想。[18]

臺灣前《中央日報》總編輯、慈濟基金會副總執行長的王端正在《經典》雜誌創刊號上說：

「雋永的文采、深刻的圖像、淑世的襟懷，深廣而精微的思想成為《經典》，我們希望讓臺灣更了解臺灣、讓臺灣更了解世界，也讓世界更了解臺灣；從了解當中學習對生命的尊重，正是《經典》雜誌的終極理念。在這個巨變的時代，人的定位不停飄移，物質競逐永無止盡，人心孤寂而不安，《經典》希望提供一種思維，一個讓讀者了解自己、了解宇宙萬物的途徑，發揮『尊重生命，肯定人性』的影響。

人類文明就像一條河，我們無法挽留逝去的河水，卻可以從中看清自己。了解萬物從哪裡來，才能更明白生命將要往何處去。為了尋根，為了感恩，為了溫暖，為了鼓舞，我們以《經典》回首人類千百年歷史，用《經典》記錄宇宙萬物之美。《經典》雜誌的發行，將是慈濟人文精神的深層出發。」[19]

《經典》雜誌創刊後，幾乎每年都囊括臺灣出版界最高榮譽的金鼎獎之殊榮。總編輯王志宏先生是臺灣著名的攝影家。他因為編輯《經典》雜誌的成績，以五十歲的年齡得到金鼎獎終身成就獎的殊榮。《經典》雜誌開闊了慈濟的視野，以使大眾對慈濟的人文情懷有不同面向的理解。它是讓慈濟了解世界的一扇重要門窗。

慈濟網站與社區傳播

慈濟網站於二〇〇三年改版成立後，以慈濟的人文真善美志工的採訪為主要的訊息媒材之來源。所有的圖、文、影、音都是透過全球數千位人文真善美志工在當地的採訪報導，由慈濟花蓮本會文史處負責編審。

慈濟網站目前有中文繁體、中文簡體、英文、西班牙文、德文、日文網站。網站扮演著非常重要的徵信之角色，每一個捐款者都可以在網站上查詢到自己的捐款。慈濟一切的活動、財務等訊息，都在網站即時登載，包括證嚴上人每日「志工早會」之開示都即時登載上網，讓全球志工即時了解慈濟的脈動。

慈濟網站將「媒材的多元性，內容的多樣性，與訊息的即時性」作為長期努力的目標。目前各志業的發展及重要賑災行動，慈濟網站都是會眾最重要的訊息管道。慈濟並在全臺灣各地分會成立「慈濟社區道場網站」，強化與社區的互動。慈濟在全球的各分會也都成立分會網站，香港、日本、新加坡、馬來西亞、印尼、菲律賓、泰國、澳洲、美國、加拿大、中國大陸、德國等十七個國家地區設有專屬的網站。

隨著新媒體的崛起，慈濟網站已設立臉書強化與會眾的雙向互動，並已規劃在全臺灣及全球各分會逐步成立社區道場之臉書，以因應會眾各種的需求、意見與服務之所需。

慈濟大愛電視臺與報真導善

證嚴上人創辦慈濟人文志業的理想是希望透過善的報導、善的故事、善的實踐，最終消弭人心的貪婪，化解社會的紛爭，天下無災無難。

慈濟以善以愛引導人心體現在「大愛劇場」的製作上。大愛劇場是以真實故事引導人心向上。一開始製作人很難想像真實戲劇怎麼會成功。但是慈濟大愛電視臺「大愛劇場」卻是當今臺灣最成功的戲劇時段之一。真實戲劇讓觀眾看到許多出生窮困，或過去放蕩為惡，最後在行善中找到生命的價值，或人生得到真正的救贖與悔改。真實戲劇不止影響觀眾，也影響演員。慈濟大愛電視臺成立的「慈濟藝聯會」，許多演大愛劇場的藝人演員加入志工培訓，參與慈善訪視，改變他們的人生。過去演完戲有錢有閒，做了很多不正確的娛樂，如今投入慈濟，在演出他人的真實人生改變後，也改變了自我的人生。

所以，戲劇、媒體一樣是作為修行的道場，不只是參與者修行的道場，亦是閱聽者修行的道場。傳統的廟宇化身為客廳裡的電視，經由大愛電視慈濟人或閱聽者可以聽聞正法，知曉社會人心之善，啟發自我的愛心與生命的價值。

報真導正　傳播美善

證嚴上人對慈濟人文的理想主張是新聞媒體報導應該「要報真，也要導正」。隨著社會愈加多元，媒體愈加開放，進入到二十一世紀的傳媒環境，需要的似乎是一種視野更為宏大的新聞理念，更具創造性與建設性的媒體之於公共利益是建構式的新聞學。其根本理念是，所有的思想、報導都是為了建構一個更為理想的社會。

過去多數媒體總企圖追求自由主義式的公正客觀，讓所有的意見得到發言空間，各抒己見，媒體本身則不做評論、不賦予意見、不做任何所謂主觀的涉入與看法的表達。媒體躲避報導所可能導致之任何社會後果，一味強調中立客觀。如前所述，絕對的公正客觀並不可能，媒體作為社會公益的守護者，應該有其看法、觀點，並且認真思索這些觀點如何才是對社會有正面意義的，對全體社會創造最大的公益。所以，媒體一切的報導不只是傳達有用的訊息、提供發言的空間，或提出解決問題的管道，它更要協助去創造一個更好的社會。要做到這一點，記者首先必須放棄生冷的價值中立角色，亦即旁觀而不涉入。

假設一個記者在海邊採訪，拍攝海邊的海浪，正當全神投入拍攝過程中，突然看到一個少女跳海自殺，在海裡沉浮，這個時候記者要先拍還是先救？我們當今新聞工作者的邏輯，看到有人溺水，第一個反應是先拍下來，救人得等別人救；就如臺灣的八掌溪事件，上百記者在拍攝，他們不會想如何從事救援。畢竟記者只負責拍攝採訪，有人救援，記者作忠實記錄，沒人救或救不起來也忠實記錄，救與不救都與記者無涉。這就是當代新聞記者所信奉的中立、客觀、忠實報導。

慈悲新聞的體現

在美伊戰爭期間，有一位原臺視記者蔣任，在慈濟約旦志工陳秋華的陪伴下，採訪慈濟人如何在約旦與伊拉克邊境照顧、幫助戰爭中的難民。蔣記者在採訪中看見一位老人家在零下兩度的沙漠裡，沒有鞋子穿而用塑膠套裹住腳，蔣任便將襪子脫下來給老人穿上保暖。因為記者的心中有著美好與良善，於是他所製作出的新聞便必然呈現與彰顯人性的良善與關愛。心中有愛是建構式新聞最重要的前提與核心價值，而蔣任的心中有愛。

在嘉義阿里山小火車翻覆現場，大愛電視臺記者看到一位受難者家屬；她一面放下麥克風，一面搭著家屬肩膀慰問與關懷。臺中七三水災發生之際，慈濟人文真善美志工到災難現場採訪，到達被洪水困住的仁愛部落時，慈濟人一邊協助發放，一邊進行採訪。記者帶著慈濟的慰問金進去，慰問災民、發放、採訪，而後離開。記者在採訪的過程中有愛、有關懷，並膚慰被報導的人物，因此不會生冷地問一位在急救中的病患：「你現在的感受如何？」或是家中發生凶殺案了，還去問對方：「現在打算怎麼樣？」

如果記者心中有愛，就不會用這種魯莽的心態去割裂事件本身。因此，記者心中若沒有一個正確的價值，記者心中沒有一個什麼是更好社會的藍圖，也就不可能提出一個對社會有正面意義的報導。記者心中如果沒有一個確切的價值觀，他如何判斷何種訊息及何種角度將有助於或有害於社會。媒體應該經常思索如何構思一個良善的社會及其理念?他必須思索怎樣的報導更能代表一個社會中普遍的好？而不是一味挖掘弊病、掀醜聞、肆無忌憚地批評。如果一個批評對整個社會的長期發展是負面的，甚或迫害性的，媒體就不應該選擇作為報導題材，更不該極力挖人瘡疤而認為是在呈現真相。

大愛電視與「建構式新聞」的理想

大愛電視臺為非批判性質的電視頻道，以報真導正之建構式傳播理念實現善美社會為努力的目標。大愛新聞不報導負面、爭議及驚悚的新聞內容。商業新聞媒體傾向報導負面，不報導正面事件；報導例外，不呈現社會整體現象；傾向批判、解構，而不是肯定與建構。大愛電視臺的新聞觀是報真導善，在社會問題出現時給予解決之道；在災難中給予關懷與愛；在人們迷惑時給予正確方向與觀點，這是建構式新聞（Constructive Journalism）的理念與實踐。證嚴上人的「報真導正、報真導善」的傳播觀點，是期望新聞在引導人們知道真實現實狀況後，能提供善與美的實踐方向與理念典範。

當一件社會的弊病發生，媒體不是去報導挖掘該項錯誤誰該負責，而是探討其發生之原因，媒體更應報導同一類事件善的典範。在負面新聞中也能看到善的典範在哪裡，才能給社會一條正向的出路。致力於建構式新聞的媒體，不只是旁觀者，不是冷眼的、批判的、尖銳的；而是有愛的、是成就的、是愛護的、是珍惜的、是給予的。

在西方理性主義的影響下，總讓我們無法避免在了解一件事情的過程中不去破壞它。要了解花，先切開它；要了解青蛙，就得進行解剖。分析的同時已經支解所分析的對象，新聞報導亦是如此，記者的涉入經常導致對事件或對象的破壞、撕裂，甚至羞辱。若我們能換成另一種角度，另一種心理意向，當我們要了解花時，我們灌溉它，讓它成長，在成長中觀察它。同樣，在新聞報導時，不是以理性主義絕對冷靜疏離的方式，而是以一種愛社會、愛受訪者的心情來採訪。當記者赤裸裸地呈現報導對象的缺陷時，只會毀了這個人，同時毀了這個社會。

媒體應該重建社會的信心，人跟人的信心，人民對政府、對機制的信心，因為只有信心才會讓社會變得更好，而要能重拾信心就要彰顯對的典範。建構式的媒體在知道錯誤的同時，應該進一步尋找值得學習的典範，並且對那個犯錯的人要存有一定的憐憫與關懷。

建構式新聞，是同理的、關懷的、溝通的，最後也是正向的；它嘗試在問題的揭示中找出對的典範來，對個人出路的揭示，亦是對社會整體出路的揭示。肯定一個更好的人，即建構一個更好的社會。傳播界應該協助個人去理解自己，同時改造自己，批判的同時也協助社會找到一個良好的典範。例如報導曾經有人犯過錯，但如今他已改過遷善，走出一條新的人生道路，並且告訴大眾其為何與如何悔改。正向的典範能被報導，才是營造一個良善社會的開端。

私營公益電視臺

大愛電視臺為非營利性質的電視頻道（Non-Profit TV），是由大愛之友及慈濟基金會所捐助成立與營運，是由一群廣大的閱聽者，基於共同的信念，支持一種宣導善與愛價值之電視頻道。大愛電視是一民間法人興辦、屬於非政府、非營利的電視臺，其採取某種特定價值立場的新聞觀是憲法所保障的新聞自由範圍。慈濟大愛電視臺以愛、以善為導向的新聞觀點與立場，排除某些不符合其價值觀的新聞內容，如爭議、驚悚、色煽、負面、黨爭等題材，而以正面、啟發人心之美善為選材原則，完全契合全世界普世新聞自由的原則。

大愛電視也是全球廣大的愛心社群所支援的電視頻道，其目的在於促進社會良善，提倡慈悲平等愛的生命價值。它是全球唯一不靠商品廣告，不靠政府，而是以支持者捐助成立的電視臺。它的新聞編輯立場符合廣大支持者的期待，是它必然的使命與原則。

大愛電視臺為公益性質的電視頻道（Public Interest TV），以促進整體社會之善與愛為其根本之核心價值。大愛臺為非政府、私法人興辦的電視頻道，本身是不追逐私人利益的電視媒體，而是以促進整體社會之善與愛為其根本之核心價值。它的所得全部回歸這個價值的持續宣導，非歸屬任何私人，因此自然是公益頻道。進而在緊急救難時期，大愛臺在訊息告知，匯聚全球愛心的能量，以及教導觀眾面對災難時應有的警惕與正思維，都扮演非常重要的角色。在平時，大愛節目立意啟發良善，里仁為美，敬天愛地，利益他人，淨化自心，建構人類理想社會的理念實踐，是大愛臺作為公益頻道在全世界的媒體中最獨特之處。

大愛電視臺是慈濟基金會創辦人證嚴上人所倡四大志業中的人文志業之理想的體現。它本身肩負的使命之一是慈濟宗教情懷的傳播與詮釋。慈濟的宗教理念是宣揚佛教慈悲等觀的生命情懷，期許人心淨化，社會祥和，天下無災。慈濟作為具備宗教情懷的電視頻道，其跨越宗教藩籬的生命觀，有助於化解人類各種宗教之間的隔閡與衝突。任何新聞編輯的時間長度都是有限的，題材的取捨是必須的。大愛電視根植於慈濟的宗教觀點，是理念的必然，與現實的必須。

大愛電視臺具社群分眾性質的電視頻道（Community-Segmented TV），是全球無數關心慈濟志業活動與大愛訊息的觀眾一個最重要的傳播管道。分眾頻道是電視發展的必然，特別是有線電視普及之後，有線電視的財經頻道不會報導娛樂新聞，娛樂頻道不會報導政治新聞，高爾夫頻道不會轉播足球賽，這種分眾、社群的題材之選擇符合傳播與新聞自由的理念。

大愛電視是屬於全球慈濟人及廣大愛心社群的分眾頻道。大愛臺報導傳遞慈濟志業活動與各項愛心訊息是符合其自身頻道屬性，大愛編輯團隊以其觀眾社群為導向的取材與選擇，亦是編輯自主權的體現。

大愛電視作為有線電視頻道，必須顧及公共性與宗教性的融合。如何在報導慈濟新聞之際，能適當地涵融公共的議題，以體現其公益頻道的定位。當宗教組織逐漸龐大之際，服務自我宗教社群的目標是自然的發展，正如一切宗教的發展，必須涵融更多的社會議題，解決社會的各種議題，提出解決之道。這不但符合宗教的發展，宗教回應時代需要的職責，也體現其公共性的特質，這是大愛電視臺需長久調適與因應的媒體定位。

慈濟人文真善美與歷史見證

慈濟人文志業培訓近五千位能寫、能拍、能剪輯的志工，稱為人文真善美。這群志工自掏腰包買各種電視設備，積極投入慈濟人文傳播志業，體現當今建構式傳播的理念。慈濟人文真善美志工是慈濟及大愛臺全球善與愛的訊息搜集之重要來源與助力。

這些非專業的人士，由於對慈濟的熱愛，接受慈濟基金會的訓練，經過數年的時間，他們逐漸在專業上獲得相當的製作採訪能力，而在人文思想上，他們對於受訪者的尊重，對於照顧戶的關懷，讓傳統生硬的記者採訪工作，增加了愛的關懷與付出。這種人文情懷，使得採訪必須客觀中立的態度有了很大的轉變。在災難現場，他們不只是採訪第一、新聞第一，而是以關懷、搶救生命同等重要。他們的眼光不只是著眼於報導真實，而是更希望能夠記錄社會中良好的典範。這種非專業者的參與在相當程度上，逐漸地改變資本主義社會中新聞專業的理念與價值觀。

現在的新聞很少從美善的角度去報導，有時報導真實，卻缺乏美善。報真導正、報真導善，才能在負面新聞中導入美善的力量，讓善的效應擴散人人心中。

慈濟人文志工的發軔

為了讓慈濟人文志業能傳播得更久遠、廣闊，「慈濟筆耕隊」於一九八九年正式成立。筆耕志工詳實記載推動慈濟志業的過程，透過文章闡發，讓慈濟精神傳播十方，發揮文化工作的影響力，落實淨化社會功能，並肩負起慈濟歷史編撰的重責大任。

一九九六年「慈濟影視映像志工聯誼會」成立，為了協助慈濟大愛電視臺節目製作，全臺各地志工紛紛自備器材、進修攝影、製作技巧；其中資深慈濟志工黃錦益和同修師姊慈暘，省下買汽車的錢添購攝影機、拿買房子的錢買剪接機，也有不少從事傳播工作的專業人士，利用工作閒餘擔任志工。

二〇〇三年，慈濟人文志工調和「筆耕」或「映像」人力，進行文字、圖像、影音的訓練與整合，最初草擬名為「文化三合一」；證嚴上人期許人文志工不只是「文圖影三合一」更應該「人事理三合一」，臻而求真、求善、求美，達到「真善美三合一」，因此把參與記錄慈濟文史的志工團隊，正式命名為「人文真善美志工」。

慈濟人文真善美志工，藉由文字、圖像、影音的傳播媒體，為時代樹立「人品典範」，讓真善美「文史流芳」，期待發揮「報真導正」的精神，讓清流成為主流。[20]

參與式傳播的意義與價值

慈濟人文真善美志工，經過長期專業者的培訓，其寫、拍、攝皆走向專業化。他們是大愛臺的全球新聞訊息搜集之後盾，在庶民參與新聞作為全球新聞媒體的趨勢之際，這種參與式傳播的理念之於臺灣的公共電視稱為「公民新聞」，之於CNN稱為「I Report」，這是庶民提供新聞題材給主流媒體的證例。《維基經濟學》提到：充分參與帶來的好處，包括YouTube經由票選將最好的節目，透過網路和全世界分享。影片好壞不是由一群傳統電視專業者所決定，而是經由群體社會的參與，而得出最佳結果。

慈濟人文志工從二〇〇三年開始大規模培訓之後，慈濟所記錄的照片數量，在二〇〇四年一年中就超過過去三十八年照片數量的總和；每年拍攝的電視影片數量超過一萬兩千支，數量超過大愛電視新聞記者一年產出的數量。這種來自志工的力量，影響所及不只是善的訊息增加，志工們的價值觀也會隨著他們專業的提升，影響整個慈濟傳播工作的同仁之信念與看法。

人格成與人文成

證嚴上人勉勵慈濟人文菩薩行者：「要像玄奘大師一樣求法，要像鑑真和尚一樣傳法。」兩位佛教大師都有堅毅不撓的共通性，才能克服萬難的求法、傳法，證嚴上人以此勉勵慈濟人文菩薩行者。

因此，慈濟人文真善美志工，被期許更要深入的求法、如法，以法來淬煉、深化自己。人文真善美志工同時體現內修外行，內修人格之啟發，對佛法之貫徹，對慈濟精神之體悟；他們也同時投入慈善、醫療、環保等志工的工作，以深入體會慈濟各個志業的理念，在記錄時才能更深入其核心。所以慈濟強調：

「人文志工若自己心裡沒有充實，絕對拍不到、問不到，也寫不到，希望人人以法來提升自己，用真善美的心來為慈濟寫歷史，為時代作見證，將具有影響力的美善典範流傳下來。」[21]

「專業學習後，先要從內心修，以提升品格，否則心若傲慢，紀錄就不會動人。其次，要維持團隊的和諧，互相讚歎、成就、包容，行六度波羅蜜。如此依法、如法，記錄才有人文。深入自我的內心，要先深入別人的內心，『新聞記錄者，是心靈治療師』，給苦難人溫暖的同時，也讓志工更堅定信念。

內心的人格愈擴大，記錄才會愈堅實雋永，而真善美志工走入別人的生命裡，也能夠提升自我的生命，藉由這樣的人類互助，留下珍貴的慈濟歷史。」[22]

慈濟期許人文真善美志工把每一個人的訪問都當作修行，如證嚴上人所強調，「每一個人都是一部經典，深入人的心，就是深入經藏」。慈濟人文真善美志工透過採訪報導，深入人心、深入經藏，他們定位為「法的記錄者、法的傳遞者及法的受益者」。慈濟人文志業主管曾說：

「一篇好文章要先感動自己，才能感動別人。文章比人的生命更長久，也許在百年後，我們再投胎為人，看到一篇令人動容的文章，因起悲心感動而加入慈濟，而那一篇文章或許就是過去生自己所寫的文章。」[23]

人文真善美志工就像眾生的一面鏡子，以清淨心記錄人間，不為人間的煩惱所困惑，超越煩惱。慈濟期待人文真善美志工在記錄眾生由悲苦轉為美善的當下，透過鏡頭就像看到一面鏡子，成為自己清淨、智慧、到覺悟的契機。

守護慧命的磐石

人文，就是守護慧命的磐石，慈濟人文的最高理想就是人人成就清淨的慧命，締造一個祥和無爭的世間。太虛大師對於佛教的改革提倡的「人格成，佛格即成」的理想，慈濟證嚴上人也抱持同樣的理想。人文的實踐在人格，終極目標在佛格。佛是清淨及智慧的結合，通過人文的自我提升與教化，度化一切眾生成就佛格。如船師、大船師，度生死河，度眾生到彼岸。眾生上岸，船師也上岸，這是與眾生同登彼岸的佛國理想。

第10章 慈濟人的生命美學——實踐美學初探

印度詩人泰戈爾（Rabindranath Tagore）曾說：「你摘取那花瓣，並未摘取那花之美。」[1]世人都想欣賞美，感受美，擁有美，甚至永久地佔據美，但是美怎麼能被佔據呢？一如你無法將流瀉的月光握在手中。

分析美學

一朵花要知曉它的美，東方和西方的態度恐怕很不一樣，東方重直觀，西方重分析理解。同樣是一朵花，西方科學理性主義者會將花放在實驗室裡面，進行實驗觀察，甚至將花朵解剖分析花的成分，以便了解生物之奧祕及創造神奇之美，但正如所有存在主義大師們對西方科學理性主義的批判——理解，無法透視事物之真實面。解剖花瓣，花已經被支解。你無法經由解剖它，掌握它的全貌。科學理性主義的最大問題就是，永遠無法避免在了解一件事物的過程中不去破壞它。分析是破壞性的、支解的、片段的。你如何從剝開花瓣的過程中，感受花之美？你如何在切開青蛙的胸腔中，體會牠在池邊的快意？你如何在敲碎蚌殼之際，觸及牠貼近大地的喘息？你又如何在解剖身軀裡，尋得人類靈性最深切的奧祕？你知曉他一生未盡的話語？

直觀美學

美不是一種知識，比較像是一種狂喜。東方對於美不是分析、理解，而在於直觀、相忘。陶淵明說：「採菊東籬下，悠然見南山。山氣日夕佳，飛鳥相與還。此中有真意，欲辨已忘言。」[2]這一句「欲辨已忘言」，道盡中國社會對美的極致感受；美在於直觀的把握，物我合一的相忘。在那一個悠然見南山的剎那震撼間，山與人是相忘合一的。在那個深切的「此中有真意」的生命體驗中，陶淵明並未完全說出「此真意」究竟為何？其實說了也是白說，因為真正生命最深刻的體驗及洞見，豈是言語所能道盡？因此「欲辨已忘言」。這種深層次的沉澱及喜悅，陶淵明應該是在那一刻體驗到生命最高的境界：一切本無分別。生命在那個剎那間，瞥見永恆所散發出的無比魅力。

禪宗也說，看見花，說花很美；其實說它美，已經跳開了物，物與我已經分離。「說明」是分析理性，分析理性永遠使物我分離，而一分離就不可能產生美。禪宗進一步說，看見花，「啊！」讚歎了一聲，那一聲讚歎之際，物我是一致的，不區別，無分離的。物我合一的相忘境界，是東方美感經驗的總結。

客觀美學

美學大師朱光潛的看法未必相同，他認為，美是一種心理的距離。倒影比現實的景物美，因為湖面創造了一種距離。朱光潛也以航海作為比喻，他說比如一個遊客坐船在海上航行，當船碰到大霧，在甲板上的遊客可能會覺得這景象很美，但熟知海洋的水手卻開始擔心大霧可能使得船隻觸礁，或造成一些意想不到的後果。遊客覺得大霧很愜意，是因為遊客和現實的問題有一段距離，所以會覺得很美。因此朱光潛一再強調，美，是因為距離所創造的。美必須和現實生活或真實景物維持一個距離，美感經驗才會產出。[3]

距離為什麼產生美？是距離本身美？抑或是現實景象美？還是心造就那一分美？

既然距離所創造的美，已經不是原來事物真正的樣態。如果事物真正之樣態不一定會產生美的感受，或成為美感的最佳條件和經驗來源，那為什麼倒影反而會成為美呢？現實景象和倒影之區別，難道只是距離？其實不是距離產生美，是心選擇了倒影為美，是心的作用認為倒影比真正的現實景物要來得美。心逃離現實，並選擇倒影為美，是因為真正的現實裡有樂有苦，有美有醜，貼近全然的現實就無法感受抽離醜之後的那種再造之美，即便是寫生繪畫也是選擇性地再創造現實景物。音樂的創作也是內心先有譜再作曲。是心的感應選擇並決定了美的形式，形塑了美的呈現的樣態。美是一種選擇，而選擇是主觀的，它是人心的產物。

心在距離中感受美，因為現實的苦與醜已經在創作中被抽離，但是許多創作裡面仍包含許多人性的醜陋或悲哀的成分。為什麼看了悲劇仍讓人產生美的感受而流連不已？為何這些創作產生美感經驗？大仲馬筆下的《鐘樓怪人》主角很醜，為什麼讀者喜歡？莎士比亞名劇《李爾王》，劇中道盡人性的貪婪，連父女都要反目背叛，最後國王及唯一忠貞的女兒卻在絕望中冤死；《馬克白》裡描述臣子弒君奪權，最終被誅滅，像這種人性醜陋的悲劇為何會讓讀者及觀者動容，而將它稱之為美？是共鳴，還是距離？其實悲劇裡的劇情不管醜陋或悲苦，都因為和觀眾讀者自己的切身利害無關，在現實意義上它與觀眾是有距離的，是距離產生美，或應該說鑑賞者站在比較超然的立場觀看，一切的喜劇、悲劇、醜與美，都幻化為美好，可見是心的超然創造美。直言之，美感來自超越現實，心愈是超然，愈能鑑賞美，愈能感受美，也愈能創造美；美是心決定的，美不在於對象及現實景物。

主觀美學

美是主觀的心所派生的，是主觀的心念投射到對象產生美。朱光潛先生不相信現實生活中有美感經驗可言，他認為現實中只有美的條件，而沒有美。物之所以對人產生美，是因為評價所創造的結果。以此言之，朱光潛的話很靠近馬克思的理論，馬克思認為——客觀對象的「現實」，是人類本質力量所呈現的「現實」——客觀現實是被人的本質所決定，美感經驗也是被人心所召感，所創化。[4] 繪畫之美當然是人心所形塑，所捕捉。繪畫之美使人脫離自然之美，而呈現純粹內心對美的反應，是人內心的客觀化。以此觀之，「美」的確是關乎人心。

但是人心是被社會決定的，因緣生法之理，放之於人心之形塑過程是相當適切的。既然人心的樣態是因緣環境所形塑，那由心所出發之美感經驗，也是情境及環境決定的。美感經驗是社會性的產物，是被文明所牽引。唐朝以肥胖為美，宋朝則喜歡柳腰輕柔之態。究竟「古道、西風、瘦馬」之境美，還是「大江東去、浪淘盡，千古風流人物」的雄偉為美？美本身不具一定的客觀性，美是文明的產物，是社會所派生，是時代情感之縮影。因此界定美是困難的、分歧的，必須從文化裡去尋找它的源頭及脈動。

超越美學

西方啟蒙時期偉大的思想家康德曾言：「美是一種沒有目的的快樂。」[5] 真正的美是喜悅的。鯨魚為什麼唱歌？生物學家說是因為鯨魚快樂。鯨魚是海中食物鏈的最高層，牠沒有天敵，牠沒有其他足以讓牠們驚嚇奮戰之對象，無憂因此歌唱，無懼所以歌詠生命之美，一如康德所主張美是一種沒有目的的快樂。這麼看來，美是超越現實生活的一種精神體驗，我們不能確定鯨魚的精神體驗存不存在？這一方面涉及對經驗之定義，另一方面也因為我們無法完全理解鯨魚之生命感受，但是如果美的經驗是超越現實，是在現實無憂煩的時候，所生出的一種特殊的、無可取代的生命感受，那美似乎產生於生活無憂無懼，一種知足自得的境界，才能生出美。雖然美是時代的縮影，社會的反應，文化的派生，但是當文明到達一種知足、無懼、無憂的境界之時，美感的經驗會悠然而起，沛然而興。

生活的境界，生命的體驗，攸關著美感的獲得，或反過來說，美感的經歷正是生活境界及生命體驗昇華之後的產物。哪一個文明有美，哪一個文明就是一個能超越現實處境，能不被赤裸裸的生活捆綁之生命樣態。所以瑰麗繁複是美，因為它歌詠生命的無憂、無懼、輕闊快意。為什麼快樂之後還要美呢？因為美超越快樂，勝於富足，因此富足快樂之際，人們還要創造美；但悲壯也是美，因為美感的創作能超越現實之苦，這是為什麼顛沛流離的際遇造就李後主的詞。人類不同於動物，不是因為我們沒有天敵，不是因為我們沒有困境，而是我們能以心靈之力超越現實的苦，而美是這超越的力量之一。

心理學家羅洛・梅（Rollo May）就說，藝術和瘋狂之間只有一線之隔，藝術家和瘋子對於感受社會的不安都非常敏銳，但藝術家用美感創作超越了生命的絕境，而瘋子只能崩潰。[6]美是一種超越的力量，它讓人們去除捆綁，揮別絕望，掙開枷鎖，重返心靈自由。歌德在年輕失戀之後，原本絕望到要自殺，但是他撰寫《少年維特的煩惱》（*Die Leiden des jungen Werther*），最後走出絕望的哀傷。[7]曹雪芹的《紅樓夢》裡看盡人事蒼涼，兩個富貴人家興衰敗亡之悲劇，最後導向一切都歸於太虛，人間的一切都是一場幻境。[8]既然曹雪芹把一切都歸向太虛，又為何創作？因為創作即是超越。創作是因為對人間人類仍有一分愛。正如新儒家大師唐君毅評論中國文學裡的悲劇性格時說，透過文學悲劇的呈現，讓讀者理解人世間的一切盡是「空而不虛，實而不據」，期望閱文者能藉此透視生命「即實而虛，即實而空」的妙道。[9]究其實，中國文學之悲劇其實就是一種超越，作者和讀者兩相共鳴，對生命苦空無常的一種超越，對人世間之一切畢竟空寂的一種覺悟，這覺悟讓人邁向最終的心靈自由。

生命美學

或許我們會說，悲劇哲學家尼采（Friedrich Nietzsche）在創作之後不是自殺了嗎？創作之超越何在？難道哲學創作不涵蓋在美感的創作中嗎？其實閱讀過尼采的書籍的人都同意，尼采是用詩的形式撰寫他的名著《查拉圖斯特拉如是說》（*Also Sprach Zarathustra: Ein Buch Für Alle Und Keinen*）。[10]並不是因為書中缺乏美感和文學性，所以尼采沒有超越，而是尼采的哲學作為思想的著作，它的創作是近乎純粹思維，而和美感經驗較遠的。愈接近情感的創作，愈讓人得到超越的感受。但是海明威是文學家，不也自殺了嗎？他的文學如此之美，到現在仍受讀者的喜愛，難道他的美感創作，沒有使他超越嗎？難道梵谷的繪畫不偉大嗎？為什麼最終他尋求自殺？美感作為一種藝術或文學，其實是一種超越，但是這種超越比起情感自身的超越，是遠為不足的，後者是根植於性格，前者是發於性格；性格之病，如梵谷適足以使他的創作更為非凡。情感及性格之超越，比起經由創作而超越是更為根本也更為困難。文學、詩歌、哲思、繪畫、音樂等，都是與自我相分離的。凡是與自我越分離的美感經驗，超越性就越不足，對人的快樂及滿足感相對來得低。也許我們會說，創作不是來自自我嗎？創作的確是根植於自我，但是特別是西方藝術家之創作不是祈求性格及自我情感之超越。他們的創作只是反映性格、反映情感，而不是藉此以為修煉性格及提升情感之道。

東方的美感經驗強調是必須融合的、相忘的、感通的，根植於生命經驗及生活之中。文學創作之璀璨與生活可能有別，繪畫可以盡情揮灑，但真實人生未必能如此；儘管音樂作曲優美和諧，但性格未必如此。藝術美感創作只要還是作為一種身外之術，只要不是根植於性格，它的超越是受到限制的。超越在於生命本身，在於性格即情感之超越，那才是美的最高經驗感受。美，如果來自生命本身，發自情感深處，根源於性格樣態，這種美是雋永的，也必定是超越的，當然也不會是走向自毀的。

歌德筆下的浮士德（Faust）是一位博學鴻儒，人類社會最具智慧的導師，但是最終卻深感人生之枯燥繁瑣，他於是和魔鬼做了交易，藉由愛情重拾生命的快樂及美。但是愛情的美終究是虛幻的，一如他的知識及人間的智慧，最終讓他筆下的浮士德在照顧一群孤獨老者的生活中，得到生命最終的喜樂和依歸。[11] 生命的快樂必須根植於生命本身，不是藝術或文學，或任何身外之物的創作。以東方思維而言，生命本身就是一個創作品、最好的美感作品。俄國大文豪托爾斯泰在他的《藝術論》（*Chto takoye iskusstvo*）中也說：「只有表達人與人之間的愛之藝術，才是真正的藝術。」[12] 托爾斯泰回歸到以對人的愛為出發，來從事藝術美感之創作。藝術要以愛作為最後的皈依。他自己在最後歲月中做出革命性的舉動，拋棄財產，拋棄世俗的地位，一個人搬到鄉間與農民在一起。對於一個俄國貴族而言，與農民在一起是十分革命性的舉動。托爾斯泰做了一個超越文學美感創作的行動，這個行動本身超越一切外物，包括有形的藝術及文學，而將自身的生命視為最終及最高的創作標的，一如浮士德一般，生命的體驗才是最終的美感實踐及來源。美被封存在純粹的創作物裡，它的超越性是不究竟的，美必須是一種生命的體驗及實踐。只有經由內在生命去經歷愛，人類最終才能獲得極致的美的狂喜。這狂喜，超越一切繪畫或音樂等美的作品，也超越愛情的美，超越名山勝景的美。

筆者有一位好友跟隨畫家梁丹丰學畫多年，她其實畫得非常好，是梁丹丰的得意學生，也是一位好朋友。但是有一天她開始不畫了，不是她畫不動，而是她去做志工。這位好友名叫賴美智，她負責慈濟基金會慈善訪視的工作。四十多年前她丟下畫筆，走訪各鄉間，去探訪貧困及身體殘疾的照顧戶，和其他慈濟志工一起幫助他們走出困境。她從中得到無比的快樂及美的滿足。她不必再畫了，因為她不需要在繪畫中得到快樂及美感的經驗，她告訴筆者，她看到不同的人，歷經著各種生命的周折，她給予他們（照顧戶）的協助，他們反應出來的感動及快樂，是她生命中最美好的歲月及記憶。她是實踐生命美學，一如托爾斯泰的嘗試、浮士德最終的覺醒一般。

因此，美不是知識，美是本能的直觀；美不是自然派生，它是社會價值觀的產物；美不僅僅是一種創作品，它更像是一種生命的體驗，一種人格的樣態，一種情感的覺醒；作為一個生命的藝術家，我們可以感受美、體驗美、創造美、傳遞美、實踐美，不是非得經由藝術文學之作品，而是透過豐沛的生命自身。

美的本質

美，一如康德所說，「是一種沒有目的的快樂」。美是快樂，說明美是一種情感的表達及經歷，只要能讓人感到美的，都能讓人經歷快樂。雖然如此讓人經歷快樂的，未必感受到美。助人是美，他的快樂可能勝於繪畫之樂；愛人是美，因為他的情感經歷比文學創作更直接，更強烈，因此能驅策托爾斯泰擁抱農民，而不是去創作；因此能讓賴美智丟下畫筆，加入志工行列，為貧困付出。

但有些快樂是短暫的，我們是否能稱它為美？有些人酗酒可能很快樂，那它美嗎？縱欲可能一時很快樂，它美嗎？吸毒品有強烈的快樂之感受，但是它美嗎？

美是一種狂喜，它能帶來快樂，而能帶來極大快樂的媒介或對象，可以分為幾種層次，這些不同的層次經歷，其實都吸引不同的人為它們深深地著迷、眷戀、執著或獻身。這些能讓人獲致強烈情感的經歷，從最低層次的吸毒、酗酒、性愛、情愛、親情之愛、社群之愛、民族之愛、藝術之愛、人倫之愛、為聖者之愛、對上帝之愛／佛性之愛等，這些經歷或境界都能啟發強烈的快樂之情，它們都是美感經驗的來源。經歷的層次愈高，愈能獲致終久不歇的美感及超越。美是無目的的。愈能無目的就愈快樂，愈能無目的愈美。因此，有所求就不美，因為終究會失落，會經歷苦。

凡是最終會帶來極大痛苦的都不美，因此美所帶來的樂，必須沒有苦的後遺症，它不會有懊悔的快樂。我們先前就講，美，是一種超越；沒有目的就是一種超越，不被強制也是超越，所以美不是源自於執著、強制或放縱的一種快樂。它是無目的、無所求、純粹的一種清淨的喜樂。如果快樂愈靠近世俗生活得失、欲望起伏，就愈容易消失；愈靠近本性，愈清淨無目的，那就愈長久，易言之，就愈發的美。

美是無目的的，有目的就有得失，就會產生不快樂，所以無所求很快樂，因為沒有得失，這說明像賴美智這樣的慈濟志工無所求為其他生命付出之後，必定帶來美的快樂和感受。

實踐美學：涵融之美

美，是一種忘我，一種涵融，是一種感通。從生命及情感出發的純粹美感經驗，才能感通萬物，感通人我，它是人與社會生活徹底和諧交融之後所產生的極高之生命體驗。這體驗我們不能說只有人類擁有，只堪人類獨享。「蠢動含靈皆有佛性」。[13]世間一切有形生命，在與周遭和諧交融之後，自會創造一種驚奇之美。和諧是美，物我相忘是和諧，所以它美；山和雲的交會、涵融是美，雖然它們的交會之形態與時更迭；美雖然變化萬千，但其樣態卻有跡可循。感通是美，感通萬物是美，能感通一幅繪畫之深意是美，能感通文學詩篇之情是美，能感通一個生命的經歷是美。由此觀之，美不是知識，但卻是一種理解；能夠理解感通，生命之美自能躍然於胸壑之中。

感通和理解來自何處？來自閱讀？來自想像？來自靈光乍現？抑或來自實踐？

如果在實踐中，能徹底體現「心物涵融，物我相忘，情意和鳴，人我無爭，境識會通、天地交感」，那是生命之美最極致的展現。

證嚴上人看到一位年長的志工做環保，並且樂在其中，他就會說「美啊！」因為這位環保志工用純粹的心，為大地付出，藉由回收物品感通萬物，疼惜萬物的心，讓上人說出美啊！陶淵明藉由採菊東籬下，見到南山的剎那，感受萬物與人之相忘一體，那是一種美。而慈濟環保志工經由環保回收，體會生命物命的無價，藉由觸碰到的每一個回收品體現萬物與人的感通。他們做到證嚴上人所說珍惜物命；眾生，應包含所有一切有形無形的生命。證嚴上人嘗言：「走路要輕，怕地會痛。」[14]這是一種與大地的感通，一種能真正體會大地呼吸與喘息的心靈。慈濟世界的各項建築外面都鋪設連鎖磚，以便讓大地能呼吸，能繼續汲取雨水的滋潤，這是理解大地的生命形態，一種感通大地聲息所表達的愛。慈濟人在中國大陸甘肅一帶建立水窖，一個個水窖的建立，解決居民缺水之苦。在甘肅，民間說法是一個人一生中只能洗兩次澡，一次是出生，另一次是往生。一口水窖夠三個家庭一年使用，讓一年下一兩次雨的乾涸之地能有水的潤澤，這是善用珍惜物命，理解生命的苦，解決生命的苦，這是人與人、人與自然之物相理解及感通。畢竟老天不是沒有降水，只是之前沒有足夠的能力將寶貴的水儲存留下，以潤澤百姓。感通物命，浪費一滴水視為糟蹋一個生命一樣，水窖之建立，不只珍惜水之物命，又能助人，這是人與人、人與萬物生命之絕對感通。中國古書記載「參天地之化育」是最高聖者之境界，這個境界經由實踐可以獲致，並非從書中及抽象思維中揣摩。

中國詩人李白一生描繪水的詩句很多，「君不見黃河之水天上來，奔流到海不復回」，是描述大河之滂沱及宏偉，但最終其詩中仍有逝者如斯的慨嘆；又如〈清溪行〉裡的「清溪清我心，水色異諸水」，是描寫清淨之水宛如一條玉帶，託付自己喜清厭濁的情懷。又如他對廬山飛瀑的描述，「飛流直下三千尺，疑是銀河落九天」，這都是驚世的絕句，歌詠水的偉大、優美、清淨，[15]但歌詠畢竟與物分離，李白是一位偉大的詩人，他愛水的自由，可壯闊、可優清，他最後甚至投入江中死去，結束他飄逸、蒼涼、瑰麗、不凡的一生。李白其實是為中國苦悶的社會注入一股自由的氣息，但是最後仍敵不過生命之悒鬱。藝術文學之創作是超越，希望透過詩與自然感通合一，但文學藝術之創作畢竟不是究竟之超越。一滴水，讓甘肅人感到如此珍貴，他們如果讀到李白的詩「君不見黃河之水天上來，奔流到海不復回」，一定百感交集。李白的詩畢竟沒帶給乾旱的人們水，也未必給他自己的生命到達究竟之覺悟和超越。但是一群不寫詩的志工卻可能在給予甘肅人水的同時，達到自己生命清淨的超越；這超越，是能跨越時空的終久之美。

創作美與成為美

如果西方科技理性對於美的態度是從理解著手，剝開花，分析花的美。那麼，中國人的美則是物我合一的美，或如禪宗所言，在「啊！」驚歎花的美之際，與花融合為一。而慈濟人對於美的概念是看到一朵花，照顧它，灌溉它，看它生長，從中領受花之美。那個美是無目的，或者超越個人的目的，在無所求的付出中，創化的生命及心靈之美。

世人都是執著色相之美，山川大海之美可見，花香鳥語之美可覺，不朽的樂音可聞、宏偉的建築可攀，深妙之繪畫可審，但看不見的心靈，卻有無比的能量創造美。有些人跋山涉水，跨越海洋，踏遍世界盡頭領受自然宇宙之美，但是證嚴上人認為心靈風光最美。當上人聽到志工高明善兄弟侍親至孝，風雨無阻每天陪媽媽散步，證嚴上人也會說：「美啊！」因為高明善兄弟能以至情之愛，體恤母親，珍惜親情，這是心地之美、人倫之美。當看到志工深入險境，濟助受苦的人，上人也會說真美；美是一種心靈的喜悅，這喜悅是從愛及慈悲的實踐所發出。大捨無求、大喜無憂，這是慈濟人的生命美學。所以，證嚴上人和慈濟人被《天下》雜誌選為全臺灣最美的人，美的不是色相美，而是心靈；心靈之美是美感經驗最高的呈現。慈濟人在從事各種志工活動中，歷經生命與生命感通交融，因此創造極大的美感經驗。

我們已經逐漸理解朱光潛先生所言，美的特質常是經由距離所創出。回憶美，因為回憶有距離；倒影美，因為與真實景物有距離；詩美，因為抽離所有現實的苦，所以美；繪畫美，因為醜被畫家抽離轉化。不貼近，所以產生美，但是這種美是不究竟的，是無法真正給予生命最豐沛的力量及讓生命臻至於最終的覺醒。美不是道德，卻是一種生命的智慧及清明的狀態。一位慈濟資深的幹部靜原，她原本是文化工作者，二十多年前投入慈濟。她在慈濟負責許多重要的行政工作，曾經相當地挫折，她想回到文化工作，但是證嚴上人告訴她，文化畢竟只是文字般若，文字般若寫得再美都是假說，都是不透澈，不貼近現實的。古詩中寫樵夫砍柴很美，但是真實世界中的樵夫卻是很辛苦的。文學及繪畫所呈現的都是抽離過，過濾過，是因為距離所創生之美。但真正的生命之美是必須貼近生活，經歷真實的生活，在生活中造就美，既能貼近又能在心靈上超越，這即是佛教智慧所述說的「不即不離」，即實而虛，即虛而實的境界。真正在生活的繁瑣困頓中超越，才是生命究竟之美。一切的藝術只是工具，只是竹筏，是脫度之道，但不是脫度本身。佛教之「有和空」的真義，表現在一段如詩的描述：「一如蓮花不著水，一如日月不住空。」[16]美感來自污濁的現實人生歷練，如蓮花之美出於污水，美不是保持距離，美是超越，是即於境界而又超越境界。所有藝術之創造當然是意圖超越現實，然而如果能在實踐付出中，同時也能夠超越現實之苦，這就為自己的生命開拓了一個顛撲不破的喜悅和美。新儒家大師錢穆對理想生命境界曾說：「我們都是現實世界中的俗人，也是理想世界中的真人」。[17]這個境界亦如人間佛教偉大的倡導者印順導師強調世人應「即俗而真」，貼近世俗，進入世俗以成就真如本性。[18]證嚴上人也相信，生命之最高境界不是創作美，而是成為美，實現美，不只自己實現美，還要整個社會成為美的社會。

寂靜是美

筆者進入慈濟之後，在靜思精舍裡工作，嘗感覺到出家修行者似乎都不必聽音樂。在俗事世界中，不管是流行音樂或古典交響樂，都是我們俗世中人的最愛。音樂淘洗煩憂，音樂豐富性靈，這是我們常聽到的話語。尼采也說：「沒有音樂的人生是一種錯誤。」但為什麼修行者可以不依賴音樂之美呢？因為心靈靜寂之樂勝於樂音，心靈能以自身創造美，而不需要經由對象物，那是一種更高的存在。「結廬在人境，而無車馬喧，問君何能爾？心遠地自偏。」[19]心自能超越繁瑣人間，創造一個寂靜的喜樂的世界，這個世界雖然可以單獨存在，自證自足，但它並不孤立於世界之外。證嚴上人曾說：「用寧靜的心傾聽大地的呼吸。」凡夫們會問，大地呼吸聲聽得見嗎？這自然不是神通廣大，而是心的靜寂，自可以讓人領略涵融大自然的聲息。「蠢動含靈皆有佛性」，這種深度的美感經驗不是一般人能體會領受的，因為工業與資本主義社會把我們訓練得耳根不淨，眼視不明。太多的雜音、太多的五光十色讓我們的五官及心識都已麻痺、僵化、呆滯，正如老子所言，「五色令人目盲，五音令人耳聾」。[20]這麼多的不同音樂創作及影像圖繪之產出，究竟是帶給人美的感受？抑或是適足以扼殺美的鑑賞力。美在於心靈的映照及感通，這只有心靈處在寂靜狀態下才會有此全然的鑑賞力及創造力。

人如果心常隨境轉，那再怎麼美好的意境，也可能瞬時轉為悲醜。宋朝范仲淹的〈岳陽樓記〉裡面就充分說明不同的情境如何扭轉一個人的美感經驗：「若夫霪雨霏霏，連月不開，陰風怒號，濁浪排空；日星隱耀，山岳潛形，商旅不行，檣傾楫摧，薄暮冥冥，虎嘯猿啼；登斯樓也，則有去國懷鄉，憂讒畏譏，滿目蕭然，感極而悲者矣。至若春和景明，波瀾不驚，上下天光，一碧萬頃……而或長煙一空，皓月千里，浮光躍金，靜影沉璧，漁歌互答，此樂何極。登斯樓也，則有心曠神怡，寵辱偕忘，把酒臨風，其喜洋洋者矣。」[21]情境是會造就一個人的心境，影響一個人美感的經驗。修行者所追求的生命境界是即境離境、不為外緣牽引的靜寂清澄之心靈。

境教與環境美學

雖然如此，證嚴上人十分強調境教的重要性，讓環境塑造人內心的靜寂清澄。因此環境之設計不以誇張、絢爛為美，而以質樸的灰色與天地和。慈濟的建築強調貼近大地的原色，灰色質樸寬和。證嚴上人早年自己親自設計靜思精舍就以灰色的建築體，白色屋瓦，與大地應和。在慈濟各式學校的建築中，也預留寬敞穿透的長廊，讓人可以直接看到遠山，這種自由開闊的空間，讓心靈獲致無比的自由。靜思精舍的屋簷是採略微彎曲往上飛升之勢，這當然與中國之飛簷有近似之處，但中國之飛簷其曲線更大，彎曲朝天之意圖更強，這種設計諭示著天人合一之懷想。而靜思精舍屋簷之設計則較樸實，柔和蜿蜒，與天同而不較，與地和而無取。九二一地震之後的希望工程學校一樣採灰色建築體，映在後面綠色高山之間，自有大地與青山無間之感。地上鋪著長長的灰色連鎖磚，讓大地的呼吸與人的氣息可以相呼應。人字形的入門，象徵著以人為本，天地人相融的胸懷。這是證嚴上人的境教所散發出的情境美學。這美學是「天與人涵融，地與人相攝，人能悠然其間而不害於物」。慈濟在一些園區裡也會建造生態池，就是希望人與自然能相蓄相容。

建築美學的宇宙觀

社會學家金耀基曾說：「西方人對於自然始於觀解而終於征服，但中國人對於自然始於欣賞終於相忘。」[22]表現在建築式樣上，西方的傳統建築都是尖塔式的高聳入天，是意欲征服自然，也是企望與上帝合一對話的渴望。李澤厚先生所著《美的歷程》一書中描述中國建築與西方建築之不同強調：中國式的建築「不是高聳入雲、指向神祕的上蒼概念，而是平面鋪開、引向現實的人間聯想」。[23]中國的建築不在引導人們探求神祕之穹蒼，企領上帝深密話語的空間設計，而是實用的人間，優游徜徉的情調設計。平面鋪展開一棟棟連接縱深的房舍，讓人們親臨到人間曲折繁複的現實感。在樓臺亭閣、花團錦簇的相間下，人可以在建築體中優游、眺望、「可以居，可以行，可以游」，多重生活的面向，盡在建築體裡完美地呈現鋪展開來。而蜿蜒曲折，繁複變化，柳暗花明，山水小橋將人與自然融為一體。如李澤厚所言，西方巍峨的建築將人縮變成一個渺小的存在，期盼上帝的垂憐聆聽。在東方的建築裡，瞬間直觀可以把握的巨大空間感受，變成長久漫遊的時間歷程。[24]東方建築是平面蜿蜒的展開，它的情趣在不可預期的美感驚喜與迂迴曲折的盎然生趣。西方的建築高聳宏偉，直逼天際，令人心生敬歎，引領遙瞰。

相對於東方水平式平面開展的建築美學，西方垂直式高聳即天的建築觀，慈濟的空間美學介於東西方之間，有其獨特之創意。以花蓮靜思堂為例，靜思堂外觀是人字形，這一個理念先前已經闡明。靜思堂內部講經堂天空是一個浩瀚的天際之造型，當燈光驟開，繁星布滿天際，星光耀明，象徵人處在這天地宇宙之間，是一個絕然的存在。這是證嚴上人的宇宙觀表現在建築美學上，不是如傳統中國之無限平面之開展，強調優游驚歎的人間趣味，也不是引領眺望緲遠的天際，企盼上帝的福音。而是宇宙上下四方互為連結成一整體，無上無下，無邊無際，形成一個互動、融合、感通的圓形的宇宙觀。一如佛陀所陳，眾生的依存也不僅僅局限於地球，宇宙四方廣大無邊都是我們身處的世界。講經堂正面的佛陀灑淨圖，諸佛從宇宙四面八方接續來到地球，要膚慰地球，脫度眾生，象徵這個世紀的佛教思維，宇宙穹蒼遍計諸佛，地球作為宇宙的一部分，必須不斷地進化自己，最終達成諸佛所盼望之淨土；然後諸佛菩薩還在不斷地回到娑婆世界，繼續度化一切眾生，終至成佛。這種建築觀非東、非西，非上、非下，非來、非去，無始無終，周而復始，生生不息，正如證嚴上人所說的是一個立體透明的琉璃同心圓。同心圓無始以來，純淨剔透，是人心的初始，亦是最後的歸向，這是慈濟以建築美學具體詮釋展現佛教之宇宙生命觀。

群體涵融之美：立體琉璃同心圓

藝術家多半孤獨居多，但是他們卻意欲表達群體共同之經驗及創作生命之共同喜悅，這是相矛盾的。藝術在這個情境下經常只是一種對現實的呈現與反思，而不是在實踐心靈之超越。托爾斯泰所領悟的，必須將藝術建立在人性之愛上，正是對純藝術之反省。筆者曾經參加慈濟的音樂手語劇，音樂手語劇的演員都是非專業的慈濟志工，裡面有手語表演，有音樂配合動作的各種演出，雖然從導演到演員都是非專業，但看的人多半都被感動到淚濕衣衫，因為用生命演出所呈現之美感及觸動是巨大而深刻的。以這個觀點看，美感的強度其實非關專業創作能力，經歷生命的真誠感動，比起美感創作一樣動人，甚至尤有過之。這又印證托爾斯泰之理論：「只有傳達人類之愛的藝術，才是真正的藝術。」[25] 在演出音樂手語劇——《父母恩重難報經》[26] 的過程中，有一次彩排，筆者突然感覺到一陣深深的喜悅，那喜悅當然不是來自掌聲，而是源自於有一種家人的溫馨，那種經驗回憶起來還是很美。筆者的感動不是唯一的一個，在巡迴演出最後一場表演完畢之後，全體團員都抱在一起感動地哭泣。那是生命互相交融感通之後的真情與美。美哉！那一種平等愛，對眾生、照顧戶，對他人，對自家慈濟人，都是如此平等地互相疼惜、同理、涵融一體，這是美。證嚴上人以立體琉璃同心圓的理念，設立慈濟的組織架構，分為合心、和氣、互愛、協力，名稱有別，但是每一個人都是平等的。合心是最資深或最精進的志工組成，負責傳承法脈；和氣布達任務；互愛規劃進度，協調人力；協力戮力執行。合心雖為傳承法脈，指導教做，但是一旦回到社區執行面，他們必須加入協力組隊，聽候協力幹部調度參與執行。這是無上、無下、非高、非低的平等愛，這平等愛散發出的生命之美，可堪歎服。

慈濟的生命美學在於實踐中體現感通、涵融、互愛之美。以佛陀之智慧及慈悲，創造一個——人與自然感通，心與境涵融，人與人互愛——之美感境界，建立一個人與群體共享共有之美麗新境界。

美不只是創作品，美是自身的生命體驗；美超越世間，卻要在世間歷練求得；美不避苦，美不須保持距離，而是在當下即境離境；美是用理解的心，涵融感通一切的人與物；美是用靜寂清澄的心，進入污濁人間，創造點化一切有情，令其覺性清明，一如皓月長空，照澈萬宇。這是實踐美學，這種覺性之美，是美感經驗最極致的展現。

第11章

證嚴上人與慈濟的環境生命觀

一個覺者行入自然萬有的歷程

位在臺灣花蓮縣新城鄉的靜思精舍，是證嚴上人的發跡地，也是慈濟基金會的發祥地。那是一座莊嚴素雅的建築，白色屋頂，襯著背後青綠的山，倚靠著雄偉的中央山脈，高聳的山峰矗地隆起，俊美挺拔，而眼前則是一望無際、開闊無垠的太平洋。

沒有人知道當年的證嚴上人最後為何選擇這裡作為他雲走多年後的落腳地。有一個說法是，當時上人來到新城鄉的這個山腳下，看到一尊日本人留下來的菩薩雕像，這雕像放在樹下，其形貌酷似他年輕的時候夢中的那位菩薩行者的容顏。當時上人只有十三歲，他的母親久病未癒，年輕的他在夢境裡夢見那位菩薩給了他一帖藥，他拿回去給母親服下後，母親的病居然痊癒了。這個夢一連做了三天。接著奇妙的事發生了，不到兩個星期，真實世界裡的母親，病果然好了。這是個真實的故事。

一九六三年，當上人在這裡看到這尊熟悉的菩薩，是不是促使他最終決定留下來的理由？[1] 沒有人確知。但仔細體會思索，精舍四周清幽又壯闊的不凡景象，應該是上人最終決定選擇這裡作為修行處所的真正理由。

這大山、大海、精舍、修行者，形成一個強烈的對照，也勾勒出一種素樸莊嚴的奇異和諧。中國人講天人合一，中國畫家經常在畫中將山水畫得極為宏偉，而把人及房舍放在一個小小的角落。人融入壯闊的景觀中，抑或人在大自然面前顯得渺小而微不足道；但是中國的文人從來就沒有真正敘述達到天人合一的實踐之道。天人合一，變成一種情感的意向，一種詩和藝術的意境，一種士大夫超越種種現實局限的邈遠情懷。

而證嚴上人卻在花蓮新城鄉這個天、人、土地、大山、大海交織匯聚的氛圍裡，開啟他個人生命啟悟的靈性之光。這光芒在不到半個世紀的時光，翻越山頂照耀整個臺灣島嶼；這光芒，穿過遼闊的海洋傳到世界的遠方。上人的環境生命觀是很中國的，強調「敬天畏地，天人和諧」，天、地、人都能彼此交融、感通、和諧，他常說：「用寧靜的心，傾聽大地的呼吸。」

一九六四年，證嚴上人在小木屋裡獨自修行。他每天禮拜《法華經》，到午夜十二時就寢，凌晨二時即起，繼續他燃臂供佛的苦修生活。他禮拜的《法華經》（即「法華三部」），包括《無量義經》、《法華經》、《觀普賢菩薩行法經》，其中《無量義經》對上人一生的力行實踐及入世思想影響最為深遠。有一次，在徹夜寂靜的氛圍中，年輕的修行者虔心地禮拜著，《無量義經》中的一句經文深深觸動了他。「靜寂清澄，志玄虛漠，守之不動，億百千劫。無量法門，悉現在前，得大智慧，通達諸法」。[2] 這經句，瞬間點亮年輕的證嚴上人內心的靈光。「就是這個境界。」多年後，他向弟子講述這過程：「這經句，正是我當時內心的寫照。」心境和經文相映，自我的心與萬有在這一刻，匯流、澈悟、清醒。

那是在雄峻的中央山脈底下的一座小小的木屋，四周萬籟俱寂，夜色隱沒在無盡的黑色大地，天空的星辰依稀，一切天地萬物的生滅，都似乎集中在這一個三坪不到的空間裡。年輕的修行者沉入無邊的靜謐，他澈悟——心念靜止、欲念寂然，心澄淨得如湖面一樣，清澈得映照萬物；志玄虛漠——志向何等玄妙高遠，但又虛懷若谷、廣漠無邊；這樣的境界，守之不動，歷經百千萬劫，仍恆持不懈；如此，無邊無量的智慧自然湧現，澄淨的心靈終於澈悟大智慧，並通達一切萬有，體現一切諸法的究竟。這是一個修行者與萬有合一的心境，也是一即一切的最佳寫照。這寫照不只是詩意的，不是神祕主義的，而是應由一個人內心徹底的洞見體會，而具體實踐於他及往後眾多追隨者的生活之中。

上人在這雄偉的大山依恃下，在無盡的穹蒼環繞中，洞見萬有的智慧與人的智慧本質上的相通連，這體會與佛陀在菩提樹下的澈悟是相應的。

我們可以想像，這大山、大海、小木屋、修行者，這碩大和渺小的對比，竟悉數融合進我們無比的心量及智慧的澈悟之中。這澈悟，這照見，是一個開端；他引領出人類對環境自然的覺醒及實踐的一條新道路。他的環境生態觀是帶有中國意味的，天與人的和諧不悖，人與地的相互依存共生。另一方面他的自然觀也是佛教的，強調愛物命，萬物平等、眾生無分別；分別，即非究竟的佛法。證嚴上人把「愛」帶進環境生命觀裡面，強調愛土地，疼惜萬物，珍惜每一個物命。他更以著現代科學主義的精神，以實用主義的觀點將這一切環境生命理念具體地實踐出來，在每一個人的日常生活中實踐出來，並努力在當今社會的結構中，注入萬物平等的生命觀。

人作為自然的一部分

究其實，人與自然的關係，是人類生存最重要的基礎與先驗條件。古希伯來人《聖經》古老的預言說，人與自然原為一體。在伊甸園裡，人與自然，人與萬物，男人與女人，都和諧相處，沒有分別。在那裡，沒有選擇，沒有自由，沒有思想，直到伊甸園裡亞當、夏娃偷食了智果之後，開始有了羞恥心，就開始了人類脫離與自然渾沌一體的狀態。人一離開自然這個整體，就注定再也無法回復和自然萬物渾為一體，那既神祕又完滿的狀態。

社會心理學家佛洛姆（Eric Fromm）在《逃避自由》（*Escape from Freedom*）一書中就指出，人脫離了自然，雖然開啟了個人的自由，但人也從此認知到脫離與自然渾沌一體的狀態之後，隨之而來的是孤獨無援的恐懼。人因為無法承受這種孤獨和恐懼，因此人類根深柢固地經常期望回到自然，回到與萬物融合為一體的存在感。更有甚者，人透過許多的方式企圖逃離孤立無援的狀態，正如嬰兒脫離母親的子宮，開始了他個人的生命，但隨之而來的孤獨感帶給他生命中第一次的劇痛。佛洛姆說，返回與自然一體，返回母親子宮的懷抱，成了人一生永恆的需求。[3]

為什麼人需要被擁抱？為何人需要被愛？從佛洛姆的觀點，因為愛人與被愛，能讓人重獲心靈深處企盼的一體感。愛成為人脫離與自然渾沌合一、無分別的整體狀態以後，重返一體感的方式及途徑。

正如西方《聖經》所諭示的亞當、夏娃因為偷食智果而被永遠逐出伊甸園的故事，西方社會裡人與自然關係，似乎一直存在著對立及緊張的關係。基督教思維中，上帝與人不是相等的，上帝是人類的主宰，上帝的盛怒會懲罰為惡的人類，也會賞賜遵行祂道路的人。萬有的存在與人的關係是主宰與被主宰的關係。等到西方基督教思維逐漸被文藝復興之後崛起的科學主義所稀釋之後，萬有與人，自然與人的關係，相應在資本主義的社會結構中，就演變成剝削與對立的爭奪模式，誠如柏拉圖（Plato）所說：「人很難避免從一個極端落入另一個極端。」萬有對人的宰制關係，在人類自認能用科學掌握自己的命運之後，人類反過頭來宰制萬有。人來自自然，卻相信運用科學文明可以宰制自然，宰制萬物。正如社會學家金耀基所言：「西方對於自然，是始於觀解，而終於征服；然而中國人對於自然，是始於欣賞而終於相忘。」[4]西方對自然的宰制模式，經歷四個世紀之後，逐漸引導人類必須面對大自然氣候變遷，地球加速崩解的殘酷命運。

中國人在對待自然方面比起西方人少了一分對立的緊張關係。中國人企盼與自然合一，表現得最具體的就是魏晉時期的陶淵明。他的那一首：「採菊東籬下，悠然見南山。山氣日夕佳，飛鳥相與還。此中有真意，欲辨已忘言。」[5]「欲辨已忘言」，人與自然相忘，是中國人靈性追求的最高境界。中國古代偉大的智者老子在《道德經》所言：「人法地，地法天，天法道，道法自然。」[6]直接把人的存在指向自然宇宙永恆不變的運行規律。所謂：「有物混成，先天地生，寂兮寥兮，獨立而不改，周行而不殆，可以為天下母，吾不知其名，字之曰道，強為之名曰大。」道原本是一而生。太初、無名、一、大，都是不同名字用來闡述宇宙萬物原為渾然一體的生命本源。

孔子也說：「天何言哉？四時行焉！百物生焉！天何言哉！」[7]天即自然，自然生長萬物，人必須順天之時，應萬物之理，方可存焉。中國人企盼天人合一正是企望回復到與自然渾然一體的狀態，因為古老中國人當然也相信人來自自然，人是自然不可切割的一部分。《太平御覽》一書就說：「天地渾沌如雞子，盤古生其中，萬八千歲，天地開闢，陽清為天，陰濁為地，盤古在其中，一日九變，神於天，聖於地。天日高一丈，地日厚一丈，盤古日長一丈。」[8]人類與天地萬物同一根源，原為一體。《述異記》也說，當盤古死後，他的頭變成山峰，眼睛成為太陽與日月，他的血液成為河流與海洋，他的頭髮身體成為其他樹木及植物。[9]

當代重要的宗教學家默西亞．埃里亞德（Mircea Eliade, 1907-1986）指出，中國古代的「帝」，其原始意義就是指支配宇宙萬物的自然力量。[10]從商周時代開始，中國君王就必須向「帝」祭拜。這祭拜與其說是對天神的崇敬，不如說是企望與天神合一的渴望，所以君王才稱為「天子」，君王是上天在人間的主宰，王朝頒布律令就說是「奉天承運」等規則。「天、帝」除了作為王朝存續的基礎之外，它也諭示著人與天地自然不可切割的關係。敬天畏地，是中國人古老的諺語，但是中國知識分子在祭拜天地之際，除了讓王朝存續得以合理化，讓王朝的子民得以豐衣足食外，「天人合一」的觀念絕少落入知識分子真正的生活之中。除了一些詩詞及繪畫，將山川畫得極為雄偉，把人與房舍畫得極小，繪成沒入、融入畫中，藉此極力表現人與自然一體的感動。

除了藝術表現之外，天與人的關係似乎是僅僅當作王朝興盛與人民幸福的一種保障罷了。對於自然的愛護及疼惜，絕少出現在中國傳統知識分子的文章或書籍裡。或許在古代中國並無今日工業社會人為破壞自然般的嚴重現象，但是自然之於人，其實是神祕的，是與政權興衰攸關的，是與人民的生存條件相依存的一種概念。人，作為整體的一部分，絕少透過實際行動與自然相通連。

在中國人積極地透過「天、帝」為王朝生存找出路之際，古代印度人卻透過實踐冥想積極發展出與梵天合一的思想。梵天，在古印度的宗教思想中，「最初的存有者是不可思議的、永恆的、無限的；既是一也是一切」。梵，在《奧義書》中的詮釋是「心臟裡的自我，如栗粒，如芥種」，卻又「大於大地、虛空和世界」。它含攝整個世界，它亦是我。[11]印度人透過瑜伽，透過打坐冥想，透過苦修，期望個人與萬有之一切，那梵天，那萬物之理結合為一。從這一點看，印度的返回與自然渾然一體的努力，比起中國人更個人化，也更具行動力。正如佛陀覺悟之際所體現的，天地萬物原為一體，一切都在不可思議的因緣中分離著，同時又契合著。

慈濟作為中國文明的延伸，又是佛教思想的繼承者，它深受這兩種文明思維的影響衝擊。證嚴上人以他的生命際遇及創造力，將人與自然的關係重新詮釋，並賦予個人與群體更大的實踐力。他說，「走路怕地疼」，將物賦予擬人的生命。他說，「用鼓掌的雙手做環保」，讓數十萬志工積極投入對大地、對物命的珍惜及維護，並進一步影響他們的生命觀，這是極具個人及群體行動力的創見。

從人與自然發展的歷史來看，西方社會人與自然的關係是宰制與被宰制的交互更迭；中國社會人與自然的關係不是與政權相連，就是訴諸於詩與藝術的境界。印度吠陀思想深信人與自然的融合是可以經由個人的覺悟，所具體經歷到的境界。而證嚴上人對於人與自然關係的看法，修正了這個時代將自然物化的謬誤，避開傳統社會人對於自然的神祕崇拜，他的情感思維似乎重新賦予了個人和群體，一種面對自然、與自然相融合的獨特實踐方式及創新思維。他指出的路徑似乎證實，不管個人或群體，人與自然的融合是可以實際經歷，具體實踐出來的。

具體生活中天人合一的體現

每天清晨四點鐘，在晨曦尚未破曉之際，靜思精舍的鐘鼓聲已經響起，早課即將開始。莊嚴的誦經聲從遠處就依稀可以聽見，隨著遠近交錯的青蛙鳴聲、鳥叫聲、樹葉隨風婆娑的聲響，相互交融著，像是一首寂靜的交響樂曲，迴盪在大地沉睡與甦醒之間的甜蜜夢境裡。

靜寂了，駐足在此，您彷彿可以聽見自己脈搏的跳動的聲息。精舍門前兩旁的樹，依舊抖擻地樹立著，像是在一起聆聽這輕緩神聖的梵音。早課過了一小時後，三百多位出家師父及志工居士們沉浸在平和的靜坐之中。

近處的鳥兒叫聲更大了！池塘裡的青蛙在奮力鳴唱著，大地彷彿從晨曦的微光中清醒。令人驚嘆的是，在這奇異的喧鬧氛圍中，卻有極其靜謐、和諧的境界。這境界，讓這一群正在靜坐的修行者沉入無邊的喜悅。

可能就是這一刻，每每讓上人感受到大地永不止息的生生之氣。是的，「用寧靜的心，傾聽大地的呼吸」；大地的呼吸聲，真能聽得見！如果您也走一趟靜思精舍，跟著師父們在清晨做早課，就能深刻感受到這種純然、莊嚴又靜寂的境地。

雖說精舍早晨的氛圍莊嚴靜謐，但平日的生活並非如此安適，精舍整日的生活是匆忙有致的。師父們吃完早餐，就開始一天的忙碌工作。奉行「一日不做，一日不食」的精神，他們耕作、種菜、植果樹、做蠟燭、製豆元粉等。耕作所用的肥料都是有機肥，菜園的旁邊，就是廚餘回收場地，也是有機肥的製作場。不忍大地受毀傷，每一位師父都是在農作中習禪、學佛。這種平凡重複的日子，卻能薈萃出其中的甘美，可見生命的光華不是來自特殊生命的刺激歷練，而是讓生命往更深刻處內斂、覺醒。

古代中國禪宗所言，砍柴、挑水無不是禪。真正的禪定，不是在打坐的時候定，不打坐就不定；靜思默想的時候靜，一碰到境界就亂。真正的靜、定，是透過各種卑微的行動達到定，何時何地，無時無刻，不論在進行哪一種行動，都在定中，這是鍛鍊「動中靜」的境界。

簡單素雅的靜思精舍，從遠處望去像極了一個清修的處所，寬廣的廣場前，有一大片草坪及整排的綠樹，樹的後面就是菜園及師父們耕作的地點。背後相映著雄踞東岸的中央山脈，和煦的暖風，是寬廣的太平洋從遠處的海面傳送過來的。精舍師父們至今仍必須輪班，燒飯、揀菜、劈柴、種菜、磨豆元粉，一日不做，一日不食，五十多年如一日。精舍師父們做過多種手工藝，而務農的工作從未停止。

上人早年種田，犁田時，牛不願意動，出家人不能鞭打牛，弟子們正想不出法子，上人就拿著甘蔗葉走在牛前面，一路引著牛往前走，這才把田犁好。除草也是一項辛苦的工作，春天二月時節是花東最冷的季節。一次，上人正要除草，田間水特別冷，一大片草如何能完成？想著想著，他就從雙手能觸及的範圍做起，一會兒工夫，已經完成一大片了。這信念貫穿之後所有的慈善及救濟的工作——從能力能觸及的先做起。不管災難多大，苦難人多少，總是從我們自己能力所能觸及的地方開始做起。

與大地生活的歲月給予上人許多的體悟，或者說，不管是大地耕種，或是救度眾生，上人都堅持同一種理念，以愛引導，盡力而為，並且堅持初發心，始終如一。

看著師父們樸質粗糙的雙手，但內心卻充滿平靜，與他們談話充滿了法的喜悅；和他們處事，處處看到愛和包容的生命智慧。這種品格一如孔子所言：「質勝文則野，文勝質則史，文質彬彬，然後君子。」早期師父們跟著上人，除了耕地種稻植果樹，還必須讀誦佛教經典及儒家的四書五經，這是一個完整人格雛形的建立。透過耕作，與大自然相融相合，樸質的環境造就修行者的品格及志節。這種簡樸克己的志節及品格是入世工作的泉源，也是維護地球永續存在的關鍵和基礎。

自然是人類的母親，為什麼這個世紀的人類，必須為地球加速崩壞而憂心不已？歸根其原因，地球的崩壞是因為人心的欲望貪婪所導致。為了人類生存，我們不斷擴大耕地面積，焚燒森林，砍樹木，以致土石流失，耕地消失，土地癌化，大地受損的後果，人類的生存立刻受到威脅。《大崩壞：人類社會的明天？》（*Collapse: How Societies Choose to Fail or Succeed*）一書的作者賈德・戴蒙（Jared Diamond）就指出，世界奇景的巨石雕像復活節島，在西元七世紀原本是一個居住著六千人左右的人間天堂，到了十六世紀，人口增加到三萬多人，為了擴大居住面積，人們開始濫砍森林，後來森林消失，樹木物種也絕跡，耕地因為沒有植物披被，很快就沙漠化，最後演變成人食人的慘劇。在挖掘出來廚餘有人骨的遺跡，證實島上面臨饑荒，造成島民食人的慘況。曾經是亞洲玻里尼西亞人的後裔，能雕塑重十公噸、高九公尺的巨石雕像的光榮民族，竟以人食人的悲劇，結束他們的文明。[12]

賈德．戴蒙警告世人，不要以為孤立的復活島的滅絕只是一個孤立的現象。人類在浩瀚的宇宙間一如復活島般的孤立無援，一如島上的資源有耗盡的一天。為了不要讓地球成為下一個復活島，因此節制克己的心，才是避免地球因溫室效應而導致滅亡和崩解的最佳途徑。

珍惜物命從克己開始

七千多年前，古薩滿人會將他們獵殺的熊埋葬，是希望他們宰殺的獵物能夠復活。[13] 古代人對於獵物是充滿尊敬的，獵殺了樹林這一端的飛鳥，下一季絕不會在這一帶繼續獵殺。古獵人知道要給予時間，讓自然恢復生機。一直到工業社會高度發達之後，人類用機械屠殺方式對待牲畜，殘酷的程度讓人難以想像。有些豬圈，豬從一出生就被圈養在緊緊的鐵籠裡，一輩子都沒有站起來過，就進了屠宰場。海底魚類的捕捉採用流刺網，大小魚一律捕殺。從人類工業發達以來的三個世紀之間，被撲殺的鯨魚超過五千萬頭。地球一年要撲殺數千萬頭牛、幾十億隻雞，更不談森林和雨林快速消失，各類物種加速絕跡。人類的貪婪欲望所衍生無止盡的擴張，造成自然和物種的毀滅如此地巨大！而這毀滅最終臨到人的自身，隨著自然破壞帶來的溫室效應之厄運，讓我們唯一生存的地球在瀕臨毀滅的倒數邊緣。

證嚴上人就說，「溫室效應」是來自「心室效應」。[14] 要挽救地球，從人心的克己做起。精舍師父們的生活就是慈濟人克己典範。不能克己，環境的破壞不會停止；不能在生活中體會物命的珍貴，不能將對自然的崇敬融入行動中，奢談天人合一的體驗。

靜思精舍是一座再樸質不過的修行道場。唐式的主建築三十多坪的空間，早年拜經、慈善會務、會員聯繫、吃飯睡覺都在這裡，即使經過十多次的增建，精舍建築仍維持著不超過三層樓的高度，這是全球慈濟人心心念念嚮往的心靈故鄉。

資深的師父們說，以前四個人住小木屋，每一個人都排排地擠在一起。上人要求弟子：「行如風，立如松，坐如鐘，臥如弓。」[15]行住坐容易培養，但是睡覺也要遵行儀軌就非常不容易。上人要求弟子必須睡如弓，一位師父一直無法做到，因為他睡覺常常會出現大字形，上人會半夜起來檢查他們的睡姿，睡姿不對，會被打大板叫醒。這位師父最後想出一個方法，就是在睡前將自己牢牢綁好，深怕半夜睡姿又不對。不料，當晚又被大板打醒，因為繩索在睡中被自己鬆開了，又是個大字形。過了許久，這位資深師父才調適過來。這個故事顯現上人要求精舍弟子遵守儀軌的嚴格程度。因為這種嚴格，成為幾十年不變的靜思精舍克己奉道的精神。這精神是支撐全世界六十多個國家的慈濟人在各地無所求奉獻付出的能量源頭。組織愈大，需要的價值信念要愈堅實。團體成員愈多，儀軌的要求就更迫切，更需要。

克己、節約，作為精舍的核心價值，在許多工作環境中被體現著。精舍的知客室及辦公室都使用簡單的木造家具，木製的門房、窗櫺，像極了古樸的書院。遠地人初來這裡，很難想像這是全世界最大的慈善機構之一的核心辦公處所。

來自全世界的志工和訪客，絡繹不絕。師父們必須招呼這些回到心靈家園的旅人，準備一天四百人用餐的廚房更是整天忙碌著，這些經費都是來自靜思精舍的師父們自力更生辛苦所攢來的。這是他們對於慈濟基金會同仁的愛和支持，這是他們在不受供養之際，仍捐助慈濟基金會的具體行動。

精舍的一隅，衣坊間裡的幾位師父，正忙碌地修補縫紉著四眾弟子所需的日常衣物和棉被。精舍的生活所需都是盡量自己打理，能節約就節約。早年人少做手工，生活更為困苦，做嬰兒鞋、撿野菜、炸花生萃取油炒菜；製作又鹹又硬的豆腐，一小片就能配下一兩碗飯。直到今日，精舍偶爾還會製作這種傳統的鹹豆腐，讓大家緬懷昔日刻苦之風。

吃飯用圓桌，讓餐廳有家人般進食的溫暖。餐桌一定公筷母匙，這種方式不只衛生，吃不完的還可以集中在一起，讓下一輪的人繼續食用。夾出來的菜要放在自己的小盤子裡，盤中的食物一定要吃完。桌上放置一小壺開水，吃完飯後，自己盤子裡留有剩餘的一點菜渣，用開水清一清，倒在碗裡喝下去。留下的碗及盤子，都是乾乾淨淨。這種簡約的生活方式五十多年如一日。不只師父們，在精舍工作的一百多位基金會的同仁也都遵循這種進食的禮儀。

在精舍有一個蠟燭間，裡面是師父及平日來幫忙製蠟燭的志工。師父們燒蠟，放進燭模裡，等蠟乾了，再放置燭心，最後取出成品。這蠟燭，稱為不流淚的蠟燭，也是上人珍惜物命的特殊設計。上人早年喜歡看著燭光在黑暗中閃爍融合的光芒，這激發人心沉思默想的深度。上人發覺蠟燭燃燒後，會落下蠟滴，不只浪費燭蠟，而且也不美觀。上人於是將使用過的養樂多瓶做外殼，將蠟倒在裡面，蠟燭燃燒時，蠟會留在外殼裡，這樣既能善用珍惜物的價值，燭光又不流淚，象徵照亮別人是快樂而不哀傷的，也意味著助人無損於己，它是快樂的。

證嚴上人自己過的生活始終樸實刻苦，他堅信每一項物質都含藏著豐富的生命。早期他還會和好朋友寫信，經常直接用來信者的信紙的背面翻過來作為回信紙。一張紙也有生命，物盡其命，這是他堅持一貫的理念。上人每天只用一桶水，惜水的理念親自體現。吃飯的飯桌——一個簡單的家用圓形的木質品，看來已經略嫌老舊，用了二十多年也從未更換。上人吃飯的椅子是一小小的舊藤椅，應該也超過二十年了。每一樣物品都是樸質無華，都是物盡其用。克難、克勤、克儉是上人及所有精舍師父恪遵的生活準則。會客室都是自然光，很少開燈，除非要看主管遞過來的文件，才開一盞身後的立燈。上人的書房空間狹小，永遠只開一盞小檯燈。節約樸質的生活貫穿著五十多年的歲月，一如當年小木屋的生活般，只不過是燭光換燈泡罷了。

克己節儉的生活不只是生命的美德，不只是作為修行的境界，更是大地自然能生生不息的源頭。因此精舍生活所表徵的，不只是一群修行者克己苦修的經歷，更是對大自然一切物命的疼惜之具體展現。天人合一，天，指自然萬物，人必須在生活中真正節制自己的欲望才能真正與自然萬物共存共榮。以慈濟靜思精舍的思維來說，這是透過實踐獲致的。

靜思精舍的精神，正是慈濟志工在全世界救助貧困，深入各種災難現場所懷抱的精神模式；這模式教導慈濟人節約才能遠離災難，克己才能救人類救地球。蝴蝶效應說明北京一隻揮動翅膀的蝴蝶可能造成加勒比海的大颶風，人類每一個人的行為都彼此相連。用蝴蝶效應的理論推演，世界這一端的浪費，正是地球另一端饑荒的肇因。歷史上任何一個人過度地消耗資源，正是現今氣候異常、洪水旱災交互出現的元凶；今天的某一個人對自己欲望的不節制，正是數十年後，地球增溫，海水上揚，繁華的大都市沉入水中的噩耗之催生者。

物我生命等同的價值觀

證嚴上人說：「走路要輕，怕地會痛！」[16]

土地有感覺嗎？「蠢動含靈皆有佛性」一直是證嚴上人所抱持對自然萬物、山川大地的深刻情懷。[17]佛教思維裡的眾生，指的不只是人類，不只是可資衡量的生物，而是包括一切物質的生命。

疼惜大地並不是在享受山林之美，或只能在清晨的寧靜氛圍中體會。上人要慈濟人用汗水，親自體會人對泥土的情，用雙手體現愛大地的心。這對物的情感，表現在每一棟慈濟建築的周圍廣場，都會鋪上連鎖磚，用磚頭而非水泥或柏油，就是希望大地能夠呼吸，這也是慈濟證嚴上人對於大地疼惜最具體的實踐。

九二一地震是被壓迫的大地最沉重的怒吼。在災後重建過程中，上人的著眼點不只是學童災民的生活重建，他也試圖建立一種全新的、人對待土地的價值觀。建築採灰白色，與大地、與青天相融合。素樸簡雅的風格，強調克己及樸質的一貫原則。學校內都有景觀設計，二十多萬名志工，在兩年內將五十所學校的景觀都建設完畢。學生們及家長，伴隨著來自全臺灣的志工，用他們的雙手打造與自然相映的綠地和樹林，希望孩子們能在與自然融合的氛圍中成長。每一棟建築都設計有穿廊，窗戶連通穿廊，可以透視天空，可以眺望背後青翠的大山。[18]

其中學校廣場一律鋪設連鎖磚，以便讓大地呼吸，讓水回收到地底，這不但可以保存水資源，讓樹木能夠繼續得到水的滋養，也能夠讓泥土接觸空氣。慈濟的希望工程所興建的五十所學校，都鋪設連鎖磚。到現在，包括慈濟營建的每一所醫院、學校及會所，總共鋪設的連鎖磚超過五百萬塊，這對於大地之滋養有明顯的助益。

慈濟興建的每一所醫院，四周的空地廣場，在啟用之前都必須將連鎖磚鋪設好。經常在醫院開幕之前，連續幾天，醫院門口廣場都可以看到一群穿著灰衣服，或藍天白雲的慈濟志工，其中包括醫院的院長、副院長，各科主任及醫師都蹲在地上，他們手上拿著一塊塊灰色磚頭，頂著陽光、冒著汗，將連鎖磚鋪在廣場的地面上，總共要鋪十五萬塊。大醫王們這一天不是為病人在努力，而是為生病已久的大地在工作，盼望這一切的細心及用心，能讓土地恢復喘息，正如他們身上淋漓的汗水，落在泥土裡，點點滴滴都化成疼惜大地的甘霖。[19]

上人的法門強調行為的親身實踐，因為那是讓人的心靈能真正轉化的關鍵，是對的價值觀能真正被情感所理解的主要途徑。慈濟的環境生命觀也是如此。一個從未接觸花草樹木的人，成天被關在玻璃大樓裡的人，如何能懂得疼惜大自然，奢談感受到大地的呼吸及喘息？所以上人鼓勵大家用雙手、用身體具體接觸大地，為大地具體付出，疼惜它為承載萬物所作的無止盡的付出。

精舍日常生活中，早餐過後，志工及師父們都會輪流安排掃地。有時候秋天風大，落葉厚厚鋪滿一地，你掃起來都還可以聞到樹葉的喘息；大地從清晨的露珠汲取靈氣，你真正可以感受大地的呼吸。有一次清晨遍地倒滿鮮豔的紅花，你會想到生命還如此璀璨就結束了，不禁令人惋惜。無怪乎詩人會說，「林花謝了春紅，太匆匆！」

人如果不能真正接觸實相經驗，認識花草，了解自然萬物，都是經由書本，透過媒介來學習，那只能看到知識，情感並未真正理解和觸動，那種知不是真知。上人說：「走路怕地痛。」這裡所表達的不是迷信，也不是神祕之說，而是一種真摯情感的透澈及體驗。沒有這體驗及照見，人是人，物是物，彼此沒有感通，沒有交集。人一旦不再與自然交集感通，人就是地球上孤伶伶的一個生命群。

人類歷史的發展，逐漸讓人脫離了自然，這似乎是人類的宿命。智性及情感的發展一方面讓人認識了自己的獨特命運，但也是人類邁向無止盡的虛無和孤寂的開始。人與萬物或有不同，但天人交感，與萬物感通的情懷，其實是可以被人具體實踐的，它是可以被我們用單純的心所領受及理解的。這種情懷不是恣情於良辰美景的風花雪月，而是以寬廣的智慧深刻洞見人與自然是一體，用身體力行的實踐，真正理解到人與自然相依相存的必然法則。

目前全世界最關注的話題「溫室效應」，全球暖化的問題逐漸到了不得不重視改善的程度。但是上人早在四十年前就說天災是始於人禍，「溫室效應」其實就是「心室效應」。每當面對巨大天然災害，證嚴上人嘗言：「敬天畏地，要戒慎虔誠，要說不敢了！」這是沉痛的警語。人類恣意破壞大自然，結果帶來大自然劇烈的反撲；人心的自大及貪念，是自然崩解的主要原因。他要弟子以具體的行動親近自然，疼惜自然，這才是人類生命能延續不絕的智慧之道。[20]

讓大地呼吸　讓建築物喘息

在大林慈濟醫院創立之際，院區內就設有生態池，讓生態系統裡的昆蟲能在醫院附近棲息生長，這是人與自然共榮理念之具體表現。每一所慈濟醫院都設有中水回收，讓雨水回收再使用，大地一切資源涓涓滴滴都是珍貴無比，珍惜物命在慈濟世界裡以各種形式，體現證嚴上人的理念及情懷。

冷氣，一向是溫室效應的殺手之一，新店慈濟醫院佔地一萬多坪，可以開設的床數達一千六百床。在證嚴上人的理念下，所有的病房都有陽臺，陽臺讓擦拭窗戶的工人避免跌落的危險，一方面減少陽光直接照射，以避免耗費更多的冷氣，另一方面可以讓病患享受陽光之餘，在春秋之際，也能享受大自然的微風。這項設計概念幫助病患身心之健康，亦同時照顧了地球生態之永續。

因應節能，從花蓮慈濟醫院開始，到二〇〇六年創立之臺中慈濟醫院，開始採用太陽能板發電，作為補充用電之設施。每一個路燈旁都有一個太陽能板，這是慈濟節能、愛護地球的另一項里程碑。

中水回收是慈濟醫院另一項節能設計，舉凡慈濟醫院裡一切用過的水都回收再使用，慈濟醫院病患使用之洗澡用水都是利用中水回收之設計。慈濟大學及慈濟技術學院也都使用中水回收，讓水之物命生生不息，循環再使用。

先前提過證嚴上人每日用水，都是以一桶水為限。影響所及，慈濟許多志工居家都以節水作為生活重要的準則。基金會負責環保回收的幹部甘萬成師兄，以惜水的智慧出名。他用過的洗臉水或洗澡水，不會倒掉，而是用來繼續沖馬桶。這種珍惜水資源的心情，是對於物命的尊重及延伸。

慈濟的榮董邰中和師兄，深入中國大陸甘肅最乾旱的地區，為農民興建水窖，他對水資源的珍貴，可謂刻骨銘心。邰中和從去了甘肅建水窖後，也開始在他自家中做起節水、省水的設計。人人惜水，因為大自然的資源不是源源不絕。接觸了苦相，看到缺水的窘境，就知道水的珍貴。

不只慈濟人響應省水節水，上人更懇切地呼籲臺灣人要真正愛護這一片美麗的山脈大地。臺北到宜蘭的雪山隧道，曾經因為隧道開挖，流失掉數十萬年累積下來的水脈，幾十萬噸的水就此流入海中，造成附近居民之後嚴重缺水的現象。上人聽聞這消息，感慨世人對於珍貴的水脈不重視，不疼惜。

他用擬人化的方式，將山河大地比喻成人的身體，鑿山挖洞，等於在人的身上刮皮、抽骨、穿腸、剖肚，最後的結果就是失血和崩解。證嚴上人極力呼籲世人重視山的維護，不要因為一時的欲念，為了表面經濟的繁榮，而犧牲養育我們的母親，忘卻人類賴以生存的大地，鑿山挖洞，讓山河大地經歷前所未有之傷痛。

證嚴上人以人的身體之痛來描述大地之痛，正源於愛一切眾生的佛教思維。眾生指一切有情的生命及無情的物命。眾生既然平等，一切萬物與人的生存本來互相依恃，沒有誰主宰誰，沒有誰應剝奪誰。大地給人類萬物滋養，人應學習大地的精神，疼惜一切眾生。而這疼惜之情懷及理念，以慈濟而言，是經由不斷地與自然接觸，用身體去膚慰所得到的覺悟及清醒，是經由生活中體現克己、節約，所生出對萬物的不捨之情。這不捨及疼惜，乃是人類賴以生存的自然不致加速崩解的唯一道路。

總結來說，有別於西方人對於自然萬有從畏懼之心，到對抗，進而征服。中國人對於自然從欣賞，進而以詩意般渴慕之情，企求與自然萬有陶然相忘。證嚴上人對自然萬有是擬人化的，把萬物當作人一般地來看待。擬人化，就是將萬物與人平等化。這眾生平等的概念不是經由詩意的獲取，或任意讓人放縱欲望對自然萬物進行剝削或宰割，而是用親身的接觸去感受萬物有情，以身體力行去實踐天與人的和諧。正如上人要慈濟人親身接觸苦難，膚慰眾生，才能激發自己對人的慈悲心。對待萬有與自然，證嚴上人一樣遵循這個行動思維。親身接觸，克己節約地實踐於日常生活中，才能讓大地萬物得到應有的休養和生息。關於親身實踐，慈濟在全球的二十萬名環保回收志工，用雙手愛護大地，珍惜物命的具體行動，更是體現人與物無分別，拯救有形的萬物，就是拯救自己無形靈魂的一種奇妙的關聯。這一部分筆者將在下一個章節繼續分析探討。

第12章 環保回收與心靈轉化

環保情境與轉化心境

慈濟環保資源回收志工，透過對物質生命的珍惜，同時經歷了自我生命與心靈純淨的轉化。每當撿起一支寶特瓶，拾起一張紙，他們的心靈也往更高境界邁向一步，這是慈濟志工共同經歷的奇妙體驗，可見人與物是可以互相感通；「物命」與人的「生命」，本無分別，也不分離。

當代社會學大師皮耶．布爾迪厄（Pierre Bourdieu）對於人的學習「慣習」（Habitués）提出類似的相應。布爾迪厄說，當我們接觸某一事物，不管是物質的或社會性的，在那個情境中，我們都會獲致某些性情（Disposition）。[1]

一九九〇年，證嚴上人在臺中行腳時，看到市區一處市場，垃圾堆積，髒亂無比，當天，上人在一場公益講座開示中就呼籲慈濟人用鼓掌的雙手做環保。[2]從此，慈濟人開始投入環保回收工作，三十年來，全臺總共有八千二百多個社區環保據點，有十多萬名慈濟志工投入資源回收的行列。[3] 他們將寶特瓶、廢紙、各種電器產品詳細分類回收，其所創造的資源回收與物命的再利用，已獲得巨大的成效。

就紙類回收而言，以二十公斤的紙換算成一棵二十年生的樹木，據統計：一九九五至二〇二〇年，慈濟環保志工總共挽救了二千九百多萬棵樹木。二〇二〇年慈濟志工回收的寶特瓶重量已經高達二百四十幾萬公斤。[4] 這些回收的寶特瓶，在慈濟國際人道援助會（TIHAA）的合力研究下，[5] 已經發展出再製成的賑災毛毯，讓這些看似無用之物得以資源再利用。

慈濟環保志工之年齡層，從三歲到一百零三歲都有。許多志工四點鐘就起床，在社區裡開始回收各種紙張或寶特瓶。他們是社區環保概念的推動者，更是山川大地的守護者，而且是藍色地球的拯救者。

因為這些成效，世界聯合國國際環境大會特地於二〇〇五年六月二日邀請慈濟代表在舊金山舉辦的年會上發表演講，並且將慈濟的環保標誌與聯合國環境保護組織之標誌在大會中併掛一起。[6] 這是對於慈濟環保工作最高度的肯定。

但是在這些有形的成就與肯定的背後，慈濟環保回收工作真正給予生命深刻影響的，是志工們經由環保回收工作，得到心靈的蛻變與淨化。這個經由珍惜物質所獲致心靈的洗滌，是社會心理學十分值得研究的議題。本文將從實地的採訪與觀察，嘗試著分析環保志工如何從環保回收工作的場域中，得到生命相當程度的淨化與重生。

慈濟環保回收工作具有多重的功能，它是愛護大地、珍惜地球資源、善用物命的具體實踐。環保回收場能帶動社區居民，一起加入維護社區整潔，它是落實資源分類最理想的教育處所。從證嚴上人的觀點，環保回收場就是一個自我修行的道場。[7]

環保資源回收不只是保護大地、珍惜物命的工作，它實質上轉化了環保志工們的身心狀態，也同時是證嚴上人企盼淨化人心、祥和社會的重要基石。

環保資源回收作為修行的一種方式，在過去十多年間，轉化無數原本生活苦悶無味的志工，重新找到生命的價值。它讓許多瀕臨破碎的家庭重建和諧，它讓年老者身體越發健朗，讓殘疾者恢復尊嚴與自信，讓沉溺惡習者得到心靈的昇華，讓抑鬱的病人獲得心理的紓解。

「無用」之用有「大用」，環保資源回收的再利用，就是無用之用的大用。而每天看到這麼多的資源回收再利用，讓自我的身心也得到莫大的啟示。

環保回收功能一：物我價值的投射與轉化

「無用之物有大用」，是環保回收志工第一個感受到最深刻的價值體驗。這價值體驗不只在物質的層次上，更是具有心靈層次的意義和影響。

誠如先前所提及，法國的社會學家布爾迪厄提出「慣習理論」（Habitués），說明人的身體會經由環境及活動而獲致一些性情，甚或直接改變一個人的性情。環保志工每天看著「無用」的垃圾回收再利用，他們的性情是否能因此得到啟發及改變？如果一個廢棄的寶特瓶，一張無用的紙，都能回收再利用，並藉此保護地球、淨化人心，更何況是他們那雖然老邁但仍具活動力的身軀呢？

環保志工在資源回收的實踐歷程中，經由對物質生命的珍惜，透過無用之物的再利用，讓他們對於生命有嶄新的啟悟。身體經由這種環境與行動，改變了他們的人生態度；資源回收工作強化了他們自我生命的價值感，也得到他們所處之社群極大的尊敬與肯定。事實上，許多人在環保工作中經歷重生的感受。

臺灣宜蘭礁溪鄉就有一位一百零四歲的張林蕉老阿嬤，從九十歲開始做環保回收。[8] 村裡的人一開始都覺得很奇怪，一個子孫滿堂、生活無憂的老人家為什麼會去撿垃圾？她的子女當然面對來自鄰里很大的壓力，怎麼會讓老阿嬤去撿破爛？子女及孫兒一開始都覺得很丟臉，勸老阿嬤不要再去撿垃圾。當然子女們知道老阿嬤是受到慈濟的感動，是為了將環境資源回收再利用，是為了守護社區清潔及大地之物命，回收所得也都捐慈濟作為公益用途，但他們還是很困擾，因為街坊鄰居並不了解。

老阿嬤仍堅持下去，不只自己做，還逐漸影響熱心的鄰居一起做。日子一久，鄰居們由不解議論，轉成對老阿嬤深深的敬意及感恩。礁溪一帶的環保回收逐漸被帶動起來，老阿嬤成為鄉裡最具代表性的環保回收天使。大家因為她的努力，一起將社區的環境衛生帶動起來，透過環保回收工作，體會不要讓個己的欲望及輕率，造成對地球無止盡的耗損及污染。

老阿嬤在二〇〇六年三月以一百零四歲的高壽往生。她在宜蘭縣礁溪鄉帶領出數百位的環保志工，繼續她的遺志與願力。一個菩薩行者在生命最後的十年竟以如此的能量為人類的價值做出典範，為世間的愛心做出神聖見證。

許多處在生命餘暉階段的老人家，一生的輝煌成就及生理體力逐漸衰退逝去，他們總是有無望的感受，但是加入慈濟環保回收的工作，卻使他們重新恢復生命的生機。

無用之用卻有大用。在從事環境回收的過程中，志工老菩薩看到這麼多無用的物品，仍然可以回收再使用，仍然對社會充滿價值。一張廢棄的紙能變成黃金，一個寶特瓶回收，可以重新再製成毛毯，一條銅線抽出來，可以變成電線繼續發電，那他們的身體呢？無用老去的身軀似乎仍然可以有大用。這種心理的暗示及自我價值的強化，在從事資源回收的經驗中，給予許多像宜蘭老阿嬤這樣的老人家類似重生的生命感受。經由回收活動，他們確信自己仍有價值，他們建構自身對社區潔淨及守護大地健康的正向價值。

無價值感是所有退休後老人家共同的一項生命難題，這難題很難從抽象的思想切入來說服自己，也很難在純粹的宗教儀式中獲得出路。未知的永生與輪迴畢竟緲遠難測，但眼前這種資源回收再利用的活動，不只是保護子子孫孫賴以生存的環境，更是讓他們實際經歷無用之用有大用的價值和信念。

環保回收功能二：平等生命的實踐

特定的身體活動會讓人獲致性情，甚至進而改變人們的性情。這個論點在許多慈濟殘疾環保志工身上一樣得到印證；環保回收工作讓許多殘疾者，用新的眼光看到自己生命無缺的價值。

佛經裡曾提及失明的人也能穿針線，這聽來的確像是神話；在《增壹阿含經》中敘述佛陀的十大弟子之一阿那律尊者，因為曾在聽佛陀開示時打瞌睡，被佛陀問為什麼會懈怠打瞌睡而懺悔不已，從此不閉眼睡覺，因而雙眼失明。但失明之後的尊者更加精進，結果證得天眼通。從身軀看來他是失明者，但是他卻可以手拿針線縫衣服。曾有一次在縫衣時，線和針脫離掉出來了，尊者請問誰願意幫他穿針，而當時正在靜坐的佛陀，慈悲地來為他穿針。[9]

這則故事隱喻著肢體殘疾之人，仍然能夠行動自如的經驗。這經驗在慈濟環保回收的工作中，也經常看到相同的例證。

高雄八卦寮環保站邱淑惠師姊自小眼睛就弱視，到二十七歲只剩一眼可看見光影，另一眼完全看不見。雖然她眼盲，但她仍走出來為這地球盡一分心力。[10]只要在星期六晚上，到高雄仁武的資源回收站，就可看到她努力拆解電風扇或整理報紙。

有一次，她發現有些鄰居不願將回收物放在家裡太久，有些可回收物隨著垃圾車就丟棄了。因此邱師姊協商未搬入居住的鄰居劉岳龍先生，將屋前空地借出來做為環保資源回收點。這一來，鄰居們就可以隨時將回收物放置該處，從那時開始，每天下午三、四點，成為邱師姊資源回收整理時間，而週末，她的哥哥嫂嫂也帶著他們的兩位小孩到回收站做環保。感動於邱師姊的付出與用心，社區許多居民也逐漸加入環保回收的行列，於是整個社區的環保因此帶動起來，這位眼盲的師姊也成為守護社區環境的菩薩。

在高雄也有一位眼盲的志工曲素岷，她是一位韓國華僑，說了一口好中文。她每天都和一位行動不便的師姊吳秀玉，協力做環保。走路不方便的吳秀玉搭著曲素岷的肩走路，曲素岷是她的支柱，而吳師姊則當眼盲的曲師姊的眼睛，為她引路。兩個人每天並肩做環保回收，樂觀的生命態度讓大家都受到感動。「不去看缺陷的部分，即是完美！」這是證嚴上人不斷告訴弟子的一句話。[11] 在曲素岷和吳秀玉的合作無間當中，可以看出合心協力所締造的完美實踐。

那些有形的、看得見身體的、物理性的不完美，容易被辨識，或許人們也比較願意尋求合作及協力，但是人心智或性格的缺憾不足，卻不容易被察覺或被自己承認。這也使得人與人之間的合作協力變得不容易，而殘疾者的合作無間對於身軀健全者，不無提出一個反省的空間。

慈濟人的美，是美在每一個人都相互扶持，都願意成就他人的那一分真心。行動不便的吳秀玉後來找到一份工作，她只能週末做環保，這對於每日都到環保站的曲素岷而言失去了夥伴。但是高雄的另一位志工幹部立即接手陪伴，她每天花上將近兩小時送曲素岷來回八卦寮環保站。[12]

二〇〇七年十月的一個下午，曲素岷在這位志工幹部黃師姊的帶領下，在高雄分會見了上人。曲素岷用心地比手語給上人看，志工幹部一旁搭著她的肩，幫她唱和著歌曲：

感謝你給了我溫暖的擁抱，
讓我擺渡過生命低潮，
一顆心裝滿愛，風再大，不飄搖，
學會把肩膀，借給人依靠……[13]

黃師姊那種呵護曲素岷的心情令人動容。曲素岷用極盡虔誠的心情比著手語，透過手語傳遞著她的深情，彷彿她也能看見。在場的人看了都不禁潤濕眼眶。上人問誰教妳比手語的？曲素岷說是黃師姊教她的。這就是慈濟人的愛，總是以成就別人生命作為她生命的價值核心。

真實的定義是因為我們實踐了真實

這些志工的體驗，正如俄國心理學大師列夫·謝苗諾維奇·維果斯基（Lev Semenovich Vygotsky）之「最近發展區域（The zone of proximal development）」理論所陳述，我們生命的真實是來自我們實踐了真實。真實的生命價值透過一個一個的寶特瓶、鐵罐、紙張的回收再使用，而得到內化及確認。維果斯基說，「Like all functions of consciousness, it originally arises from action.」一項觀念的真實建造，不是來自於語言或觀念，而是該觀念被真實地實踐出來。[14]

這就是為什麼上人把實踐當道場。不管是一百零四歲的宜蘭老阿嬤，或者是高雄眼盲的邱淑惠師姊，或殘疾的曲素岷及吳秀玉師姊，她們在參與環保回收的行動中，都同時經歷生命的轉變。一個看來被認為生命價值性未能充分彰顯的身軀，卻發揮了令人敬佩的正向能量。

再多的經文及道理都不能取代實踐之力量。「無用之用有大用」，志工是經由實踐得到啟示、內化及確認。上人說佛經中「蠢動含靈皆有佛性」，[15]一切有情眾生包含有形、無形的生命及物命，中國人的「心物合一」只是一個抽象的哲學概念（中華百科全書），[16]但是環保志工用他們的雙手感通萬物，感通每一個生命極珍貴的價值，這是一種真實的經歷，這經歷體現「心物合一」、「萬物有情」的生命價值及哲學。

價值感是經由愛傳遞建構

維果斯基所言，觀念的建造，是來自我們真真實實的實踐並經歷了該項觀念。[17]雖然如此，同一種真真實實的經歷，卻可能出現不同之觀念，同一項行動可能產生不同的觀念及結果。比如一位靠收取回收物維生的拾荒人，未必體會得到慈濟志工「無用之用有大用」的生命價值，這其間的區別之關鍵在於，有沒有一項價值在工作的場域裡不斷地被強化傳遞？而在慈濟，回收工作的價值不只明確地傳達給每一個志工，這項價值更是以「愛」作為傳遞的媒介。

慈濟的環保回收站，提供現代人一個失去已久的大家庭「愛」的感受。那種傳統社會裡，大家在曬穀場互相關懷、協力工作，晚間趁著星光，相互傾吐心聲的村莊社會的心理支持系統，愛和價值感是並行不悖的。沒有愛，價值的建構是生冷的，甚至變成教條。價值的傳遞如果缺乏了愛的成分，就變成「應該」，而應該多半是約制性的，甚至是心理學家凱倫．荷妮（Karen Horney, 1885-1952）說的，變成一種「應該的暴行」。一項對的價值，如果是經由人與人的愛做傳遞的媒介，它就是令人愉悅的，能激發人參與投入的熱情。價值像五線譜，愛是音符，它讓音樂的喜悅在靈魂的深處飛躍。[18]

問到環保志工為什麼喜歡做環保，他們幾乎都異口同聲地說，因為他們在環保站可以感受到一種莫名的喜悅。這莫名的喜悅就是價值感的獲得，以及群體那一分大愛的喜悅。

這種大家庭的愛的喜悅，並不是自願加入的志工才能感受到。一些一開始排斥環保回收的志工，在偶然間參與，仍能被這種家的氛圍深深地感動啟發。

一位環保志工敘述他加入資源回收工作的過程。他說，一開始只是被鄰居再三邀請去開環保車，他想：「好吧！只是幫幫忙。」但是當環保車上載滿了回收垃圾，他開車的時候，頭都不敢抬起來。到了環保站，他覺得不好意思，也加入幫忙做分類，但是心裡非常想趕快離開，因為很怕碰到熟人，不知道該怎麼解釋。但是正當他想要離開之際，就有師姊剛好跑過來說：「大家來吃點心喔！」他於是心想：「好吧！吃完點心再走吧！」剛吃完點心，又想要離開，心裡卻覺得很不好意思，於是再做一會兒。沒想到過一會兒又想走的時候，另一位師姊又說：「來喔！大家來喝冬瓜茶！」結果他又走不開了。就這樣，他一整天都待在環保回收場。直到傍晚，他內心感受到無比的成就感及莫名的喜悅。

環保站就像一個家，像一個充滿愛及正向能量的家。這種家的溫暖感受，是吸引許多人加入環保回收工作的關鍵，而一旦以行動加入之後，環保的觀念就會慢慢建立。

中研院的生物科學博士班的一位研究生，剛開始到內湖環保站時，只是因為要等候接送他家的師姊晚間參與活動；他心想，與其在旁乾等待，乾脆一起下去參與夜間環保。本來對慈濟環保不甚了解的他，進入環保資源回收工作，發現這裡有各種人來參與，甚至連專業人士、成功的企業家都在裡面。大家把他當兒子看待，這名學生在資深志工的身上獲得許多他未曾有過的人生經歷，這是一個類家庭的大愛給予人的吸引力。從此，他每週固定撥時間做環保，資源回收成為他的心靈教育的一部分。

環保回收功能三：回收工作與身體復健

現代許多的疾病其實是缺愛的結果，是孤獨及無價值感所引起的。精神醫學家已經證實人的心理狀態會決定他的身體狀態。許多環保志工在從事環保回收工作一陣子之後，發覺原本殘弱的身體或有病的身軀奇蹟式地恢復健康及活力。醫療社會學家克里斯・西林（Chris Shilling）就指出，人的身體是一個不斷在改變中的生理及社會現象。為什麼人的身體是社會性的？社會學家埃爾斯塔德（Jon Ivar Elstad）指出，那些處在社會底層的人，比較容易得病。社會生活、自尊心、安全感、自我控制的能力，以及被喜愛的程度，維繫著一個人的健康狀態。[19]

人在自卑及壓力底下，或缺乏社會支持系統的環境下，比較容易生病。相反地，在愛的支持系統下，自尊得到保障，受到歡迎，或者所從事的工作具有深刻的意義感，會讓人的身體處在一個較佳的狀態。社會學者弗倫德（Peter Freund）也指出：「社會生活或社會結構脈絡的交互聯繫，直接影響人的身體狀態。」[20]

這些理論研究解釋了許多慈濟環保回收志工在做環保工作中，身體狀況經歷不可思議的改變。環保回收場給每一位環保志工提供愛的網絡，以及溫暖又堅實的社會支撐力量，這力量誠如醫療社會學的理解，讓他們的身心狀態得到極大改善。

臺北內湖環保站的志工許金蓮在做環保回收之前，她的駝背將近九十度，結果從事環保回收一年後，她逐漸從駝背的身軀，轉為直挺挺的健康身體。[21] 八十幾歲的許金蓮阿嬤如今經常出現在環保站，分享她做環保的經歷及奇蹟。仔細看她做環保的樣子，在資源回收的過程中，她要不斷地搬移箱子，裝置回收物，常常起身、舉步，好像在不知不覺中已經忘記了身體的疼痛，最後終於站直了起來。現在她的身體不痠也不痛，許老菩薩懷著感恩心情說：「感恩上人！」她回憶說，「我背直挺起來之後，回到娘家，大家都嚇了一跳！做環保真的愈做愈健康，愈做愈快樂！」

許金蓮老菩薩的媳婦許雅蘭回憶說：「以前我剛結婚的時候，看到我婆婆是駝著背在煮飯、炒菜，現在在廚房是挺著腰在做事情。」許金蓮所經歷的，不只是環保回收的運動使她的背直挺起來，家庭式的溫暖與環保工作所傳遞的豐富之價值感，也是她逐漸康復的因素之一。

同樣的案例發生在中和市環保志工賴呈祥身上。賴師兄已經五十多歲，二〇〇一年在工地工作時，頭部受到重傷，造成顱內出血，手術無法取出血塊，隔天又開刀將頭骨暫時取出，冰了六個月，等療癒後再裝回去。出院之後的他身心狀況非常差，家人常常到神壇求神明保佑。住在附近的慈濟人知道他的情況之後，就帶領賴呈祥出來做環保資源回收。一開始他也懷疑自己能不能勝任，他的手腳都不太聽使喚，怎麼可能做環保？但是在志工的鼓勵下，現在他每天一早起床，先到公園運動，再去做復健，九點到環保站，一直忙到十二點。

他選擇比較不用費力氣的雜紙分類區，做細部分色的工作，把一張一張有顏色的紙和白色的紙分開。因為雜色的紙混在一起，紙廠回收的時候必須用脫墨劑將色紙漂白沖洗，這些化學劑將會污染更多的水源及土地；若把色紙分出來，就減少許多化學清洗藥劑的污染。

賴呈祥做分類時，雙手經常不聽使喚，他就改用腳來做；就這樣手腳並用，三年下來，他的身體變得更柔軟、更健康，每天精神十分健朗。

回想當年出事後的日子裡，賴呈祥從本來不會拿碗筷，手腳不靈活，到現在可以自己吃飯，環保讓他恢復身體及心理的能量，他愈做愈歡喜，愈做愈愛做。「把做環保當復健，這樣對我來講比較好過日子。」賴呈祥欣慰地說。[22]

中風後投入回收的環保志工

環保志工吳招鎮中風兩年，手腳、眼睛都有損傷。工作沒辦法做了，整天除了吃飯，就是呆坐家裡與電視「對看」。他說，那時候覺得自己好沒用，是社會的「三等」國民——等吃、等睡、等死，根本就是一場惡夢。[23]吳招鎮的顏面神經也受影響，口齒含糊，但他還是努力地要把話說清楚。原本意志消沉、自我封閉的吳招鎮，被一位脊髓損傷的鄰居郭阿華師兄所感動，郭師兄對吳招鎮說：「我用柺杖都能走出去了，你還有兩隻腳，沒有理由不出門！」這句話讓吳招鎮有了新的覺醒。從二〇〇五年十一月開始，他每天清晨都跟著郭阿華到高雄鼓山區銀川環保站當志工。

郭阿華早年因工作意外導致脊椎受傷，下半身癱瘓。在環保站多年來，他習慣一邊做環保，一邊聽著證嚴上人開示的錄音帶，一句「發願要發在腳底，而非只是嘴上」的話語，深深地打動他的心，沉醉麻痺的肢體突然間觸電甦醒。郭阿華把這個心靈的經歷告訴吳招鎮，鼓舞他走出封閉幽暗的世界，兩人結伴同行，終於創造出令人驚羨的生命光華。「別人是用『鼓掌』的雙手做環保，但我要用『中風』過的雙手做環保。」吳招鎮這麼說。

吳招鎮和郭阿華兩人合作無間。每天早晨郭阿華發動改裝的機車，在行動較慢的吳招鎮的家門口等他，吳招鎮吃力地挪動身體，略微勉強地跨上機車，在機車把手上，郭阿華依然可以感覺到吳招鎮微顫的雙手，這成為他們每天例行的生活。郭阿華說：「現在吳師兄比我還要精進，無論颳風下雨都會來做環保，這裡是他另外一個家。」[24]

環保回收工作讓許多像許金蓮、吳招鎮、郭阿華等身體不適的人，經由長期資源回收的活動，以及讓生命充滿高度價值的生活型態而逐漸獲致健康。社會處境影響身體狀態，「愛」及「群體」的支撐力量，讓環保回收場域裡有「類家庭」的大愛，給予他們的身體新的力量及能量的滋養。

環保回收功能四：憂傷心靈之重建

「情境教育」是慈濟創辦人證嚴上人一生致力淨化人心的重要法門。經由情境或群體讓一個人的人格經歷重大轉變，這轉變就是證嚴上人所說的「境教」。[25]引用社會學家布爾迪厄的說法就是：「場域」決定了一個人的思想及行為之轉變。

環保場域提供一個最好的生命情境教育，一如宗教的聖壇或道場，或者從某一角度而言，它的力量更勝於宗教道場，因為在這裡，人們接受的不只是藉由閱讀經典而獲致觀念的理解，不只是經由聆聽法師說法講經得到思想的廓清，而是經由具體的實踐力，將沉溺的、負面的情感洗滌昇華。慈濟環保資源回收工作，讓許多人生命中長久積累的慣習獲得洗滌再造的過程。

布爾迪厄所提出的「慣習」說（Habitués），認為慣習具有一種能動性，具有不斷創造自己的新本質的特性，所以「慣習」不同於「習慣」，具有生成性、建構性，甚至帶有某種意義上的創造性能力。[26]布爾迪厄並未解釋慣習再創的因素為何？而以慈濟經驗來說，慣習之再造是經由「愛」激發個人的覺醒，再經由「場域」使他們的慣習得以建構，並且使之長久化。

慈濟環保志工巫喜教酗酒將近二十年，他的墮落意識來自對人性深深的失望。國小一年級，巫喜教在一次例行的打掃工作中，由於不小心用水灑了老師一身。他雖然不是故意的，但四個同學不待他說明原委，追著他，把他圍起來，甚至重重地打他一巴掌。這一巴掌粉碎了他的自信心，造成他一生最深祕的陰影。

巫喜教從此不再信任人，甚至常有很嚴重的被害妄想，他變得不善交友，性格逐漸封閉在自我的世界。他總是獨來獨往，鬱鬱寡歡，不會也不願和他人分享內心的感覺。最後，他染上酒癮，酒成了他逃離自我哀傷的唯一方式。

酗酒二十年之後，有一次因緣，巫喜教協助新莊地區的慈濟環保志工駕駛環保車，在慈濟志工柯簡桃的關懷引導下，他每個星期固定參與環保工作三、四天。

當時巫喜教還沒有戒酒，經常喝了酒之後，才去環保站。在環保站的志工聞到酒味，有些人心裡知道但是不說，有些人則會問：「你怎麼有酒味？」之後，他就在做完環保之後才去喝酒，怕人家聞出酒味。

做環保工作有辛苦的時候，收了一大堆紙箱賣給回收商才一點點錢。雖然錢都是捐給慈濟做公益，但是他經常以酒的價格來衡量事物的價值。他載著一卡車的紙箱，結果才換不到幾瓶啤酒的錢，這帶給他很深的感受，自己花了那麼多錢喝酒，實在非常浪費金錢與生命。於是，他更深入慈濟志工的工作，從參與者變成修行者；他參加培訓，受證為慈誠，也把陪著他二十多年幽暗歲月的酒戒除了。[27]

「慈濟讓我覺得人生變得很實在，不再是虛無縹緲。」巫喜教說。透過慈誠隊的共修課程、訪貧、環保等活動，巫喜教感覺到心門被打開。他獲得了重新經營人際關係的勇氣，漸漸走出小時候「一巴掌」的陰影。現在的巫喜教，絕不喝酒，而內心卻充滿法喜與快樂。

酗酒，從心理學的角度分析，通常都是逃避性格所導致。當一個人自尊心低，迭遭生命的挫敗，空虛、無價值感、心情沮喪時，借酒達到一種「酬償效果」。而巫喜教究竟經歷何種感受，使他遠離了酒帶給他身心二十多年的禁錮？環保工作的專注，讓他重新附著在一個正向有價值的工作上，逐漸遠離對於酒的依賴慣性。

另外，環保回收場就像一個大家庭，大家邊做邊聊天，相互關懷，沒有階級意識，不管是老人家、年輕人、勞動者或企業家，彼此之間都一視同仁，大家一起參與資源回收工作，所做一切都為社區環境、為大地、為一個祥和的人間，以及一個乾淨的地球而無所求的付出。這種愛的專注及價值感的不斷實踐，讓一個人擺脫禁錮自己的空虛、無望、壓力、自卑、逃避等負面情緒，並得以重建「生命慣習」。

另一方面，環保資源回收工作，讓人專心一念，而專心一念會產出極大的心理調適動能。一如禪宗打坐，要求心念專一，做環保回收也經歷同樣的感受。

佛經裡曾記載，佛陀弟子周利槃陀伽，資質愚笨，連一首偈語都背不起來，同門的哥哥也感到無奈，勸他還俗算了。他非常傷心，佛陀安慰他學佛不一定要會背偈語，於是教他專念「掃把」兩個字，念誦時暗示自己要「掃除心思雜垢，安住清淨心意」，不知不覺中，他領悟心靈是本然的清淨。[28]

專注的力量是不可思議的，許多人無法面對痛苦，無法承受挫折，所以選擇某一種沉溺作為逃避的方式。酗酒、抽菸、性愛的歡愉、賭博、吸毒等，都是人逃避真實命運的避難所。

佛陀弟子周利槃陀伽對於掃把的專注，正顯示專注的力量能突破生命的困境，治癒自己的脆弱，並啟動生命的覺性。

「掃把」兩字的專注有如此轉化心靈的效果，正如環保志工每天專注地投入做資源回收的工作，他的心靈也跟著淨化昇華。慈濟臺北環保志工總幹事陳金海就說：我們的煩惱根源都是想太多，心思過於複雜。環保分類，不管是紙的分類、踩寶特瓶，都會讓人心念專一地做。這種專注，引領許多慈濟環保志工逐漸紓解內心積累的憂鬱和痛苦。

布爾迪厄的場域與慣習理論

布爾迪厄的慣習理論（Habitués）提到，身體會經由環境及活動獲致一些性情，甚或直接改變一個人的性情。[29] 這些性情會向他所處的世界開敞，也向他所處的社會結構開敞，亦即環保工作本身的社會人際氛圍及情感向度，深深地經由身體的勞動，改變了一個人的習性及性情。

布爾迪厄進一步說明慣習是一種「結構性的機制」（Structuring Mechanism），其運作來自行動者自身的內心，亦即經由內在心靈的覺醒而改變自我之習性。這似乎恰恰說明，在慈濟的環保場域裡許多志工如何從場域的文化及價值實踐，獲得自我內心的提升及轉化。這種理論也適用在包括巫喜教等人身心狀態之轉變，經由場域的形塑，他們成了重生「再造」的人。

從打牌的手到做環保的手

佛洛姆（Eric Fromm）曾說，生命的打擊一方面能淬煉自己，另一方面也可能深深地剝削一個人的自信心。[30]

環保志工林籤從很多角度看她都不像是一個賭徒，她的命運多舛，早年先生因為車禍導致癱瘓，在病床上躺十八年之後往生。而在先生往生之後，林籤的大女兒也在一場意外的車禍中往生。在遭逢這一連串突如其來的打擊之後，原本生性樂天的林籤崩潰了！她每天深埋在悲傷裡，過著以淚洗面的日子。

為了轉移這巨大的哀傷，林籤開始接觸「賭」，原本只把它當作消遣、打發時間，沒想到賭癮越來越重。一開始賭個幾百元，賭到最後，可以一次拿十萬元簽賭大家樂，越陷越深，任憑親朋的苦勸，她完全無動於衷，每天的心情就隨著賭博的輸贏載沉載浮。過不了多久，她的心臟不堪晝夜顛倒和情緒起伏的沉重負荷，終於出了毛病，而長期在牌桌上，四肢也出現各種症狀。

哀傷的心靈似乎只有藉著巨大的輸贏刺激，才得以轉移，這個心理機制一直支配著她。賭場的廝殺使她忘卻親愛的人的離去，賭場一方面也提供類似家的熱絡，賭友的狂嘯、哀苦、悲涼或嘻笑，都牽動著她脆弱的心智往更深處沉淪。

有一天，她輸光了，極度沮喪又氣憤，就在她跑回家拿錢，準備再扳回一城之際，正好碰上一位慈濟委員到家裡向她的媳婦勸募功德款；當時林籤將佛教慈濟當作是一般廟宇，是為了建廟來募款，心裡的欲念一動，想說今天運氣這麼背，輸得那麼慘，不妨乾脆布施廟宇求得神明保佑，或許手氣會好轉。這一念心，雖然沒有受到保佑，但卻引來「活」菩薩轉變了她的人生。

林籤捐出身上僅有的五百元給慈濟委員，然後轉身拿了錢又出去賭，到了深夜她還是輸得精光回家，她原本就是每賭必輸型。隔了一個月，定期來收功德款的慈濟師兄又來到家裡，又碰上林籤；林籤看到慈濟師兄，一下子上了火氣，罵了師兄一頓，說他專門騙吃騙喝。林籤的憤怒及咒罵並沒有讓慈濟師兄退縮，隔天，師兄帶來證嚴上人的開示影帶播給林籤看，林籤看到上人對於世界苦難人們的那分悲心，她耐心地看完，而心也被上人的法語深深地觸動融化，她的悲心從此點燃了。

林籤在那位慈濟師兄的安排下，參加花蓮尋根之旅，並且到臺中分會聽上人開示。上人說：「垃圾變黃金，黃金變愛心，愛心化清流，清流繞全球……」[31]林籤用心地思考著上人開示的內容——我們每一個人都有一雙手，就有辦法去做有意義的事，利用做環保去行善，也能學著放下身段。上人的話語讓她迷失的心開始清醒——一雙手就能做有意義的事，但是她的雙手卻整日沉溺於打牌……從此，林籤從迷茫中頓然覺醒，整個人埋入慈濟環保志工的行列，黑暗的日子逐漸離她遠去，一個光明的境地迎接著她心的迴向。

現在的林籤，每天都利用清晨到公園運動的時間，沿路尋找撿拾可以回收的物品，到公園的第一件事不是運動，而是先翻垃圾桶，將每一樣可回收的東西放進她的百寶袋裡。下午她又騎著車和媳婦挨家挨戶回收，晚上就在家中空地做分類，假日就攜家帶眷到附近的環保站做分類。不管豔陽高照的天氣、風雨陰霾的日子，她的身影總是穿梭在每個資源回收的角落，她那封閉已久的黑暗心靈終於見到璀璨的陽光。

鄰居原本對她的行為改變難免抱持好奇與懷疑，但最終都被她的堅持及開朗說服了。林籤抱持一顆單純的心，除了自己投入，更積極帶動整個社區的居民一起進行環保回收工作。[32]

從心理分析的角度來解釋林籤的轉變，了解為什麼環保回收會有如此的力量讓林籤離開牌桌，讓她人生有如此脫胎換骨的轉變？

英國著名的賭博關懷協會的保羅．貝靈格（Paul Bellringer）對於賭博者的心理做了如下表示：「對賭徒而言，賭博可以獲致變相的滿足自己、逃離壓力、感覺有控制權及力量，以及因為贏錢而增加成就感。」[33]

林籤在先生遭逢不幸，加上女兒相繼往生之後，無法承受巨大的哀痛，她感到對於生命強烈的無力感，因此藉由賭博逃離哀傷，藉由牌桌上輸贏獲得操縱生命的力量，也期望在牌桌的社交上獲得親情的慰藉和餘溫，這當然是不可得的。而直到她加入慈濟，開始從事環保回收工作，環保工作給她一種具體正向，並且可以掌握的成就滿足感。

環保資源回收工作對人類永續生存的意義，以及維護純淨地球的重要性，相信給予林籤的生命確切的價值感。慈濟人的關懷，慈濟團體所承載的宗教情懷，加上證嚴上人所抱持的大愛精神，都給予她一種嶄新的智慧，去認知生命的無常。理解到「人無法把握生命的長度，卻可以掌握生命的深度」，一切的幸與不幸端在一念之間，就像一雙手，可以賭博，也可以做有意義的工作。這種生命價值及家庭溫暖的重新獲得，是林籛在加入環保回收工作之後，逐漸遠離賭博惡習的真正原因。

價值感與身心狀態

值得進一步說明的是，林籛及其他許許多多年老的長者志工、身體殘疾者、深受心理疾病困擾的人，在投入環保回收工作後，都一同經歷了生命價值的重建。這轉變因素並不全然是因為資源回收工作本身所造就，而是這環保回收場域裡所傳達的價值實踐，以及慈濟團體中所蘊含的、持續支撐著人們心靈的那股大愛和慈悲的力量。

證嚴上人的「珍惜物命」的生命觀，[34]經由群體成員傳遞到每一個環保場所，經由大愛電視及慈濟相關媒介，強化這個理念，也透過由志工聚會分享，深深植入環保志工的心中，成為他們在回收工作中經歷身心巨大轉變的關鍵能量。亦如「格式塔心理學」（Gestalt psychology）大師庫爾特・考夫卡（Kurt Koffka）所言，價值感使人們的內心和外在世界發生關聯；人的「心理場域」與「物理場域」能相互交融互動，主要是因為價值感及意義感的建立。

> "It is not a mere sticking-together or aggregation of experience, but a weaving together by means of meaningful connections...It is much harder to learn a string of nonsense syllables than a series of words connection by meaning."

（人的心理狀態不是一連串經驗之累積，或是對環境的直接生理反應，它是連續性的意義認知及建構。價值觀，有助於人們更創性地去認識世界及看待自己。）[35]

意義感及價值觀是人們重建心智的重要利器，一如考夫卡所說：「我們將生活經驗加以聚合、分類和認知，是為了幫我們的心智建構一個簡單又具建設意義的價值觀。」"We group, categorize, and reorganize our experience, always seeking the simplest and most meaningful constructs of the contents of our mind."[36]

考夫卡更進一步指出，報酬對於人的學習能力未必是一項正數。許多人經由價值觀及意義感的建立，反而更能建立成功及有利的模式。這些環保志工身心狀態的重塑及建立，不是經由物質報酬，而是經由價值觀及意義感之建立而獲致的最終結果。我們觀察到在慈濟環保回收工作的場域中，許多年長者、身心障礙者、沉溺於各種惡習者、心理精神官能症患者與家庭問題的受害者，都經由資源回收工作，重新尋回他們的生命價值。

環保回收功能五：家庭關係之重建

在我們的觀察中，慈濟的環保回收場，也使得許多瀕臨家庭破碎的人們重拾溫馨的家庭關係。

現代家庭最大的危機是因為在專業分工之後，每一個人都好像活在被工業資本主義畫好的格子裡過生活，不只在社會中人成了孤立的個體，甚至在家庭生活中也逐漸因為缺少共同的生命議題及可溝通的價值觀，而漸行漸遠。離婚率攀升不正是資本主義社會的必然？人在一個物化的環境裡，每天伴隨競爭所帶來的壓力，藉助各種欲望的放逐得到逃避或紓解，人的本質及真正愛的需求在高度競爭的社會中受到壓抑；這壓抑並不會經由家庭尋回，而是恰恰壓制了家庭中應有的溫柔之互愛。

德國社會學家伍爾利希・貝克及其妻伊莉莎白・貝克葛恩胥函（Ulrich Beck & Elisabeth Beck-Gernsheim）所合著的《愛情的正常性混亂》一書裡，陳述有關文明世界的現象，正好說明工業社會專注分工的體制，對現代家庭所產生之衝擊。

「如果社會情境迫使個人專注於自己的利益，分享個人生活的可能性還有多少呢？即使動機全然是完善的，但是以下的情況也必然會產生：兩個未能建立起共同世界的生命體，必須捍衛各自的世界，最終導致了時而文明、時而失控的猛烈爭執。」[37]

環保資源回收場提供夫妻一種共同的使命及價值觀，環保資源回收場也像是一個大家庭，充滿了大愛，這種愛的氛圍，讓許多瀕臨家庭分離危機的夫妻，重新建立和諧的家庭關係。

臺南大灣環保站的楊王乙瑛師姊，在軍營旁開了一家小雜貨店，先生開計程車雖然也算是勤奮，但是因為工作性質到處跑，染上許多不好的習慣，抽菸、嚼檳榔，脾氣也變得很壞。家庭關係始終困擾著生活單純的王師姊，直到在一個因緣下，她加入環保志工。約莫十年前，一位慈濟志工詢問她是否願意將店中瓶罐垃圾捐給慈濟做資源回收，那時店裡生意很好，阿兵哥固定會來購買物品，王師姊知道證嚴上人呼籲環保回收不只保護地球，也能將回收所得用來淨化人心，濟助貧困，她就義不容辭地答應了。這偶然的因緣與善心，最終改變了困擾著她多年的家庭關係。

剛開始做回收工作時，她的先生極力反對，覺得添麻煩又怕影響環境衛生，對小孫子的健康不好。

但先生看到她將回收物整理得井然有序，又做得不亦樂乎，久而久之，他從偶爾幫忙到最後也全心投入環保資源回收的行列。

王師姊的先生——楊師兄檳榔從不離口，衛生習慣不好，喜歡隨口吐痰。不工作時，就和好友聚在一起打麻將；整天在外奔波造成他易怒的性格。自從加入環保志工，他也學習了慈濟人的調和聲色、柔言軟語，所有的壞習慣都戒掉了，做環保的快樂取代了吃喝玩樂的刺激享受。

初期楊師兄還在開計程車時，每次工作完就到環保站報到，開了一整天的車後，到環保站活動活動，身體反而變得更舒暢輕鬆。近幾年，退休後的師兄幾乎把環保站當作另一個家，每天照三餐到環保站幫忙。

現在王師姊及她的師兄，帶動鄰居親朋投入環保工作，自己一家老小，包括子女、媳婦、四個小孫子（五歲到十二歲）都加入志工行列，家人相處和睦融洽。王師姊說她的小孫子很乖，很喜歡去環保站幫忙，她希望灌輸孫子們從小就有正確的觀念，讓環保能融入他們往後的生活之中。

慈濟的環保回收站無疑提供了一個夫妻家庭共同活動的場域，這場域成了他們可分享可溝通的共同世界。這場域不是競爭的，卻是創造性的；不是剝削與被剝削的，而是互相成就及尊重的；不是相互猜忌，而是互敬互愛的關係。這關係對於現代專業分工的社會，提出另一種反思及療癒。這種愛大自然、愛彼此的場域，提供彼此一個共同的價值體系，而這正是許多慈濟志工重修家庭關係的契機。

臺南的蔡麗英師姊，已經年近六十，她的家庭生活一直很不如意。一九六六年先生由職業軍人退役後，原本就嗜酒的惡習，變得更加肆無忌憚，竟日無所事事，白日閒蕩在家，酗酒咆哮，性情相當暴躁。而她自己也曾經是一位非常凶悍的婦人，嗓門及脾氣不遑多讓，所以夫妻倆幾乎日日都有口角爭執。夫妻間長期的緊張關係，讓蔡師姊變得非常抑鬱憂悶。偶然的機會，一位友人建議她可以參加慈濟環保志工，每週五她和志工們到成大醫院回收紙箱，每次都載滿三、四輛的大卡車；她的心也像裝滿的卡車一樣，飽滿豐富起來。

回想過去，蔡師姊覺得以前過一天像是有四十八個小時似的，日子非常煎熬，但是從加入慈濟環保工作之後，時間匆匆過去，每天的生活都非常充實。二〇〇二年年底，蔡師姊的先生身體變得非常虛弱，經常莫名其妙流鼻血，師姊勸他多多做好事，不但可以幫助人，身體也會更健康。潛移默化下，她先生偶爾會跟著師姊到環保站幫忙做回收工作；由於團體的感化，他逐漸懂得節制飲酒，脾氣平和很多，也比較少和師姊吵架了。

過去蔡師姊長年為人幫傭，身體累積了不少病痛，二〇〇一年開刀後裝設鐵釘以固定腰椎，醫生判斷約三個月後才能取下固定腰部的鐵衣，但她休養了一個半月就忍不住回到環保站工作，一兩個禮拜後竟然可以拿下鐵衣，也未感到有任何不適，環保回收工作似乎讓她身體恢復得更快。

回想當初與先生相處的問題，幸而能投入環保志工，讓她度過了心理的難關。師姊一面念佛號，一面做分類，心無旁騖，忘卻了所有煩惱，不會再鑽牛角尖，心情自然放鬆下來。她說這是治療憂傷最好的方法。

環保回收功能六：物的分類與心靈秩序的梳理

社會心理學家建議，如果人無法靠意志改變自己的心情，可以經由行為的實踐逐漸掌握並改變自己的性情。心理學行為治療師會透過「先讓一隻腳進門」（the foot-in-the-door）的理論，引導人們從一小步開始做起，讓有心理困擾的人經由一小部分的行為改變，逐步擴大到他們的生活全部，並進而改變他的身心困擾及不穩定的性情。[38] 外在世界對於人內心具有一定程度的影響，這亦如先前我們所提出的社會學家布爾迪厄的理論，經由行為與外在世界的接觸，人們會從外在世界裡獲得性情的改變。

社會心理學家同時了解到，人會寂寞、憂鬱、退縮、害羞，經常不是內在問題，而是因為外在的社會技能不足所導致。在一個安全的處所裡，讓人們學會新的社會技能，將有助於重建他們生活及生命的信心。這或許可以用來說明，為什麼許多環保志工經歷回收工作之後，能逐漸走出憂鬱，並克服長期以來困擾自己的內心疾病。

當環保志工從事於回收紙張、塑膠罐、鐵罐等等外在物品的依序分類之後，內在的秩序似乎也同時得到梳理及平整。環保志工以單純的心念，專注於資源回收工作，透過分類回收中的理性化過程，是否能讓原本雜亂的心重新得到梳理，產生例如焦慮心境的轉化等精神疾病的療癒功效？

家住臺中市外埔區土城里的陶寶桂師姊，平日要幫媳婦帶孩子，除了固定的捐款外無法參與活動，所以聽說在社區做環保也是做慈濟時，就在家門前停車場旁，規劃了一小角落做為社區的小點回收站。

她每天將鄰居的回收物一一收回家，然後在傍晚時分，陶師姊就帶著孩子、孫子、孫女，四代同行在家中前庭做起分類工作，兩個孫子在祖母善行的耳濡目染下，已經是環保小尖兵了。

陶師姊說，因為自小就跟著學佛的母親常常到佛寺禮佛拜拜，結婚之後生活一切平順，但是無常瞬間來臨，在生下一名智能障礙的孩子之後，陶師姊很自責也很不捨，孩子不知道苦，苦的卻是母親，她的心靈上承受著莫名巨大的創傷。從那時起，她就藉著不停地工作，來暫時忘記這分沉重的壓力與苦痛。

曾經也有要與孩子同歸於盡的念頭，幸好學佛的母親盡力開導。她認為這是她這一輩子的債，要在這一世歡喜地還清。她漠然接受了命運的安排，但內心深處還是存在著深切不平衡的心情。然而，一直到加入慈濟環保回收工作，她進入生命的另一種境界。陶師姊說：「每當我心情不好的時候，我就去做環保分類，在分類的同時，內心得到平靜，也將心情重新整理，常常是分類結束了，我也能以全新的心情再度出發。」[39] 陶師姊每天也從大愛電視聆聽證嚴上人的開示，她逐漸地放下內心深埋著命運對自己不公的那分怨懟，上人的法成為她心靈上最堅實的依靠。

另一位曾被憂鬱症困擾的志工──蔡滿，也有著與陶寶桂師姊相同的經歷。「四」這個數字，對蔡滿而言，彷彿是詛咒的數字。蔡滿說她的人生有如戲劇：「從四歲喪母開始，十四歲喪父，二十四歲經濟最拮据時遭宵小光顧，值錢的金飾一掃而空；三十四歲，大火燒毀她居住的違章建築，四十四歲憂鬱症病發，人生跌入最深的幽谷。」[40]

雖然深陷憂鬱症的痛苦中，但是蔡滿很勇敢，她繼續投入慈濟環保的工作。洪秀綿師姊鼓勵她暫時把病放一旁，不要管它，這種態度與心情果然有效。蔡滿將全部心思放在環保回收的工作上，她滿腦子只專注在如何最快速地拆除箱子，如何有效分類寶特瓶，以及如何將鋁罐踩扁最省力等。漸漸地，憂鬱的痛苦消逝遠離。她說：「有事做的時候就很高興，不像以前每天待在家中，像個活死人。」

她每天最開心的事就是和人家談到當天回收多少資源、又發現哪個新回收點。在這樣一次又一次的磨練中，蔡滿將內心堆積已久的憂傷的垃圾逐次清理，憑著毅力與勇氣撐過每個病發的痛苦時期。「做環保，子孫無煩惱，大家身體好！」蔡滿常將這句話掛在嘴邊，因為她也沒想到「做環保」這帖良方，終究會讓她走出憂傷，不藥而癒。

臺北內湖的一位師姊曾經是恐慌症的患者，她從事環保工作之後將恐慌症舒緩下來。一開始做環保時，她的臉仍會抖動，肌肉緊繃，喉嚨會有窒息的感覺，可是她一刻不停地繼續做分類。一陣子之後，師姊的臉部不抖了，手腳也不再緊繃。她逐漸意識到做環保對她的恐慌症之舒緩有很大的功效，於是她把做環保回收的時間拉長，從一小時、一小時半，慢慢拉長到三小時以上。

過去恐慌症發作就會毆打先生的她，現在也不會再有這種暴力衝動了。她的孩子是一個腦性麻痺患者，照顧起來要非常用心力，但是師姊堅毅地扛起自己與家人身心的困難，以環保回收工作，克服了恐慌症的長期禁錮。

心理學家戴維生和約翰・尼爾（Gerald C. Davison & John M. Neale）說明了人面臨無法預期的恐懼會加深這焦慮與恐慌的心理症狀。一種被證實能有效轉移恐懼與焦慮的方法，來自認知與行為心理的模式（Cognitive-Behavioral View），這種模式著眼於人對於無助與恐懼的控制方式。

莫瑞爾和維克（Mowrer, O. H. & Viek, P.）在一九四八年做過一個實驗。他們將實驗的老鼠分成兩組，分別給予牠們電擊。一組老鼠在電擊之際，同時給予牠們學習關閉電擊的開關，另一組則是不給予牠們學習電擊關閉的開關。雖然兩組的電擊時間長度及強度都一致，結果發現，學習如何關掉電擊機制的實驗老鼠，比起沒有學習關掉電擊機制的老鼠，承受較低的恐懼。[41]

心理學家們普遍相信莫瑞爾和維克的實驗結果，並且將這個理論用來治癒普遍的恐慌與焦慮的症狀。只要讓人們學會一組控制焦慮恐懼的行為，就能夠將病人的恐懼與焦慮狀態降低。

從事環保回收工作，在進行分類的過程中，這些深受精神疾病困擾的志工，似乎從這種簡單重複的工作中，轉移了焦慮與恐懼的情緒。分類工作讓人重新獲得對自身的控制感，這控制感的失去正是心理學家認為恐慌症的由來。分類工作中，專注的情緒似乎轉移並克服了焦慮的本身。經由環保回收工作這種外在的行為，它似乎可以平復內心因無法釋放的恐懼與焦慮所帶來的壓力，這壓力造成恐慌與憂鬱的來源。[42]

環保回收功能七：凝聚社區的愛

許多長期封閉在家中，或過著孤獨生活的人，從事環保之後，必須挨家挨戶地去回收、去勸導人們做好垃圾分類，久而久之，將他們在慈濟所學習體現到的珍惜物命、愛護大地的精神及情懷，傳遞到社區的各角落。社區的人們從一開始的被動，然後感動，最後加入行動，一起為守護社區、守護大地努力。這些老阿嬤逐漸成為社區裡環境維護的領袖。

住在基隆九十多歲高齡的陳簡茶老阿嬤，每天四點鐘就起床，綁好尿袋，出門開始在社區做資源回收的工作。[43] 幾年下來，老阿嬤過得比以前更快樂，更受到鄰里的愛戴。大家紛紛把自家的資源做分類，準備給每天到家裡門口回收資源的老菩薩。當她行經 7-ELEVEn 商店，年輕的店職員會泡咖啡給阿嬤喝；她走到全家便利商店，店職員會經常送八寶粥給阿嬤，她是社區裡的天使。

左鄰右舍看到阿嬤每天拿著那麼多的回收物，心裡很不捨，許多人開始一有空就幫她拿回收物，一位鄰居甚至將他們門口前的小廣場供阿嬤放置回收物。漸漸地，這個小廣場聚集越來越多的志工，小廣場成了社區的環保回收站。這種實踐所傳遞出來的力量的確十分令人動容。

從一個每天在家裡等著子孫下班回家的老太太，封閉在一個家庭的小區域裡面，到成為一個外向性格、可以勸導他人做好資源回收，並且得到人人肯定的社區天使，這是將社區建構成為一個大家庭。

將社區化為愛的大家庭，在雲林縣莿桐鄉純樸的農村一樣被真真實實地體現出來。在莿桐鄉的榮村裡，所有想做好事的鄉親都知道，每天下午可以相約在附近古厝廣場上，你不用帶任何東西，只要一雙手就能為大地尋得寶藏。廖周月春師姊所提供的這塊空地不只是環保點，更像是愛的交流站。[44]

每天清晨就有村民前來，大家聚集在一起做環保。九點多肚子餓了就有人端來點心或水果，中午不回家的也有人準備中飯。大家一起做環保資源回收分類，一邊聊天，這是失去已久的大家庭的溫暖。因為環保站的凝聚力，村里間婚喪喜慶需要協助與關懷，大家就會相邀前往，哪裡有需要，就到哪裡去，古厝儼然成為凝聚愛的天地。

這種大家庭的氛圍，讓許多孤獨的老人及長久失去人際網絡聯繫的人們，重拾對人性之愛的信心。這種氛圍是將社區化為愛的大家庭的一種真實寫照。這也彌補工業社會造成的缺憾——家庭的溫暖逐漸式微，傳統左鄰右舍一家親的徹底崩解，人成了專業工作場域中孤立的個人。「個人」除了工作競爭之外，就是消費。假日到遠方消費製造污染，疲累身心，而對於他自身所處的地方，卻是毫無所知的矛盾窘境。這窘境是當今社會冷漠、人際疏離的根源。慈濟落實社區，正是希望重拾「遠親不如近鄰」的鄰里關係，再造傳統社會類似大家庭的人際溫暖及照顧扶持。

環保回收功能八：開朗外向性格之建立

臺灣老人問題逐年升高，政府或民間單位鮮少能提出具體方法來解決老人喪失社會地位，需要更多關懷及照料……等日益擴大的問題。今日的老人覺得無價值感，白天一個人在家無人可說話，老年伴隨的孤獨，自我封閉的現象日益嚴重。但環保工作讓他們從封閉的自我逐漸轉化成開朗外向，並且成為人人稱讚的菩薩。包括基隆超過九十歲的陳簡茶老阿嬤，宜蘭超過一百歲的張林蕉老菩薩，他們都從環保回收中重拾自我生命的價值。

全臺灣數以千計超過八十歲的老阿公、老阿嬤在環保站做志工，他們都經歷過從空虛到充實，從自我封閉到與社群融合。一個原本一天說不到幾句話，孤獨自閉的老人家，為什麼經由環保回收而變成為頗具說服力的社區意見領袖。他們心路歷程的轉變，正是相應心理學家所研究的結果——經由行為，人們改變了態度。

當人們處於低潮，沒有自信、退卻、焦慮等惡性循環的心理機制之際，最好的方法提供適當的環境，並訓練他們正向的行動，才能改變負向的心理機制。

心理學家法蘭西斯．漢姆利及勞柏．蒙特哥利（Frances Haemmerlie & Robert Montgomery）在一九八六年做過一項研究。他們選定一些缺乏社會溝通及人際交往能力的人，這些人通常都自認為不善與人溝通對話。心理學家讓他們接受一定程度的鼓勵，並且研究人員刻意創造一個場域，讓這些害羞的被研究者能自然地與他人相處對話。結果這些一向自認為不善言詞溝通的被研究者，對於與他人溝通及相處逐漸產生自信心。而這自信心產生一種新的心理循環機制，促使他們更願意與人溝通，並且開始和陌生人正向地互動、相處。[45]

當被研究者開始相信自己有能力與別人正常溝通之後，而且事實上他們也已經做到了與人有效溝通，這些被研究者就會深信，他們的確能成熟地與人對話及交往。沒有比具體的事實和成果，更能改變一個人的心念及態度。漢姆利教授以英文表達得更精準，“Nothing succeeds like success.”（一事能成功，萬事皆成功）沒有比成功，更能讓人成功地克服心理障礙。

原本每天在家等待兒孫回家的孤獨老者，因為環保回收的使命感，他們必須改變過去的沉默、自卑或害羞，開始與左鄰右舍說明回收的好處，他們漸漸從中獲得了生命的自信，並因此贏得尊敬。他們從內向、害羞、孤寂，到成為能解釋垃圾回收的方式、能傳遞慈濟環保觀念的意見領袖，正是行動改變態度、實踐歷練性情及提升身心狀態的明證。

環保回收功能九：簡樸與單純生活之建立

臺北市八德路慈濟環保站的發起人蕭秀珠師姊，她是八德環保站的主要負責志工。保麗龍曾經名列最不環保的日用材料，而蕭師姊過去則是大臺北地區規模最大的保麗龍餐具供應商。

蕭師姊以前曾經做過食品的銷售工作，但產品經常滯銷，一旦產品過期了賣不出去，造成公司虧損累累，面對經商失敗的困境，她學會了，生意的產品生命期一定要長。後來她想到了，保麗龍餐具沒有過期的問題，一時滯銷，以後可以再賣，結果她果然做對生意。蕭師姊家左鄰右舍的騎樓、公司附近的街道，幾乎都堆滿了她的公司所銷售的保麗龍餐具貨品，業務興隆，賺進不少錢。

但是保麗龍最不符合環保，她的矛盾情感逐漸產生，因為自從蕭師姊加入慈濟之後，她覺得自己的行業與上人的環保理念相違背，因此她和先生不斷地思考如何轉業的問題。有一次，夫妻倆為了生意那麼好，但是又不環保的問題正傷透腦筋，突然在大愛電視聽到上人說，「要放下，要捨得」。蕭師姊突然覺得是該放下、是該捨得的時候，於是毅然停掉所有賣保麗龍餐具的生意，並且開始全心投入慈濟環保回收的志工行列。[46]

蕭師姊從公司每天供應上萬個保麗龍餐盤碗盤的大盤商，轉身一變成為一個環保回收的領袖志工。蕭秀珠和她的先生將八德環保站回收的許多堪用的家具、碗盤、衣服，甚至古董，開闢成惜福站，將這些物資販售之後的所得捐贈慈濟慈善人文志業之推動。蕭師姊及許多其他慈濟志工，還進一步共同把八德環保回收站經營成一個環保教育館，供許多學校學生、媒體、外籍貴賓來此參觀，並見習慈濟環保回收的各種智慧及發明。

蕭師姊過去是從事最污染環境的行業之一，如今卻成為環境保護的代言人，像蕭師姊，做環保回收，也使得許多志工經歷生活習慣的改變。

許多人的生活變得更環保、更惜物、更節儉，看到這麼多好的堪用的東西被丟棄，久而久之會更加珍惜物命。許多環保志工在做環保回收之後，都不敢再亂買東西。許多人平常每天跑股票市場，也逐漸把投資股票的欲望都停下來了，生活回歸簡單純樸。將「惜物、愛物」的觀念，落實於平日的生活之中，養成儉樸的生活觀。

住在新北市板橋區的黃月里師姊就是一個典型的例子。黃師姊原本家裡經營海產店，後來因為先生身體不佳，便把店收了。她非常愛美，經常逛百貨公司，把自己打扮得漂漂亮亮的，指甲也修得很美，每次進出百貨公司都要花上五、六萬元以上。她經常到國外，四處吃山珍海味，也非常愛玩股票，每天都有四、五百萬的資金進入股市。

同樣住在板橋的一位慈濟環保志工陳師姊，在一次因緣來到黃師姊家的地下室回收紙箱。陳師姊每次都會邀黃月里一同做環保，但是既愛美又把指甲修得很漂亮的黃師姊，怎麼可能會彎下身幫忙資源回收。不過，陳師姊一直沒有放棄，不斷地邀約黃月里師姊，她說：「大家都在做，妳一個人站在旁邊看，不好啦！一起下來幫忙做吧！」黃師姊站久了，也覺得不好意思，所以就意思意思東摸一下，西摸一下，無形之中卻愈做愈歡喜，愈做愈投入。黃月里師姊說她誰都不怕，但是一遇到陳師姊就是沒辦法拒絕。[47]

投入做環保，家裡沒有人支持黃師姊，總覺得做環保把自己搞得髒兮兮的，公公不同意，婆婆也不同意，婆婆甚至對著家中牆上掛的上人法像一直罵；但黃師姊對婆婆說，好在有師父在，不然早就把家產敗光了，之後婆婆便不再對著上人的法像罵，但也沒支持黃師姊做環保工作。

除了家人不支持，在環保工作尚未普遍，對環保沒有任何概念的年代，鄰居也覺得黃師姊怪怪的，似乎先生的往生，造成黃師姊有憂鬱症的傾向，頭腦有問題，像個瘋子。然而，黃師姊想做的事，誰也擋不住她；她當時並沒有多大的理想抱負，只是單純為了大地著想，覺得做環保可以減少垃圾量，是一件很有意義的事情，尤其當她投入環保工作之後，陸續有人相繼投入做環保，愈做愈多人參與，而且大家都聽黃師姊的安排，讓她很有成就感，雖然這時家裡沒什麼錢，沒有跟家人溝通，但她就是堅持自己所做的，堅持在環保這條路上。

黃師姊全心投入環保工作，家人難免抱怨她沒有花時間陪陪家人，但自認都有把家裡打點好，時間到了會回家煮飯，公公婆婆的需求也都能為他們考量安排，只是愛上了環保工作，擋也擋不住。

一九九一年，黃師姊即已全心投入環保工作，當時的環保幹事鄭清輝師兄勸說她在家裡設環保站，但黃師姊覺得設立環保站責任重大，一直不敢答應，但鄭師兄很有誠意地三天兩頭就到黃師姊家裡拜訪勸說，最後她還是答應了。

黃師姊投入環保工作、認真做慈濟之後，知道慈濟的戒律要守，所以常常持念不飲酒、不賭博……她很怕觸犯規定，便決心要將過去愛美、花錢、玩股票的不良習慣改掉。不好的習慣要一次改掉，的確不是一件容易的事，黃月里一開始也是會放不下，偶爾還是會偷偷玩一下股票，不過她很有決心，全心投入慈濟後，就謹守戒律。現在的黃師姊非常儉省，都買便宜的衣服來穿，超過一百元的衣服就買不下手。

從事環保工作的過程中，她也會遇到很多挫折，像是如果沒有人手來幫忙，就會起煩惱心，暗自在想，自己什麼也不求，為什麼要一個人做得這麼辛苦？然而就在挫折亂想的過程中，黃師姊還是會反覆自省，自己也是上人救回來的，上人若沒有創立慈濟世界，以她這麼愛美、愛賭（股票、六合彩、大家樂），現在也不知道在哪裡流浪去了。黃師姊說，其實是自己要進來慈濟的，既然發誓要跟著上人，就要自己克服困難，菩薩道不是這麼平順的。

黃師姊常常在思考，雖然自己不識字，但是設立這個環保站，可以替師父度很多人，站內的環保志工一個接著一個受證，救了很多家庭，這樣是很值得的。她說，絕對不能半途而廢，一定要做到最後一口氣，這輩子沒做到什麼，做環保是她最感驕傲的地方。[48]

珍惜物命的心靈，經由環保回收的親身接觸與實踐，逐漸轉化一個人的生活習慣。這也相應維果斯基的實踐理論與布爾迪厄的慣習理論（Habitués）所指稱，人能經由活動本身，或在活動的場域中獲致某種性情。環保回收工作就是珍惜物命的行動，這行動的養成，自然在現實生活中會懂得珍惜物資、節制欲望，逐漸過簡單質樸的生活。

環保回收功能十：生命意義的再擴大

慈濟環保資源回收場的志工經常用這個場地進行共修。環保站裡未必有佛像，但是佛在心中，在環保資源回收中，每一件物命都經過雙手小心地呵護，分類、清洗、回收，甚或再利用，這是以生命感受生命的具體實踐。

慈濟北區環保總幹事陳金海師兄，是一位成功的企業家，他一開始是開著賓士車做環保。對他來說，環保回收是一個法門，他說：「上人希望大家從有形的資源回收做到心靈環保，懂得對人付出愛，藉著環保工作達到敦親睦鄰的目標。」所以，陳金海一直認為：做環保，是都市人最好的休閒活動，也是讓自我身心靈淨化的最佳方式。

陳金海師兄說，環保是最基層的「文化下鄉」，[49]它提供每個人生命的一種終極關懷，亦即是一切的眾生都是平等的，要以平等心愛一切眾生，這眾生包含有形與無形的生命。這就是為什麼上人常說，環保回收場即道場。

環保志工在做環保之前都會舉行祈禱的活動。面對一面牆，志工們默默祈禱天下無災、人心淨化、社會祥和。佛本來就在人人心中，不必執著於必須有具體的形象。《金剛經》就曾說「如來不應以具足色身見」。環保志工的凝聚即向心力，正是一種宗教精神的貫注其中，這宗教不是求上天堂讓靈魂得永生，而是讓自己有形的生命去感通所有的物命，珍惜大地如珍惜自己的身體，這種「天地人」相互感通的情懷，既具體實際又高遠超越。這就是上人的宗教觀，總是以具體可行的實踐方式，讓人們體現那種超越自我的情感覺悟，以及不朽的生命智慧。

資源回收工作目的在永續維護我們的生存環境，體現一種「世代間的關懷與正義」，更具體化珍惜物命的理念。志工參與環保工作的同時，其實涵藏著一種有如宗教儀式般的深層心理，那是超乎現世的終極關懷，祈願生命世界能生生不息地延續。

臺北的陳清萬師兄則說：「撿起垃圾時，心中的垃圾也放下了。」去我執才能做好環保，因此，能淨化大地最髒的地方，也就表示扔掉了心中最髒的垃圾。他認為力行環保不但可藉以修持而達至一心不亂的境界，還可造福人群。在撿拾有形垃圾的同時，也清淨了自心無形的煩惱。[50]

環保回收功能十一：與偉大的心靈相感通

證嚴上人的情懷，將一切的有情眾生都納入大愛之中，將每一個微小的「眾生」都當作自己親人一般地疼愛，是證嚴上人所闡述「心包太虛，量周沙界」的情懷。心寬廣包容一切太虛，愛的能量又能周遍一切沙塵之間，是偉大智者的情懷。環保志工正是體現上人量周沙界的悲心與大愛。

環保志工在長久的回收工作中，將任何資源都當作自己的孩子一般地疼惜。花蓮新城鄉的林秀蝦師姊就是一個例證。林秀蝦每天騎單車到環保站，沿途一路騎，一路看，一路撿，撿起她心中最寶貴的資源。有時候太忙，為了趕時間，她騎車時只好兩眼直視不敢看路旁，因為一看到資源，就會想把它們回收起來。這些資源對於志工們來說，就像是她們的孩子一般。林秀蝦說：「不理路邊的資源，就如同狠心的媽媽不理孩子一般。我雖然不認識字，可是我有智慧，我知道要保護地球。」

她琅琅上口地說著上人對環保的呼籲，「讓垃圾變黃金，黃金變愛心，愛心化清流，清流繞全球，淨化人心，祥和社會。」每一個慈濟的環保志工都能隨口背誦著這一段話。做環保與世界的未來、與人心之淨化是緊密相連的。做環保與上人的精神相感通，做環保與上人對世界瀕臨崩解的悲心相契合。無疑地，這種感受給予他們的生命很大的意義及存在感的支撐。

林秀蝦認為人就是不能太懶，活著就是要動，要做有意義的事。證嚴上人的精神感召深刻影響著環保志工，並且引領他們活出生命的價值。上人對「萬物有情」的精神，體現於每一個環保志工身上，每一個環保志工是透過做環保回收，參與了證嚴上人濟世度化眾生的志業。環保回收讓他們能以此活動和偉大的心靈相通連，這給予他們生命無比的能量和信心。正是這一種心靈的感召，讓十多萬人紛紛投入環保回收工作。在每一張紙，每一支瓶子，每一條銅線中，都感同涵融證嚴上人疼惜大地的心情。[51]

「一法能攝一切法」，正是《無量義經》裡其中之一的精義所在。[52] 每一個人都是一小個個體，但卻能「贊天地之化育」（《禮記．中庸》），每一個力量都渺小如一粒沙，但是只要大家眾志成城、聚沙成塔，就能為塑造社會的真美善人文盡一分心力；每撿起一個寶特瓶，地球就往延續的方向邁了一小小步；每回收一張紙，人心靈的淨化也向前跨越了一小步。一粒沙裡一個世界，一朵花看出一個天堂，把無限抓在手掌裡，把永恆放進一剎那的時光。有沒有比環保志工用渺小如一粒沙的身軀，以及誠摯的雙手做環保，膚慰一紙一木，期望護地球、淨化人心，能更貼切地體現這一句話的真義？

經由慈濟的環保回收，個人微小的生命，擴大到全世界人心之淨化，個人生命意義的洗練，也同時促進了群體生命的共同提升，誰說這不是「一即一切，一切即一」的微妙甚深佛法之體現？

第13章 慈濟圓形組織與漢傳佛教的轉化

佛教在中國的進入時期

儒家與佛教在中國文化的發展中，有深刻的交集、衝擊、融合與再造。

佛教從東漢末年傳入中國之後，在魏晉南北朝得以得到發展。期間，儒家在亂世中的地位式微，是佛教在中國各階層得以發展的關鍵。芮沃壽（Arthur Frederick Wright）在《中國歷史中的佛教》即主張，正是中國五代十國混亂的政治局面，佛教在各階層逐漸地得到支持，成為各階層立身處世之信仰。

首先，芮沃壽主張五胡時代，入侵中原的君王不願意以漢人的儒家為其立國思想根基，佛教就成為重要的統治基礎之思想依靠。芮沃壽說：

「首先，佛教對中國來說，是一種外來的宗教。當胡人首領足夠明白他們的部落方式不能支撐他

> 們對北方中國的控制時，他們也不願意採用老謀深算的漢人顧問們，竭力推薦的儒家原則，因為這種做法或許意味著文化身分的喪失，以及把致命的權力拱手相讓給臣服的漢人。佛教提供了一種頗有吸引力的選擇，而且佛教僧侶們很多是外國人，要完全依賴統治者的喜好，並且缺乏家族網絡，看起來是很有用又值得信賴的僕人。
>
> 他們支持佛教更深的原因是它的倫理是普世性的，可以為所有種族、時代和文化的人們所接受。因此它看來正好可以彌補傷害這些社會的裂縫，並有助於建立一個統一而圓通的社會體。」[1]

芮沃壽的研究指出在魏晉時期的混亂，正好給予佛教在諸國伸展的機會。佛教給予各階層安身立命的基準。流落到南方或留在北方的仕紳，大戰亂時期，讓傳統的仕紳階級潰散，名教式微，佛教的天人乘以及布施功德的概念給予富豪階級處世之方。來自北方的胡人首領，佛教的轉輪聖王給予他們統治合理化的神聖基礎。一般百姓深受連年戰亂之苦，佛教的西方淨土給予他們的苦難得以超越之夢想。

每一個階級都在佛教裡看到自己的角色與位置，佛教在當時成了中國社會主要的信仰，這也是芮沃壽所說的佛教中國的馴化期。

佛教在中國進一步的適應，是在中國本土的扎根。從早期譯經是外國僧侶，在唐朝一統以後，中國僧侶特別是玄奘取經，開啟了另一波佛教的興盛期。唐朝以降，佛教徹底中國化已然建立。隨著佛教徹底中國化，僧侶修行與寺廟制度得以逐漸中國化。

> 「佛教有信徒們慷慨的捐贈所支持，有信仰純正而卓越的引領者所指引，有那個時代最有天賦的藝術家和建築師所增設，它植入了中國人的生活和思想的激勵，這幾百年是中國佛教獨立創造的黃

金時期。

佛教儀式如今成為國家及皇家禮儀的主幹，新皇帝的登基，皇子的出生，皇家祖先的祭典，如今所有這些和其他許許多多場合都包含了佛教的儀式，唱誦經典和咒語，素齋宴請僧團，禮儀性地供養寺廟和廟宇。

隋唐的皇帝們已經重新確立了天子是統一的帝國之中心和中樞，但是這些君王與他們的漢代前任不同；本土傳統的觀念象徵，合理化了漢代君王的地位，而如今他們非常依賴外來的宗教增加他們權力的可信度和威嚴。」[2]

隋唐時期，隨著漢人重掌政權，儒家也逐漸恢復其歷史的地位。這時期的佛儒並立，給予佛教的義理與儒家的人倫次第，提供了融合的歷史條件。

當初佛陀創立僧團是以平等的方式、簡單而鬆散的方式，帶領僧團。僧團並沒有嚴謹的組織，一切以修行為目的。居無定處，食以一簞一瓢為足，不積蓄財物，不建置廟宇房產。

佛陀入滅，囑咐弟子以戒為師，沒有立接班人，沒有建立僧團的嚴謹制度，個人守好應該遵循的戒律，犯錯自懺，有過應改，沒有組織嚴密的階級制度，沒有他律的懲罰制度，一切回到以「因果觀」為基礎的修行根本。犯錯造業亦自有因果，何須外在懲罰。修行功夫到極致，證成菩提正果，何須他律來要求。佛教初期流行的印度修行組織是以律藏為中心的僧團時代。

佛教到了中國，建立了寺院制度，一方面中國人對於僧侶離家修行，雲遊乞食，對一向重視家庭的中國社會固難以接受，加上天寒地凍的中國北方，雲遊乞食是不容易實踐的。寺廟的興建，寺廟擁有田地、地產成為普遍的現象。即便在五代十國時期，地方仕紳的供養，寺廟經濟已經相當充裕，加上君王皈依佛教，興建寺廟成為功德之一。寺廟的僧侶眾多，寺廟經濟必須管理，組織型態逐漸建立，某種管理階層制度也已然形成。

本文以管理、決策及制度等三個面向，分別探討初期印度佛教僧團制度到中國之後的變遷與適應。

僧團的管理體系

中國寺廟制度與清規的演進，以道宣和尚及百丈禪師為主要代表。道宣和尚訂定的律制承襲了印度佛教的戒律，印度初期佛教如前所述著重自懺、共懺，每月初一、十五的波羅提木叉是佛訂定戒律及僧侶發露懺悔的場所。比丘犯錯自行懺悔、自行改過，眾比丘看著懺悔的比丘發露罪過，自然也有互相勉勵監督不再犯錯之意。戒律一旦訂定，再犯的比丘就要受到戒律的規範，最嚴重的就是默擯，僧團不再與他共語、共處。印度初期佛教是沒有鞭打制度的。

到了中國百丈禪師清規，犯錯比丘是可以鞭打的。初期佛教戒律中並沒有杖打制度，杖打並非佛陀訂定的律法，如道宣律師所說：「自三世佛教，每諸治罰，但有折伏、苛責，本無杖打人法。」[3]但是佛教到了中國施行犯錯僧尼可以接受杖打。道宣律師在《行事鈔》對於體罰制度提出批評說：

「比見大德眾主，內無道分可承，不思無德攝他，專行考楚，或對大眾或復房中縛束懸首，非分治打。」[4]

「若打罵破戒無戒，袈裟著身剃頭者，罪同出萬億佛身血。」[5]

承繼初期佛教律法的道宣律師雖然一再表達反對體罰，但是從《古清規》到《百丈清規證義記》都一再提杖打、捶擯的方式，可以看出這是中國千年的家長制度及世俗體罰的習俗所影響。[6]

這種杖打制度其實必須同理地理解，古代中國家族體系就有杖罰制度，但是父親或母親杖打自己的小孩，打在兒身，痛在娘心。古代孝子被年老的父母杖罰，會痛還感到高興，因為表示父母還健康。宮廷的杖罰是皇帝對犯錯的士大夫或奴僕的一種懲戒，因為皇帝是天下的父母親。

中國古代寺廟的杖罰傳統可以理解為家族的家長對於自己親兒犯錯的一種警惕，其目的不是處罰、報復，而是出於愛的警示。希望藉由身的痛，心能記住這種過犯的責任，不要再犯，這跟當代的刑罰制度出於整體正義有很不同的意義。現代刑罰是為了整體秩序的維護，僧團的懲戒雖然也能起團體秩序的維護，但其出發點主要還是以僧侶個人修持之維護與提升為前提，這一點與佛制時代重視個人修行之啟發有融通之意涵。

惟至近代，杖罰已不合時宜，寺廟不再見到這樣的體制，不過，儒家的家長制運作體系依然可見。

靜思精舍的體制與運作

（一）自力更生　不受供養

從功德會成立之前至今，靜思精舍的生活始終堅持自力更生，一切精舍修行者的日常生活所需，都必須自己耕作、做手工，養活自己。這是唐朝百丈禪師所言「一日不作，一日不食」的信念。慈濟會眾的一切捐款都捐到慈濟慈善事業基金會，去幫助所需的貧困眾生。精舍的常住眾不只自力更生，還提供場地、辦公所需、住宿、伙食等供基金會同仁使用，這是常住眾對慈濟基金會的護持。

師父們自身是志工，也是慈濟四大志業的力行者及精神的領導者。證嚴上人就是慈濟第一個志工，他自力更生，不受供養，投入慈善救濟。

奉行證嚴上人與精舍師父們的志工精神，慈濟志工賑災所到之處，無論是勘災、賑災、訪貧、助學、蓋大愛村，都是自掏腰包，自負旅費，這是體現證嚴上人的志工精神。如今慈濟靜思精舍始終是全球慈濟人心靈依歸處，全世界慈濟志工每年回到心靈故鄉尋求精神的提升及靈魂的純淨。

簡單素雅的靜思精舍，從遠處望去就是一個幽靜的清修處所，寬廣的廣場前，有一大片草坪及整排的綠樹，樹的後面就是菜園及師父們耕作的地點。背後相映著雄踞臺灣東岸的中央山脈，和煦的暖風，是寬廣的太平洋從遠處的海面傳送過來的。精舍師父們至今仍必須輪班，燒飯、揀菜、劈柴、種菜、磨豆元粉，「一日不作，一日不食」，數十年如一日。精舍師父們做過四十多種手工藝，而務農的工作從未停止。

（二）農禪的體悟與道德之養成

證嚴上人出家之後，堅持自力更生，過著農禪的生活。由於種田需要牛來犁田，牛隻有時候不走，或走錯方向，一般傳統農夫都是鞭牛，但出家人不能鞭打牛，弟子們正想不出法子，證嚴上人就拿著甘蔗葉走在牛前面，一路引著牛往前走，這才把田犁好。這種作法貫穿後來慈濟的人文，不是鞭策，而是鼓勵，是引導。因著你的興趣與本性，引導你向善，引導你深入佛法。證嚴上人的用人哲學即是如此。

另一項農禪的哲學是除草。除草也是一項辛苦的工作，特別是春耕時期，早春二月時節是花東最冷的季節。有一次，證嚴上人正要除草，那天特別冷，田裡的水冰冷無比，眼見這一大片草何時能完成呢？想著想著，他一領悟，從雙手能觸及的草開始，邊除草邊背誦「四書」，「大學之道在明明德，在親民，在止於至善……」這是證嚴上人農禪耕讀的歲月。不只自己讀，也要求弟子一起讀。這樣不一會兒工夫，已經完成一大片的除草工作了。證嚴上人從這裡領悟到，千里之路，始於初步。這信念貫穿之後所有的慈善及救濟的工作——從自己能力能夠觸及的先做起。這體現孔子所說的，仁，是從身邊做起，幫助身邊的人。一次子貢問孔子：

「如有博施於民而能濟眾，何如？可謂仁乎？」

「何事於仁？必也聖乎！堯舜其猶病諸。夫仁者，己欲立而立人，己欲達而達人。能近取譬，可謂仁之方也已。」

孔子認為仁德之人幫助就近的人。證嚴上人也是這種思維，《法華經》講菩薩從地湧出，在地志工，幫助在地的貧困人。不管災難多大，苦難人多少，從身邊做起，從雙手觸得到，雙腳走得到的地方做起。這是慈濟一向奉行的準則。

與大地生活的歲月給予證嚴上人許多的體悟。不管是大地耕種，或是救度眾生，對於證嚴上人而言，其理念同一，都必須以愛引導，盡力而為，並且堅持初發心。

精舍師父持金錢清淨戒，自己沒有財產，一切都歸回精舍全體。這是佛陀古訓，比丘、比丘尼持金錢清淨戒，不受金銀的供養。靜思精舍的師父們雙手樸質粗糙，那是經年累月的農作所造成。與他們相處談話，可以感受到他們的心情充滿法的平靜與喜悅；大自然給予他們的啟示，不亞於經典給予他們的教諭。

筆者曾與師父們一起在菜園工作，一位師父告訴筆者，穿過瓜棚要低頭，這在教我們謙卑的道理；一棵苦瓜再怎麼美，如果不照顧好，在成長過程給蟲咬一個洞，這瓜只能丟掉。這教導我們戒體必須保護好，不可犯一小戒，否則修行就前功盡棄了。與他們處事的確感受到長期在大自然的耕作中，給他們的生命帶來的愛和生命智慧。

早期資深師父們跟著上人，白天耕地、種稻、做手工縫嬰兒鞋，晚上讀誦佛教經典及儒家的四書五經。印順導師對於禪宗的性格做了一個說明：「自信自尊、重質輕文，體道篤行，雄健精嚴。」除了重質輕文之外，其餘的特質證嚴上人都具備。禪宗是重質輕文，證嚴上人是文質並重。如孔子所言：「質勝文則野，文勝質則史，文質彬彬，然後君子。」透過耕作，與大自然相融相合，樸質的環境造就修行者的品格及志節，深入經與藏增益智慧。這種簡樸克己的品格與志節，這種對於知識與智慧的熱愛，是入世工作的泉源。這是證嚴上人期待的一個完整人格雛形的建立。

(三) 清修士的創立

證嚴上人於二〇〇七年開始創立清修士的制度，清修士守著出家師父的戒律，與僧團同住。放棄個人財產，不結婚，不現出家相，不剃鬚髮，但其修行之要求與出家人無異。

靜思精舍的清修士是目前實際承擔慈濟基金會會務的力量之一。清修士在基金會裡擔任職務，與在家居士，包括志工、主管與同仁們一起負責慈濟會務的推動。清修士是法脈，也是宗門。證嚴上人表示：慈濟宗門是要走入人群社會，各志業需要的人才不同，清修士即是以出家的精神做入世的志業；以精舍為家，以眾生為己任，身心奉獻無家累。[7]

清修士與身心皆出家的僧侶，本質相同。僧團是延續佛教慧命，而顯出家相宣揚佛教。「性」與「相」要連貫。性就是與佛同等的本性，其實一切無為法為何要著於相？[8]既是清修士就要廣納宗教觀，要總一切法，持一切善。

清修士目前一共有五十多位，有男眾、有女眾。多半是高學歷，具碩博士學歷，有建築、法律、醫療、會計、生物科學等不同的背景。許多清修士是海外的年輕志工響應證嚴上人的號召回到花蓮靜思精舍加入修行的菩薩道場。清修士制度中，也依修行之深淺，分為清修士、清修大士，以及清修師等。在證嚴上人眼中，清修士方便行於世間，是傳承法脈連接宗門的重要橋梁。

僧團的決策方式

初期佛教的決議與管理方式以羯磨為核心，強調共識決，這是平等觀的實踐。僧中的每一個修行人都是平等的，每一個的意見與生活的調適、困難都值得重視。只要在遵守律法的前提下，個人的生活方式與僧團的和合，採取共識的方式進行。佛教的羯磨法通常是要求一致的決定，只要有一人反對，羯磨就不成立。[9]太虛大師言：

> 「凡從佛出家之比丘、比丘尼眾，莫不擺脫君親家國之累，以個人為教會單純分子，以教會為個人直接團體。無論貧富貴賤，一入佛法大海，胥得蕭然解脫，混然平等。……
>
> 及傳入中國，沿承綱倫劣制，宗法惡習，於淨虛空妄加彩畫，致破壞平等大同之佛教教會，坐受綱

倫宗法之宰割，以產生出非驢非馬之佛教家族制，此寺彼庵，各自封執，傳徒及孫，儼同世俗。」[10]

顯然初期佛教的羯磨之體制，僧侶在僧團中權利是平等的，沒有誰有特殊的權利，僧團中並沒有領袖的體制，而是以受戒先後為禮節的次序。太虛大師希望改變。

羯磨制之決策

羯磨之於當代，即是「一票否決制」，一票否決制對於一個修行團體而言，其著重僧團的和合，自有其重要性的意義。每一人都值得重視，因為僧團是平等的，不以多數壓抑少數或個人是其精神。僧團的羯磨亦是讓群體學習超越自我的執著，真正具備同理心，對於自我認定的善惡是相對的，包容與接納是修行的關鍵之一。太虛大師在其律釋言：

「羯磨、梵音，此譯作業，即會議所作事。有四人以上即可作者，有須二十人以上方能作者。白羯磨、即會議提案報告，在此處即提出此授戒之事。默然、即無反對者。不聽者、即有反對者。和合、即一致通過。」[11]

僧團的羯磨制已經行之兩千多年，在今天西方民主政治，逐漸從多數決的民主制（Majoritarian Democracy），轉化為共識決的民主制（Consensual Democracy）。佛制的羯磨自有其貫穿歷史的洞見。然而，羯磨、共識決、一票否決制對於群體共同生活有其優點，但其決策緩慢，到了中國，隨著寺廟功能的公共化與世俗化，僧團亦必須與世俗深度地互動、教化，甚至投入慈善工作，廟產的增加與管理，對於世俗的機構，處處講求決策的效率，一票否決制是有其窒礙難行之處。在大乘入世度眾的理念下，漢傳佛教的家長制決策當然更為快速及有效。在面對居士與信徒的各種信仰與世俗的需求下，一票否決制是有其效能的落差與困難之處。羯磨或共識決其決策緩慢，不及應付面對眾多繁雜事務，漢傳佛教走上家長制自有其時代背景。

家長制之決策

家長制的決議風格，以住持為主要決策者，其效率當然比羯磨有效率得多。在聖格領導的僧團，其決策品質與對於信仰的堅守是成果豐碩的。但是家長制在非聖格的帶領下，流俗、媚俗或鄉愿之風氣就會產生。這不僅僅是對佛教僧團言之，一般中國社會的家長制，家長賢明者，善於治家，家庭和睦，幸福圓滿；不善於治家者，才德不足的家長，其家庭問題叢生，道德敗壞者有之。

因此家長制的前提是必須培養聖者領導，賢者領政的典範治理。培養聖賢作為僧團領導，是傳統漢傳佛教僧團制度發展的關鍵之一。中國歷史上，從傳統到現代，不乏德才兼具的高僧輩出，對於僧團的治理、佛法的傳播與社會的影響都有重大的貢獻。

而時到今日，家長制在西方法治理性的衝擊下，逐漸被要求制度化與法規化。雖然寺廟僧團有很大的自主空間，但是當僧團在融入社會的過程中，引進非營利組織（ＮＧＯ或ＮＰＯ）的運作模式，家長制的風格就會受到一定的衝擊與轉化。非營利組織在臺灣、中國大陸及世界各國都是以法人形式在運作。法人是以董事會治理，是群體決策，是投票制；投票制與家長制是相背離的。雖然在漢地，僧團在建立非營利組織之後，仍保留了相當強的家長制風格，即便中國與華人家族企業一樣具備強烈的家長制風格，但是在法令的規範下，董事會的決策遵循的法規與必要的透明，就不是家長制，不是家長說了算的決策模式。

包括對於人員的聘任、機構的運營方向、經費的使用等，都是必須團體決議，多數決議，而非一人決議，而且必須向政府報備或核備。因此，法治理性對於傳統佛教僧團家長制的衝擊是顯著而重大的。漢傳佛教的僧團運作與信仰之推展如何吸納西方的法治理性，而不會失去其原本的信仰基礎與決策倫理，是一大課題與挑戰。

投票制與信仰組織

本文主張，投票多數決不利於信仰組織的維繫。雖然西方天主教的教宗是經由選舉產生，但是其選舉的前提是一批由教宗直接任命的樞機主教來投票。他們是一群在宗教思想見解與實踐上有巨大成就的神父，其與民主政治每一個人都能投票，每一票都等值，實有本質的不同。

民主政治相信投票，但如同我們先前所言，民主適合權力與利益的公平分配，但不利於真理的追尋與建立。投票不會產生真理，投票甚至不會產生正義，否則司法的陪審團制度為何採取共識決、一票否決制。如果多數就代表正義，那司法制度也不必設法官、讓法官來自由心證作裁決。正義的把關不是多數決，而是由權威者決定，這是自古至今不變的司法體系。攸關生死，關係重大利益的最後裁決，都是由少數人來決定，而非多數決。當然權威者也可能扼殺正義，因此法的客觀性是其前提。

況且，投票制容易導致分裂，在政黨政治這是常態，但是對於宗教組織或有理想性的組織，即便是政治組織都不是一種良好的組織治理。投票制也容易導致人與人相互間的鬥爭與分派，特別是投票後更容易造成組織的派系化。

投票也不利於信仰與信念的傳承，尤其當多數的專業及品格不佳的組織，更容易「劣幣驅逐良幣」，不如交由一優質的人決定。所謂民粹，即是素質不佳的一群人，訴諸人頭，壓制少數的精英，那經常是文明的倒退。

投票制的優點之於解決紛爭，比起殺人，不如數人頭。人數多的居上風，人數少的拱手讓給人數多的團隊進行治理，但是少數的利益仍然必須被照顧。而那一部分是透過法律基礎來解決。法律最終的裁決仍是精英的少數或一位權威專業者——法官，或陪審團。

多數決的民主制度減少人類社會的暴力衝突，有實質巨大的貢獻，但是其根本精神在解決紛爭，不是傳遞信念及確立真理。對於一個信仰型的組織，所需要的是信仰的傳承與確立，投票不會產生這樣的結果。人類至高的真理與最終的正義，都是由典範人物來確立、建構與傳遞，所以「德行家長制」更有利於這樣的信仰團體。只不過「德行家長制」雖以聖賢為基礎，仍必須通過「集思的體制」，才不致落入專斷與偏狹。

相對於多數決，一票否決制有助於內部的長期凝聚，但容易造成決策遲緩。很難想像救災的單位，或講求績效的企業能以一人反對，就失去了救人的機會或錯失市場的商機。

信仰的核心理念，佛法的傳播與闡述，都不是民主的投票制能確立的，它是靠著思想見解的高遠，修行品德具備的僧才來詮釋、統領。因此，對於信仰的傳播與深化而言，僧團的特定個人之見解與修行，常常勝於多數的投票決；投票多數決恰恰可能扼殺了真理與信仰。

以希臘雅典的民主為例，當時雅典是希臘諸國最民主的社會，也是當代民主政治引為參酌的典範。

雅典的官員與法院法官都是由具備公民身分的族群當中，公平地透過選舉或抽籤的方式產生。當時希臘最重要的智者，也是人類歷史上最偉大的哲學家與聖人之一的蘇格拉底，由於其思想挑戰了當時的主流思潮，被指控是異端，煽惑年輕人，因此法院從公民中選出五百人陪審團。這五百人中審判蘇格拉底，結果五百中有兩百六十四人判處蘇格拉底有罪，必須處死。多數決，決定處死人類思想史上最具創造力的哲學家——蘇格拉底。

判刑定讞後，蘇格拉底其實可以輕易逃亡，他的朋友們都已準備妥當，但是蘇格拉底說：「我可以無罪而死，不可以有罪而逃亡。（If I did not think that it was more right and honorable to submit to whatever penalty my country orders rather than take to my heels and run away.）」[12] 因此他依照判決，飲毒而亡。

雅典的民主制度，雅典的投票制度，殺死自己的民族中、也是人類歷史中最偉大的智者。所以當代政治哲學家漢娜·鄂南（Hannah Arendt）才說，真理不屬於多數決，[13] 真理是少數智者，通過辯證所產生。

如果說真理是智者的辯證所產生，那信仰更不是投票所能創設。信仰是有德者，有思想者，透過實踐所證悟。如神學家保羅·田立克（Paul Johannes Tillich）所言：「信仰不是知識，甚至不是思想，而是一種心理的證驗。」[14]

真正的信仰是通過信仰者所感悟、證驗的。我們不能透過投票來決定有沒有上帝？正如我們也無法透過投票或多數決，來確認有沒有輪迴？因緣果報存不存在？我們不能投票決定太陽繞地球走，科學的真理與信仰的真實都無法以多數決的方式投票產生。

家長制與西方法制

由此觀之，佛教家長制的精神在於求取「法的典範」，一票否決制（羯磨）意在追求僧團對於「法的共識」。家長制必須植基於法的典範，家長本身即是法的實踐者與典範示現者，家長制必須是聖賢領導，才不會出現獨斷、任意妄為的弊端。然而，不管是世俗或僧團，聖賢之才是可遇不可求，聖賢的認定標準也會因人、因時代而異。所以它無法被標準化、條例化，自然也無法依此複製。

聖賢可以由聖賢來陶冶、培育。禪宗的禪師在徒弟學成之後，要他出師門，自我獨立，這是家長制的一種創新。家長制不是人身依附，而是追隨法的典範，最終自己也成為獨立的新典範，這是典範傳承的可貴。

在歷史上，聖賢之後，也常常出現庸俗之輩，特別是以權力為導向的偉大君王，也常常出現庸俗的繼任者。原因即是，家長制如果是植基權力，而非於德，其繼承就會出現庸俗之人，因為權力的特質是人身依附，不是德的傳承。

家長制如果傾向人身依附，那就會造成私相授受，各種傳統社會的裙帶關係的弊病叢生。如果是法的追隨，而後典範相承，這將會是家長制的最大成就。

這有點像柏拉圖的哲學家皇帝的培育，經過國家的機制，以學院的方式培養之。又像中國的禪讓制度，聖賢傳聖賢，只不過禪讓制度是遴選，不是由機制培養。家長制的優點在於典範的繼承對於組織精神與永續是比較有利的，所以，「以德為導」的家長制，必須強化機構對成員才德之培育與養成；機構性的培育不一定能培養出聖賢，但大大增加培育更多聖賢的可能性。

不管是「以德為導」的家長制或「以權力為治」的家長制，其決策模式於今日社會仍有扞格之處。

先前提到法治的董事會制度，是多數決，我們想像如果每一個來開會者都是聖賢之輩，董事會的決議不管是羯磨，或多數決，或一人決議，都是圓滿和諧。集思才能避免錯誤，因此集思或群體決策似乎有好處。如果一人決策，該決策者必須是權威而非權力，因為僅依靠權力而決策的錯誤機會較大。權威的養成是自然形成，犯錯機會當然有，但比起讓一人權力獨斷的模式，其剛愎自用的機會自然增加。

筆者認為，當家長制在面臨一人決議之際，該一人應該在專業及品格上，是公認的權威。如此一來，其犯錯機會不是沒有，但是比起投票，權威的典範更為可靠。權威意味著該成員在某一領域已經投入很長的時間，曾經做出很多的成果與貢獻。醫生的行業，老師是學生的醫療權威典範，即便學生也成為醫師，對於資深老師輩的醫師一樣地尊重，遇到醫療難題，一樣恭敬地向老師請教；老師也永遠在看病、在學習、在成長。醫生有點像半學徒制，他們有客觀的醫療教本與案例，但是也有師徒相傳的體制，讓醫生的行業兼具科學的客觀性，也具備家長制的典範與傳承，是兼具專業權威與典範傳承的優點。

德行家長制與角色家長制

我們討論重點放在決策的品質，也放在群體的和諧。董事會的董事長是家長制，才德兼備的聖賢家長也自然是察納組織成員的各種意見，最後才做成決策，這是組織永續發展良好的運作模式。如果家長制意味著僅僅是一人判斷，而不是群體參議，那不只決策品質容易偏差，也不符合當代法治社會之要求。

直言之，維持聖賢體系的「德行家長制」，培育聖賢的傳承機制，然後能廣納雅言，集思廣益，最終由以德為導的家長裁決之，是最成功的決策狀況。

在家長制的運作模式下，也可以依議題之不同，選出不同的「家長」，亦即品格及專業的權威者來主持會議，以審議民主的方式討論，最終由「家長」決議之，這是「角色家長制」。

家長，家過去是家庭、家族、宗族，現在是企業，是機構，是主其事者，謂之家長。把機構經營成為家，機構負責人即是家長；把單位經營為家，家長即是單位負責人；把團隊視為家人，團隊負責人即為家長。家長視團隊同仁如家人，每一個人都可能是家長，「角色家長制」讓每一個人都依不同任務負責承擔決策。決策前先集思，再由主其事的「家長」決策。

比起投票制或一票否決制，聖賢形態以德為導的家長制，更能兼備「集思」的廣益與「決斷」的優質之兩全。

中國敦和基金會專門推動中國傳統文化為使命，執行理事長陳越光先生在內部推動的決策模式很符合這種既集思又具備決斷力的體制。每一個專案由專案負責人提出，但經過團隊討論，討論完任何意見如何參差不齊，最終由提案人拍板。

美國科技界發展出來的共創制（Holacracy），至今在亞馬遜、Twitter 等公司適用如此的制度。共創制強調，團隊中每一個人都能夠有公平的機會發言、討論，但是最終由某一項專責的角色人物做最後決定。例如討論市場議題，大家都給出意見，最終由團隊中負責市場的專責角色來做決定。筆者稱這種決策模式即為「角色家長制」。

如先前所述，家，是機構、是單位、是任務團隊，也可以是專業者、權威者。我們傳統所說的「成一家之言」，不正就是指專業中的權威者嗎！我們說儒家、道家、佛家，不都是指一種信仰相同的人所匯聚的團體，或指大家所認同的某一種權威價值，都稱為「家」。

「角色家長制」，強調專業分工下的權威者，聆聽大家公平的發言之後，他必須做最後決議。

「德行家長制」，更是以德服人，尊重群體中每一個人的意見，即便其所採取的決策與成員意見相左，也能善盡溝通讓成員感受到被尊重，仍然能遵守決議，全力執行。

共識決與信仰組織

佛制時代的羯磨是當代所強調的共識決。共識決是信仰背景的組織所追尋的決策模式，因為它有助於組織內部的團結。雖然共識決並非完全等同於一票否決制，但共識決強調成員全部的同意。共識決對於社區共同體與社群共同體的生活有很大的助益，特別是當成員都把共同體或共同社區視為家人一般，尊重每一個成員的權利與想法格外重要。在佛制時代，每一個成員都受到平等的尊重，所以採用羯磨及共識決，一個人反對，案子就無法成立。

對於共識決，美國學者瑪麗・安・倫茨（Mary Ann Renz）針對一個社區共同體的居民做研究，居民們共同擁有該社區，也都視該社區為其家園，自己是這共同家庭的一分子。[15]研究發現，社區採取共識決來決定社區的公共領域之生活，共識決讓每一個居民都能參與，並且每個居民都受到尊重。比起多數決的民主制，共識決對於少數或弱勢具備保障，因為只要一人反對，案子就無法成立，但也同時造成時間上的極大消耗，以及人員能達成共識的挫折。

倫茨的研究中，居民認為共識決是一種決策程序，也是一種人性的工具，它讓成員彼此體諒，彼此同理每個人的差異，並尊重其差異。也有居民初期認為共識決是不可能的，但經過多次會議以後，共識果然產生。所以，共識決對於參與者而言，也被形容為奇蹟。共識決是一種融合的過程，每一個人都不會事先知道最後的決策是什麼，每一個人都在會議的瞬間提出意見，也聽到意想不到的反饋及見解，最後大家融合。這融合需要極大的耐心及時間，在時效上，共識決費時很長，加上如果成員的專業不一，品格不一，決策時效將更為冗長，不如交給一具備專業權威的人士來決定。

共識決仍然有極大的好處，因為它是培養團體共同理念與素養的過程，也是落實平等觀最好的體系，特別是一票否決制。當群體有一個人提出不同的意見，無法認同多數意見之時，在多數決的民主制度中，少數是被直接忽略的；但是共識決的決策模式中，該決策必須停下來，往好處想，這個反對意見可能具有深遠的影響，可能避免集體的錯誤，有時甚至是致命的多數錯誤。

甘迺迪總統在一九六一年所決策的古巴豬玀灣事件（The Bay of Pigs and the Cuban Missile Crisis），成為管理決策學中最重要的個案，因為它的發生是一群聰明人一次集體的重大錯誤。當時甘迺迪總統最聰明的內閣幕僚們都一味地認為，只要派遣兩千名美國陸戰隊隊員登上豬玀灣，就可以推翻共產主義的卡斯楚總統，結果不到四十八小時，兩千多名陸戰隊員全部被俘擄。共識決必須有尊重反對的意見，傾聽反對意見的雅量，這不只是對於少數的尊重，更是避免集體迷思的機制。因此倫茨就指出，共識決必須設計杯葛的機制（Blocking Consensus），亦即容許反對意見，群體亦須慎思，審思反對意見，最終達成融合的意見，才是共識決的精神。

共識決的運作仍必須講求實效與時效。時間是關鍵，當時間不足，共識決難以成事。也因為如此，共識決適合於集體生活的組織當中，對於組織的生活方式，可以慢慢地磨合協調。但是共識決落入事業發展，或必須講求實效與時效的工作中，就會有窒礙難行的問題。

當實效與時效不佳，共識決就會變成權威者來決斷。然而，問題仍在於以共識決為本的團體，其實很不容易產生權威者，因為每一個人都是平等，每一個人都要求等值，因此共識決是反英雄、反權威的決策模式。

究其實，要求平等可以是一種生命的態度，但不是專業上的必然與品格的應然。現實上，每一個人的專業能力與品格都各有分殊，平等只是基礎，是出發點，意謂著尊重每一個人。但是人的能力與品格是有差異的，在機會平等與價值平等的前提下，團體必須接受與容許差異。既然差異，發言的影響就不是等量；發言機會一樣，但內涵不是等量。也因為如此，共識決最終容易被家長制所取代，因為沒有專業意見的多數，容易被具權威或具權力者所左右，而人云亦云，最終仍是一人決策。而這一人在共識決的帽子底下，不容易出現具聖賢之格的家長。因為共識決強調的就是等值、等權，既然是人等權、等值，良莠不齊與聖凡同等，不會有特出的聖賢之家長，最終出現的是，具備權力導向的人重新回到以權力為主導的「權力家長制」，而非以德領導的家長制。

共識決在一個多元價值的組織中，不容易達成共識，或是共識的基礎相當地淺薄。例如，二〇一五年的巴黎氣候高峰會，一百多個國家開了一星期的會，最終達成的共識也只是大家都認同全球暖化是一個重要議題，但是對於如何落實排碳，每個國家的利益與立場分殊歧異。因此，共識決在多元的組織環境中，比較是基於理念淺層的共識，很難變成深層理念的共識。單一價值的團體，其共識性高，但容易偏於一隅。

共識決不是決策品質淺層化，共識決適合在集體生活共同體的生活方式，在這領域沒有急需決定的問題，這領域需要讓每一個人都受到尊重，每個人的差異被適當地理解。比起家長制，共識決對於集體生活的決策，更具同理，更為平等，更為圓滿。

共識決在非洲傳統部落施行得相當成功，以至於學者們致力於將傳統非洲部落的共識決轉移到當代非洲國家的政治體制。傳統非洲部落的共識決之關鍵在於酋長德高望重，酋長主持會議時，聽取各方陳見，酋長並不介入任何一方的對錯或善惡，而是聆聽，讓各方都能聆聽。缺乏這樣的中立又德高的家長角色，共識決很難成立。學者 Emmanuel Ani 認為缺乏這種傳統的角色與人物，非洲傳統部落的共識決機制，不可能衍生落實於當代的非洲政治體制。[16] Kawasi Wiredu 則認為，非洲傳統部落共識體制顯現非洲人是具備理性論政的本質，有這樣的本質，共識決在當代非洲政治體制的施行是有可能的。[17] 雖然如此，筆者認為 Ani 的見解仍具備合理詮釋的論證，缺乏情感的歸屬與集體生活的認同，理性論政是不可能創立。共識決只有在情感高度融合，集體生活高度會合的情況下，共識決的效力才可能產生。

所以，共識決的關鍵在於愛，在於成員對於群體有基本的認同，共識決適合群體生活中，對於共同生活方式的討論，但它不利於需要快速解決、決策的機構，如企業，如非營利組織，或具備世俗使命的宗教組織——承擔社會工作之推進，作為決策模式。

一個機構，如果思考其長期發展之所需，其思考不具急迫性，共識決仍是組織凝聚內部力量最好的決策模式。

共識決、多數決與家長制的融會

到目前為止，我們討論了傳統以倫理或權力為基礎的家長制，已闡述了以德為導的「德行家長制」，以專業為主的「角色家長制」。家長制有利於事情的推展與決策的快速，甚至有決策的品質，只要家長是基於德與專業。落入權力為主與倫理階級次序的家長制，則極可能造成扼殺團體成員之創造力，並導致團體集體覆滅的危機。

多數投票制的優點在於解決紛爭，分配利益，但不利於追尋真理與利益信仰，因為真理與信仰的真實不能以多數投票決定。然而，攸關不可妥協的利益與權力分配，與其打架、殺人，不如以多數投票決，代替流血衝突。在一個成員都極為權威及高度信仰認同的組織，投票不會導致分裂的情況下，投票制有助於選出最具突破性的領導人。但是宗教信仰的團體，常常以投票作為事項工作的決策，其日常的生活必定會有會議之外的異議與是非。

共識決的民主體制，有助於提升生活的和諧與對於個體差異的尊重，但其前提是對律的遵守。共識決必須在情感融合與信仰認同的前提下，才能夠完善地行使。

因此，共識決與家長制的前提都是在情感的關照與對於信仰的認同，如何將這兩者適當地融合與運用，是宗教型組織可以思考與努力的方向。

以共識決來議定共同的生活方式，以「德行家長制」與「角色家長制」來議定社會負責人的工作與使命，是宗教組織可以借鏡的模式。

圓形組織與信仰團體

共識決與家長制的融合是目前慈濟宗門在嘗試努力的目標。一方面，「德行家長制」的證嚴上人具備萬眾信服的聖賢之格，而其成員，無論是志工與僧眾都在培養共識決的決策方式。家長制與共識決是兩個很大的極端，一個是仰賴一位聖賢決定，一個是一票否決制，每一個人都是平等的參與。這種融合有其優點，亦有其挑戰。

共識決與家長制的共同性在於成員對於團隊的信仰或對於聖格者的信仰極高，但是長期仰賴聖格者的領導，不可能大家都突然習慣平等決議。家長制與共識決有內在本質的張力，一方面要求一個聖格的智慧，一方面要求大家都能平等地共同治理。其核心問題仍在於平等與差異如何同時被關照與融通。我們既不能不讓聖賢領導，又必須關照能力及德行弱勢者。在家長制的垂直體系，與共識決的平行體系，如何建立一個交叉融會的組織，證嚴上人以圓形組織來涵融這兩者。

顯然，慈濟基金會的職工場域偏向家長制，是有階級次序的管理機構。執行長、副執行長、主任、高專、專員、基層同仁等。證嚴上人在此家長制的基礎上，強調愛的管理與理念的認同。

而慈濟的志工體系與靜思精舍的僧團體系則強調共識決，在平等的體系底下，仍希望涵融傳統的倫理次序與資深者權威典範的傳承。證嚴上人開創的圓形組織，是結合著「共識決」與「家長制」的組織模式。以下我們繼續深入地探討。

圓形組織的運作理念

證嚴上人創立的慈濟靜思法脈強調以慈悲等觀，期望建立一個圓形組織，讓出家師父、清修士，以及居士們能夠一同合心、協力，為天下眾生，為慈濟志業努力。

證嚴上人說：

「我們的道場，是『勤行道』，出家弟子在立體琉璃同心圓的中心『小千（圈）』認真付出；清修士雖未現出家相，也立志清修，無家庭掛礙而能全心投入志業，連結中心與外圍，所以在『中千（圈）』；在家弟子普遍在世界各地護持，是『大千（圈）』。大家同一理念，心靈回歸於靜思，行動投入於慈濟，合為三千（圈）大千世界，也就是立體琉璃同心圓。」[18]

在靜思精舍的運作中，採取共識決的方式進行。師父、清修士與居士共同討論，獲致結論後，再以議題所需匯報證嚴上人。靜思精舍的事務，一般居士不會涉入，這裡所指的是慈濟功德會的慈善志業推動，都是由這三圈共同討論。

慈濟基金會則有層級架構，設置執行長、副執行長等，這是現代層級組織必要的設置。而它的運作必須是家的概念，以愛為管理軟化階層組織。擴大討論，成為慈濟功德會組織裡避免階層化或過度家長制所造成的獨斷與偏私的問題。從證嚴上人的眼光觀之，慈濟基金會的執行長與副總執行長比較像是儒家體系裡面的家長、長輩，比較不像是上司、長官。家長要照顧家人，照顧同仁，著重職位的責任，而非只強調權力的歸責。

至今為止，慈濟基金會階層化的組織因為有證嚴上人的聖格領導，一直維持一個軟性、彈性，充滿人情溫暖的組織體系。他的傳承如能以聖格之培育，以聖賢傳聖賢，則其階層組織就會傾向「德行家長制」，而不會走向「權力家長制」。再者，對於基層員工能以「角色家長制」，更能夠軟化階層制可能帶來的僵化結果，讓慈濟能夠不斷地吸納基層力量，能夠互愛協力，從而落實佛陀慈悲等觀的理想。

在慈濟，我們依然可以看到佛教的慈悲等觀所建構的組織裡，承繼著儒家人情結構的網絡，這是慈濟吸納人才的重要關鍵。不僅僅是證嚴上人「付出無所求」的理念，更是這濃厚的人情結構，使得社會各種人才投入慈濟行列，得到生命的價值與喜悅。理念讓人們活得有價值，愛讓人們生活得喜悅。

人情體制與西方法制

慈濟在以慈悲等觀為價值核心，相容儒家人情體制的運作下，以科學實事求是的精神，將宗教慈善推廣到全世界華人及部分非華人的區域。它的成果在佛教歷史上是顯著的，如前面所述，對於人的關懷，是慈濟成功的關鍵。以家為基礎的慈濟世界，盧蕙馨教授將之描述為「情感社群」。[19]

黃倩玉教授觀察慈濟的人情運作中，證嚴上人扮演一個最大的情感動力的角色。慈濟的成功在於將強烈渲染的感情約制在某種穩定的感情裡的集體性過程。這是慈濟在龐大的組織能成功運作的關鍵。這強烈的情感之集體性格，產生慈濟類家族的特色，這特色接近儒家的人情體制。人與人的關係是做事成功的關鍵，結好緣是慈濟團體做事的重要圭臬。值得釐清的是，在慈濟並不是講求利益交換的結好緣，正因為不能也沒有利益交換，所以結好緣成為做事的重要基礎。在這種具儒家人情的關係體系裡，慈濟仍然以佛教清淨無染的長情大愛為導，但是在組織中有不適任的人，或是有不當的行為，其是否能更大範圍地遵循人情體系去圓滿解決？

丁仁傑先生在慈濟的研究中提及，慈濟因為不能引進與佛教自身價值不相符的西方式職權本位的分工管理體系，所以對內部成員之間所發生的不和諧就更強調忍讓原則，即「知足、感恩、善解、包容」，來調和人與人之間的意見不同或差距。[20] 證嚴上人的德行與他的法是慈濟社群人與人之間的誤解能得到圓滿解決的樞紐，這是黃倩玉強調聖格領導（Charismatic Leadership）的特色。[21]

筆者的體會是，慈濟內部任何的不和諧，在志工體系是透過資深者或有德望者的協調獲致和諧，這是聖格領導的衍伸。所以證嚴上人強調以德領眾，特別是志工體系，都是志願者，與企業或公部門的獎懲升遷之體系不同。志工是依靠價值與情感驅動的組織網路。人與人的差異必須以理念、以情感、用佛法與人的德行來調和。這一部分，筆者認為慈濟應該繼續保有它原本之運作模式。

筆者認為，慈濟下一步的努力將會在儒家人情結構與佛教慈悲等觀的價值體系基礎之上，向西方的法制思想吸納，這種吸納是有其內在矛盾的。過度重情，則制度不彰；過度法制化，則情不通達。如丁仁傑所觀察，慈濟未來的制度化即使建立，並不能保證它能帶給志工愛的動力。丁仁傑說：

「制度的建立是使一個大規模組織能夠延續下去的重要條件，然而卻不是——甚至有時候還是相反的——一個組織能夠更為興盛的條件。尤其是一個以修行為要求的佛教團體，終極上，制度不能取代一切，它是否能夠興盛與繁榮，取決於它是否能夠繼續喚起人們的理想、情感和興趣，而非取決於它的『制度化』是否能夠成功的問題上。」[22]

這是真知灼見的觀察。體制化也可能造成理想、熱情與愛心的冷卻，特別是志工體系是自願的、自發的，不支薪酬的，保住每一個人力量是慈濟成功的另外一個重要關鍵。但是如果有「不當者」不願離開，性情不改，創意不再，如何以人情與慈悲處理？因此法制的吸納是慈濟目前正進行或須進行的課題。

慈濟醫院、慈濟大學、慈濟人文志業中心（含大愛電視臺），都是極為專業導向的機構。政府的法規、專業的準則，都在在引導慈濟法制體質的建立。然而，過度適應會世俗化，吸納不足則創意與適才適所會出現遲緩的現象。慈濟決策的核心要為此努力或正為此努力，都需要極大的文化創造性的智慧。這種文化的融合，很可能要經過幾個世代才能夠將「儒家的人情結構」、「佛教慈悲等觀的價值體系」與「西方的法制思想」作適切的、恰如其分的圓滿之融合。果能如此，它將會是中國或東方智慧與西方和合的新文明之典範。

共責制與圓形組織

筆者跟隨上人多年，常常聽見他詢問我們，某件事你怎麼不知道？你怎麼沒有參與？「明明跟我的部門無關的事務，為什麼我必須知道？為什麼我要參與？」因為從上人的角度言之，慈濟事都是大家的事，人人有責；就像家裡發生任何事，都是家裡人的事，大家都有責任。慈濟就是一個家，主管就是家裡的家長、長輩，不僅僅是分工後的主管。這使得慈濟能夠體現集體協作，讓人人都能參與，使得事情能夠更完滿，因為每一個角度都能被看到，都能被關照。

圓形組織每一個人都是領導人，每一個人都是被領導者。資深合心幹部在大區域合心區是領導者，到了社區的協力區，他投入第一線服務工作，聽從協力幹部的調度，他就是被領導者。在決定大方向，合心是大家長，協力幹部都是家人。回到了社區，家長角色轉換，協力是家長，合心是資深的家人，大家一起為社會奉獻。因此，慈濟的圓形組織有德行家長制的特質，也有共創制裡角色家長的特質。它兼顧了尊重專業分工，讓專業能發展做事能力，也含融倫理次序與歷史精神的傳承，這傳承經由資深合心幹部的典範來傳遞與體現。

決策之際，合心、和氣、互愛、協力都共同討論決定，由資深的合心的領導，這是家長制與共識決的融合。如同我們先前提及非洲的部落共識決，它的成功在於有德高望重的大家長——酋長做主持。大家長的角色不是讓人處處聽他的，而是能夠讓大家順利地討論，暢所欲言，達成共識與和諧，這兩樣缺一不可。事情有共識，情感能合和融洽，才是真圓滿。

難免儒家家長制的文化會出現在圓形組織的四合一運作中，即是某區域的資深合心會過度強調自己的看法，以家長方式訓育年輕幹部，這就形成了將共識決轉成家長制；或者資深幹部在社區，仍以傳統儒家大家長的心態，不能真正在第一線投入或聽取年輕幹部的調度，彎下腰來親自付出，這是傳統儒家家長制倫理次序的留存。這當然需要很長的時間宣導、培訓，以及透過證嚴上人不斷地呼籲，不斷地開示教導弟子，希望真正落實圓形平等的四合一。

一個組織如果能夠體現在議題討論時「共識民主制」，大家未能獲致決議時「德行家長制」，任務執行時「角色家長制」。從討論，到決議，到執行，每一個都參與，每一個人都受到尊重，每一個人都有其貢獻，如能如此，圓形組織就是共責制。共同責任制，才能消弭組織中的垂直階層與平行分工的壁壘。

這樣的組織型態必須從根本的文化思想著手，擺脫傳統階層制，或去除儒家倫理差序格局的文化，需要長時間之覺醒。儒家的人情體系是維繫人的重要力量，但如何保持那一分對家人的關愛，少一點家長制的傲氣，能夠以平等的共識態度，討論事情，在執行時能落實角色家長制，讓人人都是領導者，人人也都接受領導。而隱形、軟性的倫理結構，就在付出中，得到尊敬與體現；亦即資深的合心志工是在第一線謙卑的付出中彰顯他自我的德行，那也就是「德行家長制」的體現，這是儒家倫理結構中最具樞紐的因素，也是佛教平等觀的落實與實踐。而當每一個人能夠實踐遵循這種圓形的體制，而非彰顯個人的特殊性之際，西方法治的精神亦已然實現。

第14章

圓形組織與慈濟志工體系——證嚴上人建構的立體琉璃同心圓

為了更了解我們身處的世界，我們應該更沉浸於一個我們不熟悉的世界。

—— Shari Springer Berman, The Nanny Diaries.[1]

當一個組織由愛所組成

二〇〇二年當筆者進入靜思精舍任職之際，常常有一種特別的感受，總覺得精舍不是一個工作場所，而是一個家，一個充滿溫暖與愛的大家庭。在職場工作的人都知道，競爭、人事的傾軋，都是專業人士必須接受的職場先驗文化。職場的壓力經常不是來自工作，而是來自競爭與人際的衝突。這並不是說慈濟的場域缺乏競爭力，而是他的競爭力不是來自與人的比較，卻是來自人內心的理念與信仰；這理念是利他，信仰則是愛他人。在這種堅實的信念推動下，個人會更努力認真地去完成每一件事，而不覺得勞苦。慈濟人到各地賑災都是自掏腰包付旅費，他們拋開工作，拋開日常舒適的環境到災區或貧苦區域卻不覺得苦，動力因就是利他與愛人的信念。證嚴上人自己全年無休，從早晨三點四十五分開始作息，一直到晚間十點多才就寢，他每天如此，每年如此，但卻經常在靜與定中，其原因如他所說，就是愛。證嚴上人說他的動力一部分是來自每日都感受到慈濟人帶來的在全世界付出的愛，他每每受到很深的鼓舞。而其實證嚴上人給予每一個人愛，正是因著他的大愛，讓慈濟志工啟發出內在愛人的能量與智慧。

慈濟組織創立的核心價值就是愛，這愛是在每一個細節，在一個人身上展現與實踐出來。慈濟的運作的法則是要人做到內心的自律，一如證嚴上人所說：「慈濟的組織是以愛做管理，以戒做制度。」這種法則乍聽下未必符合當代所有的管理法則，但是究其實，資本主義以競爭作為進步的原動力，終究將人切割並擠入對立的牢籠中。即使獲得再多的休閒與享受，都無法治癒每日面對的競爭所造成的剝削、被剝削，都無法擺脫贏與輸的法則，對人性深深的撕裂與烙印的傷痕。競爭越激烈，越不符合人性，紓解、放縱、享樂就越劇烈與極端。奢華與競爭是孿生兒，它對人性同樣是一種背叛與疏離。而專業主義挑戰知識與創造力的極限，在當今社會裡逐漸被異化為削除人性的完整性與情感的必須性。專業的價值中立造就更多職場的「殺戮者」，把整個社會置身於無法回復的結構性暴力與扭曲之中。

如果職場像是一個大家庭，充滿了愛，人的潛能是會越加貪懶或是越奮進？當競爭消弭，社會是倒退而貧窮，抑或進步且富裕？筆者試著從慈濟的組織與運作人文，提供當今社會的組織運作另一種思維的空間。

工業社會裡的單面向的人

要了解現代組織的問題，只要從建築就能窺探其中的深密。大都會裡的玻璃大樓就是現代組織裡的個人真實的生活寫照。從遠處看去，玻璃大樓是一個獨立的樓層，人們分隔在一個個舒適的小空間裡面，雖然隔著玻璃，可以遠眺，但其實與世界隔離著。

玻璃大樓喻示著現代人對於與周遭事物的距離，視而不覺，能看到卻無法經歷；舒適而疏離，透明卻隔離，可以遠眺，實則局限在小小的單位裡。

社會學家丹尼．貝爾（Daniel Bell）在《資本主義的文化矛盾》一書中披露，現在資本主義已經邁入享樂文化。傳統卡內基及洛克菲勒式的刻苦勤勞的基督教新教美德，早已被拋諸腦後，一種傳播學者麥克魯漢（Marshall McLuhan）所預言的「享樂主義時代」，在二十世紀後半葉所向披靡地遍及全世界。[2]

資本主義的發軔正如馬克思．韋伯（Max Weber）所陳述，是源於早期富蘭克林式的「對內禁慾苦行」，對外積極奉獻社會的新教倫理與精神。雖然清教徒在自己所創造財富中一無所得，他不過是為了證明自己得救罷了。但是這種瘋狂的努力精神，卻造就了後來資本主義的形成。[3]

在資本主義與科學主義的雙重羽翼下，各種專業部門及行業的分工逐漸細緻。這如同丹尼．貝爾所言，一個商業公司過去只是十分簡單的組織，現在必須細分為研究、銷售、廣告、財務、人事、生產、公關等十多個部門來掌管。專業更精，人與人更為疏離；分工越細，人與人的距離及溝通也更形遙遠。這期間加上電視媒體的崛起，使得人們過去家庭的聚會、街坊鄰居的互動寒暄，逐漸被電視取代。曾經成功地挑戰美國白色恐怖主義而聲名大噪的哥倫比亞廣播公司著名主播愛德華．默若（Edward Murrow），就預見電視的崛起給予人們最終的影響，將會是逸樂、誤導與孤立（distract, delude, amuse and insulate）；人因專業分工而疏離，因娛樂媒介而孤立。[4]

無可否認的，現代人都活在某種程度的單位底下，生活越來越孤立，生命也越來越狹窄。在工業主義的分工概念下，我們一生只學會做一件事，進同一棟玻璃辦公室，收看一定的電視頻道和節目，和特定的朋友交往，往來特定的餐廳或俱樂部，只關心特定的議題及事件；我們宣稱擁有了自己高尚、獨立、自主的生活圈，但卻可能同時失去了全世界。

一個更多元寬廣的體驗與經歷，對於現代「朝九晚五」的專業上班族來說是很難獲致的。雖然我們也出國旅行，但充其量不過是美景加美食，真正的不同生活及文化體驗非常欠缺，加上現代的專業主義分工越來越細，專家變成每一領域的佼佼者，意味著只有少數幾個人真正懂得如何和他對話。這個現象在學術界更是如此，不食人間煙火，每天致力於自己專業，在細了又細的領域裡深研，表面看來很好，因為走出一條創新之路，就即刻揚名國際，但是也可能一輩子成為愛因斯坦所說的「變成訓練有素的狗」。

孔子說「君子不器」，現代人似乎把這句話都當作過時的老古董；專業分工就是所謂的「器化」，讓每個個人擁有特定的功能。因此，律師一輩子只懂法律，醫師只學習醫術，企業家只會做生意，學者只會做研究，廚師只會下廚，這其中人與人似乎沒有任何具體交集可言。一個律師每一小時所得以數萬元計，醫師也要衝業績，企業總裁分秒必爭，每一分鐘以幾千萬美元計算，他生活的全部就是用來作決策，其他事委由其他的專業人士去處理，似乎花時間做其他事是一種沒效率、是一種浪費；效率及分工無疑是現代資本社會奉為最高指導原則的圭臬。[5]

愛，不遵行效率與成本

但是，人不是機器，人的價值不應化約為機械式的效率之工具。馬克思．韋伯所擔心「專業人」在資本主義後期變成空洞的靈魂之憂懼已然發生。如何跳脫這一個機械式效率的牢籠，就必須回復到以「人」為本的思維與實踐。

證嚴上人所創立的慈濟社群，遵循了家庭的愛為出發點，但卻是以天下為家，擴大愛到世界各個角落，愛天下每一個人，他稱之為「大愛無國界」。[6]而愛，是不遵循效率原則的。愛一個人，或讓人被愛，甚且讓世界上每一個人都能互愛，是證嚴上人最終的願望。因此愛才是核心，不是效率，不是成本，讓人人在工作中有愛，在專業中付出愛，在所處的情境中感受愛、體現愛，是證嚴上人一生帶領慈濟人所致力的目標。

慈濟第一次跨進專業領域的範疇應該是醫療事業。證嚴上人對於醫院及醫生這門專業，提出了相當獨特的見解。他經常鼓勵醫師不應該只是一位會看病的「醫匠」，而是要成為醫治病人的「良醫」，更應是關懷病人的「良師」。良醫關心的不是疾病，而是病人本身；良師就是《無量義經》所說：「苦既拔已，復為說法。」醫師也可以當病人生命的導師。[7]這種思維將一個專業人士所面臨的困境，提出了十分具體的出路。專業為著的是人，專業不只是研究事物，而是回到事物背後的人，個人在專業中不只是獲取知識及技能，而是能夠得到生命的體悟與整體生活智慧的提升。

了解才能愛，易地而處才能感受彼此

心理學家佛洛姆（Eric Fromm）在他的名著《愛的藝術》（*The Art of Loving*）一書中曾說，愛必須基於愛。了解越深，愛就越大。恨與暴力是愛的反動，但卻來自同一趨力。暴力要求把世界隔離的牢籠打破，它只不過是以負面的力量去拆除這項隔離。而愛，也是要化解隔離，它以著正向的能量把分離的世界重新包裹在一起。[8]

如同許多慈濟各項志業一樣，證嚴上人總是希望以行動教化眾生；從行動中讓個人領悟新的觀念，建立正確的價值觀。為了讓醫生能走出專業，體會到生活不同的層面，了解人生的各種經歷，證嚴上人不斷地鼓勵醫師多多參與非醫療的活動與事務。[9] 從這些非醫療的活動中，人會重新省視自己原本的價值觀與專業信念。

二〇〇四年十月的某一個週末下午，花蓮慈濟醫院的醫師及各科級主任，在王志鴻副院長的帶領下，在菜園裡摘菜，然後到廚房洗菜、切菜，幾十位資深的醫師們在廚房忙進忙出，做麵包的做麵包、切刻番茄的切刻番茄。他們不是在烹飪比賽，而是為了「醫事人文營」，資深的醫事人員為新進的學員親自下廚煮飯、做麵包。

這應該如何理解呢？這麼多醫師花一整天的時間下廚，如果把這時間換算成看病的金錢收入，那的確違反資本社會的效率原則，專業分工不是應由專業廚師或師姊來做就好了嗎？證嚴上人親自到廚房看這些大醫王，看到他們切番茄的姿勢有板有眼，就對著醫師說他們切得還真漂亮，醫師們還回答說：「哪裡！已經吃了好幾個……」「哦！這怎麼說？」醫師回答因為先前的刻不好，只好自己吃下去。上人邊笑邊讚歎，又來到做麵包的地方，將近十位醫師一一排開在揉麵包，上人又讚歎說麵包也做得不錯。醫師們回答說，因為很擔心沒揉好會爆開，又得惜福吃下去，就怕肚子吃撐了。全場大笑，一幕幕歡欣快樂的場面，令人置身於大家庭的溫馨之中。[10]

慈濟就是一個大家庭，家庭裡的事沒有分你和我。大老闆在家裡，電燈泡壞了要自己換，還是一樣要幫忙做些家事。這樣的付出讓家庭更和樂，比起一切找廚師、找專業人員處理負責所有生活的事物，更增添了許多溫暖與親近感。

這是一種平等心，平常在機構裡有專業責任分工，但是這個時候大家就像一家人，沒有高低、沒有層級的分別，有的是溫暖的關懷及付出。這種學習會讓人去除在專業中所積累的傲慢之心，會讓我們看見其他人對群體生活之付出與努力，同時看到我們所從事的專業也是眾多領域中的一部分。

這是一種生活的體驗，每天都在同一種工作底下，很少能嘗試新事物的學習樂趣，看著王志鴻副院長擠壓檸檬汁、麻醉部的石明煌主任剝洗高麗菜，他們流露出天真的笑容和神情，那是一種單純的快樂，在這樣純粹的、非功利的活動中，個人從物化的、單位化的、資本化的窠臼中脫離出來。一個活潑、較完整的、更接近人性的自我，從這些生活的事務體驗中實現了。

這是一種謙卑態度的養成。一個小小的營隊之所以能夠組成，從事前的規劃籌備、課程的安排、講師的選定，以及營隊開始前各種桌椅的擺設、物資的準備、餐飲的安排、流程的演練、人員的調度、講師風塵僕僕前來上課等，每一件成事都是集合眾人之力所形成的。從揀菜、洗菜、烹飪這些細活工作中，讓活在「白色巨塔」的專業人體會到：每一個小部分都是整體的部分。每一個環節都是這麼重要，沒有一個人能單獨完成一件事，集眾人之力是必須的。從這樣的體會中認識到自我的有限性，也理解整體力量的必要性。

這是一種感恩心的培養。做了一次香積廚事，以後在任何地方吃飯都會懂得感恩下廚的人有多辛苦；滿滿的米香裡，都是別人的心血和愛心，吃在嘴裡，感恩在心裡。沒有一個人不受惠於他人的努力，沒有一個成就不是來自他人的付出。

讓各種專業領域的人把愛找回來，是慈濟社群努力的目標。警察的工作常常被人稱為是人民的保母，但是警察工作做久了以後，比較像是管理者，比較不像是人民保母那種溫和有愛的形象。然而，慈濟的「慈濟警察消防暨眷屬聯誼會」，志工們會帶平常形象嚴肅的警察同仁，下鄉到偏遠處，或是到街頭陋巷去關懷照顧戶。平時專門管理、維持社會秩序的警察，透過這種關懷膚慰貧戶的行動，體會到柔軟心最喜悅，平日工作上的壓力與剛強，頓時消失於無形。許多警察師兄在這樣善的行動中，反省自己平常工作中的一些不良習氣，並且逐漸地改變他們在執法時的態度性情。

一位專業警察從養成教育開始，就被培養成要除暴安良、保護人民、愛護人民，但是這種教養如今在真實的情境中逐漸異化。警察平常在犯罪現場第一線看到的都是人性的罪惡，而執法的權力與位置，正是各種惡的力量亟欲收買、行賄的對象。警察必須面對各種誘惑，而且仍要對人性抱持善意、還必須自我克制，這是對人性極高的考驗，因此長期積累出許多心理與人格之問題。

經由慈善工作，慈濟的警察師兄們重新喚起人民保母的責任感，善的氛圍會使他們對人性重燃信心；愛的付出，讓他們在對自己扮演保護人民這個角色的重要性有更多的寬慰。

許多慈濟的警察師兄，利用下班時間在辦公室做環保回收工作。很難想像平常高高在上的警察們，下了班之後謙卑地做環保回收的工作。一位警察師兄，於下班時刻在警局內做回收工作，被剛到任不久的年輕警員誤以為他是清潔工。後來這一位年輕警員得知每天做垃圾回收的人竟然是自己的長官時，心中有很深的愧意與敬意。

這是從善的付出情境中，讓「專業人」去體會生命的不同面向，在這種善與愛的行動中，專業領域裡「去情感的理念」所產生對於人心靈的禁錮會逐漸蛻去，人性中根本的感動會重新被喚回，生命的方向與本懷也藉此獲得甦醒。

證嚴上人教誨弟子，就是要讓這些專業人士做到儒家所言的「君子不器」。人不是如器物般只具備實用功能，而將情感與生命的豐富性擺在一旁。慈濟大醫王會下廚幫同仁烹飪、下鄉幫照顧戶打掃、上舞臺表演手語劇……都是豐富燦爛的人生景象。[11]

上人真正期待現代的專業人士能在生命中，有機會脫下那硬窘生冷的專業外殼，真正去體會生命中不同的境界，感受不同的真實人生，和別人真正平等地工作在一起，流汗在一起，歡笑在一起；讓愛從中穿過，讓個體能在無私的努力中交融，讓生命的完整性重新復合，讓情感的動力藉由接觸基層的活動獲得啟發。[12]從而避免變成資本主義底下馬庫色所說的「單面向的人」。[13]

有時候深自省思，一個現代社會的高級專業主管，必須為幾千人或數十萬人做出重要決策。但這些高級主管鮮少接觸基層的工作，鮮少了解基層的生命處境與感受，他們的決策絕大多數來自生冷的數字，他們的判斷多半在一個密閉的玻璃屋裡議決。如果一個判斷缺乏真正感受，如果一個人的感受缺乏真正的體驗，他如何做出一個利益眾生的決定？「能知蒼生苦，能解眾生受」，才是一個能做出合於情、依於理的明智的決策。透過各種生活的體驗，我們或能避免成為資本主義底下理性化的「單面向的器物」，而找回原本作為一個「全人格」應有的各項生命淬煉及感受。[14]

理性化的危機與志業人格

現代專業主義的理念強調，一個人一生專心只做一件事是一種正向的執著，是一種典範。佛洛伊德專研心理學對人類做出巨大之貢獻；愛因斯坦沉浸於物理學的思考，對人類的科學思維做出偉大的貢獻；康德一輩子待在德國的海德堡，寫出跨越歷史的哲學巨著。專心一意地研究單一事項，才是人生中最重要的職志及信念。於是人的「單一化」變成一種美德。

人類在十七世紀之後，對於科學的絕對崇拜，讓人類生命形態也逐漸變成科學理性主義的一環。科學精神是崇尚實證精神與歸納的原則，凡是能實證的才是科學理性主義探討的範疇。一切的生命與非生命都是涵蓋在歸納與演繹的法則中。一是一，一就不是二；一加一等於二，一加一就不可能等於一。透過可界定的歸納法則，依邏輯法逐漸演繹，生命與非生命被涵蓋在無盡的單位與關聯之中。

宗教哲學裡的價值觀與靈性的活動，由於是不能被量化的，因此都不是科學理性主義能涵蓋的範疇。這種實證傾向於二元思維的歸納演繹法則，使得人類的生活一步步走向物化與單面化的危機之中。生命化約為可分析的生理結構，情感被解釋為與腦有關的活動機制。二元對立作為西方科學主義最重要的思維方式，逐漸地將人的一切活動納入這個體系。工作與生活相對立、資方與勞方相對立、人民與政府相對立、個人與群體相對立，你是A就不是B。生活的形態也塞入分立的法則裡，一個更大、更完整的自我被逐漸割離分裂。

理性主義教導人類正無可回復地往這種思維加速前進。任何與它相反思維模式的，都快速地被淘汰或邊緣化。然而，人類並不是只具有一個面向的生命體，人不是被訓練來只為某個特定的社會功能服務。愛因斯坦深愛小提琴，音樂使他脫離紅塵，使他在科學思維中更接近藝術的創作。富蘭克林本身是報人、革命家，也是一位科學家，更是一位修身自持、標準的清教徒典範。

一個真正傑出的人很難是單面向的，很難脫離生活經驗而能成就，生活中的歷練其實是使人避免單一化的最佳良方。種菜，感受到大自然生命的力量及美麗；下廚煮飯，感受到每一餐食都是大家辛苦的付出。一個孤獨的個體在這樣的活動中與整體連結，他不再是一個單向的人，而是群體社會中的一部分。這種整體感，是現代人免於孤立之後可能產生的各種心理官能症。

正如社會心理學家佛洛姆所言：「人怕孤獨，而愛是治癒心靈孤寂的良方。」但愛不是局限在情愛中，而是更寬廣的社會之愛。一個人除非心中有愛，除非在和全體社會的連結中感受到愛，否則他就無法脫離內心的絕對孤立，這些非專業的活動正是和整體其他部分連結的具體實踐。

支撐專業主義的就是理性化的思維及實踐。這理性化落入資本主義的社會結構中，轉化成韋伯所言，將一切物質資源與人們的整個生活都加以經濟化，亦即遵循最大效率、最佳化與最低成本的資本主義模式。這種經濟資本主義的理性化，以熊彼得（Joseph A. Schumpeter）的觀點言之，亦即資本主義生產，使人們的行為與思想理性化；而理性化模式將整個社會體制擺脫人的支配，而融入一個自動化的體系之中；理性化成為一種機械模式，在這種體制下，人的意志與品格作用減少了，人也失去自主性與個體性。

當一個醫生要不惜一切代價救助他的病人時，理性化的「效率模式」會告訴他，這違反效率模式，因此他極可能被迫放棄這種醫療行為。[15]

一九六九年美國一位醫學生亞當斯（Hunter Patch Adams），他認為應該把病人當朋友，讓病人在醫院裡得到愛，所以他開始在醫院裡耍寶，逗病人笑，把病人推到醫院外看大自然。他希望叫出病人的名字，而不是把病人當作號碼；他希望醫生能看病人，而非看疾病。但是這一位醫學生最後幾乎被醫學系開除，因為他完全違反了專業主義醫師必須嚴守的專業中立。後來亞當斯創立了健康研究所（Gesundheit Institute），這診所是用風趣與幽默來對待病人。[16]

不能對病人投注私人情感的信條，個人的愛與個人的人格特質是如此地被專業理性化的模式約制著。弔詭的是，專業主義奉個人的專業知識及能力，在出發點上是反群體主義的，但其實最後在理性化生產模式的驅使下，個體最後卻陷入自我逐漸消失的危機當中。專業，亦即非個人，一切聽從專業準則，個人的性格及思維也跟著標準化，消弭在理性主義巨大的洪爐之中。

把消失中的個人找回來，就必須遵循「非效率化」的資本主義生產模式。這種說法聽起來很異端，因為當今社會任誰都不敢違反「效率模式」，但是遵循效率以取得效率，未必是最佳的效率模式。在慈濟，一種遵循人性尊嚴，並以尊重個人為出發點的思維與實踐模式，或能達成最佳及最終的效率。

新志業主義：愛與尊重

慈濟期望能改變專業主義的生冷，做法之一就是以志工參與帶動。慈濟能啟發志工體會「甘願做、歡喜受」的關鍵，[17]就是因為他們在付出中，愛心被深深地啟發；他們在愛中得到歡喜，得到成長。志工體系不同於一般的企業公司，企業是以報酬、理念、升遷、獎懲等權力架構作為員工凝聚的力量，但是志工都是發心自願，不支薪，而且還出錢出力。

他們的專業來自四面八方，各有成就，各有所長，能激發他們的是堅定的信念與價值觀。在志工體系中，命令與權力行使，發揮不了在企業體系或其他官僚組織的一般作用。對於志工的付出，慈濟人是以感恩心來回報，而慈濟志工也是以感恩心付出。因為一切所行都是發自內心的志願，所以無須別人肯定或獎勵，這和企業組織是十分不同的。

彼得．杜拉克的《非營利事業經營》一書中曾說明，非營利組織與企業最大的不同就是，非營利組織不是以銷售作為核心目的，而是以服務與價值的傳遞作為核心工作目標。一個醫院的志工不是向病人推銷一位醫師，而是協助醫師如何幫助一個病人。[18]彼得．杜拉克認為，非營利組織的最後目的，是激發每一個人成為某一種價值的受益者與實踐者，否則非營利組織充其量不過是一個善意者，而不會產生具體良善之結果。慈濟作為一個非營利組織，利他與無所求付出是其恆久不變的核心價值，而激發並傳遞這個精神價值的媒介，還是志工的實踐與奉獻。

慈濟醫療體系裡面，醫院裡非醫療專業的志工經常給予醫師許多生命及專業的啟發。證嚴上人期待醫師能以病人為中心，「以病為師」，傳達這個觀念價值的，就是志工的具體實踐。[19]花蓮慈濟醫院的顏惠美師姊是一位資深的志工，從建院開始，她就離開臺北優渥的工作，來到花蓮全職投入志工的行列。她在醫院裡陪伴重病的病患，許多病患在臨終前受到顏惠美的啟發，就在醫院裡做起志工，照顧其他癌末病人，鼓勵他們對於生命要保持信心與勇氣。

顏惠美當然不是醫師，但是她卻給許許多多的病人生命的勇氣與希望。醫師們也把她當作老師，當醫師們被病人困擾著，他們會尋求顏師姊的意見與安慰。顏惠美三十多年來帶領培訓的志工超過四十萬人。她生命中含富的智慧，她的心靈自然散發的愛，是慈濟醫院上下學習的對象與榜樣。顏師姊與其他許多醫療志工對待病人的方式，讓醫師們也在潛移默化中受到薰陶。[20]

每週固定時間，醫院的院長或醫院的醫師、護士，就會和顏師姊與醫療志工去鄉間探望長期受病苦折磨的老人們，許多老人因為獨居或孩子無法經常帶他們前來醫院，於是志工和醫師就定期前往他們家中往診。遇到需要協助的照顧戶，醫師們也會掏腰包幫照顧戶購置日常用品，醫師們定期到照顧戶家中幫病人或貧戶打掃，一改「白色巨塔」的形象，做到膚慰病苦的心靈境地。

現任慈濟醫療志業執行長林俊龍曾經擔任美國慈濟人醫會（ＴＩＭＡ）的總召集人，一九九一年起在加州為美國許多弱勢族群進行義診，一九九五年到花蓮慈濟醫院擔任副院長。二〇〇〇年慈濟大林醫院啟業，他擔任院長一職，每天一大早就在醫院四周巡視撿垃圾，假日帶著醫院主管與醫師、護理們一起到鄉下辦義診，幫助貧困的住戶打掃清理髒亂不堪的家園。一位醫院的院長並不具「白色巨塔」專業權威的高傲，而是身體力行用愛關懷照顧戶，做到證嚴上人所期待的「視病如親」。林俊龍執行長從志工開始做起，體現慈濟精神，到全心在慈濟醫療志業奉獻，他以志工的心、做志業的事。[21]

志工精神的帶動不只表現在醫療專業，在人文傳播的領域裡面，慈濟人文志業中心培訓了數千名從事電視製作與文字記錄的人文志工。這批慈濟人文真善美志工們自掏腰包購買器材，接受專業傳播人的訓練，然後在世界各地記錄撰寫慈濟人的善行足跡。他們許多的作品固定在大愛電視臺播出，他們的文稿登載在慈濟網站、《慈濟月刊》，並發行成書，包括《人間渡》、《雲開見月》等雋永的作品。慈濟人文真善美志工逐漸成為大愛電視內容不可或缺的來源，也是慈濟人文歷史記錄重要的環節之一。[22]

這些非專業的人士，由於對慈濟的熱愛，接受慈濟基金會的訓練，經過數年的時間，他們逐漸在專業上獲得相當的製作採訪能力，而在人文思想上，他們對於受訪者的尊重，對於照顧戶的關懷，讓傳統生硬的記者採訪工作，增加了愛的關懷與付出。這種人文情懷，使得採訪必須客觀中立的態度有了很大的轉變。在災難現場，他們不只是採訪第一、新聞第一，而是以關懷、搶救生命同等重要。他們的眼光不只是著眼於報導真實，而是更希望能夠記錄社會中良好的典範。這種非專業者的參與在相當程度上，逐漸地改變資本主義社會中新聞專業的理念與價值觀。

著名的電影《危機最前線》（*Mad City*），[23]達斯汀．霍夫曼（Dustin Hoffman）飾演一位記者，採訪一樁人質危機，當年輕的攝影師拋下攝影機去緊急攙扶一位逃出的受傷人質時，採訪記者（達斯汀．霍夫曼飾演）竟斥責那位攝影師不專業。這正是西方專業主義的生冷。這生冷與科學主義精神和資本主義的過度發達有關。與此相反的，慈濟的大愛電視臺卻積極肯定：一位記者在災難現場放下麥克風去關懷受災者，而不是事事以採訪為第一要務。這在其他新聞媒體絕對罕見，甚至是被禁止的行為。

「九二一」希望工程，慈濟能在一九九九年九月臺灣大地震後的兩、三年之間，援建了五十多所學校，其動員速度極快又有效率，而這也正是擴大志工參與的結果。由於志工大量參與工程興建，使得許多承包商與建築師都感染了志工無私奉獻的愛心。[24]

他們深深地被這個人文氛圍感動影響著，他們工作的效能無形增加與成本自動降低。慈濟動員二十萬人在災區發放、慰問、蓋簡易屋、興建學校景觀、植草皮、照顧工人等，用無所求的愛環繞這片深受苦難磨練之地。

這是「九二一」希望工程奇蹟的關鍵。非專業的志工參與，使得專業的人員更感受到，「愛」是所有興建工程的核心價值，他們因著這分價值也加速重建災區的腳步。新的建築用SRC鋼構建材，比過去的學校更堅固。建築師們的設計古樸優雅潔淨，獲得許多設計大獎。[25]

「行政院九二一震災災後重建推動委員會」的一位委員事後回憶說：「政府的工程與慈濟工程比起來最大的不同是，建商會跟政府發包單位討價還價，但是建商碰到慈濟就好像是『家臣』，什麼都不計較，造價自動降價，施工自動配合。」當然，這很大的因素是因為證嚴上人「愛」的感召力，另一方面慈濟志工在災區無所求的付出行動，也造成「善」的帶動與影響。專業與知識不是效率的必然，尊重與愛才是效率的關鍵。

慈濟世界有許多人擔任的工作，都不是他們當初從事的專業，如大愛臺前總監姚仁祿師兄，過去是一位知名室內設計師，在慈濟成了一位相當傑出的傳播人。[26]會計出身的林碧玉副總，四十幾年前跟隨證嚴上人興建醫院，她竟成了醫療與營建的專家。呂秀英師姊是做服裝出身，卻成為一位音樂手語劇的導演。音樂手語劇都是非專業的演員，但是身為真正的醫師、教授、企業家，以及社會中各種職業的師兄、師姊參加演出，卻比一般的職業演員演出的舞臺劇更奪人熱淚。

因為這些慈濟的專業人士，平常在各種志業活動中做志工，都深深地體現著上人所強調的無私的大愛，真人演出的虔誠與散發的無形之力量，比起一般虛構劇情與專業純表演的場景，更令人動容。成千上萬看過慈濟音樂手語劇《無量義經》或《父母恩重難報經》演出的人，多半被這一群在現實中為人間付出心力的人之虔敬深深觸動。而在臺下指揮若定的，竟是一位經營服飾業的中小企業家呂秀英師姊。[27]

每一個人都在這群體中獲致新的能量，那能夠統領大眾的人，未必是該專業出身的人。雖然一開始可能有專業的障礙，但是無可否認的，慈濟立意去改變專業中過度離開人性、過度生冷的現象。其實，要一位專業執著很深的人改變過去的專業習性是十分困難的。雖然慈濟在初期出現許多非專業的領導者來領導專業者，但是卻獲致許多令人驚訝的成功。

原因是因為新的人文精神，被這一群非專業出身的人信奉並推行著。等到專業人士逐漸更了解慈濟人文，那種重視人與人的愛，重視家庭式的關懷，重視正向思維的理念之後，專業領導專業的局面會逐漸出現。但屆時，該專業與傳統專業已然不同，專業已逐漸轉化成「志業」。「志業」與職業不同，因為那是他們一生全力奉獻的使命；「志業」不同於專業，因為他們在乎的不是個體成就或專業的突破而已，他們的信念是：專業的創新必須以服務關懷人群為核心。

這麼說不是意味著慈濟永遠用非專業領導，在專業主義還不了解志業理念的時候，這樣的情況是一種必須。在慈濟創立五十年後，更多的專業人士體會志業精神，他們的下一個目標，就是以自己的專業，將慈濟各項志業帶向另一個高峰。這高峰不是專業的提升，而是將專業的品質與志業的理念充分融合傳遞，讓志業的精神經由他們專業的經驗與職能，對各領域裡的其他「專業人」做出正向影響。

團體協作與新效率主義

想改變專業者的信念一開始是非常艱辛的，這正如要穿著衣服修改衣服一樣。特別是要教育最頂尖的「專業人」成為「志業人」，更為困難。頂尖的「專業人」深深信奉專業主義精神，期盼這一群人改變心態與想法，正如想改變魚飛上天空。因此具備志業精神的志工，開始從專業領域逐漸地影響、帶領專業人士體會志業精神，這過程確是非常艱辛的。

志工加入專業領域，一開始就被認定為非專業，這也是事實，因為專業的頂尖者不會一下就體會「志業」的理念與方法。這磨合過程從醫院、營建、人文……等各領域，逐漸地演進。由於非專業的志工不了解專業領域，專業領域不了解志工精神，所以許多剛進入慈濟的志工企業家，都不能馬上習慣慈濟的工作模式。

許多專業人士都接受到不同的非專業者，亦即各種志工的意見，因為非專業者之意見，在慈濟是受到尊重及採納的。一個建築師的建築設計受到許多非專業者的評議之影響而變更。例如「九二一」的建築設計，必須採用鋼骨鋼筋混凝土（Steel Reinforced Concrete, SRC）結構，這種建築通常只有在二十層樓以上才會被採用，但是上人卻主張「九二一」興建的學校必須千年不倒。一如證嚴上人所期待，災難發生時，學校與醫院不能倒。[28]「九二一」之後，因應全世界逐漸加大的地震規模，SRC型鋼構建築在臺灣逐漸地普遍被採用在各種住宅之興建。

在慈濟，一個電視製作的專業人士，他們的電視作品可能因為其他非專業志工的意見而進行修改。一如大愛電視「大愛劇場」節目，堅持戲劇必須用真人真事的劇情上演。當時的戲劇界都無法接受，認為真實戲劇不會好看，結果大愛電視走出自己的戲劇成功之路，無論在收視率與得獎率都是業界稱羨的對象。

在慈濟，人人都可以表達意見，最佳的專業見解未必全然被採納，被採納的計畫，通常都是經由擴大參與所得出，是以被大多數人所接受的見解來進行規劃。這種充分參與比少數專業為出發點的思維實踐模式，正符合《維基經濟學》的理論（Wikinomics）所陳述，透過集體協作與擴大參與，將會得出最好的結論與成果。

為了讓各種志工的力量能不斷地從外部進入，因此慈濟組織形態一方面逐漸建立制度，一方面又維持了一個程度的「混沌」狀態。這混沌狀態正是創造力的來源。慈濟基金會組織部門設有慈善、醫療、教育、人文、營建等處，負責基金會不同之任務與工作。雖然分工與職責清楚，但是慈濟容納許多外部專家進入不同的領域提供意見，甚至承擔重要責任。

例如營建志工，在某一特定工程所扮演的角色，可能不下於營建處部門同仁之重要性。雖然是大愛電視負責製作電視節目，但是志工或是其他志業體的工作同仁，一樣可以加入創作之發想與製作之完成。多元創發使基金會的許多方案更具活力，更不具制度性的框架，慈善工作更是接納並依賴大量志工的參與與奉獻。

慈濟人文真善美志工從二〇〇三年開始大規模培訓之後，慈濟所記錄的照片數量，在二〇〇四年一年中就超過過去三十八年照片數量的總和；每年拍攝的電視影片數量超過大愛電視新聞記者一年產出的數量。這種來自志工的力量，影響所及不只是善的訊息增加，志工們的價值觀也會隨著他們專業的提升，影響整個慈濟傳播工作的同仁之信念與看法。《維基經濟學》一書提到：充分參與帶來的好處，包括YouTube經由票選將最好的節目，透過網路和全世界分享。

泰普史考特（Don Tapscott）和威廉斯（Anthony D. Williams）所著的《維基經濟學》（*Wikinomics*）

一書提到同儕生產（Peer Production）——群體創造力的藝術與科學。他們以一家即將面臨危機的金礦公司黃金公司（Goldcorp Inc.）為例，該公司的總裁羅伯．麥克伊文（Rob McEwen）上任後，必須面臨將公司關閉，或繼續在被認定已經瀕臨絕礦的礦區尋找新的黃金礦。在研究探索數月之後，公司裡的研究人員終於放棄，告訴總裁他們所屬的礦區確實已經絕礦。

麥克伊文總裁苦思之後，提出一個構想，他要研究人員將所有他們找到的關於礦區的數據、資料、地圖、地質結構、圖表……將五千五百畝的土地資料全都放到網站上。麥克伊文總裁並在網站上昭告世人，這一項 Goldcorp Challenge ——黃金公司大挑戰行動，只要有人能提出更好的礦產分析，他們將酬謝五十七萬五千美元。

幾個禮拜的時間，不出所料，成千的信件與分析數據進到公司裡來。這些分析來自研究生、數學家、科學家，甚至軍事研究人員。結合這些資料與分析，麥克伊文總裁看完之後立即從椅子上下來，根據新的外部提供的各項數據分析顯示，有一百一十個具有豐富金礦的礦區就位在紅湖區裡面，這是黃金公司從未發現與想像到的。有百分之八十被外部參與人員發現的礦區，是該公司從未發覺的。黃金公司就此從一億美元的營業業績，竄升到九十億美元的業績。可見，團體的參與，產出最好的結果。[29]

證嚴上人說「慈濟需要每一個人的力量」，以及「用心就是專業」，這給予每一個人參與行善事務的最大機會。[30]

臺北的呂芳川師兄是一位企業家，他是非醫療人員，但是卻能夠成功地參與醫療義診，並帶領北區慈濟人醫會的醫師與護理人員，在北部各地舉辦各種義診。[31] 人醫會的義診團隊包含許多像呂芳川師兄這樣非醫療的志工在內，他們負責掛號、關懷、規劃行程、訪視貧戶、貼近民眾，使得人醫會在運作上，完全沒有一般醫院所具有的專業生冷，志工的參與也啟發醫師更靠近民眾，讓醫病的關係顯得溫馨有愛。

一種全面參與的時代已然到來，而這種充分參與的思維，證嚴上人在早年創立慈善志業時就遵行這種理念。一九六六年上人創立慈濟，並不是聘請一批專業訓練的社會工作系的專家，而是啟發一群群充滿愛心的家庭主婦，接著是上班族，繼而擴大到企業家志工陸續加入。

至今為止，慈濟的重要慈善工作仍是由志工所組成及推動，他們都不是慈善或從事社會福利的專業工作人員，並沒有將之成為職業化，而是以志工的心情致力於群體社會生活之改善。上百萬的志工以他們在各領域的經驗與歷練，投入慈善工作，反而豐厚了慈善工作的品質與規模。擴大參與和集體協作能得出最好的結果，又再一次得到印證。

而在這期間，慈濟一直沒有以最專業的人來做全面性的主導，反而依循尊重的方式，讓每一個人都能發表意見並參與活動。不會有一個人的見解不好、不成熟就被否定，或者被群體揚棄。上人要留住每一個人，讓每一個人都有機會參與，所以不會希望最具專業權威的人提出意見，以致貶抑或傷害到其他非專業的人的想法。共識的形成雖然緩慢，並且難免需要耐心地協調，但是此過程能夠更大範圍地留住大家的心，願意繼續參與這個團體的各項工作。最終，專業人員仍舊是帶領者，但已經加入了許多人的意見。

五十多年來慈濟社群這種維持多數參與的理念始終沒有改變。慈濟不只是留住最優秀的人，而是要留住每一個人的善心。在許多情況下，今日看起來不專業的參與者，因為他們的意見仍受到尊重，將來他們會在其他領域裡發揮最擅長的專業之貢獻。這就是在表面上不追尋效率，不完全讓最優秀的人做全然的決定，而是從漫長甚或冗長的討論協調中，慢慢尋出大家能接受的道路。只要留住大家的善心及參與感，團隊就會有最大的能量之發揮。這種團體協作一方面也體現佛教的平等愛。

團體協作或集體參與是慈濟最大的動能來源，因此在慈濟世界最好的領導者不必然產生於專業最強者，而是最能激發容納別人的人。「德」，是證嚴上人最強調的品格。德——亦即人圓、事圓、理圓。[32] 事情圓滿，必須用對方法及理念，並且使人人都以歡喜心參與完成，這是一個最難的功夫。在志工的世界裡不是一般的公司，一般公司裡，不適任者或能力較差者，就必須裁員或替換。志工體系絕不是遵行這樣的理念，而是要「人人有事做，事事有人做」。能夠統理大眾的人，才是真正的志工領導者；他未必是專業能力最好，而是最能激發鼓勵別人的「有德者」。

統合非分立

在西方式的制度裡，隨著組織擴大發展，一切的機構越分越細，一切都因為分工而深入，但是也因為分工而分離。這亦如社會學家丹尼．貝爾（Daniel Bell）所言，分工是後工業文明必然的現象，這現象正驅使人們走向孤立與分離。上人期待慈濟的四大志業「慈善、醫療、教育、人文」都能合一，而不是隨著專業的程度越高，就越形分立。專業越分工，人的溝通就越形困難，官僚與本位主義就會持續衍生擴大。

證嚴上人透過各種非專業的活動，擴大志業體主管對於不同活動的共同參與。一起賑災，一起演出音樂手語劇；志工、榮董、醫師、護理、大學老師、大愛臺傳播人，大家因為演出音樂手語劇而彼此結識，彼此互動溝通。這些非正式的互動，有效地將四大志業的同仁與主管連結在一起。[33]

二〇〇三年的SARS風暴，慈濟動員七萬多位志工，在全臺各地關懷陪伴醫院裡的醫師、護理與病患。全世界各分會寄來口罩，在臺灣各地缺乏口罩之際，由慈濟防疫送愛協調中心送出的醫療物資，截至六月十一日止，一共支援全臺八十七個醫療院所及機構上百萬個口罩，以及幾千套的防護衣。[34] 花蓮慈濟中學有四位學生也曾經疑似感染ＳＡＲＳ，慈濟中學與慈濟醫院的快速處理，以及期間對外說明，安定人心的做法，與平日各志業體主管經常互動熟識、彼此沒有門戶主義、沒有專業的所知障有很大的關係，所以一有情況，立刻可以合作。

專業與專業的溝通是非常耗時與困難的。慈濟社群裡人與人的互動緊密，透過彼此都陌生的音樂手語劇演出，大家都是新生，也都外行，但一起學習，一起分享克服困難的心得，一起出糗，彼此解嘲，最後享受令人感動的成果。這一路沒有人會把身分、地位、專業、知識拿出來互相比較，有的是彼此如家人般溫暖的互相鼓勵、互相支持對待，這是大家庭養成的有利因素。

又如一場義診，到了災難現場，或是進入貧困區域，大家悲心立刻激發。義診開始，每一個人都各有所職，每一個人都需要每一個人。看診的看診，掛號的掛號，照顧病人心情的志工也不可或缺。煮飯、搭帳篷，大家一起努力，幾日下來就像是一家人。

又如到鄉間探視照顧戶，幫他們打掃。這時候不管是醫師、教授、企業家、學生、家庭主婦、一般的上班族，大家都是志工，不分彼此一起為照顧戶打掃清理，一起聞著臭味，一起流汗，一起為照顧戶沐浴，關懷膚慰，這期間的大愛之情自然流露。人在這樣的行動中不會分彼此，情感的交融、謙卑的性情、平等的愛自然養成。一旦有別的任務需要彼此合作，就很快可以發揮出彼此的力量。這就是為什麼一有災難，慈濟人能夠快速動員的原因之一。[35]

除了強化非專業間的互動之外，慈濟基金會每個星期的志業策進會，各個志業體的主管都會出席。不管是醫療、教育、人文、慈善，各主管都彼此分享他們的工作進度與未來規劃的方向，並且在需要時進一步提出具體的協力互助方案。在實際運作上，慈濟讓各志業體的主管不會埋首在自我的領域裡面，而是多創造機會與他人共事並增加互相溝通的機會。在制度上，將志工體系融入不同的志業機構中，讓志工精神流注其間，期盼經由志工的參與協作，讓「專業人」變成「志業人」。

信念領導與多元創發

證嚴上人一生奉行的一句話：「信己無私，信人有愛。」[36]這是他給所有慈濟人的信念。這個信念能持續地被實踐與推動，是慈濟能在全世界各地傳播開來的關鍵因素。因為信人有愛，人人心中都有愛，所以一旦各地發生災難，志工就會自動自發地動員。慈濟多數的慈善救助計畫，或社區志工的活動，都是遵循當地自願創發的原則（Local Initiation）。

上人要海外慈濟人自力更生、就地取材。[37]慈善、醫療、教育、人文等志業，都是由當地志工自行發動、規劃，再向證嚴上人彙報，或與慈濟花蓮本會的相關人員討論後，獲致共識而開始施行。如果是緊急災難，一樣由當地志工自發性地立即動員，並將進行情況回報本會，本會再持續給予必要之支援與關懷。這種在地自動創發的精神，是現代組織力強調的「扁平化」（Delayering）、「分散化」、「去中央化」（Decentralization）的組織運作。

宏碁創辦人施振榮先生曾經從 Internet 的運用及成長，來比喻新型態的組織就應該像 Internet 一樣，大家遵行同一個運作法則及模式，去中央化，能夠獲致最大最好的成果。智邦科技的黃安捷先生在一次談話中，也提到 Skype 在全世界有兩千多萬人在使用，卻沒有一個中央系統在控制與掌握。去中央化的時代已然來臨，更不提維基百科全書是一個自主性、全面參與性的知識大寶庫；透過全世界的精英與不特定大眾的參與，讓維基百科全書能成為最權威的一部知識圖書館。這和大英百科全書的專業知識菁英埋首書中，撰寫人類智慧結晶的時代迴然不同。

「充分參與」將產出最好的結果，而要做到充分參與，就必須去中央化，並奉行扁平化的組織模式。

在慈濟，這種模式的成功不是用盡心力去規劃制度，而是相信人人心中有愛，只要帶領的人無私地付出，成為典範，就能夠激發人人心中的愛。他們的愛被激發，就會遵行一定的模式去實踐奉獻，無須強加教條去規範管理。這如何可能？我們試著以慈濟志工自動自發遵行感恩付出的原則，與 Internet 和 Skype 的運作做一分析。

一套科學體系的運用可以遵行某一種客觀的科學模式運行，Internet 的模式如果有人不遵行，根本無法在網上做任何事。Skype 也一樣，如果不遵行它的固定操作模式，就無法透過它與任何人做任何形式的溝通。然而作為攸關人的組織，雖然可以提供一套固定可遵行的價值觀，並藉以讓大家實踐奉行，但是每一個人對於該價值觀的理解與運用方式難免千差萬別，每一個人對於情境的解讀與判別仍各有差異，因此很難像 Internet 或 Skype 的運用一樣，只要確立核心價值與運用模式，就能通行無阻。

人的組織用這種客觀科學模式的思維來運行是困難的，也是不準確的。慈濟遵行的法則是地方自動創發的精神，其核心價值的貫徹是經由人與人的相互感應與分享。因為人人都有善心，這是前提，這前提不存在，一切的規劃或培訓都是枉然。慈濟當然必須具備訓練與溝通的方式才能將信念深化落實。志工的培訓工作在各地終年不斷地進行，海外志工與證嚴上人不定期地互動溝通，亦是傳達核心價值必要之方式。此外，大愛電視亦是一個重要的連結媒介，讓各地志工能及時了解各地慈濟人的訊息，以及固定聽取證嚴上人對某一特定事物的觀點與情懷，這也是價值觀傳遞與分享必要的方式。

無論如何，價值觀一致化的依循仍是高度挑戰的一項工作。慈濟這個跨國際的組織，一方面維持自動創發精神，其結果當然是扁平化與去中央化的組織；然而，另一方面，核心價值的推動與強化，仍必須在相當程度上由基金會花蓮本會來作某些程度的連結與維繫。

在可以預見的未來，慈濟在全世界推動各種志業，規模一定比現在更弘遠廣大，其核心價值的確立及強化是更為重要的工作，但屆時，核心價值的確立可能逐漸地不會完全依賴組織運作，而是以證嚴上人的思想及精神為中心，並以此作為最終之依歸。但是各分會與花蓮本會的連結仍必須在精神層面上緊密相繫，特別是本會掌握各種委員資格的受證，就是對於精神法脈傳承實踐的一種確認與維護，這對於傳承證嚴上人的核心價值具有決定性的維繫作用。[38]

平等觀與全方位溝通網絡

志工是平等的，沒有誰領導誰，或誰職位比較高，因此慈濟的彙報系統，不是一定依循層級制。人與人的互動是平行運作，沒有所謂得到長官許可才能上報。即便在志業體，如醫院、學校、電視臺或基金會同仁，都可能有機會向他們上一級的主管彙報工作情況。在慈濟的會議中，很少聽到長官這個字，除了新進人員還不熟悉慈濟語彙之外，會議中大家都不是以各位長官相稱。

而證嚴上人，除了是基金會的大家長，他更是每一個人的導師，向導師請益彙報，不會被視為越級報告而局限於官僚體制的框架之中。很有意思的現象是，許多幹部或志工在向上人報告完業務之後，還會拿出他最近剛出生的孫子照片，或兒子的照片給上人看，上人也會詢問他們家中的一些生活或孩子的近況等等，這不是一般公司的董事長會做的事。慈濟內部的會議不是緊繃著神經的嚴肅型態，比較像是家庭中的成員認真地討論一些重要事項。以慈濟基金會編纂處洪靜原主任的看法是，慈濟像是一個「類家庭」團體。

管理學上所講的 All channel 組織溝通體系，[39] 組織裡的成員可以自由進入溝通與參與決策過程，這種全方位型的溝通模式可以用來形容慈濟內部的溝通機制。這種非正式、非官僚、非西方式的制度，具備「混沌」特質的體制，讓慈濟一直處在一個發展成長型的組織狀態中。許多剛開始接觸慈濟的人不能理解慈濟的組織運作，都驚訝於在這種輕鬆的談話方式中，許多的決策就已經形成。

這裡必須說明，在醫院、電視臺或大學的會議，必定是較嚴肅而行政體制化的。但是在慈濟的花蓮本會——靜思精舍的會議卻是充滿了這種家庭式或親人相聚的氛圍。決策仍是經過嚴謹討論的，但方式卻是充滿了人與人之間溫馨的互動。這種非官僚體制的運作方式，或是家庭式的溝通氣氛，深深地吸引許多人投入這個善的團體之中；而他們所感受的愛之氛圍，又能繼續地在其他各地的慈濟場域裡深化傳遞，這又是另一種核心價值的傳承與擴大。

情感領導與類家庭體系

中國社會的人情與其所衍生的裙帶關係，一直是被認為現代化的阻礙。但是認真地探究起來，現代社會中過度生冷、過度講求制度化的環境，造成官僚體系的氣息，其弊病仍然不亞於裙帶社會所衍生的後遺症。慈濟社群講求情感，只不過這情感比較不是為了一己之私，因為慈濟是一個公益團體，任何營私的個人無法在這裡伸展，甚或無法長期待下來。

人情關係在慈濟轉化成人人必須照顧他人的感受、尊重他人的感受，因此做事不是只講求成果，不只事圓，還要人圓、理圓。「人圓、事圓、理圓」，是上人對於「德」的重要詮釋。組織最重要的還是人，對於人的珍惜，是慈濟社群很重要的核心價值。特別是志工，不為金錢與權力來參與，因此人的感受與尊重是組織裡很重要的關鍵。[40]

在慈濟這樣「類家庭」體系的管理動力是情感，以情感相互依靠，彼此疼惜，因此在慈濟很少討論誰做錯什麼，並不是大家都彼此鄉愿，而是對於錯誤，大家都談得很委婉隱諱，針對事很少針對人，因為不可以傷害到別人，因為對錯與誰負責經常不是正確的論斷。以西方二元分立、熟悉權利與義務、習慣權責分明的人而言，對這種和合、非對立的運作方式是十分陌生的。

證嚴上人常說，對於做錯的人都是持一「寬」字，在慈濟即使有人犯了錯誤，上人在他們面前會告誡他們，但是在其他人面前其實都還會為他們緩頰，立刻追究責任在很多情況下不是真正解決問題的方法。但如果因此就認為做錯事的人，都一直會被原諒，而不會作任何更動，那也是過於偏激的想法。如果一個人不適任，他當然還是會被調整，只不過是以一種很和緩的方式，在盡量照顧到他的尊嚴的情況下，進行職位移轉。這裡指的尊嚴不只是維護他的面子，更是照顧好他的道心慧命。上人的理念是，一個志工或同仁不繼續承擔某項工作，只有在他不能接受別人，而且其他人也都不能接受他時，才會有這個因緣產生。而即使他離開某個職位，並不等於他離開慈濟，上人會希望他繼續透過其他的方式付出奉獻，並藉此精進修行。[41]

因緣觀與人力資源運用

慈濟世界講求「因緣觀」，連用人或做個人的生命規劃也是如此。著名的人力管理啟蒙大師史蒂芬·科維（Stephen Covey, 1992）曾在他的名著《七個成功的習慣》[42]一書中提到，邁向成功的第二個好習慣就是，一開始就要想好最終要什麼——Begin with the End in Mind。這是西方式的思考，審慎規劃，追隨著自我的興趣，努力奮鬥，將一生的生涯從一開始就設定，朝著目標邁進，這幾乎是西方式教育的最大特色與優點。但是一開始就設定好一生要做什麼，固然讓自己找到堅定目標，但是久而久之這目標變成唯一的自己，自我熔鑄在這個目標當中，而自我的真正潛能與可塑性，反而在這一路追求的過程中被稀釋、被合理化，甚或被遺忘。

與西方的這種精細規劃的生涯發展不同，在慈濟做事遵循佛教的「因緣觀」。因緣觀貫穿慈濟人力培育與整體的組織運作。很少聽到慈濟人在自己的組織內部，規劃自己的未來。一個人能做什麼？會做什麼？其實很難有一個定數。我們當然可以提前作精密的規畫，但是一切都可能隨因緣改變。

其實，慈濟基金會的志工或職工，經常做同類工作超過十年、二十年或三十年，也有些人卻在數十年間經歷各種不同的承擔。無論是數十年如一日的相同工作，或經歷不同之承擔，他們都有一個共通點，那就是沒有哪一種承擔或工作是自己刻意規劃出來的。因為無我、無私，是大家奉行的準則，為自己規劃難免把自己擺在第一位，把自己的考量置於群體之上，這和組織的核心理念強調無私精神是相違背的。

慈濟因為奉行無所求的付出與因緣觀，因此雖然大家沒有規劃自己，但是回首過去數十載，他們卻都充滿感恩與成就感。不管從事一項工作數十年，或者經歷不同之工作，他們的感受都很類似。因緣生法，是一個謙卑的修行者所奉行的圭臬，它也可能是人生最快樂的法則。處處「有我」是苦，處處「有所求」是苦；有求就有失，有我就有分別心。人能夠快樂自在，是因為他們以無我的心去付出，所以才會越來越快樂。

佛教的另一個思維可以用來理解慈濟人，不須非得審慎規劃自己，才能夠發揮自我能量，獲致自在快樂。這思維是《金剛經》所言，「應無所住而生其心」，不管處在什麼位置，負責什麼工作，處在什麼境界，都要發無所求的清淨心，是這個理念讓慈濟人可以安心地在組織裡奉獻，而沒有必要非得做什麼才覺得快樂，或是非得要規劃自己，才能滿足自己。

為什麼不規劃自己的專長項目，而是以「因緣觀」來做事，會獲致成功？因為無所執著的心，也是謙卑無所求的心。一個人能抱持著無所求的心、謙卑的心，就是一個有德之人。有德之人，就是將將之才，就是能領導他人做好事情的人，因此無所求的心，比起最具專業能力的人，在很多地方更形重要。

基督教《聖經》裡有一句話：「你要虔心相信耶和華，不要憑恃你的聰明，在所行的一切路上，你要信奉祂，祂必指引你。」對於一位虔誠的基督徒，相信耶和華的指引，在所行的一切路上要信靠祂，這就是一種無我的表現。西方基督教一樣透過否定小我，來成就大我；以佛教的觀點，這種信靠耶和華，就是信靠一種更巨大的善之能量。

慈濟的「因緣觀」，當然也是相信一個人應該信靠一個更巨大的善之能量，以無我的心去成就他人，最終自然也會成就自己。這善的力量，對於慈濟人而言是上人的法，是千萬慈濟人共聚的大愛之力量。一個人應當向這力量謙卑地學習。基督教稱之順服；順服上帝，是謙卑的表現。慈濟人相信愛與善的共聚力量；這種謙卑的心情，可以獲致巨大的能量。這也是心理學家榮格所言，歷史上所有偉大的人物，都知道如何運用集體潛意識的能量。這集體潛意識可以是上帝的能量，可以是佛法的智慧，可以是共善的因緣。

「因緣觀」不只用來看待個人生命完成的一種遵行模式，也是組織內部運行非常重要的方法。不追尋自我，一切因緣生、因緣滅。因緣觀，所以一切成與壞、住與空，都是因緣造作，不是誰的問題，或哪一個人單方面的責任。這種思維與西方理性主義的二元對立是非常不同的。在西方理性主義的二元對立思維中，好與壞、對與錯、有與無、施與受、高與低、病與痊、生與死，都是相互排斥及對立的。而在東方思維中，一切都是彼此依存、相互通理、和合生成、互為主體。相合則相生，相斥則兩害，理解於此，就不會因二元分立之思維而造成任何形式之對立。

由於慈濟是一個行善的團體，也是一個修行的、深具宗教情懷之道場，每一個人都要度化，每一個人都很重要，因此不會因為一個人做錯事，就像一般的公司或機構一樣進行檢討，甚或處罰，或要他離職。慈濟舉辦任何活動之後，儘管發現有缺點，很少事後馬上開檢討會，因為會很傷人。這點其實大家都心知肚明，開會檢討可能造成內部的傷痕，但是一次辦活動，大家會自我警惕及修正，自然在新的展望下，所提出的規畫會避開上一次的錯誤，因此錯誤不是不會反省，不是不會改正，但不會公開為之，作嚴厲批評或追究權責。

究其實，每一件事情的錯誤絕不是一個人所導致，一定是各種因素匯集而成，一定是群體共同的趨向或是組織結構所造成。追究一個人的錯誤，或以為換掉誰，就能解決問題，這其實只是落入二元思想的盲點之中。

二元對立觀點下的理性思維，正如同損壞的器官必須去除、「壞人」必須遭到摒棄，而不是得到幫助及教導；況且「壞人」經常是由不同之文化觀點所界定的。一個學佛者，一個慈濟人，如果能以實踐去除二元對立的思維方式，了解眾生之命運是和我們一體的，了解萬物之存廢和我們是相通連的，能謙卑耐心地去愛護一切有情眾生，就等於是愛護自己；在證嚴上人普天三無的信念下，「沒有我不愛的人，沒有我不信任的人，沒有我不能原諒的人。」[43] 證嚴上人鼓勵慈濟人用更寬廣的心去愛人、體諒人，真心誠意教導人，那世界一定會因為我們的努力，使地球存在的每一刻，都更完美、更和諧。

過程的善與結果的善

修行重於工作事項，或者說，藉由事項鍛鍊心志，經由人我關係，強化修行，是慈濟社群強調的觀念。修行才是生命最重要的目的，一切的人、事、物都是修行的管道與工具。所以職位權責都不宜過度看重，一個永恆慧命的追求，才是上人所期許慈濟人終身努力的目標。[44]

抱著修行做事的人，和用積極企圖心去追求自我的人，做事的方法自然不會一樣。前者強調用對的方法，著重人、事、理的並行不悖，深省自我的心態與意念，把理、事、人的圓融視為最終的目標；後者講求結果，把結果產出視為最重要的或唯一的價值與目標。

專注於過程的善與過程的美，是慈濟人做事的基本精神。資本主義社會裡，強調結果導向，成果是檢驗一個人價值的最終依歸。然而，只論成果而不論過程與動機，經常造成不擇手段的成功。西方政治學領域裡，認為政治動機不應作為論斷政治人物的標準，而是強調以成果與結果作為檢驗一位政治人物成就與貢獻的指標。

國際政治學者漢斯．摩根索（Hans J. Morgenthau）以英國首相張伯倫與邱吉爾作為對比。張伯倫一心想要拯救世界於瀕臨戰爭的威脅，和平是他最大的政治企圖與理想。他個人也是極端地崇尚政治道德主義，是一個個人操守極佳的政治家，但是他在外交上的怯弱與妥協，卻助長希特勒的不斷擴張，結果致使歐洲淪入無以回復的戰爭之厄運。

反觀邱吉爾，是一個個人英雄主義極強，並且在很多人看來是野心勃勃的政治家。論品格，張伯倫的人品無法令人批駁；論政治動機，比起邱吉爾那種帶有個人英雄主義的色彩，當然大相逕庭。但是邱吉爾的智慧與勇氣卻成功地打敗了希特勒，並且最終給人類世界帶來相當程度的和平。[45]

因此，政治學者拿這個例證，證實政治場域裡不論動機，只論成果。人們要挑選的政治家，不是具備良善動機，而是能創造良善成果的人。成果論、非動機論，在政治場域如此，在企業領域更是如此。企業並不需要聖賢之輩，而是只要為公司股東與員工謀取利益，才是一位優秀的領導者。我們的社會是如此深深地被結果導向支配著，其結果逐漸走向互相壓迫傾軋，逐漸走向功利與物化的個人。

慈濟強調結果的善，必須來自過程的善。相較於一切求成果，在慈濟的世界裡比較強調過程的重要性。蓋一座愛心的醫院，從一磚一瓦開始都必須富含愛心，每一粒沙、一塊石頭，都是愛心大眾所建造出來的。連蓋建築的工人在工地都被感動，志工每一天會準備豐富美味的素食，中午用餐時間，志工引導工人洗手吃飯，然後志工們會鞠躬並恭敬地雙手奉上熱毛巾，工人從未受到如此恭敬的禮遇，因而大受感動。志工會在工人累的時候奉上冰茶、甜點、水果等，讓工人對於菸酒的依賴得到轉移，這些依賴經常是因為日常工作艱辛，轉而依賴這些惡習，以在生理與心理上獲得短暫的紓解與快慰，但這些依賴卻造成長期的生理疾病與生活的問題。

慈濟工地工人在施工期間不抽菸、不吃檳榔、不喝酒，而且素食的比例高達百分之九十以上。愛的醫院，要用愛與善的過程來興建，這是過程比結果重要，或是換個說法，有正確的、良好的過程，才會有真正永恆的甘美果實，這是慈濟做任何事的不變法則。

但是，資本主義世界裡處處見到不擇手段而成功的例子，因而很多人會起而效尤。姑且不論這些成功多半是短暫的、不雋永的，即使短暫得意，用不正當的過程或手段獲致成功，內心也經常惴惴不安、憂心交迫，於是驅使他去獲致更多的控制，掌握更多的外物，以撫平內心的焦慮及不安全感。或是因為焦慮的緣故，轉移到酒、賭或耽溺美色，以消除內心長久的壓抑。這是為什麼我們看到許多擁有巨大權利及財富之人，他們生活的另一面卻令人嘆息的原因。

無可置疑地，成功會驅使人們追求另一個成功，如果一個人只在意成果，只滿足於成果，那成果未到之時，他可能會不擇手段；而當成果到來之時，他會開始乏味，他就會開始去追尋下一個追尋。這正如證嚴上人所言，只要心有求、就是永遠的缺。而缺口，一如印度詩人泰戈爾所言：「把缺口留在生命裡，死亡的哀歌就從裂口裡流出。」[46]

亞歷山大帝一生南征北討，他所率領的數十萬部隊，被稱為「移動帝國」。他喜歡征服，一個征服結束，他就繼續下一個征服。

有許多歷史學家說，亞歷山大帝終年不斷地征伐是為了逃避長久控制他心志的母親。也有人評論說，他只是要一個個的民族都臣服於他；而他自己卻相信，他要將人類平等的理念傳到全世界。於是他不顧馬其頓諸將領的反對，娶異邦蠻女為妻。他強調，一切帝國的征戰，只為求得人類平等相處。果真如此，亞歷山大帝是因信念而生。

但是他的部將只要征戰的成果，如金、銀、美女等。一旦金銀財寶足夠，他們急著要回馬其頓享福。而亞歷山大帝認為理念還要再發揚，還要再傳遞，還要再征戰，只要不到世界的盡頭，他不會想回馬其頓。然而，他的信念夾雜著太多的野心，太多內心未知的逃避和壓抑，這使得他的信念不易被充分清晰地理解。就在將領無法了解認同他的信念之下，在一種集體的不諒解，甚或集體的陰謀中，亞歷山大結束了他短暫、輝煌，而又充滿悲苦及爭議的一生。[47]

亞歷山大的故事其實說明著一個人如何被野心、征服、獲取、成功等驅力驅策之下，一步步地讓出自己的赤子之心，一步步地被自己龐大的建造物給吞沒。這是德國心理學家荷妮所說是一種「應該的暴行」[48]。我應該成功，我應該有所成就，於是一切的奮鬥，一切的知識獲取，一切的才華培養，一切的隱忍，一切的謙讓，一切的征戰，都是在這一個可歌可泣的心態底下升起、躍進，最終以他僅存的灰燼埋葬自己。

另一種相反的做事心態及價值觀，是關注於過程，重視因、重視信念；只以信念的實踐為依歸，而不是以成功、成果、獲取作為目標。重視信念並不意味著缺乏智慧，並不等同於不重視最終之成果，而是更強調方法及過程之善和智。如果過程都是善的，也是智慧的，那一定是會有美的成果。這和只強調結果的人大大的不同點在於，強調過程的人一路看到的是理念的實現，他享受每一個實踐的過程；但是對於強調結果的人，過程是他的手段，甚至是必要的惡之手段，在那一種情況下，許多的人都被他的手段給傷害或剝奪，因此有了「一將功成萬骨枯」，而他自己也並不能真正享有每一步、每一個過程的善和美。

從過程享有雋永的美

國內攝影大師阮義忠長期親近證嚴上人，他在接受《探索頻道》[49]的訪問中提到，證嚴上人做任何事，不會因為那一件事做了一百次、一千次，就有所懈怠。為什麼證嚴上人能有如此驚人之毅力及恆心？原因是證嚴上人看的是過程，所經歷感受的是過程之美，所以一千次、一萬次，這種過程之美對他而言，一次或一千次都還是那麼新，那麼美好。

相反地，如果一個人只是追求結果，那某一件事做完了，讓他再做幾次，就覺得沒有挑戰，已經會了，成果已經達到了，還一直重複做，當然會煩、當然會膩。就像一個想要挑戰世界跳高紀錄的人，當他跳到兩百公分的成果之後，再要他多跳幾次，他可能會覺得無趣，覺得沒有挑戰。但是一個喜歡跳、享受跳的樂趣之人，不管他是否能達到世界跳高冠軍的成果，他只要跳，他就很高興。當一個人只追求世界跳高冠軍，一旦冠軍達到，他的樂趣也告終。而那一位享受跳高樂趣的人，不管跳到何種水準，有沒有得到冠軍，每一次的跳，他都很快樂。享受過程及追求結果，是兩種不同的生命面向。

成果導向，是工業社會追逐的一項生命價值。中國古話也說：「成敗論英雄」，「結果決定一切」，這似乎是世俗社會的一項通則；但是佛法卻說：「凡夫畏果，菩薩畏因。」最終的果，是由一開始的「因」決定的，所以有智慧的人寧願多思考因，少計較果。

證嚴上人正是領略每一次過程之美，欣賞每一個人的生命之美。每一件事，每一個弟子的改變，都是在實踐「淨化人心」的理念。事無大小、人無尊貴，不管是慈善訪視、緊急救難或醫療義診；不論所接觸的是一位企業家、一位老師、一位環保志工，或一位醫師，證嚴上人都是以等同的心情去看待，去領略其間理念被實現、價值被體認、真情被融會之美，所以每一次他都會覺得清新，覺得歡喜。

而領略過程之美的人，並不會比汲汲追求成果的人，更不易成功。反之，一旦一個追求成功的人達到目標之後，他就會開始懈怠。拳王得冠軍之後開始發胖，籃球健將退休後開始酗酒，這都是因為生命的成果達到了就開始走下坡。但是那些追求理念的人，體現領略理念實現過程之美的人，會不斷地把理念帶給每一個人、每一個世界的角落，永不停歇。世界之大，理念永遠需要引領給不同之人，點化不同之事和物，所以他們永恆不懈地追求及努力，而最終反而獲致更偉大的果實。專注信念的體現，而不是一味地追逐成果，才能時時刻刻領略生命恆久之美。[50]

慈濟社群的圓形組織

金字塔型的組織與社會這個概念，支配著人類數個世紀。決策權是少數，菁英分子是少數；少數菁英領導多數普羅大眾，幾乎是大家奉行不悖的必然法則。但是金字塔型組織所造成的不平等與階層對立，卻也困擾著人類社會數個世紀。一種圓形的組織，「不上不下，非上非下，可上可下，既上且下。」這種違反二元對立的東方佛教思維，是否能進入組織的層次去運行實踐？證嚴上人於二〇〇三年推出志工體系的新組織架構，把已受證的慈誠與委員組織分為合心、和氣、互愛、協力四個體系。[51]合心，是由當區最資深或最孚眾望的志工組成，負責法脈的傳承與經驗信念之分享。和氣，相當於一個省轄市的區級一般大小的地理範圍；和氣的幹部負責工作的統籌規劃，是志工主要啟動力的來源。互愛，相當於行政區裡數個里的大小所組成的單位，專司負責工作分配與實際執行。而協力組，則是以一個行政里為單位，負責該區志工第一線的實際執行工作。

然而，證嚴上人卻一再強調，希望合心幹部在傳承法脈與規劃大方向之際，也能回歸里的協力單位，在第一線付出與奉獻。永遠在第一線，是上人要求資深志工必須力行實踐的一個重要理念。第一線，才能讓法脈的傳承者真正將法髓灌注在泥土裡，讓所有第一線較年輕資淺的志工親潤慈濟法脈的精髓；永遠都在第一線，才能養成謙卑的心情，永遠不以職位與資歷，作為自我憑恃的基礎，或逐漸養成傲慢的心態；永遠在第一線，能夠讓資深的志工始終保持在實際的付出中，長養自我的慈悲心與感恩心；永遠在第一線，讓慈濟世界人人皆為平等，沒有上下大小之別。[52]

慈濟大愛電視臺的董事長杜俊元師兄是一位成功的企業家志工，他也是高雄志工體系裡的合心幹部。高雄靜思堂的地是他捐贈出來興建的，雖然付出金錢、付出心力，又承擔重要的工作，但是他卻力行合心與協力，回到第一線的協力工作，與志工們排班指揮交通、掃街等工作。[53]這是體現上下無別、人人平等的佛教思維。雖然如此，這裡所體現的平等並不是齊頭式的平等，認為每一個人所做的事和所做的時間都應該一樣。其實平等是一種精神、一種態度。每一個人在能力與專業上仍然有所不同，應各自發揮，但是不管職位高低，專業有別，在一個程度上，我們必須有共同的工作，作為對於平等觀的具體實踐。

愛與感恩管理

在慈濟的世界裡，許多的工作與任務多半是志工承擔，即使職工或學有專精的專業人士投入慈濟志業體，也都希望他們以志工的精神投入工作，甚至以此作為他們生命中最重要的使命與理想。對於志工們付出無所求的態度，慈濟人總是互相感恩。以感恩心付出是上人一貫的理念。[54]當有一個人開始感恩，整個團體的氛圍也跟著改變。當一位志工投入越多，越受到尊重。領導的人越多，也越容易出現自我執著的心態。而避免人性的驕慢最好的方法，就是保持著以感恩的心付出。付出的人才是菩薩，菩薩聞聲救苦，拔苦予樂，這些應該都是快樂的。以感恩心付出，因為自己的生命跟著成長豐厚；以感恩心付出，因為自己是一個富足的人，所以能夠付出，而且更應該感恩；懷抱著感恩心，即使碰到逆境，都要感恩；擁有感恩的心靈，人就逐漸地開闊，並含富更高的生命智慧。

在一般的企業組織裡，卻標榜競爭。對內鼓勵同仁互相競爭，對外與同業競爭；競爭才能邁向卓越。競爭力，是企業界標榜的黃金法則，但是競爭之後，逐漸出現鬥爭在所難免，人與人之間的壓力便開始浮現。公司或組織不斷在內部壓力與互相傾軋之下，凝聚力與生產力相對下滑。慈濟的組織體系裡，卻要求人人互相感恩。主管感恩部屬的付出，部屬感恩主管的帶領。人人相互體諒，自然成為一個溫馨的大家庭。

家，是人類最基本的生活核心，營造每一個組織的環境都像家的環境，自然人的身心都會獲致一種澄靜的平衡。臺灣社會憂鬱症的驟增，多半是和工作競爭壓力、人與人之間的不信任及相互傾軋有關。

心理學家安德森（Anderson, C.A.）與史諾德格斯（Snodgrass, M.A.）就指出，這種人與人之間因競爭或傾軋，所造成的慢性寂寞症狀，會進一步促使人變成自我否定，並導致自我失敗的境地。[55]這種自我否定，其實也造就對他人對群體的否定，因此對於組織社群或整體社會是一種慢性之癌。[56]

在工作場域中，人與人的對立加深這種寂寞的感受，促成人對自我與社會的不信任。而這種心態放諸在家庭之中，並未得到紓解與療傷，反而工作場域的情緒會進一步加速瓦解在資本工業社會中原本已經岌岌可危的家庭關係。社會心理學家馬丁・賽立格曼（Martine Seligman）的研究也證實，[57] 宗教與家庭的瓦解，加上日益擴張的個人主義，強調只要自己喜歡就去做的觀念，滋長了人們無望感與對社會之抱怨，特別是當社會無法提供無止盡的個人滿足之際，這種無望與報怨就會更快速蔓延。[58]

社會心理學家科林・賽克（Colin Sacks）的研究也指出，當人的思考走向負面，他的態度就會傾向負面，他的行為也會走向負面。[59] 因此缺乏家庭與生命價值的薰習，人的思維逐漸以自我欲求為滿足，在環境無法完全滿足其需求時，負面思維會滋生負面態度，最終造成負面行為。[60]

這就是為什麼證嚴上人要以感恩心領導，以愛為管理。[61] 感恩心才能避免我們在個人無止盡需求與見解的執著中，產生無望感與挫敗感；以感恩心領導才能讓人處在一個溫暖受肯定的氛圍中，不致因長期的孤立與寂寞症狀，而產生負面思維與情緒。愛，特別是家庭的愛，是每一個人企求的工作環境氛圍。以愛為管理，不以責備、壓迫、物化的工具作為組織的管理形態，才能使人活在一個安全與自信的氛圍中，具備正向思維、態度與行為。換言之，對自我、對社群做更創造性的能量產出。

感恩心與愛並不會削弱個人在專業上持續提升與邁向優質的能力。先前列舉心理學家的證實，當人處在一個舒適與安全的環境中，他的正向創造力會更提升。感恩心與愛同時也強化了團隊合作的品質，讓人在和諧的環境中，不必再分出一部分的力量去平衡彼此而造成內部力量的抵銷。

在工業社會中，工作與休息都是分開的，但是如果工作如同在家庭裡一樣溫馨，人是不是需要那麼多的休息時間？現代人一年休息的時間幾乎超過一百天。這麼多的休息究竟意義何在？對於人的身心平衡健康真的有益嗎？

靜思精舍的師父們終年工作，他們耕作、做豆元粉、做蠟燭，以及從事各種日常生活的食、衣、住、行等忙碌庶務，他們不需要周休二日，依然身體健康、精神開朗。也許有人會說，因為他們是修行人，但是慈濟許多資深的志工或同仁、主管，一樣幾乎全年無休，他們並沒有因為工作壓力或過度勞累，而發生憂鬱或沮喪感。

一位進入慈濟任職的法務主任，過去擔任過十多年的資深高院法官，也曾是臺灣最大法律事務所的資深律師，他在進入慈濟工作之後，覺得比以前更忙，但是精神心情很快樂。為什麼忙而快樂？工作中具有正向的價值感，因為周遭的氛圍具有家人般的愛，這些因素讓一個人再累也不會覺得身心俱疲。工作的場域如果能營造得像一個家，在家裡待著或做事，心裡怎麼會很疲累呢？

工作與修行並行

馬克思．韋伯（Max Weber）曾經說，專業作為一種終身的職志，是當代資本主義能成功的重要關鍵。科學家用一種幾乎是宗教的情懷去專注人類重要的科學難題，去挑戰人類智慧的極限，去探測不可知的宇宙自然之奧祕，這本身就是一種宗教情懷之轉移。資本家用盡一生的心力，不斷地突破產業瓶頸，不斷地擴大企業規模，以韋伯的觀點，其本身也帶有宗教的精神。

但是，韋伯最後在二十世紀初悲觀地說，新教倫理的天職思想，已經成為一個過去的魅影，天職觀念以新教徒的眼光看，「勞動是一種天職，是最善的，常常是獲得恩寵確實性的唯一手段」。這種以職業勞動作為至善與上帝恩寵的天職思想，在資本主義全盛時期已經轉化為純粹經濟的衝動，財富的追求已經剝削了宗教和倫理的涵義，而趨近於與世俗的情欲相關聯。[62]

十九世紀的清教徒，拚命想成為「職業人」，但是資本主義卻讓我們被迫成為「職業人」。「職業人」以韋伯的意見是「以職業觀念為基礎的理性行為」。但是資本主義將人變成只專注對物質的追尋與滿足，人們變成尼采所說，最後的人「是毫無精神的專業人、毫無心靈的享樂人」。韋伯引用歌德的話說：「沒有靈性的專家，心靈空洞、只要感官刺激的人，這些浮誇之徒竟自負地以為，已登上前人不曾達到的文明層次。」[63]

韋伯預測未來人類是否會出現先知，能帶領人類逃離這資本主義機械式的工作與消費的牢籠。二十世紀中葉之後的慈濟，所發展出來的志工精神、志業理念，已經為這個枷鎖提供一條可能的解脫之道，並為文明的重建指出一條寬廣之路。「志業人」，非職業人、專業人士，逐步擺脫工作的目的是——為著個人的欲望與自我之擴張，自我的成就感就是維繫於物質獲取與龐大消費的能力。有志業精神的「志業人」，與「職業人」最大的不同是：相信付出是一種榮耀與快樂，而且他們真真實實地如此經歷這種感受。

由於專業的知識與能力是服務別人的基礎，而不是獲取地位財富的一項手段，這就是職業與志業精神之不同。證嚴上人創立的「志業」一語，正是打破現代資本主義講求效率、講求利潤極大化、消費極大化的價值觀最有力的出路與力量。韋伯預測或渴盼的先知或許已然出現，並默默地在過去數十年間，於東方的一個小島上，展現出無比驚異卻尚未被世人完全知曉的能量。

「志業精神、志業人」，將一切的求學、工作、研究、發展都是以服務他人、以無所求付出為最大的目的。唯有如此，「志業人」才覺得那是真正快樂的人生。這是「志業人」的標準。志向就是利他，生命的目的就是付出奉獻於社會。這種信念正可以挽救韋伯所警告世人——理性主義最終發展的結果，人人將被迫成為「職業人」，捲入資本主義機械式的利潤與消費的牢籠之中。

證嚴上人在二〇〇八年初的一場會議中，不斷地向慈濟志業體的核心幹部強調，無我、放空自己，真正用我空、無我的心去為人群服務。慈濟需要的幹部是這種品格、這種人品典範的「志業人」。

戒律與自由同在

當工作開始以服務他人、以奉獻社會作為最終之指標，而不是以追逐個人欲望、滿足個人情欲為主的時候，志業精神就賦予了個人更崇高的價值。這價值與清教徒用勞動與勤儉作為檢驗自我得救的訊息仍有些許不同。慈濟的「志業人」是以幫助他人、為他人謀取快樂為依歸。正如證嚴上人勉勵弟子奉行佛教「但願眾生得離苦，不為自己求安樂」的精神。[64] 無所求付出，不是為自我的救贖而付出，不是為了恩寵而努力，而是以幫助他人、協助社群作為生命的唯一目標。「無所求心的心才是道心。」一如證嚴上人所言。[65]

一個人在付出當中經常想到自己，自我仍然巨大，不可能做到無所求。因此節制自我的欲望與執著，是無所求心養成的關鍵。節制自我的欲望與執著，持戒是必須的，這和西方宗教倫理裡面的禁欲有幾分雷同。慈濟「志業人」必須守十戒：「一、不殺生，二、不偷盜，三、不邪淫，四、不妄語，五、不飲酒，六、不抽菸、不吸毒、不嚼檳榔，七、不賭博、不投機取巧，八、孝順父母、調和聲色，九、遵守交通規則，十、不參與政治活動、示威遊行。」[66]

佛教講的六度般若波羅蜜，亦即「布施、持戒、忍辱、精進、禪定、智慧」。「布施」，要具備無所求的心，但是一個人在布施之中，經常還是想到自我，自我是否積功德？自我是否得到歡喜？自我是否被肯定？自我是否得到任何益處……等，處處有我，就很難無所求地去付出。所以證嚴上人說：「要縮小自己。」[67]把自我擺在一邊，要縮小自我就不能欲念太多，因此「持戒」就格外重要。只有守戒，才能去除、降伏自我的欲望與貪婪；免於欲望的捆綁，不受環境影響，人才會得到自由。

守了戒，還必須進一步「忍辱」。做公益、為他人付出，還是會碰到人我是非，也會碰到愛欲見著的人。因此，即使被扭曲、被批評仍必須忍耐；不只忍耐，還要有耐心地與對方溝通，還要度化影響侮辱我們的人，這才是「精進」。用這種心態與人相處，就不會有掛礙，就不被欲望捆綁，不會被情境左右。

與人相處無所掛礙，那就是一個自由自在的人，這是「禪定」工夫。自由，也自在，才是真富足。到了禪定之後，「智慧」自然現前，智慧乃是與無私直接關聯的。一個人思考事情常常不受情緒影響，不被個人利益左右，常常從整體的角度出發，常常設身處地為他人著想，以同理心感同身受，其所做的判斷一定是具足大智慧的。所以《無量義經》的一段經偈被證嚴上人奉為終身的圭臬：「靜寂清澄，志玄虛漠，守之不動，億百千劫，無量法門，悉現在前，得大智慧，通達諸法。」[68]也就是無私的奉獻，持續守志，禪定寂然，生大智慧，以救度眾生的永恆願力。

這是「志業人」遵守的六度般若的進階智慧。志業人不是以物質、情欲、自我為中心，而是以付出、無我、修行、利他為精神依歸。正如印順導師所言：「淨心第一，利他為上。」[69]這是人間佛教的精髓，是當代資本主義的「專業人」回歸自我心靈、尋回深厚文明價值的良方；是找到生命意義的依止處；是避免個人在資本主義的籠牢裡，變成學有專精的空洞靈魂之唯一途徑！

第15章

實踐主義與信仰真實

這不是結束的開始，這是剛剛開始的才結束。（It is not the begin of the end. It is the end of beginning.）

——英國首相邱吉爾（Winston Churchill）

前言

無始，是佛教的基本宇宙觀。世界沒有開始的點，也沒有結束的點，一切的時間序，一切的空間秩序，一切的人間秩序，都是人心的造作。

劍橋大學史蒂芬·霍金（Stephen Hawking）對於宇宙組成提出類似的觀點。宇宙從奇異點大爆炸以後，不斷地擴大，已經歷經一百多億年，但宇宙最終將收縮，會回到奇異點。因此，宇宙不是直線，而是一個循環。史蒂芬．霍金更提出「金魚缸理論」，根據金魚缸理論，人類認識的宇宙如同一個金魚缸，我們是裡面的金魚，我們看不到金魚缸外的世界。有無數量的宇宙平行存在，人類認識的宇宙不過是多重宇宙中的一個宇宙，是我們有限的認知能力所能理解的宇宙。[1]

這個認識能力在佛教中是識，識由心決定。心適應世間產生了識，識滅，以佛法而言，心不滅。但是凡夫把心與識認為同一，因而當識所認知的世界消滅了，或唯識學所說的純意識消滅了，[2]我們以為一切都消滅了。

其實，心無始無終，始終存在。它超越時間、空間、人間。它造就一切萬物的規則與運作。自身不被造作，也不被毀滅。如同老子所言，「無名天地之始，有名萬物之母……此兩者同出而異名，同謂之玄，玄之又玄，眾妙之門。」[3]

老子的無名是道，相應於佛教是心；有名，是萬有，相應於佛教是「色、受、想、行、識」。

佛教強調「萬法唯識所現」，但是意識仍是生滅的。「萬法唯心」，意指心執著於識，造就一切，但心也進入生滅，此心不是真解脫；心超越識，心才是不滅，永恆。

心如何超越識而不生不滅？心不離識，而是包含一切的萬事萬物，包含一切的意識，但自己不在其中。

這在思想上是悖論，心造就萬物，但自己不在其中，那心屬不屬於物的一種？這道理在理性上難以理解，但如果從情感來看待，心愛萬物，心不執著於萬物，這是真解脫。

《心經》所說：「色不異空，空不異色，色即是空，空即是色。」[4]即，是不離；空，此心，不離色，也不著色。大愛的心無求，付出無所求，就是心造一切萬物，而不被萬物綑綁。付出，是心造一切萬物、萬事，無求，所以心超越萬事萬物。愛一切人，愛一切萬物，心不染著，是心的究竟實相。

但是西方哲學的圓滿是活在真理中，如蘇格拉底所言；西方宗教的圓滿是活在上帝之中，如聖徒保羅所言。[5]希臘哲學偏向理性認知世界，基督較偏向感情的信靠上帝，這兩者在近代進入相互否認的境地。理性主義看不到上帝的存在，結果無所依歸；基督信仰在情感上找到依靠，但理性上找不到基礎支持上帝存在與意志。這兩極的分化，構成現代西方的虛無。

這兩種體系之所以矛盾，都是因為嘗試著要在思想上求答案。上帝在哪裡？「理性」這樣問，但是信徒明明感受到上帝臨在的喜悅。

所以，保羅．田立克（Paul Tillich）說：「信仰不是知識，不是思想，而是一種真實的體驗。」[6]體驗是經由實踐而來，體驗是「宗教實踐」[7]的結果與感受。這感受不可取代，它存在體驗之中，它存在經驗之中，亦即在實踐之中，如在虔誠祈禱中感受的上帝，如在彌撒中感受到神聖，如在禪定中得到靜定之樂，如在無私的愛他人中得到法喜，這些經驗恰巧是理性主義與經驗主義否認的。

理性主義靠邏輯推理認知存在的真實，經驗主義依靠的是可看見，可評估，可複製的具體事實來界定真實的存在。但心是看不見的，愛也是看不見的，無形的心，非物質，非可測量，但是卻真實地存在。

因此，實用主義就說，一切的真理與真實是來自實踐的結果；實踐的結果是善，那就是真理，不管這個實踐是可見的，或不可見的宗教經驗，只要一個信仰系統能帶給人結果的善，那就是真實。一個人感受到禪定的喜悅或上帝的神聖臨在，無需在科學上找到證據，或邏輯上找到適當的推理。體驗的善，就是真理，因此真理是善，生命的實相是來自體驗的善；而體驗不是思想，是實踐獲得，不實踐怎麼會有體驗？

因此靠近思想，人就與實相分離。通過實踐，我們就契入世界的真實；實踐通向善，實踐把握真理，實踐中的喜悅感受，就是美的存在。

西方心靈的虛無與追尋

當代的虛無就在理性主義與經驗主義的驅使，造成人的無根。理性主義去除上帝與心靈直觀的體驗，經驗主義只相信看得見的物質世界，可驗證、可複製、可觀察；但是心的喜悅與依歸是看不見的，心感受到的神聖不是理性主義與經驗主義能夠詮釋與證實。

但是過度地活在理性主義所創造的當代文化精神，與經驗主義所開創的科學精神，帶給人的是另一種虛無與無意義。

美國文化學家房龍（Hendrik Willem van Loon）就說：「我不知道為何而生來這個世界？亦不知死後往何處去？」[8]

這種對生命基本的困惑，很像中國詩人陳子昂所慨嘆：「前不見古人，後不見來者，念天地之悠悠，獨愴然而涕下！」[9]人的存在之意義為何？畢竟是人類共同面對的最大困惑。

人類作為一個有自覺的生命體，經常感受的是「存在的孤獨感」及「和世界的分離」。《聖經》所描述的亞當、夏娃偷食禁果，才開始有了思想與自覺之自我，因此開始人類能分辨男女，分辨我與世界之不同。從此，人就不可回復地走向孤獨存在的生命處境。除了回到上帝的懷抱，與上帝合一，人才能從孤寂的存在中，獲致生命的意義與價值。然而，從十五世紀文藝復興之後，科學主義發達，人逐漸學會控制自然與社會，人逐漸地擺脫上帝對於人存在的絕對價值，亦如房龍的寓言，一個人死後來到上帝面前：

> 上帝審判他：「你一生為惡者多，你是否認罪？」

那人說：「我認罪！」

「那我應當判你下地獄。」

那人回答說：「祢不能！」

上帝說：「為什麼不能？」

「因為我一直就活在地獄之中。」

「那難道我必須判你上天堂！」

「不！祢也不能！」

「為什麼？」

「因為我不能想像天堂存在何處？」那人回答說。

房龍的這段寓言道盡西方的現代人在失去上帝信仰之後，無可奈何地墮入罪惡與虛無之深淵。這虛無的、價值空洞的感受，導致當代人處在一個孤寂、無助、無根的生命狀態。[10]

尼采是近代的偉大思想家，其思想強調「超人意志」與權力至高的地位等概念，他撰《上帝已死》，否定上帝的存在。他又提出《查拉圖斯特拉如是說》，以查拉圖斯特拉聖者取代耶穌的角色，覺悟真理，一樣下凡人間，告訴人間真理。但尼采最後自己發狂，而自殺以終。

法國存在主義的小說家卡謬（Albert Camus）在《異鄉人》一書中，以一位不經意殺人的罪犯，歷經一連串的審判，從不為自己辯護，到日子的最後，他卻透露對人類價值的空洞與對於存在的虛無之呼喊、慨嘆。然而，他的呼喊沒有聲嘶力竭，他的慨嘆也沒有悲憤填膺，只是一種單調的蒼白與徹底的迷茫。

在法庭最後判決前，他有一段憂鬱沉悶的自白，這自白透露當代西方的「個人」，面對生命的寂寥之困境：「讓他人的存在與我無關聯，讓上帝的永生與我沒有關聯。今日對於我的判決，與他日所有人類都必須面對最後的審判又有何異？」[11]卡謬試著透過異鄉人的犯行，呈現意義與價值充其量不過是對人類的一種捆綁。人活在這世間，只是被一種巨大的無可抵抗的「後世意義」給規範，這「後世意義」亦即基督文明裡的最後審判。雖然最後的審判是不可捉摸與難以實證的，然而現世一切的生存之最終價值，卻被這種不可確切捉摸的價值給約制、給牽絆，因此卡謬覺得這一切荒謬、空洞而無意義。

海明威著名小說《老人與海》，描述堅決的生命永不放棄的奮鬥歷程，但是最後海明威自殺結束他的生命。

思想的巨人，最終卻走向虛無。為什麼？因為思想無法給予人最終的出路，當你思想，你就與真實的你分離。想從純粹的思維認識生命的真實是遙不可及。思想就像照鏡子，當我們緊盯著鏡子，研究鏡子中的自己，我們並不會因此觸及生命最根本的存在與最真真實實的自己。回到實踐，自我才從鏡子中走出來，感受到真正的自己。

托爾斯泰也是近代俄羅斯大文學家與思想家，他自身也是一位貴族，擁有農奴數萬，但是晚年他拋棄筆，拋棄財產，拋棄純粹的思維，重新擁抱上帝。老托爾斯泰讀到《舊約聖經．創世紀》中約瑟夫的故事，當已經是埃及宰相的約瑟夫與當年拋棄謀害他的兄弟們相認的時候，約瑟夫說：「親愛的兄弟，你們不認得我嗎？我是你們的兄弟約瑟夫。」[12]老托爾斯泰老淚縱橫。他人文主義的情懷，使他相信四海之內皆為兄弟。他決心離開自己豪華的莊園，走向窮困的農場，擁抱辛苦的農奴。

歌德筆下的浮士德是世界上最富有知識與思想的巨儒，但是卻十分不快樂，後來上帝與梅菲斯特約定，把浮士德交給魔鬼梅菲斯特，上帝說，除了取他性命，其他任由妳安排。魔鬼引誘浮士德，讓他沉溺情愛之樂，但最終失落。浮士德的生命，最後在海邊關懷一群孤獨老人中得到內心最終的平靜。愛的實踐中，獲得生命最終的安寧。

愛的實踐，是通向生命完滿真實的唯一途徑。

實踐愛以解決生命的虛無

證嚴上人提出的「覺有情」、「大愛」，清淨無染的大愛，為相對價值觀的思維之困境與衝突，提供另一條實踐出路。

思想和情感的不一致，一直是人類最大的矛盾。情感的覺悟，一直是佛教思維裡很重要的一環。佛教把煩惱稱為「情染」，情感受污染。當我們用思想，我們就與世界、與他物、與他人分別，因此思想得不到最終的生命完整性。

西方在中世紀全體社會信奉上帝的時代，相信這世界是依上帝的意志安排的，與上帝合一，生命的存在就獲得完整性。而在近代西方，當逐漸拋棄上帝信仰之後，一切都回到相對的、片面的、局部的、分別的、對立的、分裂的生命狀態之中，解決這個問題當然不能只從思想著手，以火救火，得不到止熄。

情感的覺悟在西方社會裡，除了宗教信仰者之外，在哲學思想中很少被觸及。心理學對治情感，情感的複雜性和不確定性，經常是宗教家與心理學家不斷探討與嘗試修鍊的對象；情感含有欲望，欲望導致人最終的苦惱之根源。

證嚴上人的思維不是去壓抑情感，而是透過行動與實踐去擴大情感。拉長情，擴大愛；只有情感的擴大與實踐，才能根本解決二元對立的問題。

當愛擴大，當情感不再捆綁於自我的欲望與思想框架裡，我們才能夠去接納，去理解更多價值與我們不同的人；我們才能夠去關愛、包容一切生命存在的價值。這一切生命，如同佛教語彙的「眾生」，包含了人類，包含了生物，包含一切物質的生命。如同證嚴上人強調：「蠢動含靈皆有佛性。」一切萬物有情，都值得我們去接納，去體會，去包容，去成就，去愛，這就是「覺有情」，亦即「清淨無染的大愛」。

為何「無染」，因為個人欲望去除，無所求地去愛人，所以是清淨無染之愛。

就猶太教、基督教與伊斯蘭教而言，上帝的本質就是愛，任何宗教的核心都是愛。愛讓一切的對立得到消解與合一，與上帝合一，與其導向神祕的經歷，不如指向與愛合一；與上帝的愛合一，世間的相對立面就銷融無蹤。而這種大愛情感的覺悟與體會，當然是從實踐中得來。

情感與思想，就像「河岸」與「河水」。思想是河岸，情感是河水。在河岸上觀察水性，無法真正知道水性的特質。真正下水去游泳，去感受到水的特性與滋味，比起在岸邊了解河水是截然不同。

接觸生命的實相，體驗生命的實相，才能真正把握它的完整性，才不會掉入「分別智」的苦相裡面。分別是苦，分裂是痛，對立是惱。這一如《莊子》的一則寓言，南海儵帝與北海的忽帝去拜訪渾沌中帝。幾天相談甚歡之後，南帝與北帝向中帝渾沌辭行，這才發現中帝渾沌沒有七竅。於是他們又留下來要幫渾沌開七竅。一天開一竅，到第七天七竅開完了，但渾沌也死了。[13]本來渾然一體是善，開七竅，分別了，生命的完整性也就死了。

其實，生命中一切苦的源頭莫過於分別心，莫過於對立的思維。佛教要把這一切分別都打破，從因緣法觀之，萬物是相生相依，一切生命都是互相關聯，自他本一，利他就是利己。執著自我，就有分別。這是你，這是我，這是他。這是喜，這是悲，這是有，這是無。

佛法教導的是一切都在因緣生滅中，我們的心不要跟著因緣生滅起伏。心無處不在，無處不清淨，無處不能生智慧。在每一個緣起的條件下，都是轉識成智的契機。

所以，《金剛經》才說：「應無所住，而生其心。」無所住要生何種心？生慈悲心，生包容心，生大愛的心。無分別地對待每一種生命的情境，接納每一種生命的狀態，並且造就它、圓滿它，這就是無分別的大愛。但是這種情感的經歷不是從思想上獲得，而是從實踐中體驗與感受。

證嚴上人常說，「借假修真」。身體是因緣假合，生命的存在是因緣和合，一切都會生老病死，成住壞空，因此一個與宇宙生命萬有結合的大愛才是永恆的。這個意義你可以某種程度上界定為與上帝合一，實則是以廣闊的愛，與萬有合一的精神體驗。這體驗不是抽象的，不是不能言詮的，不是神祕經驗的，而是一個一個的由經驗體現而擴散傳遞於慈濟團體之中。

數以百萬的慈濟志工這種以生命融入他人生命的大愛體驗，使他們的心靈從孤立、脆弱、對立、衝突、焦慮的禁錮中脫離開來，走向喜悅，走向利他，開朗、無私，並迫近於永恆存在的精神體驗。

許多慈濟的大體老師生前為社會奉獻付出，在往生前還希望學生「在他身上劃錯十刀、百刀、千刀，但不要在病人身上劃錯一刀」。這種無懼生、老、病、死，無懼成、住、壞、空的心情，正是他們的心靈通向更廣大生命體驗的一種悟證。

證嚴上人並不主張只要心靈開闊，一切的客觀世界之良窳就不必在意。證嚴上人的思維是既要心靈無私開闊，又要社會生存環境逐步改善，臻於至美與至善。因為心的覺悟，一如先前所言，不在內，亦不在外；不純然決定於主觀之個人，亦不決定於客觀之環境，而是因緣和合而生。

如同火炬之性，依因緣生滅。火是因緣有，火是因緣無，因此主觀心靈的開闊、整合與開展是必須的，客觀世界的改善亦是關鍵的。因此，無所求是主觀、寬闊與整合的心靈狀態，它是通向宇宙萬有合一精神的關鍵。

付出，是客觀環境的改造，它是可以被理解、被詮釋、被複製、被量化的一種可觀實踐歷程。在這一刻，無所求的付出，主客觀結合，自我與大我結合為一；自我這小小的生命存有體，經由這種實踐與情懷，融入萬有之大我之中。這是覺有情之大愛，這是一滴水融入大海的過程，自我生命獲得完整，與整體大我不可分割，並交融匯流。

證嚴上人的一句話「心包太虛，量周沙界」，充分說明自我與世界宇宙，個人與其他生命的存在應有的根本關係。心像太虛一樣廣闊無邊無盡，涵藏一切眾生與存有，而能量必須在每一個生命體上付出奉獻。這是實踐意義的，這實踐貫穿個人與宇宙、自我與他人的對應關係，這是覺悟後的長情大愛，這是生命本質最高也是最終的寫照。而這種情懷不是只經由思想探索，不是憑藉理論論述所得，它是在實踐中體現，與萬物接觸中啟發，在無所求的心靈狀態中覺悟。

以實踐解決二元對立的困境

在探討完實踐解決人類的虛無，特別是愛的實踐。我們繼續討論實踐如何超越西方二元對立的思維。

在基督教支配的歐洲中世紀，歷經十字軍東征與黑暗時期。教會與上帝在西方，是人們生命之所依託，也是人存在之理由。但是到了十五世紀，西方文明歷經文藝復興與科學主義的崛起，幾個世紀之後，西方建立了科學萬能的現代文明，也鑄造了物質至上的資本主義。在科學主義強調實證，強調可觀察、可量化、可合理推算，因此人類成功掌握了衡量甚或支配物理世界的可靠方法。但是另一方面，上帝與宗教信仰，乃至心靈狀態，在缺乏科學實證與量化之標準下，逐漸被淡化與稀釋。另一方面，資本主義強調從利益出發，一切以競爭為本，消費至上的環境下，人類自身的心靈更無所依歸。

科學主義與資本主義其實早把上帝、信仰與心靈的追尋拋諸腦後。理性主義與物質創造當代文明的雙重工具，整個社會遂走上以工具為導向，以客觀物質條件決定一個人存在的價值。這正如德國法蘭克福學派的心理學家佛洛姆所言，現代人是以「有」取代「是」。我們有職業，有房子，有汽車，也有學歷，有執照，有存款……但自己是什麼渾然不知。有，取代了是。有，是物質導向；是，是意義與價值導向。現代人在自認掌握了客觀世界之際，卻發覺無法確定自己。

信仰的危機與心靈的空洞化，讓西方許多存在主義的大師就試著把內在的自我重新建構起來。但是沒有了上帝，人的自我與存在如何界定？

理性主義大師笛卡爾首先提出：「我思故我在。」我思考，所以我存在。笛卡爾遵循科學主義的方法來界定哲學，連人究竟存在與否都必須證實，因此未證實人存在。他說：「因為我在思考，證明我存在。」但是思考這個活動是存在於人的自身之內，它無法完整說明人與外在的客觀世界如何關聯，亦無法說明人類所企盼的「永恆存在」要如何可能？

在信仰上帝的時代裡，經由與上帝合一，人與整個宇宙萬有也結合一起，人在上帝那裡得到永生；但是失去上帝之後，人處在宇宙穹蒼之中，孤立無援，生命的存在如此短暫而脆弱。更有甚者，人與人，人與自己，人與客觀環境，人與自然充滿各種形式的對立。

文藝復興的哲學家，逐漸將思維體系通向希臘的理性精神的基礎上，一如佩托拉克引用羅馬西塞羅所言：「感謝蘇格拉底，把哲學從天上帶到地上。」理性主義崛起，人不再停留在與上帝的關係，而是著眼於人間事物，並經由理性的科學精神，逐步掌握客觀世界。理性主義固然讓人掌握了客觀世界，但失去了上帝，主觀的心靈世界卻面臨逐漸空洞化的局面。

希臘思想的理性思維從柏拉圖以降，就一直處在二元對立的困境之中。柏拉圖的至善理論，是「理型」為善，將物質與理性，將善與惡，將形上與形下相對立起來。基督教思維裡的上帝與人不同，已是二元論的思維。西方思想體系最大的難題與矛盾正是主體與客體分離、人與物、人與上帝分別對立的問題。這種體系從哲學出發，衍生到法律上以權力與義務的相對，勞資雙方相對立，行政立法相對立，個人與團體對立，人與自然相對立，這都是二元思想分化出來的社會體系與生存狀態，而這體系在今日深深地支配著整個世界。

二元對立在思想上是難解的議題，在現實上也帶給人類的存在一種根本的孤獨與無助，因此尼采以權力意志亟欲解決這個問題。尼采一方面宣布上帝已死，一方面又創造了超人「查拉圖斯特拉」，這超人以權力作為至高與最終的力量，這力量讓人能超越自身的局限並掌握客觀世界。掌握，似乎是擺脫自我存在的孤獨最終的方法；權力，成了孤立於客觀環境的個人能掌握外在客體的唯一手段。而尼采眼中「權力的存在的目的就是為了權力」。

有人認為尼采的超人與權力之說，誘發了巨大集體控制機構與獨裁之誕生。然而，主張以超人般的權力掌握世界的尼采，其生命卻以自殺為終結。這多少透露出純粹思想的超越與創造，並不會給予心靈最終的覺醒與歸宿。

為什麼思想不是生命的歸宿？思想分辨一切事物，但是當我們思想，我們就與實相、與生命的整體相分離。禪宗所說：手指著月亮，手畢竟不是月亮。手指是思想，月亮是生命的本質，生命的本質是實踐愛所獲得。

佛教經典《無量義經》所說：「水性是一，眾生解異。」露水不同於江河，江河不同於湖泊，湖泊不同於大海，但它們都是水。但是要人認識「分別相」背後是「無分別」的實相，其實非常困難。為什麼困難？因為人有思想；思想是分別一切的源頭。

思想，亦即分別智，它引導我們認識自己的存在，認識周遭的世界，認識花不是樹，樹木不是小草，大山不是海，人不是上帝等等知識與思維。但是思想是存在我們內心的一種活動，越往思想走，就越局限在自我裡面，結果心就越孤寂。越孤寂，我們的生命就越與其他外物分離；越分離，我們就越感虛無。

當你思想，你就與實相分離。這是禪宗重要的主張，思想永遠無法獲得生命真正的意義，這就是為何禪宗反對用思維去把握意義與價值。所謂「把念頭打死」，不要思索。思索，永遠無法達到生命的絕對境界與觸及生命最終的奧祕。禪宗以打坐、參禪、打掃、挑水，最後在放下一切對立觀點與善惡念頭之際，直指本心，見性覺悟！禪宗透過打坐、觀照，對於西方二元思想的矛盾提出一個超越結合之道。而佛教禪宗對於人的心性與生理微妙透徹的洞見，影響所及，亦對於當代神經醫學的研究，乃至社會學與心理學的發展影響甚巨。

汲取東方思維的海德格不認為純粹思想——如笛卡爾所言——能賦予人存在的完整答案。海德格也不認為權力的極大化之控制，能解決西方在失去上帝之後所存在之孤寂，以及與外在世界分離的問題。

海德格認為自我的存在，其實不能只從人自身之內來追尋。他用「存有」取代「存在」這個概念，認為「存在」與「存有」不同。「存有」必須向外開敞，向客觀世界開放，「存」，是人自身的存在；「有」，是客觀世界的存在。「存有」以海德格的譬喻，一如人在花園裡邁步，享受優美的風光，這時候人這個主體與花園的客體不再對立與分離。因此，不同於尼采以權力控制客體，海德格則是以接近詩的表達，將人放諸於更廣大的空間底下，探討存有的意義。

「存有」是人這個「主體置於環境客體」的一種生存狀態。海德格比其他存在主義者更靠近東方思維，他認識到駕馭不是存有，駕馭只是控制存在物。「存有」的真正意義以海德格來說，是人這個主體自然地向客體開敞自己，不控制，不駕馭，才能感受到主體與客體不再分離，存有才能真正彰顯它的意義。主體向客體開展的過程，形成了「存有」的確立與把握。

對於主體與客體的關係，佛陀的思維似乎更為根本。佛陀說：「心不在內，亦不在外。」那麼心在哪裡呢？在主體與客體的交會之處存有，亦即因緣而生。

一位美國傑出的醫學科學家，二〇〇一年諾貝爾獎得主李・哈維爾（Leland Harrison (Lee) Hartwell）博士，在二〇〇六年曾經會見證嚴上人，他向上人說：「他五十歲之前是追尋探索外在的客觀世界，並因此獲得很多的喜悅與成就。五十歲之後，他才開始領略內心世界之奧祕，並經由部分佛教思維得到啟發。他問證嚴上人，這世界哪一個地方能同時教育年輕人內在與外在世界？」[14]

證嚴上人回答他：「內在世界與外在世界並無明顯分別。心在境界裡，不為環境所染，所以心又在客觀的境界之外。」這思維正是「於相而離相」、「於境而離境」的「真空妙有，妙有又真空」的境界。這是佛教思維的困思邏輯，這困思邏輯表面矛盾，其實正是道出生命的真正本質。

印順導師說：緣起性空，性空緣起。緣起，所以一切事物的本性為空。性空，是在緣起處表現性空，不執著的心即性空的意義。證嚴上人的說法更具實踐意義，他說：「付出無所求。」慈濟人深入苦難擁抱蒼生，必須抱持「付出無所求」的心。

「無所求」的心正是「性空」、「真空」，這心存在主觀的世界裡；「付出」是「緣起」、「妙有」，這「付出」在客觀環境裡才能彰顯。

證嚴上人所強調的「付出無所求」這個理念，其實具有客觀與主觀的雙重意義。付出，即是客觀化的行為；無所求，是心境的體現與觀照。

「付出無所求」，不是理論、思想而已，它必然是一種行動，一個人有無付出，可以被客觀檢定。

其心境的無所求，卻是自證自明。「付出無所求」是心靈的，亦是環境的；它是客觀的，亦是主觀的；它是個人的，更是社會的。在「付出無所求」實踐的那一刻，主體與客體微妙和諧地融為一體。

所以，主體的心與客體的環境從來就不是個分離對立的體系。在境界裡又超越那個境界，正是佛教的「存有」觀。這種存有的生命觀必須在實踐中去把握、去尋得。實踐是打通自我主體與客體分離區隔最重要的管道通路；思想，還是在內心的，是自我主體的，沒有付出這個動作，怎麼能彰顯無私？如果「無所求」只是意念，那還是預備狀態，只有在「付出」那一刻，主體的心之「無所求」才真正存在。

這與禪修的直觀洞見的生命體驗之形式十分不同，禪宗的覺悟、頓悟，究其實，只可意會，不可言傳，因此在相當程度上是十分迷人，但也是十分個人化與主觀化的一項體驗。禪宗比起其他入世哲學，它比較是低度社會性的生命體驗，這讓它在普遍性與客觀詮釋的基礎上，發生必然之困難，因此才有近代提倡科學的胡適與梁漱溟等人斥為無稽之談，或認為無法客觀印證的不要談。胡適先生之見過度地強調科學實證主義，乃至質疑禪宗的體驗境界。

禪宗作為中國佛教重要的流派，並對某些知識分子的生命經歷產生重大影響，然其對於現實社會的投入與改造似乎不是其思維體系之本質。而其直指人心，見性成佛，自證自明，亦難以客觀化的表現，或被非經驗的第三者所具體理解與把握，因此禪宗的直觀經驗是相當個人化的。由於它的低度社會性的特質，讓禪者即便處在與世隔絕的禪院中，依然可以達到頓悟洞見的境地。

但是，人類的生存處境是社會性的，獨立孑然的生命形態不會是生命的最初與最終的目標。禪宗作為中國佛教思潮最重要的一個智慧發展，其低度社會性的特質，使它最終仍無法與西方科學的力量相抗衡，終究無法以它作為文明之主體，去維繫一個文化持續的興盛。

任何一種思維，如果能對人類生存與生命價值做出永續的奉獻，它必然是社會性的，亦即可以被客觀化；亦即必然可以經由語言與客觀情境加以把握或論述。但是客觀化，亦即有主，有客；是一，就不是二；是善，就不是惡；這又落入二元對立的矛盾處境之中，人的完整性又開始分裂，自我與大我又分離。有沒有哪一種思維與實踐，既能圓融的超越二元對立，又能兼顧社會性與客觀性，能被客觀的詮釋與具體經歷是當代東西哲學所共同面對的難題。我們既無意走上孑然個人的神祕體驗之直觀洞見，也不願意停留在對於當代科學發展視為必要且基本的二元思考模式之中，那這其中有無結合與創造融合之道。

或許治癒二元對立的良方還是要藉助東方智慧，或許弭平二元對立的矛盾辯論誰對誰錯，是要放棄純粹的思維邏輯與價值辯論。在二元對立與直觀洞見之間有一個共通性，那就是經驗。直觀洞見是一種個人的經驗，科學主義的實證與客觀知識也是一種經驗，只是後者能夠被大量重製與描述。前者停留在個人生命的內在之中。如果佛陀所言為真，「心不在內，亦不在外」，那心在哪裡呢？在因緣和合之中創造。如同火，火性無我，寄於諸緣。火在物質內或在物質外？既是，也不是。火是一種運動，是一種實踐，因緣和合的運動與實踐。

直言之，「客觀環境」加上「人的心識特質」，兩相結合造就了有形世間的一切種種。因此，環境與心境之結合，是生命的「存有」能被具體把握的關鍵。「存有」不離心，也不離境；「存有」不執著心，也不執著境，這是圓融生命的目標。而這如何做到？還是經由實踐，一如火，因緣生，因緣滅，但亦是生生不滅。火只有在燃燒中被理解與把握，人生命的整體亦復如是，在實踐中才能把握。

「存有」的真正意義如同火，在行動的實踐才能展現。在客觀的木柴裡找火，是找不著的，這一如在客觀世界裡探討人存在的本質是困難的。然而，在客觀存在的木柴之外去分析火，去思考火，也無法真正把握火的特性與證實它的存在，這正如在客觀世界之外去尋找生命存有一樣枉然。

「存有」，一如火，不離客觀世界，也不在客觀世界；既在客觀世界，也不在客觀世界。這在思想上看似矛盾，但是一點起火，就立刻看到火光，亦即只要一行動，就經歷到生命真正之存有。這火將「柴與火性」混成一體，一如「存有」的本質無分別於主體或客體，而是一個隨著因緣和合生滅的完整體。

一切對生命「存有」的把握還是回到實踐，回到行動，才能將主體與客體完整地結合。

證嚴上人與慈濟世界，對當代社會的最大價值與意義，應該就是他開創了以「實踐作為生命主體」的思維方式與生命歷程。

當代的文明困境正是源於「物質」與「心靈」的對立，「客觀」與「主觀」的分離，在「正義」與「和平」，在「實證」與「唯心」的兩難中，進退維谷。由於在以西方為主的當代思想體系中，極少從實踐著手，去理解個人在實踐過程中其人格與社會之間的互動模式，或是探討在實踐過程中，自身的生命如何經歷價值感的確認與體證。如同火在運動中，實現其自身之火性與客觀木柴之結合為一。

其實，西方存在主義在德國哲學大儒海德格將思維轉向東方佛學之後，開創出一條新思路，他認為「存有」的意義是個人之自我向客觀世界開敞；這開敞當然是一種實踐歷程，亦即以實踐作為存有的展現方式。

延續實踐導向的看法，法國存在主義者沙特，作為海德格的學生，他相當程度上延續了海德格的思維，將主體存在的意義，導向社會改革運動。從社會運動的正義中，重塑自我的價值與存在意義。但是，社會運動的不可掌握性與必然的衝突性，又讓人落入二元對立之死胡同中。對與錯之抗衡，善與惡之激辯，這對於個人主體性之存在又何嘗不是一種撕裂？個人與機構的衝突，市民與政府的衝突，勞方與資方的衝突，人又跌入各種對立的價值之爭執和對立之中。

即便西方存在主義走到了實踐，但是在實踐中仍然無法獲得主體客體的完整性。無法真正解決對立帶來的人之虛無與割裂。無怪乎卡謬會覺得存在本身的必然空洞與無助，因為一切世間的思想體系所能提供的價值觀，似乎都無法帶來人類心靈的真正歸屬與寧靜。不管提供意義的源頭是共產主義、資本主義，或各民族的傳統文化思想。他們雖然都同樣允諾追隨者一個堅守終身的終極價值，但是在現代自由主義的旗幟下，相對價值各有所抒，不同價值觀與意義系統相互衝擊。

二元對立在社會運動的實踐中仍根深柢固地存在著，解決這種價值相對觀的衝突問題，仍然必須回到生命自身的本質上來看。生命，究竟有沒有一個非相對地、絕對地，足以讓人們確切把握的「存有」？

以實踐化解人類諸衝突

相對主義是世界衝突的原因，每個立場不同的人與群體互相對抗。究竟同性戀可以結婚否？安樂死是否合法？壓迫某一弱勢種族是否正義？文明發展所帶給環境的破壞是否應該立即停止？貧富差距不斷地擴大與衝突要如何解決？人類與機器的競賽是福是禍？這些議題放進相對主義裡面，沒有結論，只有無止盡的對抗。

另一方面，絕對主義帶來的宗教衝突，那些相信自己所信仰的是唯一真主與真理的各方信徒們，依著同樣的理由在抗爭著。民主好還是專制主義好？人類在絕對主義底下也是無窮盡地抗爭與衝突。人類的出路在何處？不在相對主義，似乎也不在絕對主義。

世界文明如何做到「善己之善，善人之善，善善與共，天下大同」之境界？

美國近代最具影響力的心理學家威廉．詹姆斯（William James），提倡的實用主義哲學，以解決人類社會在一元的價值觀與多元價值觀之間的矛盾，打開相對與絕對的鑰匙，威廉．詹姆斯認為一切真理與善都是我們建構的。「實用主義」既不是相對觀，也不是絕對觀，而是超越相對與絕對；以實踐結果所創造的善，作為真理的標準。[15]

換言之，水對於魚是善，對於鳥不是善；風對於鳥是善，對於魚不是善。但是水與風同樣帶給鳥與魚善的結果，因為各自的因緣，魚在水中，鳥在空中，這是相對的客體，但是都有絕對的主體認知的善。

佛教所言：「善惡無記。」正是超越善惡的角度，看待因緣中的善與因緣中的惡。心不再被這因緣困住，心才是得解脫。換言之，心能造惡，心能造善，但是真正的心是無造作，無執著，清淨無染，能度化一切有情的力量，這是無分別的心所具備之本質。

如中國老子有言：「天下皆知美之為美，斯惡已，皆知善之為善，斯不善已。」知道不善與善，美與醜，生命就開始分離、分裂，開始苦。看到醜，厭惡；看到美，歡喜。但是美不長久，生命不必然為善，分別心是一切苦的源頭。

老子所言道盡當代社會最重要的對立根源——二元論的思想。對與錯、美與醜、好與壞、生與死、高與低、富與貧、智與愚、正義與和平、個人與團體、政府與百姓、員工與老闆、立法與行政、權力與義務、牲畜與人、人與自然，凡此等等莫不都相對立。

造成對立的原因其實是人類太相信思想的重要性，太執著於思想，而忽略了實踐與情感的覺悟。為什麼這麼說呢？因為思想分辨高下、難易、對錯、你我，但是情感，慈悲的情感會平等看待一切。對於惡，真正的宗教情懷是擁抱罪惡，寬恕罪惡，度化罪惡。所以說，消滅惡，不是打擊惡，而是擴大善；擴大人人心中的善心，這是宗教的根本價值。

如同老子的哲學，不分別善惡，不是善惡不分，而是情感的一種大慈悲。真正大修行者，不只不拋棄惡，還要就惡救惡，所以言：「上善若水，水善利萬物而不爭，處眾人之所惡，故幾於道。」

中國儒家講的「天人合一」，企望人與自然萬物合一，與天道合一。表現在山水畫裡，人物總是畫得小小的，置身並融入於崇山峻嶺之中，這是天人合一的表徵。

但是「天人合一」究竟只是一種情感的盼望，還是在現實中能夠具體實現與達到？是天地有情，人珍惜天地，除了作詩、填詞、畫畫，究竟在生命的根本上有無可能觸及到這種「物我相忘」、「與萬有合一」的境界？

證嚴上人以實踐入門，讓志工以雙手膚慰苦難，用雙手做環保，讓志工在每一個苦難者的身上，同體大悲，感同身受生命的悲與喜；在回收的每一張紙，每一個寶特瓶裡，都看到物質生命的存在與寶貴。他讓醫師與志工們一起彎下腰來，以雙手鋪設連鎖磚，讓大地回收水源，讓泥土可以呼吸。志工們鋪上連鎖磚，手觸及著大地，他們真正體驗「傾聽大地呼吸」的真實感受。真正的生命本質必須從實踐把握，真正情感的覺醒也是從實踐著手。

通過實踐達到情感的覺醒，經由親身接觸力行，體現大愛，讓生命的存在獲得絕對與最高的完整性，是證嚴上人開創的慈濟法門最關鍵的價值。

與其辯論誰的真主信仰是真主，不如一起去幫助更多需要幫助的人；與其花時間批評富有者，不如積極地去幫助貧困的人，啟發富有者的悲心；與其辯論民主或專制政權哪一個好，不如積極地為民服務，以民為本，共同治理人類面對的永續生存發展的問題。

共善，而不是自善、獨善。只以愛的行動能整合相對主義與絕對主義的矛盾與衝突，以共同的利他行動，超越思想的藩籬與衝突。

善，是利他與和合。中國文化中的善，是利益萬民，利益萬物謂之善。如老子所言：「上善若水，水善利萬物而不爭，處眾人之所惡，故幾於道。」[16]

上善如水一樣地利益萬民，利益萬物。對於惡不排除，而是一樣地紆尊就低，淨化、教化惡，乃轉化為善。

善甚至不是惡的對立，善是如何能夠涵融惡、轉化惡、教化惡。

西方的真理常常貶抑非真理，因此就起衝突。善以真理之名，行屠殺滅絕其他族群、宗教，時有所聞。中國文化的善是利益他人，利益萬民。所以老子才說：「天下皆知美之為美，斯惡已；皆知善之為善，斯不善已。」[17]善惡是相對的，中國文化強調不是毀滅誰，而是找到合理、合情、教化、融合之道。

相對於西方追尋至高真理；中國的善不是以真理為基礎，而是以利益萬民、利益萬物為上。西方追求至高真理，從那個真理建立人間的秩序，中國人則認為善高於任何絕對的真理。最高的秩序來自於一切關係的互利、圓滿、和諧。

善高於真理，善比真理重要；真理如果不善，也不會被接受。而什麼是善？就是利益眾生。這和西方哲學中追求純概念的真理傳統很不相同，真理能否帶給全民福祉？或是必須以一方之福加諸其他人之上，如此的真理是不務實的，東方哲學不會接受的。務實的東方哲學認定真理必須利益他人，利益眾生，所以真要善才會美。真理必須造福百姓，才稱為善，才能有美好的社會；真理不會產生美好的社會，善才是根本。

《孟子．盡心（下）》：「可欲之謂善……充實之謂美。」[18]民之所欲就是善，每個人都得到所想要的，即為充實，就是美，這是現實生活的圓滿幸福之道。中國的善不反對物質，反而覺得物質的充實是善之根本；有了物質當然還不夠，仁德的教化是繼之而興的圓滿生命之路，所以孔子才說：「富而教之。」教之以仁德孝悌之道。

荀子也說：「養人之欲，給人之求。」[19]這是禮的根本。養百姓所欲求的，給百姓所需要的就是善，但是荀子強調要有節有度，節度依靠教化的力量。「使欲必不窮乎物，物必不屈於欲。兩者相持而長，是禮之所起也。故禮者養也。」[20]欲望不可以耗盡一切物，物不是為滿足無盡的欲望而產生，而是基於生活之所需，所以要能體察節度的重要性，而節度是以修身為本。如《禮記．大學》所述：「大學之道，在明明德，在親民，在止於至善。」[21]大學之道及聖人之道，在於自我修行，明明德，然後通過「親民」，乃「止於至善」。至善之道為何？是體認實踐正道之外，還要嘉惠萬民，珍惜萬物。

孔子對於善的見解也是著重在利益萬民的理想，在《論語．雍也》中，子貢問孔子：「如有博施於民而能濟眾，何如？可謂仁乎？」孔子回答說：「何事於仁？必也聖乎！堯舜其猶病諸。夫仁者，己欲立而立人，己欲達而達人。能近取譬，可謂仁之方也已。」[22]孔子認為的聖者是博施濟眾於民，而不只是認識真理的人，即便是堯、舜都深怕做不到博施濟眾的聖人境界。

仁者是能就近找到需要幫助的人去幫助，所以說能近取譬，可謂仁之方矣。仁者、聖者，都是以造福他人為標準，可見中國的善是以現實生活美滿為前提。真正的善如老子所言像水一樣，不拘於形式，能夠利益萬民，利益萬物。

善對於惡不是打擊，而是教化。「處眾人之惡，故幾於道」，亦即「就惡救惡」，接近惡去教化惡，轉化惡，不是消滅惡，打擊惡。慈濟的信念就是：「消滅惡，不是打擊惡，而是擴大善；消滅貧，不是打擊富，而是擴大愛。」

道家的「就惡救惡」，一如佛教地藏王菩薩的悲願，「我不入地獄，誰入地獄？地獄不空，誓不成佛。」這和西方的善與惡之爭，最終以消滅法極為不同。我是唯一的真神、唯一的真理，當這樣主張之時，宗教、國家就會起衝突、起戰爭。

因此中國的善是共用、是均富，是雨露均霑，是利益萬民、利益萬物，是為至善。

證嚴上人對於善的實踐，為善是動機，善是方法，善是結果。動機的善，方法的善，與結果的善，三者具足才是善的意義。善的基本追求及動機是能夠利益萬民，而不是追尋純粹的真理，這是善的根本。「善」就是利他。而善必須具備動機的善，方法的善，才會有結果的善。動機善，方法善，才能獲致善果實，這是中國文化、佛教教義與慈濟哲學所堅信的價值觀。

「以善的過程及方法達到善的結果」，可以臺北慈濟醫院興建過程為例，創辦人證嚴上人希望一座愛的醫院必須以愛來興建；蓋醫院的目的是愛，蓋的過程就必須是愛。

因此興建慈濟醫院的工人「不抽菸、不喝酒、不吃檳榔」，工地也全面素食，慈濟志工以關懷的心情，以循循善誘的方式，引導工人不抽菸、不喝酒、不吃檳榔，還樂於吃素。志工也投入清理與整潔的工作，讓工地隨時處在乾淨的氛圍。

愛的成果以愛的方式打造。善的結果必須以善的方式與方法獲得。

實踐愛與生命真實

思想無法取代實踐，讓人獲得最終的理解與透澈。然而，實踐不能沒有「價值」與「愛」的內涵作為基礎，否則又回到「行為主義」（Behaviorism）的偏差，[23]因為過度強調客觀環境對人的影響，而失去人本性中主觀的動能。任何的實踐與行動，如果沒有以「價值」與「愛」作為依歸，它絕不能觸及生命「存有」的核心，並獲致生命的完整性。

心理學家維果斯基（Vygotsky）提出行為經驗是觀念建立的重要歷程，但是維果斯基並未解釋，一樣的行為實踐卻可能產生不同的觀念與生命價值。如慈濟人環保回收，付出無所求，為自己社區盡心盡力十分喜悅，而以拾荒維生的老人卻可能慨嘆生命的悲涼。一樣回收物品，但是有無價值與意義系統，差別十分巨大，這價值意義系統是「大愛」。

維果斯基作為心理學家，其思維一如行為主義者比較傾向西方科學的思維模式。行為主義者認為環境決定個人的人格與思維，這是唯物的觀點。維果斯基的研究進一步釐清個人行為、環境與思維之關係，但是維果斯基仍無法對人類心靈所依靠之價值觀的建立，做具體完整的詮釋。

行為、環境、思考、情感與價值，這五個因素形塑了人的特殊心性。

因此，覺悟的心離不開行為、環境、思考、情感與價值。慈濟正是經由實踐將這四者聯繫起來。它沒有科學主義強調行為與環境，而把情感抽離，將價值中立化起來；抽離價值與情感，也就抽離了作為人心性的完整。相反地，東方的思維體系，似乎又過度強調情感與價值的感悟，忽略了環境與行為的因素，亦忽視了抽象思考的重要性，讓人們似乎處在一種孤立孑然的開悟狀態；至少在客觀上遠離了社群。

慈濟學的思維與實踐系統，是從愛著手，以情感入門，先去主動關懷他人，讓他人在被關懷與接納的情感中，去實踐付出利他。在實踐中人的悲心和情感會受到啟發與洗滌，然後一種以付出利他的價值觀卓見的建立，長期實踐，這種利他的價值，逐漸轉化成人格的根本。在以團隊為核心的實踐中，個人的各種分別心、各種的情感欲望都會逐漸地受到考驗，因此團體是最好的檢驗與培育大愛情懷的場域。

這與傳統的禪宗或其他的佛教在深山古剎獨自修行的觀點截然不同。慈濟希望個人走入人群，在人群中培養無分別的大愛；在群體的努力中去除個人的分別心與小我的各種欲望，從不斷的「無所求付出」與「利他的實踐」中，去感受並把握生命最終與最高的完整性。慈濟人在環保工作體會珍惜萬物之有情，在災難現場感受有形存在物的脆弱性與短暫性，因此知曉必須把生命提升到一種更高的生命之存有狀態，即是藉著各種瞬間即逝的因緣和合，去把握大我生命的永恆，去體現大愛的完整無缺。

證嚴上人所創造的慈濟世界，引領許多人活出自我生命良善的一面。過去的流氓，今日成為謙卑的志工。過去紙醉金迷的商人，如今造訪最苦的災區為他人的苦難出生入死。過去高傲的社會高成就人士，如今是師父座下潛心修持自我，投身人群的弟子。成千上萬的慈濟志工加入慈濟這個大家庭，改變他們的生命，去除他們的惡習，無所求地奉獻於社會。這個實踐之場域是如何造就，如何形塑？

慈濟的實踐場域對於人性善的激發，不是透過公權力的強制，而是經由接觸苦與貧，而得到啟發。他們的奉獻是自發的、自願的。行善對於慈濟人不是責任，而是使命；不是任務，而是終身甚或永恆的願力。這願力經由證嚴上人的親身實踐，以身作則，傳遞到每一個追隨他的弟子身上與心中。

許多資深志工追隨證嚴上人做慈濟，到往生之際，還要將大體捐給醫學院學生做學習。他們對學生說：「有一天你們會解剖我，你們要記得，那是我圓滿生命最莊嚴的一刻。而我，寧願你們在我身上劃錯十刀、百刀、千刀，也不要你們將來在病人身上劃錯一刀。」這種大捨無求，即使在生命最後的一刻仍為他人在付出，這種精神與人格昇華，不是一日兩日的突發善心，而是不斷地經歷愛的洗禮，經由愛的奉獻，愛的實踐所獲致。一如證嚴上人期許他們所要達到的，「清淨無染之大愛」；這清淨無染的大愛，在為他人奉獻，在不斷利他的實踐中錘鍊、內化、昇華。

慈濟學的真正意義是開啟了一個新的領域，這領域「以實踐著手，經由實踐讓情感得到覺醒」。

慈濟學的「實踐場域模式」，經由愛，接觸一切生命，由實踐，獲致情感的啟悟；再經由情感的啟悟與連續的實踐中確立生命至高的價值，在此種價值的不斷體現與強化中，最後，一個完整的生命人格逐漸成形。

證嚴上人讓慈濟人擁抱蒼生，到艱苦的環境裡去親身付出，在付出的那一刻，用生命走入他人的生命。環保志工用雙手做回收，親身接觸物質的生命，感受到無用之物仍有大用，人與物質的生命在撿起寶特瓶那一刻交會，真正感受物命存在的可貴，那種感覺真真實實，那種經歷把自我與他人，自我與萬物都結合一起。人在實踐中，自我與更廣大的生命相結合，這避免了人局限在自我世界裡，逐漸產生孤寂與分裂的困境。

西方在數個世紀以來，一直追尋以思想作為把握生命存在感與價值感。不同的哲學不斷地思索、建構著，哲學家嘗試著以思想的透徹完備之建構，作為通向生命覺悟的最終途徑。

如果創造一個關於「思想之局限性」的寓言，這寓言會是這樣寫的：

「有一個人愛照鏡子，穿衣、起居都照著鏡子，連吃飯的餐廳四周也都擺滿了鏡子。他一邊照鏡子，一邊吃飯，經由緊盯著鏡子中吃飯的自己，把鏡子中吃飯的種種樣態，當作真實的吃飯這個行為本身，久而久之，他逐漸忘記吃飯的真正滋味，逐漸把在鏡子中的研究，當作是吃飯的滋味。他在鏡子裡無法研究自己是否已經吃飽，因為吃飽是一種感受，人無法從鏡子去感受，了解是否吃飽，與吃飯的滋味。

他必須離開鏡子，真正體會吃飯這個行為，在這行為被實踐的當下，他是真實的個人，非鏡中的個人，這個時候，他才真實地理解種種主觀的感受與客觀環境的樣態。」

這個寓言嘗試描述思想體系的建構過程，對於把握真實生命形態的局限與可能之偏差。思想永遠無法把握最終的真理，並賦予生命中終極的覺醒。鏡子中吃飯的事例再如何清晰透明，吃的滋味也無從得知，吃的滋味要在真實人之情感上感知。情感的知，無法在鏡子中求得。這就是為什麼思想再怎麼透澈，如果沒有回到實踐者本身的體驗，就好像人還停留在鏡子裡，無法感受真正的人生。

思想的透澈不是生命的究竟之道。當你思想，你就把自己客觀化出來，把自己從真實的情境中脫離出來。一如照鏡子，鏡中人是你，但不是真正的你。盯著鏡子看，你會忘記真正的自己，真正的自己是看不到的，你只能經由感受與體驗來把握。

所以，追尋自我，追尋生命的本質與存有，必須通過感受與體驗，但是感受有各種的欲望夾雜，感受有諸多微妙的心理與心靈之層次；感受有生理的、心理的與超越心理與生理的心靈層次，這些感受無法經由科學實驗式的心理學研究完全掌握與理解。

心理學研究欲望，研究生理結構與心理結構面對情境的直接反應，但是心理學無法研究生命更高的超越心靈之層次，因為心靈與信仰的力量無法從生理科學實驗所確切理解與掌握。科學的實驗，還是在鏡子中找自己、了解自己。而實踐，作為自我理解，生命真正存有之價值，情感的最終覺醒，提供一個動態的、立體的全新場域。這場域極少被觸及與理解，因為貼近實踐，人無法觀察記錄反思自己。全神貫注在走路的人，無法一邊研究自己走路的方法，這就是為什麼「實踐」者本身，不容易同時把自己當作一個研究的對象。這就是行為與思想的某種相互排除性。

禪宗盡一切力量要人們拋棄文字，亦即把鏡子打破，只把握自身直接的感受，直接貼近行為的自身，直接貼緊經驗，並藉由冥想、打坐或參話頭作為過程與途徑，希望把對立面打破，把客觀與主觀打破。禪宗的思維自有它的深密之處，但是其不可言傳，在一定程度上缺乏客觀性的條件，讓更廣泛的人能夠理解與掌握，所謂「頓悟」變成深不可測的神祕體驗。

實踐法門不是要深不可測的神祕體驗，它比禪宗更接近社會、更進入社會，它的方式可以被理解，甚至被量化；它的語言可以更簡單，更易於實踐與體會。例如一段禪宗的對話提及，如何是勝諦第一義？達摩祖師說：「廓然無聖！」廓然無聖這境界的確是一種無分別的大空，但是這不是一般人能立刻領略與體會，甚至未能提出一套具體的實現之道。

以慈濟的實踐法門而言，這種至高的境界，可能轉化為「付出無所求」、「付出要感恩」。「付出無所求」就是空性，一種不執著的空性；「付出要感恩」，連幫助人的人都要向被幫助者表達感恩，那聖與不聖有何區別？慈濟的實踐法門強調容易理解，能夠行動。這行動與實踐人人可以遵行，不是只有少部分超凡入聖的覺者才能體會與把握。

另一方面，實踐法門強調經由利他的行動，去感受與體會無分別的心本來就在人的心裡。在你握住受災者的雙手之際，親人與非親人有何差別？實踐法門既幫助了社會，又提升了自己的心靈之廣度。而這一切情感之體驗，在行動與實踐中才能真知。

換言之，如果我們要了解愛，不是經由讀書，而是經由實踐；不是經由研讀思想，或坐著沉思，而是去實踐，去行動。這當中當然需要智慧，當人智慧的程度不同會獲致不同的愛的結果；這結果可能是正向，也可能帶有負向因素。因此反思就會產生，思想必須介入其間。但是不同的是，慈濟學實踐的法門不是經由思想而思想，而是經由實踐而思想；不是讓觀察者與實踐者分開，而是實踐者本身亦是觀察者，觀察者必須經由實踐得知智慧與思想。

司馬遷說：「能行之者未必能言，能言之者未必能行。」[24]言與行分離，人的生命本質就開始分裂。這個社會不應該區分為拿鏡子的人與照鏡子的人，而是每一個人都應該有一面鏡子，但是鏡中人不能取代真實的人本身，鏡子畢竟不是生命的本體。回到人自身，就必須回到實踐本身；但是既實踐又思維在當代強調分工專業的社會裡，是非主流。一個真實、整合的人，可不可能誕生於一個以實踐作為主體的社會與世界裡？本書不是提供最終的答案，而是指出其剛剛發軔的新芽，等候更多的後續研究與探索。

以實踐為主體的生命形態，其所強調的包含「個人與社會、思想與情感、生理與心理、物理世界與心靈世界」。這一切都會在實踐中發酵產生不同的作用，但是至今為止，整體學術思潮並未將此列為研究與探索的主體。

或許德國格式塔心理學派以「心物場」的概念來描述存在的各種面向與依存關係，這概念已經很接近佛法「因緣生法」的思維哲學。但是一種更動態的、立體的、互為依存的、以實踐為導向的社會生命體系，並未被當代思潮重視甚或理解。它的內涵是動態的，非靜態的，因為實踐隨因緣而變；它是立體的，非線性的，因為各種人與人、時間與空間因素，會有不同的實踐模式。它涉及的層面兼及主觀的人、第三者、客觀的環境，以及這一切因緣聚合之後所創造的新的綜合效應。這因緣和合產生的綜合效應每一次都是不同的，未必能被某一種固定的單一模式所掌握。

純粹的思維世界，人們分別著對與錯、善與惡、主體與客體、個人與社會、個人與他人、物與人、人與自然、內在與外在。思想把世界與一切的存在進行支解，支解無法獲得生命整體性的存在。在思想過度追尋與探索下，人因此活在一個片面的、分別的、局部的、個人的、抽象的，甚至對立的世界裡。另一方面，非思想所能觸及的領域是神祕的宗教體驗，是直觀的內在經驗世界，它是屬於靈的，屬於神的，與「上帝合一，與萬有合一，天人合一，物我相忘」等情懷，不是落入無法客觀化的神祕經驗，就是一種詩意的表達，放進客觀世界裡經常無法真正獲得理解與落實。

「實踐是檢驗真理唯一的標準」，這句名言多半是用來說明真理是經由實踐證實。但是真理仍是偏向思想的，慈濟實踐法門是經由實踐通向情感的覺悟；情感的覺悟才是生命的終極出路，情感的感受無法用思想取代。但是情感也包含欲望，包含超越欲望的崇高心靈與信仰。一個人要墮落，思想擋不住他的墮落；一個人能覺醒，思想不能完全帶領他走向崇高心靈廓然無聖的境界。獲致情感的覺悟必須經由實踐，必須經由真實的行為，因為情感是維繫在實踐與行為之上的，只有通過實踐，體會實踐，了解實踐，在創造性的行動過程中，人才能通向情感的覺醒。

人的苦，一方面是因為思想產生的分別心，因為分別，讓自己孤立，讓自己無法與更廣大的生命相結合。苦的第二個因素是私欲；私欲一興起，人就苦。欲求這個，欲求那個，人就陷入無邊的苦惱欲望的大海之中。欲望是屬於情感的部分，我們已經說明它是無法被思想的透澈所完全取代。情感比起思想對人的影響更為根本，這就是為什麼世界上誕生許多偉大的思想體系，但是一實踐起來，又回到人的私欲裡面，所有自我宣稱是完美的思想體系，在落入實踐之後都因而變質。實踐成了真理的墮落場。馬克思主義強調共產，強調消除剝削形式，但卻造成新的統治階級。人心的欲望，自私的控制欲造成共產理想的質變。實踐如何能不落入情感的欲望裡面，而造成理想的變質？

這就要回到一切實踐過程中，是否能通向情感的覺悟，是否實踐的場域會引領人活出本性的善？許多歷史的先聖哲人都不相信人性是可以改變的，認為惡是人的本質，因此一切的制度必須建立在對於人性惡的防備。美國開國元勳喬治·華盛頓把這種思維說得更為露骨，他說：「純粹基於公德心的動機，可能在一短時間或某些特別情況下，使人們採取無私的行動。但是僅僅基於公德心的動機，其本身絕不足以使人持久地遵行社會義務的約束並履行該義務。很少人能夠不斷地犧牲一切私利的觀點而為公眾服務。在這方面僅僅譴責人性的卑下是徒勞的；事實就是如此，每一個時代，每一個國家都證實了這一事實。在我們能夠改變此一事實之前，我們必須大大地改變人性的構造。任何制度，若不建立在這假定的真理之上，是無法成功的。」[25] 這種對人性的不信任產生了三權分立與制衡制度。

實踐主義的特質

在諸多的實踐討論中，「實踐主義（Practicism）」總體概括「情感覺悟」與「利他實踐」在思想史上的價值。

「實用主義（Pragmatism）」強調實踐後的善結果是真理，這是屬於目的理性的論述。

「實踐主義（Practicism）」則是透過利他實踐，創造愛的體驗與善的社群，這是價值理性、目的理性與工具理性的和合。

「實踐主義」的內涵不是以思想，以真理為依歸，而是以愛，以善為依歸。善的結果不是真理，真理的結果必須是善。愛是實踐的成果，是實踐的動機，是實踐的方法，這三者具備才是善。實踐的方法是真理，實踐的動機是善，實踐的結果是美，真善美的結合必須透過實踐。

實踐必須有主體，實踐必須有法則（亦即價值理性），實踐必須有工具（亦即工具理性），實踐必須有目的（亦即目的理性）。

「工具理性（Instrumental Rationale）」是「經驗主義（Empiricism）」追尋的目標；「價值理性（Value Rationale）」是「理性主義（Rationalism）」強調的依歸；

「目的理性（Purpose Rationale）」是「實用主義（Pragmatism）」遵循的目標；

「實踐主義（Practicism）」則是三者的結合。

實踐必須是價值、工具與目的和合，才能達到實踐的目的。

實用主義的特質與局限

「理性主義（Rationalism）」與「經驗主義（Empiricism）」的兩極矛盾，在西方學術史上爭論不休。理性主義追求一個恆永不變的，以邏輯推演的、絕對的宇宙真理，如笛卡爾的「我思故我在」，是理性主義的代表之作。經驗主義則強調事務因時、因地皆為不同。經驗主義探討不同經驗底下的法則，經驗主義的哲學是多元的、變異的、片段的，非永恆的、非定式的真理。經驗主義探求一時一地的相對真理，理性主義追求永恆的、絕對的真理。

以水為例，經驗主義可能會分析水的結構，水化成冰之後的結構，與水化成蒸氣體的結構之不同，理性主義則傾向分析水性是一的恆常真理。經驗主義是科學精神，探討特殊環境生成的真理，如卡爾·巴伯所說：「真理永遠在否證之中。」最終的、絕對的真理無法被人類確切地把握，人類只能看到一層、一面的經驗現象與法則。

威廉·詹姆斯的實用主義調和這兩者的矛盾，認為真理是在實踐中被建構。宇宙間沒有固定的真理，而是被不同時期的人類智慧所形塑與創造。這種思維靠近佛法的因緣生法。法本無我，一切因緣生，一切因緣滅。威廉·詹姆斯的實用主義認為真理是善，一切的真理如果自身是真，但與現實完全沒有關係，完全不能產生現實的善的結果，那這真理的意義為何？

實用主義拋棄經驗主義的成見，把不可知的、超經驗的宗教情懷都包含在真理與善當中，只要這種情懷實際上產生信仰者善的結果，那就是真理。實用主義也解決了理性主義硬式的真理規範，認為有永恆不變的法則。相反地，實用主義認為真理是不斷地被建構出來的，真理不是恆常不變，不是始終如此，人的建構與主導，創造世界與宇宙的真理。

實用主義很接近佛教的因緣法，一切因緣相生，沒有本質，沒有恆常不變的法則。所以隨順因緣，創造因緣，才是對於生命真理依止的信念。

顯然「實用主義」著重目的理性，「理性主義」堅守價值理性，而「經驗主義」只相信工具理性。這三種理性是人類活動的根本，似乎缺一不可，這三種理性如何調和？

康德實踐理性批判

理性主義追求一個合於數理邏輯的客觀真實，經驗主義追尋特定的歷史條件或物理條件底下，萬物所呈現的形式與果實。理性主義的問題是忽略現實的變異，如量子力學提出的物理法則，一切生成都是在變異之中。主觀與客觀相互影響，觀察者在觀察那一刻已改變被觀察的物體，因此沒有恆久不變的法則。笛卡爾以數理推演證實上帝存在的基礎，在量子力學及當代宇宙學中，已逐漸地被推翻，宇宙不是人能企及。

經驗主義者則是強調感官所經歷的世界之真實。洛克所言，人心好比一張白紙，經驗在上面書寫出知識與概念。經驗主義者並不把經驗直接化為知識，而是經過演繹與歸納之後成為知識；科學經驗主義者把實驗與證明當作知識的方法。經驗主義者與理性主義最大的區別在於，經驗主義不追求一個恆久不變的法則，也否定人有先天的知識規則，因為感官與經驗所認知的真實都是短暫的，非恆久的，是相對的。因此，必須從不斷的實證中取得新知識或推翻既定知識。

康德的實踐理性的批判則試著調和理性主義的絕對性與經驗主義的相對性。康德在實踐理性中提出純粹理性決定意志。他說：「純粹的、本身實踐的理性，是直接立法的。意志作為獨立於經驗條件的、因而作為純粹的意志，通過法則被設想為規定了的，而這個規定根據被看作一切準則的最高條件。」換言之，實踐理性獨立於一切經驗而能夠決定意志，而意志決定產生行動。這說明我們的理性在實際上是實踐的，亦即德性原則是立法原則，藉此而決定意志（或可稱為意念），成就行為。」[26]

康德認為，道德律無法從感性世界中得到解釋，它是由理性所建立，理性就是純粹意志，道德律是意志自己立的法。康德提出的意志自由，是絕對的存在，因為意志自由，所以人能遵守「道德律」；道德律是普遍的，不是主觀的個人幸福與災禍；福禍是相對的，但是善惡是絕對的。不符合道德律令的行為就是惡，符合道德律令的行為即是善。

道德律令是適用於全人類的，不是只適用於少部分人。如某些人接受自殺的行為，但是一旦把這準則普遍到全人類，就不能成立。因此，自殺不是道德律令，道德律令具備普遍性，所以才是善，不是感官主義的幸福或快樂，幸運或不幸。康德認為人的意志自由是先天存在的，道德律是它存在的證明。

因為有「意志自由」，所以能具備、遵循「道德律」，就像磁場與鐵粉，我們看不到磁場，正如我們看不到意志自由，但是我們從磁場吸住的鐵粉，可以知道磁場的存在。因為有絕對的道德律，所以我們知道意志自由的存在。

自由意志是空，道德律是有。道德律產生於意志自由，為何自由？康德的看法是因為它不會被任何其他外在因素所改變，所以是自由。如果意志自由被外在條件所更改，所限制，那就不是自由。因此，意志自由認知到的道德律是普遍的，運用無窮盡的，所以也是自由的，是放諸四海而皆準的自由。

康德的自由不是任意，而是自律，因為意志自由帶來意志自律，所以能自由；不能遵守道德律，就不是意志自律。

康德在純粹理性批判中，將世界分為「現象」和「物自身」。一切因果都發生在現象裡，因果在現象裡是必然的，因為現象是人經驗的反應。人在認識世界的時候，向現象中投射了自己先天就具有的一些規則，正是這些先天規則，人才能認知；認知，是自身規則與現象的結合。物自身是人類的認知無法超越的或理解的。

康德認為，人的認知必須依靠客觀的材料、外在的環境，但實踐卻是自明的，實踐理性並不是論證出來的，而是通過一個事實，就是我們天然地能認識到「人能實踐」這個事實來確認的。人類純粹理性是「實踐的」，獨立地、不依賴於一切經驗性的東西而規定著我們的「意志法則」。純粹理性所規定的「意志法則」是一種「道德律」，道德律和自由意志是緊密不可分割地聯繫在一起的。

實踐的意義，以康德來說，就是人有先天的意志自由，意志在符合普遍性下，為自己訂立實踐的法則，即為道德律，也就是所謂「意志自律」，意志自律就是自由。

佛教緣起性空與康德實踐理性

以佛法空與有的概念來描述康德的實踐理性，意志自由是空，道德律是妙有。意志自由看不到，但真實存在是真空；道德律放諸每一個境界都能適應，所以是妙有。真空不離妙有，妙有即真空。

康德的實踐理性以佛法的緣起性空來解釋，緣起是道德律，性空是意志自由；性空其自身無法被具體名之與解釋，但是緣起法可以證實性空。因為緣起，沒有本質，所以性空。康德的意志自由雖不可見，道德律的存在卻證明意志的自由，因為意志自律能通過實踐表現道德律的普遍性與絕對性；絕對性與普遍性極為自由，而這種意志自由人人具存。

性空的意義，如果以意志自由來比擬，以慧能大師的見解：世界虛空，含萬色萬物，世人性空，亦復如是。性空是絕對的萬有；萬有是道德律，性空是意志自由。

證嚴上人認為，「空——真如本性」與萬有真理合一，或許更清楚地說明康德的意志自由與道德律。「空——真如本性」是意志自由，萬有真理是道德律。空自身無法展現自己，只有通過實踐，才是妙有，才是萬有的真理；意志自由無法呈現自身，唯有通過道德律，才具備內容。

性空不離緣起，緣起故性空。意志自由——性空——不離開可以放諸四海皆準的道德——緣起，緣起——證實普遍運用的主體是意志自由、是性空。性空涵融一切萬有，意志自由遵循認知一切普遍的道德律，兩者不分割。

而這當中，實踐是關鍵，空必須妙有，才能體現空的無窮。妙有不離真空，否則就是局部的、片面的、短暫的一般性感官與準則，不是普遍絕對的規則——真理、道德律。「妙有」、「道德律」必須不離真實法，權智不離實智——意志自由與真空。在實踐中，權智實智合一，真空妙有不二，意志自由與道德律合一。

普遍的真理，如果沒有實踐，就無法呈現其為真理。

康德認為理性是具備實踐性的，否則以理性無以自存。康德的實踐理性著重理性道德律的實踐，佛法則是以智慧面對世間。證嚴上人的慈濟宗是以度化眾生為目標，以慈悲利他的情感，以平等慧利益眾生，度化有情。對於情感的重視，是康德與佛法、與慈濟宗最大的不同。康德並不考慮情感的絕對價值，情感是屬於感官的，是非絕對的；佛法與慈濟宗則強調情感的清淨，是絕對的境界，情感是面向眾生，放諸世界的，不是獨存的。特別對於大乘佛教，慈悲利他的情感是度化一切有情。

佛法與康德的區別就在純粹理性與清淨情感的不同對待。佛法認為，只有情感與理智都清淨具足，才是智慧，才是最高的生命存在本體。

	康德	佛法	證嚴上人	慈濟學
實踐理性本體	意志自由	性空	真如本性	真如本性
	意志自由	真空	真空妙有	清淨智慧
實踐理性運用	道德律	妙有	萬法合一	慈悲利他
	道德律	緣起	付出無求	情感覺悟
面對經驗世界	重理性	智慧	平等慧	度化群生

佛法的心與康德的意志

我們再把康德的意志自由與佛教的心相比。心能造一切萬有，如同自由意志能夠認識道德律。雖然康德在意志自由與道德律的因果關係說得很模糊，好像道德律是顯，意志自由是隱，兩者密不可分。有意志自由才能有道德律，有道德律才能顯現意志自由。我們以「心」來論述，心與真理的關係，心即萬有。心造一切，但不為一切綑綁與限制，但是心是主體。心可不可以離開物——即「萬有之理」？以印度原始佛教言之，心不被物所局限，心能自存，心無所住，但心也可以造萬法，這萬法沒有永恆不變，一切都是因緣相生。然而，心是否因緣生？

心如果因緣生，心如何獨立自存？心如果不為因緣生，為獨立自存，那緣起與性空是二，不是一。這顯然是互為矛盾的悖論。心是自由的，無所住的，能生萬法，又不執著在萬法之中。但是心不是獨存，心的寬廣在於心不被萬法所局限，它是萬法，它與萬法合一，與一切真理合一。心不離萬物，不受限於萬物，才是契合緣起性空之理。

心必須在萬物中，在萬物的表現與實踐中被把握；否則心是心，物是物，這是意志自由與道德律的相應。康德在實踐理性中，歸結到最高原則是意志的自由，正如佛法最高統攝的主體是心，但是心與萬物是不一不二，不即不離。色即是空，空即是色，即是「不離」之意；不離，但不是同一。康德的意志為最高道德律，是意志自由的表現與認知的對象，仍然帶著西方二分法的影子。心，與萬物真理是不即不離，兩者不是一，也不是二。這種思想的悖論在實踐中能夠合一。證嚴上人所主張的「付出無所求」，心無所求的付出，是萬物與心的不即不離。實踐中不執著，不染著，不貪求，是心自由的關鍵。

佛法的心不是意志而已，而是一切萬有的根本因，一切果。心是因，心也是果，而識是工具。心識，心之於識是「能與所」的關係。心是能，識是所。識對於物，識是能，物是所。識是相對的分別識，心是絕對的平等慧。心被識綑綁，就進入相對的世界；心不被識綑綁，心就得解脫。但是解脫不在煩惱之外，而是在煩惱中解脫。涅槃與生死不二，煩惱與清淨不二。心與識與物，是三種理性，心是價值理性，識是工具理性，物是目的理性。

實踐主義是心、識、物的和合

實踐，能夠將超越一切相對的「心」，與主觀的「識」，和客觀「物」世界結合為一；實踐，讓「心、主觀個體與客觀世界」互動與結合一起。康德把最後的絕對歸向上帝，雖然康德的上帝是模糊的，非意志的，是一種絕對的總稱。佛法的心是自主的、實存的，但是通過意識認知客觀事物，並與萬物合一。從佛法看待這三種理性：心的自由、創生與解脫，是價值理性；意識的認知與運用是工具理性；以無私的心識創造的世間，是目的理性；一切世間得清淨度化覺悟是目的理性。

西方的理性主義以價值理性為依歸，強調探求永恆的真理之存在；經驗主義強調工具理性，以感官認知，物質世界與經驗世界一切都是可變異的，是功利主義與虛無主義的溫床；威廉．詹姆斯的實用主義則是強調目的理性，以結果的善為依歸與評量。而本文主張的「實踐主義」則試圖將「工具理性、價值理性與目的理性」合一。

「實踐主義」之「價值理性」，以佛法言之是「實智、真空」，是康德的「意志自由」；價值理性是絕對的，至高的，不為外物、他者所左右的真實。佛教的實智與真空是佛教中的最高絕對價值與境界。康德的意志自由能認識自然的規則，也能實踐人自身的道德律。「實踐主義」之「工具理性」，即佛法的「妙有、權智」，是康德的「意志自律」；「實踐主義」之「目的理性」，在佛法是「與萬有合一」，在康德是「道德律」。

慈濟學與實踐主義

實踐主義以慈濟的觀點，是以善為動機，以善為手段，以善為目標。慈濟強調以利他的動機來從事一切的活動，這與康德的善意志相應。但是康德強調動機，不特別看重過程與手段，因此，康德的善意志是不管現實條件能否實現這善意志，只要意志為善，即可謂善。

慈濟的實踐主義則認為動機的善、方法的善與結果的善三者兼顧。動機的善是前提，只有方法與過程的善，才能真正達到善的目標；善，是一切因緣的和合與圓滿之共善。

實踐主義從做開始，不是從意志之初開始，也不是從目的開始。康德的「實踐理性」是以善意志為前提，說明實踐中的理性運作與道德律。「實用主義」從目的結果的善來評價真理，「實踐主義」則從實踐開始，在愛的實踐中體悟真理，在付出中體現無私的心。

佛陀所說的十二因緣，是無明緣行，行緣識，識緣名色。康德認為理性必是實踐，實踐必須遵循純粹理性的道德律，但佛教似乎認為無明、非理性，才是實踐的開始？其實，佛教對於「行蘊」說成是「無明起」，所以說無明緣行；但是佛性也是行開始，所謂「佛性緣起」，「法性緣起」，如唐朝華嚴宗杜順大師等所言，一切緣起，一切行都是以佛性起；一切行都符合法性，即為「法性緣起」，「佛性緣起」。

佛性緣行包括八正道、四無量心，一切的行都是「正念、正語、正見、正定、正業、正思維、正精進、正命」。以慈悲喜捨回應一切緣起，這是佛性緣起，法性緣起。

康德是先確定純粹的理性——善意志，然後以這善意志所實踐的都是絕對的道德律，是放諸四海皆準的道德律。康德的道德是上下的關係，先有一善意志，善意志遵循理性實踐道德律。先有一堅固的真理、理性，然後實踐之。佛教的觀點是圓形的，從無明起，直到最覺悟，這個過程是圓。每個無明、煩惱、生死、顛倒都是覺悟清淨的因緣，不是先理性再實踐，不是先清淨再實踐，而是非清淨的實踐，一樣可以化為清淨、非理性的實踐，非道德律的實踐，一樣可以回歸到絕對清淨，絕對理性，這是圓形的道德觀。

實踐主義正是這種圓形的道德觀，每一個因緣，每一個無明煩惱，每一個相對，也是理性、絕對、清淨的契機。證嚴上人認為，每一個因緣來，我們都以大愛不以小愛，都以長情不以私情，都以給予不以佔有，都以讚歎不以嫉妒，我們就能把第八意識阿賴耶識的惡種子，轉成善種子，這是圓形的道德實踐。

不是先有理性再實踐，是實踐才培養理性；不是清淨再實踐，是利他實踐中，心才清淨。不是先確立絕對理性的善意志，才創生道德律，而是非理性、非清淨，一樣可以通過理性的實踐，通過慈悲利他的實踐，淨化意志，淨化自心。

佛教甚至認為染淨不二，理性非理性不二；淨就在染中，理性就在非理性之中，反轉皈依，就能轉化染為淨，轉化非理性為道德理性。關鍵就是實踐愛，實踐利他慈悲；慈悲是理性的前提，愛，是道德律實踐的關鍵。無私就能成就善意志，大愛，就能成就道德律，這是慈濟學所建構的實踐主義。每一個無私與愛的實踐，都能轉染為淨，成就理性的道德。

依此，**實踐主義的第一要素是「做」，即「實踐」**，這也是慈濟宗門的第一法則，如證嚴上人說：「對的事，做就對了！」「經是道，道是路，路是用走的。」

「心」必須做，才是心的本質；心不是獨存，心是在「緣起中性空」。心，能造作、能實踐，才顯示它的創生與解脫；心能度化，是為創生；心不染著，是為解脫，這是心不生不滅的特質。實踐是慈濟宗的本質，利他行，到究竟覺；利他是度化，覺悟是解脫。做，實踐，是利他覺悟之道；實踐，才能體現緣起性空，顯現萬有真理與自心的不染，這是價值理性。

康德所述的理性必須實踐，實踐理性的存在不是感官，而是不證自明的。只有實踐，才能體現理性的存在。「做」的那一剎那，一定有一個做的人、有一個做的環境和對象，因此內在世界與外在世界已經打通，主體與客體開始結合，這解決了純粹思想體系，難以避免將自己孤立於客觀世界的困境。

實踐，一定是結合「知識、情感與理性」，不只遵循理性的道德律，而是情感與理性的結合。康德強調絕對理性的道德律，而佛教則是強調情感的清淨與覺悟；情感的覺悟是理性覺悟的基礎，情感的清淨無煩惱是阿羅漢，智慧的獲得是行菩薩道乃至成佛；佛是清淨與智慧的圓滿。康德去除情感與感官的不確定性與相對性，著重理性道德律的絕對性與普遍性，比起西方的康德以「理性」為上，東方佛教則是情感與理性和合的「智慧」；理性以真理為核心，智慧以慈悲度化眾生覺悟為核心。覺悟是情感的清淨與智慧的圓滿，這是從實踐利他中獲得。

實踐的第二個要素是「做什麼？」這是「目的理性」。「做什麼」是面向有形的世間，是指向性的，涉及價值判斷，什麼該做，什麼不該做。傳統哲學探討價值多半在思想上打轉，但是通過實踐，價值體系可以在現實中真正建構起來。這相應「實用主義」的觀點，以實踐結果確認何為善？

理論的倫理學與現實中的實踐倫理，經常是不同的，這不只涉及智慧的判斷，更涉及主客觀因素的限制與特徵。實踐才能夠真正創造出可以適用於不同文化之倫理與價值。

實踐的第三個要素是「如何做」，這是工具理性。「如何做」涉及社會客觀因素的判斷，與主觀的創造力，如何能夠建構情境因素，讓一件事能夠經由良好的方式與過程實踐出來，達到美與善的境地。韋伯的工具理性所強調的智慧與方法，以避免落入價值理性可能罔顧現實，落入非理性。實踐主義關心價值理性的同時，也兼顧工具理性，選擇實踐方式，以實踐價值與信念，以避免落入非理性。一個醫療體制要做到以病人為師，以病人為中心，要如何做才能達成？一個環保資源回收站要如何做，才能讓參與者感受到大地資源的可貴？才能讓參與志工感受到萬物有情？這些都是決定於如何掌握客觀環境因素與主觀創造力之產生。

佛教裡的「實智」是最高的價值理性，但是「權智」是工具理性；工具理性是無量法門，如《無量義經》所陳：「無量法門，悉現在前，得大智慧，通達諸法。」眾生無量，故法門無量，就是工具理性，就是權智。實踐主義將實智與權智結合。

證嚴上人對《無量義經》最大的體悟是「靜寂清澄，志玄虛漠，守之不動，億百千劫」。「靜寂清澄」相應康德的善意志；「志玄虛漠」，是情感的願力，這是康德所排除的相對性的情感，卻是佛教最重要的長情大愛，「志玄」，玄即高遠，「志」向高遠，「虛」是謙卑廣大，如虛空，「漠」是心的無邊無際。這裡可以看出實踐主義與實踐理性的不同，在於實踐主義強調情感的徹底覺悟之絕對力量。

實踐的第四個要素「為何做？」這是價值理性；具有更高的心靈層次的意涵與自省。究竟我對他人付出了什麼？付出的果，對志工們而言是發覺自己竟是得感恩他人給了自己機會去付出；付出之後才知道自己才是生命最大的獲益者。雖然人的常情是在做了些正向的奉獻之後，可能執著於自我滿足與成就，但是慈濟的實踐場域卻引領志工心無掛礙地保持無所求的心情，甚至感恩的心情。這種超越心靈是慈濟實踐法門最重視的關鍵情感，這是實踐後的清淨與純粹。

實踐的意義是自給自足，非為環境，從無私實踐，實踐大愛。

實踐第五個元素是「做了什麼？」這是超越目的理性。實踐主義最終的意義不只是做了什麼成果，而是能超越一切作為，回歸無我，付出無所求。從對準目標的做什麼，到如何做，把事情做得圓滿，最後回歸無私無我。慧能大師的「本來無一物」，證嚴上人的本分事，皆屬於超越成果的一種純粹的心，無求、無執的境界。

「做了什麼」，也是現實的向度。實踐者關心社會的效應，關注被幫助者或從事行動的人是否真正為他人增進福祉，這是高度社會意涵與導向。做了什麼是可以量化，可以測量，可以評估，這是實證的體系，以避免純粹思想因為脫離現實所可能造成的謬誤，也可以避免進入心靈內向之追尋，與世間苦難脫離。

慈濟式的實踐法門，突破主客體分離的困境，將正向價值觀導入，改善社群，又繼而賦予更高的心靈層次，讓個人在付出的行動中，體現無私無我，以獲得情感與理性真正的覺醒；情感的覺醒是通向生命存有，以及把握真實生命的完整性之關鍵力量。

「以出世的心，做入世的事。」這是證嚴上人期許慈濟人在善的行動中最核心的觀念，能把握這種情懷，才能保持情感的清淨無染，在一切行動中，「不離行動，又超越行動」。因為人不能留在單一行動中，如果我們時時貼近行動與實踐，一如證嚴上人所言：「前腳走，後腳放。」人會如實地融入每一個當下的境界與行動，人與動沒有分別，這就是「如來」的境界。如一切所來，「無所住而生其心」，這亦是與萬物合一的境界，從每一個行動中把握行動，並與行動緊密結合，與一切事與物，一切人與眾生都融合為一，這就是經由實踐而獲得的情感之覺悟。

而這過程，大愛是關鍵。如果沒有大愛，個人的行動無法和萬物萬事融合為一。沒有大愛，就沒有包納融合的力量；沒有愛，個人的行動會在每一個行動中與他物，與他人，與世界，與萬有衝突與分裂，而這是人苦惱的根源。

大愛的實踐，是通向情感與理性的徹底覺悟之關鍵。

而如何設計「愛的實踐場域」，才能引領人通向情感的覺悟，這涉及「情境的塑造，價值的選定，智慧的傳遞，行動準則的確立，心靈深度的認知，以及身體力行的覺者之傳承引領」。

「愛的實踐場域」能運用並引出的領域，包含社會學、心理學、科學、倫理學、經濟學、政治學，甚或藝術與文學各領域，它可以激起這一切學科重新的思索與反省其定位與方法論。當研究者不再與實踐者分離，當思想家不再只是純粹的思考者，也是價值的履行者，當行動不再只是生命的本能制約反應，而是能將愛與超越的情感注入其中，這種行動實踐場域將帶給人類最終的覺醒，而其對世界的影響，也正方興未艾。

慈濟學是以證嚴上人的智慧所創立的各種愛的實踐場域為題，探索慈濟場域所締造的價值觀與行動方式，如何引領個人去感受生命的真正存有之價值與意義，如何藉由團體之能量去改善社會之各項問題，並讓個人在團體適應與對他人無私的付出中，一步步知曉生命體系裡面，有形與無形，物質與心靈，個人與群體，小我與萬有之無分別，而邁向「借假修真」、「藉事練心」的情感終極之徹底清醒與覺悟。

這種實踐歷程的深度經歷，其複雜與多樣，至今極少被探討研究。人類花了很多的時間在思想體系的建構與追尋，但是一種通向心靈最終覺悟的實踐通路，卻極少被探討。過去的人類思維很像在鏡子裡探討人類的存在，如今是該轉過身來，直接觸及生命存有的自身，亦即通過實踐啟發情感，建立思想價值，形塑廣大完整之人格。實踐與情感體系的複雜性與多樣性，比起純粹哲學思維來得更多樣而幽微，值得投入更多的探討與研究。

注釋

推薦序：慈濟學——慈濟行經半世紀的總結研究

1. 《大智度論》卷27載：「大慈與一切眾生樂，大悲拔一切眾生苦。」《大正藏》第1509號，第25冊，第256頁中欄第15行。
2. 《摩訶止觀》卷6：「以己之疾愍於彼疾，即是同體大悲。」《大正藏》第1911號，第46冊，第76頁上欄第1-2行。
3. 佛陀被稱為「大醫王」，此在佛教文獻之中所在皆有，此不廣引，可參比如《雜阿含經》卷45：「正覺大醫王，善投眾生藥。究竟除眾苦，不復受諸有。」《大正藏》第99號，第2冊，第332下欄第22-23行；以及《增壹阿含經》卷14：「彼如來……無救者與作救護，盲者作眼目，病者作大醫王。」《大正藏》第125號，第2冊，第615頁下欄第6-10行等。關於佛教之中稱佛陀為「大醫王」之宗教背景，見馬小鶴《摩尼教、基督教、佛教中的「大醫王」研究》，《摩尼教與古代西域史研究》，北京：中國人民大學出版社，2008年，第101-120頁。
4. 《雜阿含經》卷15：「一者善知病，二者善知病源，三者善知病對治，四者善知治病已，當來更不動發。」《大正藏》第99號，第2冊，第105頁上欄第27-29行。
5. 榮新江《陸路還是海路——佛教傳入漢代中國的途徑和流行區域述評》，《北大史學》第9輯，北京：北京大學出版社，2003年，第320-342頁；又收入氏著《中國中古史研究十論》，上海：復旦大學出版社，2005年，第15-43頁。
6. 對此可參林富士《東漢晚期的疾疫與宗教》，《中國中古時期的宗教與醫療》，臺北：聯經出版社，2008年，第29-84頁。
7. 安世高的生平與研究可參Stefano Zacchetti, "An Shigao". in Brill Encyclopedia of Buddhism, Vol. 2., ed. Jonathan Silk, 630-641 (Leiden: Brill, 2019). 對於他的醫術，康僧會記其「鍼衇諸術，覩色知病」，見僧祐編《出三藏記集》卷6引，《大正藏》第2145號，第55冊，第43頁中欄第20行。僧祐本人在安世高的傳記中說他是「洞曉醫術，妙善鍼衇，覩色知病，投藥必濟。」見《出三藏記集》卷14，第95頁上欄第11-12行。
8. 《出三藏記集》卷14：「天文書算，醫方呪術，靡不博貫。」《大正藏》第2145號，第55冊，第105頁中欄第20行；《高僧傳》卷4：「于法開，不知何許人。……又祖述耆婆，妙通醫法。」《大正藏》第2059號，第50冊，第350頁上欄第13-15行。
9. 東晉之際釋道恒《釋駁論》中載僧人「矜恃醫道，輕作寒暑」，引自僧祐《弘明集》，《大正藏》第2102號，第52冊，第35頁中欄第9行。至劉宋則也有周朗（425-460）提到僧人「假精醫術」，見沈約《宋書》卷八十二，北京：中華書局，1974年，第2100頁。
10. 麥克尼爾著，俞新忠、畢會成譯《瘟疫與人》，北京：中國環境科學出版社，2010年，第82頁。

11. 《大般涅槃經》卷 4：「閻浮提中疫病劫起，多有眾生為病所惱，先施醫藥，然後為說微妙正法，令其安住無上菩提。」《大正藏》第 374 號，第 12 冊，第 389 頁下欄第 19-21 行；另參《大方等大集經》卷 21：「若有病者，隨其所須給施醫藥。」《大正藏》第 397 號，第 13 冊，第 147 頁下欄第 25-26 行。
12. 可參《佛說諸德福田經》，《大正藏》第 683 號，第 16 冊，第 777 頁中欄第 2-8 行。
13. 《妙法蓮華經》卷 2，《大正藏》第 262 號，第 9 冊，第 13 頁上欄第 15-16 行。
14. 《大寶積經》卷 85，《大正藏》第 310 號，第 11 冊，第 490 頁中欄第 6-7 行；同經，卷 112，第 633 頁上欄第 5 行。
15. 對此可參梁其姿《施善與教化：明清時期的慈善組織》，北京：北京師範大學出版社，2013 年，第 19 頁。
16. 對於佛教慈善事業的研究可參全漢昇在上世紀 30 年代的文章《中古佛教寺院的慈善事業》，後收於何茲全《五十年來漢唐佛教寺院經濟研究》，北京：北京師範大學出版社，1986 年，第 55–64 頁。另可參謝和耐的名著《中國 5–10 世紀的寺院經濟》（上海：上海古籍出版社，2004 年），第四章《佈施的流通》中「慈善活動」一節，第 221–232 頁；以及劉淑芬《慈悲清淨：佛教與中古社會生活》，北京：商務印書館，2017 年。
17. 可參全漢昇《中古佛教寺院的慈善事業》，第 58–62 頁。關於佛教慈善的研究，另可參張國剛《〈佛說諸德福田經〉與中古佛教的慈善事業》，《史學集刊》2003 年第 2 期，第 23–28 頁；陳海平《隋唐佛教慈善公益事　研究》，福建師範大學 2007 年碩士論文；何建明《中國佛教慈善思想的現代傳統》，《中國哲學史》2009 年第 3 期，第 108–115 頁；林志剛《中國佛教慈善理論體系芻論》，《世界宗教文化》2012 年第 5 期，第 51–57 頁。
18. 陳建明《近代來華似教士關於文字傳教的認識》，《四川師範大學學報》（社會科學版），2005 年第 6 期，第 115-121 頁。

第 1 章：佛教歷史中的慈濟宗

1. 渥德爾（Warder, A.K.）著，王世安譯（1988）。《印度佛教史（上）——原始與部派》。臺北：華宇，頁 38-39。
2. 渥德爾（Warder, A.K.）著，王世安譯（1988）。《印度佛教史（上）——原始與部派》。臺北：華宇，頁 41。
3. 《巴利律藏》十事
一 . 角鹽淨：可以蓄鹽於角器中隨時食用。
二 . 二指淨：如未吃飽，可以於規定時間後經二指量（日影）之時間內，繼續進食。
三 . 他聚落淨：即在一食之後，仍可至另一聚落復食。
四 . 住處淨：同一教區內之各群比丘，可以在各居處舉行布薩。
五 . 贊同淨：於眾議表決之時，可以先別眾進行羯磨，再徵得全體比丘眾之同意。
六 . 所習淨：可以隨順和尚阿闍黎之常習。
七 . 生和合（不攢搖）淨：可以飲食未經攪拌去脂之牛乳。
八 . 飲闍樓淨：可以飲用未發酵或半發酵之椰子汁（即闍樓）。
九 . 無緣座具淨：縫製坐具可以不貼邊，大小隨意。
十 . 金銀淨：可以受取貨幣與金銀等財物供養。
參閱：釋印順（1942）。《印度之佛教》卷 4。CBETA 2020.Q1, Y33, no. 31, p. 61a2-9。
4. 《大毘婆沙論》大天五事
一 . 彼不淨，從煩惱生，而說天魔所嬈故出。

二.阿羅漢，於自解脫，由無漏智見，已離無知，而說猶有無知，則撥無彼無漏智見。
三.阿羅漢，於自解脫，由無漏道，已斷疑惑，而說猶有疑惑，則撥無彼道。
四.阿羅漢，實自證，得無障、無背，現量慧眼，身證自在，非但由他，而得度脫，然說但由他故得度，則謗聖道。
五.諸聖道，要修方得，而說苦言能召令起。
參閱：〔唐〕玄奘譯。《阿毘達磨大毘婆沙論》卷 99。CBETA 2020.Q1, T27, no. 1545, p. 510b16-c22。

5. 〔姚秦〕佛陀耶舍、竺佛念譯。《長阿含經》卷 2。CBETA 2020.Q1, T01, no. 1, p. 15a17-b13。
6. 〔劉宋〕求那跋陀羅譯。《雜阿含經》卷 12。CBETA 2020.Q1, T02, no. 99, p. 85b24-29。
7. 〔劉宋〕求那跋陀羅譯。《雜阿含經》卷 4。CBETA 2020.Q1, T02, no. 99, p. 23a22-b22。
8. 〔東晉〕瞿曇僧伽提婆譯。《中阿含經》卷 33。CBETA 2020.Q1, T01, no. 26, p. 639b18-23。
第一、 種種戲求財物者為非道，不戲求，即是不欺騙，不以不正當的手段獲取財富。
第二、 非時行求財物者為非道，亦即在不適宜的時節累積財富為非道。例如物資缺乏時囤積物品而致富是非道也。
第三、 飲酒放逸求財物者為非道，以應酬、送禮、欲望滿足為手段，來拉攏生意，因而致富者為非道也。
第四、 親近惡知識求財物者為非道，與惡人相交，獲取財物者，非道也。
第五、 常喜妓樂求財物者為非道，賺錢即縱慾，耽溺酒色，以求取財富者，非道也。
第六、 懶惰求財物者為非道，不思專業精進，創新求變，怠惰而希欲財富者，亦是非道。
9. 〔劉宋〕求那跋陀羅譯。《雜阿含經》卷 48。CBETA 2020.Q1, T02, no. 99, p. 353a21-b2。
「如是我聞：一時，佛住舍衛國祇樹給孤獨園。時，有天子容色絕妙，於後夜時來詣佛所，稽首佛足，其身光明遍照祇樹給孤獨園。時，彼天子說偈問佛：『云何人所作，智慧以求財，等攝受於財，若勝若復劣？』爾時，世尊說偈答言：『始學功巧業，方便集財物，得彼財物已，當應作四分，一分自食用，二分營生業，餘一分藏密，以擬於貧乏。』」
10. 釋印順（1970）。《唯識學探源》卷 1。CBETA 2020.Q1, Y10, no. 10, p. 34a5-7。
「原始佛教的解脫論，確乎不從物質世界的改造起，不從社會的組織求解放，也不作生理機構的改善，主要在內心解脫，不受外境的轉動。」
11. 渥德爾（Warder, A.K.）著，王世安譯（1988）。《印度佛教史（上）——原始與部派》。臺北：華宇，頁 265-266。
12. 〔劉宋〕求那跋陀羅譯。《雜阿含經》卷 22。CBETA 2021.Q2, T02, no. 99, p. 158b24-c29。
13. 〔劉宋〕求那跋陀羅譯。《雜阿含經》卷 37。CBETA 2021.Q2, T02, no. 99, p. 269b1-18。
14. 釋通妙譯（1993）。〈第一四三教給孤獨經〉，《漢譯南傳大藏經．中部經典》卷 16。CBETA 2021.Q2, N12, no. 5, pp. 272a5-278a9 // PTS.M.3.258 - PTS.M.3.263。
15. 〔蕭齊〕曇摩伽陀耶舍譯。《無量義經》。CBETA 2020.Q1, T09, no. 276, p. 385c28。
16. 平川彰著，莊崑木譯（2012）。《印度佛教史》。臺北：商周，頁 107。
17. 平川彰著，莊崑木譯（2012）。《印度佛教史》。臺北：商周，頁 107。
18. 渥德爾（Warder, A.K.）著，王世安譯（1984）。《印度佛教史（上）》。臺北：華宇，頁 419。
19. 杜蘭（Durant, W.）著，幼獅翻譯中心編譯（1972）。《世界文明史——印度與南亞》。臺北：幼獅文化，頁 133。
20. 杜蘭（Durant, W.）著，幼獅翻譯中心編譯（1972）。《世界文明史——印度與南亞》。臺北：幼獅文化，頁 136。
21. 杜蘭（Durant, W.）著，幼獅翻譯中心編譯（1972）。《世界文明史——印度與南亞》。臺北：幼獅文化，頁 135。

22. 一般認定大乘佛教興起在龍樹之前，約西元 150 年至 250 年。
23. 釋印順（1980）。《初期大乘佛教之起源與開展》卷 4。CBETA 2020.Q1, Y37, no. 35, p. 188a1-2。
24. 釋印順（1980）。《初期大乘佛教之起源與開展》卷 4、CBETA 2020.Q1, Y37, no. 35, p. 188a3-4。
25. 釋印順（1980）。《初期大乘佛教之起源與開展》卷 4。CBETA 2020.Q1, Y37, no. 35, p. 188a2-3。
26. 〔東晉〕佛陀跋陀羅、法顯譯。《摩訶僧祇律》卷 12。CBETA 2020.Q1, T22, no. 1425, p. 328a9-15。
27. 釋印順（1980）。《初期大乘佛教之起源與開展》卷 4。CBETA 2020.Q1, Y37, no. 35, p. 189a4-8。
28. 釋印順（1980）。《初期大乘佛教之起源與開展》卷 4。CBETA 2020.Q1, Y37, no. 35, p. 185a4-7。
29. 韋伯（Webber, M.）著，康樂、簡惠美譯（2004）。《印度的宗教：印度教與佛教 II》。臺北：遠流，頁 393。
30. 杜蘭（Durant, W.）著，幼獅翻譯中心編譯（1973）。《世界文明史——基督教巔峯的文明》。臺北：幼獅文化，頁 111。
31. 杜蘭（Durant, W.）著，幼獅翻譯中心編譯（1973）。《世界文明史——基督教巔峯的文明》。臺北：幼獅文化，頁 118。
32. 韋伯（Webber, M.）著，康樂、簡惠美譯（2004）。《印度的宗教：印度教與佛教 II》。臺北：遠流，頁 393。
33. 韋伯（Webber, M.）著，康樂、簡惠美譯（2004）。《印度的宗教：印度教與佛教 II》。臺北：遠流，頁 394。
34. 釋印順（1988）。《印度佛教思想史》卷 10。CBETA 2021.Q2, Y34, no. 32, p. 385a3-6。
35. 杜蘭（Durant, W.）著，幼獅翻譯中心編譯（1973）。《世界文明史——基督教巔峯的文明》。臺北：幼獅文化，頁 163。
36. Will Durant 威爾・杜蘭《基督教巔峯的文明——世界文明史十三》，幼獅翻譯中心，105973, p101。
37. Will Durant 威爾・杜蘭《基督教巔峯的文明——世界文明史十三》，幼獅翻譯中心，105973, p105。
38. 渥德爾（Warder, A.K.）著，王世安譯（1984）。《印度佛教史（下）》。臺北：華宇，頁 228。
39. 渥德爾（Warder, A.K.）著，王世安譯（1984）。《印度佛教史（下）》。臺北：華宇，頁 229。
40. 渥德爾（Warder, A.K.）著，王世安譯（1984）。《印度佛教史（下）》。臺北：華宇，頁 232。
41. 林太（2012）。《印度通史》。上海：上海社會科學院，頁 2280。
42. 渥德爾（Warder, A.K.）著，王世安譯（1984）。《印度佛教史（下）》。臺北：華宇，頁 230。
43. 渥德爾（Warder, A.K.）著，王世安譯（1984）。《印度佛教史（下）》。臺北：華宇，頁 231。
44. 杜蘭（Durant, W.）著，幼獅翻譯中心編譯（1972）。《世界文明史——印度與南亞》。臺北：幼獅文化，頁 164。
45. 韋伯（Webber, M.）著，康樂、簡惠美譯（2004）。《印度的宗教：印度教與佛教 II》。臺北：遠流，頁 421。
46. 釋淨海（2014）。《南傳佛教史》。臺北：法鼓文化，頁 68、102。
47. 韋伯（Webber, M.）著，康樂、簡惠美譯（2004）。《印度的宗教：印度教與佛教 II》。臺北：遠流，頁 422-423。
48. 陳金華（2018）。〈帝國、商業與宗教——佛教與全球化的歷史與展望〉（主題發言）。於佛學與宗教學——對話工作坊，主題：「帝國、商業與宗教：佛教與全球化的歷史與展望」，主辦：北京大學佛教研究中心，日期：2018 年 6 月 22 日。
49. 野口善敬著，辛如意譯（2015）。〈清初佛教〉。收錄在沖本克己、菅野博史編輯，辛如意譯（2015）。《中國文化中的佛教：中國 III 宋元明清》。臺北：法鼓文化，頁 158。
50. 張佳（2016）。〈近代居士與佛教教育〉。收錄在《第 14 屆吳越佛教論壇論文》。杭州佛學院，頁 55。
51. 張佳（2016）。〈近代居士與佛教教育〉。收錄在《第 14 屆吳越佛教論壇論文》。杭州佛學院，頁 55。
52. 釋太虛（1920）。〈佛乘宗要論〉。收錄在《太虛大師全書．第一編　佛法總學》。新竹：印順文教基金會，頁 132-133。網路版：https://www.yinshun.

org.tw/ebooks/#c=taixu&a=1p132.1100&q= 成就圓滿的人格而知佛法之自利 &m=1。檢索日期：2021 年 6 月 25 日。
53. 釋太虛（1920）。〈佛乘宗要論〉。收錄在《太虛大師全書．第一編　佛法總學》。新竹：印順文教基金會，頁 136。網路版：https://www.yinshun.org.tw/ebooks/#c=taixu&a=1p136.0400&q= 為利他故先求自利的佛法 &m=1&n=1。檢索日期：2021 年 6 月 25 日。
54. 釋太虛（1920）。〈佛乘宗要論〉。收錄在《太虛大師全書．第一編　佛法總學》。新竹：印順文教基金會，頁 130。網路版：https://www.yinshun.org.tw/ebooks/#c=taixu&a=1p130.0500&q= 然此惡劣世間與美善世間 &m=1。檢索日期：2021 年 6 月 25 日。
55. 〔東晉〕瞿曇僧伽提婆譯。《增壹阿含經》卷 26。CBETA 2020.Q1, T02, no. 125, p. 694a4-5。
56. 釋印順（1949）。《佛法概論》卷 19。CBETA 2020.Q1, Y08, no. 8, pp. 251a8-253a1；釋印順（1960）。《成佛之道（增注本）》卷 5。CBETA 2020.Q1, Y42, no. 40, pp. 290a10-291a12。
57. 釋印順（1949）。《佛法概論》卷 19。CBETA 2020.Q1, Y08, no. 8, pp. 252a9-253a1。
58. 《弘一法師全集》。新世界出版社，2013，頁 25。弘一大師於 1940 年給菲律賓的性願法師的信裡提到，自身的「下迴向」；「早生極樂，去去就來。見過佛陀以後，再回娑婆，救度眾生。」弘一大師於寫信的兩年後 1942 年圓寂。
59. 〔蕭齊〕曇摩伽陀耶舍譯。《無量義經》。CBETA 2020.Q1, T09, no. 276, p. 387c16-18。
60. Madsen, R. (2007). *Democracy's Dharma: Religious Renaissance and Political Development in Taiwan*. Berkeley: University of California Press.
61. 何日生（2007）。〈慈濟宗門的人文精神與思想略說（上）〉。發表於日本京都庭野和平獎研討會。慈濟全球資訊網，https://www.tzuchi.org.tw/2017-11-30-06-51-34/2017-11-30-06-52-08/2017-11-15-01-51-23/item/12984- 慈濟宗門的人文精神與思想略說（上）。檢索日期：2021 年 6 月 25 日。
62. Gombrich, Richard & Yao, Yu-Shuang (2013). *A Radical Buddhism for Modern Confucians: Tzu Chi in Socio-Historical Perspective*. Buddhist Studies Review, 30(2): 237-259.
63. 釋證嚴（2017）。〈靜思法脈慈濟宗門〉。收錄在樓宇烈、李奧納（Leonard, Herman B.）等著。《慈濟宗門的普世價值》。臺北：經典雜誌、慈濟傳播人文志業基金會，頁 43-45。
64. 何建明（2017）。〈慈濟宗與中國現代佛教的新宗派特徵〉。收錄在樓宇烈、李奧納（Leonard, Herman B.）等著。《慈濟宗門的普世價值》。臺北：經典雜誌、慈濟傳播人文志業基金會，頁 154-155。
65. 何日生（2017）。《利他到覺悟：證嚴上人利他思想研究》。臺北：聯經，頁 182-185。
66. 彼得．克拉克（Peter B. Clarke）2009 年應筆者之邀於慈濟大學演講之談話。

第 2 章：慈濟與人間佛教的實踐

1. 金觀濤、劉青峰（1994）。《興盛與危機——論中國社會超穩定結構》。臺北：風雲時代。
2. 釋印順（1941）。《佛在人間》卷 1。CBETA 2020.Q1, Y14, no. 14, pp. 6a12-9a8。
3. 〔元魏〕吉迦夜、曇曜譯。《雜寶藏經》卷 3：「若為一家捨一人，若為一村捨一家，若為一國捨一村，若為己身捨天下，若為正法捨己身。」(CBETA 2020.Q1, T04, no. 203, p. 463b17-19)
4. 釋印順（1941）。〈佛在人間〉。《佛在人間》卷 1，CBETA 2020.Q1, Y14, no. 14, p. 12a6-7。
5. 釋德仉編撰（2004）。《證嚴上人衲履足跡．二〇〇四年夏之卷》。臺北：慈濟文化，頁 273。「常說，我是以出世的精神做入世的事業；要用出世的心，才能夠不與他人計較，以至於衍生種種煩惱。」
6. 釋太虛（1937）。〈復興佛教僧侶應受軍訓〉。收錄在《太虛大師全書．第十五編　時論》。新竹：印順文教基金會，頁 155-157。網路版：https://www.

yinshun.org.tw/ebooks/#c=taixu&q= 軍訓 &a=15p155.0100&m=1&e=5&n=2。檢索日期：2021 年 6 月 28 日。

7. 靜思書齋（2000）。〈與蘇曉康先生談道德與法治精神〉。《有朋自遠方來：與證嚴法師對話》。臺北：天下文化，頁 203-210。

8. 李家振（2005）。〈尸舍婆林菩提葉〉。《香港佛教》月刊 536 期。https://www.hkbuddhist.org/zh/page.php?p=booklet_attachment&page=17&cid=7&kid=2&attach_id=762。檢索日期：2021 年 8 月 11 日。

9. 〔姚秦〕鳩摩羅什譯，龍樹造，青目釋。《中論》卷 4。CBETA 2020.Q1, T30, no. 1564, p. 33b11-12。

10. 釋印順（1944）。〈中國佛教史略〉。《佛教史地考論》卷 1。CBETA 2020.Q1, Y22, no. 22, pp. 86a13-87a1。

11. 釋印順（1952）。〈人間佛教要略〉。《佛在人間》卷 5，CBETA 2020.Q1, Y14, no. 14, pp. 107a7-109a10。「緣起與性空的統一」，「緣起不礙性空，性空不礙緣起」。

12. 〔元〕宗寶編。《六祖大師法寶壇經》。CBETA 2020.Q1, T48, no. 2008, p. 349a19-21。

13. 釋證嚴（2016）。《八大人覺經講述》。臺北：靜思人文，頁 376-378。

14. 方東美（1980）。〈以西方法學的「關係邏輯」來透視杜順大師的法界觀〉。《華岡佛學學報》第 4 期，頁 41-70。

15. 釋印順（1988）。《印度佛教思想史》卷 4。CBETA 2020.Q1, Y34, no. 32, p. 129a3-5。

16. 叢日云（2003）。《在上帝與凱撒之間：基督教二元政治觀與近代自由主義》。北京：生活．讀書．新知三聯書店，頁 97。

17. Huntington, Samuel P. (1968). *Political Order in Changing Societies*. New Haven: Yale University Press, p. 7.

18. Sparks J. (1835). *The Writing of George Washington* Volume X. Boston: Russell, Odiorne, and Metcalf, p. 363.

19. Dorothy P. (1972). Democracy. UK: Penguin, p. 197.

20. 感恩戶，指在生活中突遭變故，而需暫時接受慈濟濟助的人。證嚴上人說：要感恩接受我們濟助的人，給我們機會行善。所以，稱他們為感恩戶。

21. Armstrong, K. (2001). *Holy War: The Crusades and Their Impact on Today's World. England: Anchor.*

第 3 章：慈濟宗門人文思想略說

1. 「所謂『三苦』，即『苦苦』、『壞苦』、『行苦』。上人解說，人們以『有漏五陰之身』，不斷帶著煩惱的業力來人間，五陰即色、受、想、行、識，又稱五蘊，時時與外境反應，稍不適意，就受煩惱逼迫，為了自身之苦而苦，稱為『苦苦』。人間本來是苦，知苦諦才能體真理。有福之人一生鮮遇逆境，一路安然成長，生活順意，然而有朝一日『樂相壞時，苦相即至』，無常瞬至，福享盡了，苦相就會現前。上人說，世間有形之物，都會不斷地遷變，依循成、住、壞、空，老成凋謝，絕對無法永遠停駐留存，人的身體也有生、老、病、死的現相，故言『有漏之法，四相遷流，常不安穩』，這就是『行苦』；遷變至終，亦難逃『壞苦』。」詳參：釋德仉編撰（2006）。《證嚴法師衲履足跡．二〇〇六年冬之卷》。臺北：慈濟文化，頁 831-832。

2. 李中華（2010）。《新譯六祖壇經》。臺北：三民，頁 1-27。

3. 釋證嚴（2000）。〈祝福．感恩的日子〉。《慈濟月刊》402 期，頁 8。

4. 〔戰國〕老子。《道德經》。中國哲學書電子化計劃。https://ctext.org/pre-qin-and-han/zh?searchu= 生而不有，為而不恃，功成而弗居 %E3%80%82。

5. 樓宇烈，2010 年，演講於靜思精舍。

6. 釋證嚴（2001）。《無量義經》。臺北：慈濟文化，頁 247。

7. 釋證嚴（2011）。《法譬如水——慈悲三昧水懺講記【中編】》。臺北：慈濟文化，頁 622-623。

8. 釋證嚴（2006）。〈尊重生命價值，掘出愛心湧泉〉。《慈濟月刊》477 期，頁 17-18。

9. Fromm, E. (2006). *The Art of Loving*. New York: Harper Perennial.
10. 《耶利米書》31:29；《以西結書》18:2；《聖經》，國際聖經協會，p. 1282, p.1366, 1995 年 11 月。
11. 卡爾・榮格《分析心理學——集體無意識》（*Analytical Psychology*）譯者鴻鈞，結構群文化事業出版社 1990 年 9 月 5 日，頁 27-32。
12. 釋證嚴（2001）。《無量義經》。臺北：慈濟文化，頁 226。
13. 布勞岱爾（Braudel, F.）著，施康強、顧良譯（1999）。《15 至 18 世紀的物質文明、經濟和資本主義（卷一）》。臺北：貓頭鷹，頁 10-28。（原書：Braudel, F. (1979). *Civilisation materielle, economie et capitalisme*. Paris: Armand Colin.）
14. 史密斯（Smith, A.）著，謝宗林、李華夏譯（2000）。《國富論》。臺北：先覺，頁 31。（原書：Smith, A. (1789). *The Wealth of Nations*. Pennsylvania: Franklin Library.）
15. 〈新冠疫情到 2021 年可使世界極貧人口增加 1.5 億〉。世界銀行新聞稿（2020 年 10 月 7 日）。https://www.shihang.org/zh/news/press-release/2020/10/07/covid-19-to-add-as-many-as-150-million-extreme-poor-by-2021。檢索日期：2021 年 8 月 17 日。
16. 〈BBC 事實查核：全球 1% 的富人掌握著 82% 的財富？〉。BBC 新聞（2018 年 1 月 22 日）。https://www.bbc.com/zhongwen/trad/business-42770869。檢索日期：2021 年 8 月 17 日。
17. Maslow, A. (1943). A theory of human motivation. Psychological Review, 50, 370-396.
18. 馬庫色（Marcuse, H.）著，李亦華譯（1989）。《單面向的人》。廣州：南方。（原書：Marcuse, H. (1968). *One-Dimensional Man*. Boston: Beacon Press.）
19. 潘煊（2004）。《證嚴法師琉璃同心圓》。臺北：天下文化，頁 420-433。

第 4 章：慈濟圓形賑濟模式

1. 〔蕭齊〕曇摩伽陀耶舍譯。《無量義經》。CBETA 2020.Q1, T09, no. 276, p. 384b29-c1，p. 384c5-7。
2. Leonard, Herman B. (2020). *The Importance of Tzu Chi as a Model for Organizational Management and Leadership. In The Buddhist Renaissance—The Philosophy and Practice of Tzu Chi Dharma Path*. Taipei: Rhythms Monthly, pp. 82-102.
3. 當時慈濟前往勘查的主管與志工包括：花蓮本會的謝景貴主任，何日生主任；臺灣志工羅明憲師兄、陳金發師兄、張文郎師兄、北京的曾云姬師姊、黃明和師姊，上海的邱玉芬師姊等。
4. 〔蕭齊〕曇摩伽陀耶舍譯。《無量義經》。CBETA 2020.Q1, T09, no. 276, p. 387c4-6。
5. 葉子豪（2008）。〈林淑華——緬甸第一顆慈濟種子〉。慈濟全球資訊網。http://www.tzuchi-org.tw/index.php?option=com_content&view=article&catid=78%3Aoversea-volunteer&id=141%3A2008-11-04-07-01-08&Itemid=363&lang=zh。檢索日期：2021 年 6 月 25 日。

第 5 章：慈濟扶貧濟困之理念與實踐

1. 釋證嚴（2003）。〈證嚴上人對「一攤血」民事一審判決放棄上訴聲明〉。《慈濟月刊》442 期，頁 11。
2. 釋證嚴（2007）。〈回歸竹筒歲月〉。收錄在謝明珠、翁培玲主編（2007）。《慈濟年鑑 2006》。花蓮：佛教慈濟慈善事業基金會，頁 28-29。
3. 釋證嚴（1999）。《回歸心靈的故鄉》。臺北：慈濟文化，頁 90-93。
4. 陳皎眉、王叢桂、孫蒨如（2006）。《社會心理學》。臺北：雙葉書廊，頁 366。

5. 費斯汀格（Festinger, L.）著，鄭全全譯（1999）。《認知失調理論》。杭州：浙江教育出版社，頁 22、248。（原書：Festinger, L. (1957). *A Theory of Cognitive Dissonance*. Stanford, CA: Stanford University Press.）
6. Lippmann, W. (1945). *Public Opinion*. New York: Free Press, p. 54
7. 杜威（Dewey, J.）著，林寶山譯（1999）。《民主主義與教育》。臺北：五南，頁 137-153。（原書：Dewey, J. (1997). *Democracy And Education: An Introduction to the Philosophy of Education*. New York: Free Press.）
8. 陳秋山（1996）。〈從「杯」門入「悲」門陳金發告別酒杯入善門〉。《慈濟月刊》351 期，頁 77-80。
9. 釋證嚴（2001）。《無量義經》。臺北：慈濟文化出版社，頁 324-325。
10. 釋證嚴（1997）。〈慈濟福田回歸社區——85 年 12 月 14 日北區委員聯誼開示〉。《慈濟年鑑 1996》。臺北：慈濟文化，頁數 413。
11. 釋證嚴著，高信疆編（1989）。《證嚴法師靜思語（第一集）》。臺北：九歌，頁 134。
12. 李昀（2000）。〈膚〉。《慈濟月刊》407 期，頁 88。
13. 何貞青等（1999）。〈九二一集集大地震特別報導〉。《慈濟月刊》395 期，頁 12-73。
14. 釋證嚴（2004）。〈拓展生命的寬度與厚度——證嚴上人 2003 年 3 月 5 日對慈濟人開示〉。《慈濟年鑑 2003》，頁 11。
15. Maslow, A. (1943). A theory of human motivation. *Psychological Review*, 50, 370-396.
16. 釋證嚴（1992）。〈不流淚的蠟燭〉。《慈濟月刊》311 期，封裡頁。
17. 許家石編劇，龐宜安導演（2004）。《後山姊妹》（大愛劇場影片）。臺北：大愛電視。
18. 釋證嚴（2001）。《無量義經》。臺北：慈濟文化，頁 324-325。
19. 釋證嚴（1999）。〈一位知足的施主〉。《慈濟心燈》。臺北：慈濟文化，頁 268。
20. 紀陳月雲（靜暘）（2002）。〈無子西瓜的故事（上）、（中）、（下）〉、〈浴佛的故事（上）、（下）〉。《無子西瓜》。臺北：靜思文化，頁 148-167。
21. 釋德仉編撰（2003）。《證嚴法師衲履足跡，二〇〇三年春之卷》。臺北：慈濟文化，頁 291。
22. 釋德仉編撰（2005）。《證嚴上人衲履足跡，二〇〇四年冬之卷》。臺北：慈濟文化，頁 643。
23. Rawls, J. (1971). A Theory of Justice. England: Harvard University Press.
24. 善慧書苑編撰（1999）。〈中南美洲八國「救」災行〉。《一九九九年，春之卷　證嚴法師衲履足跡》。臺北：慈濟文化出版社，頁 304-311。
25. 葉文鶯（1999）。〈多明尼加聯絡點成立加勒比海地區第一個慈濟據點〉。《慈濟道侶》半月刊 316 期，頁 7。
26. 同註 25。
27. 釋德仉編撰（2004）。《證嚴上人衲履足跡，二〇〇四年春之卷》。臺北：慈濟文化，頁 155-156。
28. 何惠萍（2006）。〈憧憬　從難民村飛向新世界〉。《慈濟月刊》479 期，頁 76-81。
29. 黃秀花（2003）。〈展開獨立新生命〉。《慈濟月刊》440 期，頁 13-20。
30. 釋德仉編撰（2004）。《證嚴法師衲履足跡，二〇〇三年冬之卷》。臺北：慈濟文化，頁 325。
31. 蕭耀華（2005）。〈海水淹過的土地——斯里蘭卡緊急醫療援助〉；黃秀花（2005）。〈大愛接力——斯里蘭卡賑災醫療團〉。收錄在經典雜誌編著（2005）。《大海嘯：毀滅與重生》。臺北：經典雜誌，頁 82-113。
32. 釋德仉編撰（2012）。《證嚴上人衲履足跡，二〇一一年冬之卷》。臺北：慈濟文化，頁 505-507。
33. 釋證嚴（2018）。「人間菩提 20181006 諸上善人呈祥和」。臺北：大愛電視。網站：https://www.youtube.com/watch?v=kUJUdl6jggU，字幕 5:02-6:17。檢

索日期：2021年10月15日。

34. 釋證嚴（2004）。〈心中有愛，社會就有希望〉。收錄在何日生等編（2004），《慈濟年鑑2003》。臺北：慈濟文化，頁33-39。

35. 經典雜誌編著（2007）。《大愛之河：慈濟印尼紅溪河援助記》。臺北：經典雜誌出版社。

36. 釋德仉編撰（2002）。《證嚴法師衲履足跡．二〇〇二年夏之卷》。臺北：慈濟文化，頁186-187。

37. 何日生（2002）。〈慈濟印尼行 點亮生命的明燈〉。《經典雜誌》47期，頁43-46。

38. Sutaryono（2005）。〈力行回收方針實現夢想　信仰之光習經院建麵包工廠　拓展農業〉，《慈濟快報　印尼報導》。花蓮：慈濟基金會網頁。檢索日期：2005年2月2日。

39. 王運敬、葉秉倫（2004）。〈Nurul Iman 習經院援建教室動土　數千人與會場面寧靜莊嚴〉，《慈濟快報》。花蓮：佛教慈濟基金會網頁。檢索日期：2004年8月28日。

40. 阿姆斯壯（Armstrong, K.）著，蔡昌雄譯（1996）。《神的歷史》。臺北：立緒文化。（原書：Armstrong, K. (1994). A History of God. New York: Alfred A. Knopf.）

41. 米爾（Mill, J. S.）著，程崇華譯（1986）。《論自由》。臺北：唐山。（原書：Mill, J. S. (1890). On Liberty. London: Longmans, Green.）

42. Keynes, J. M. (1936). *The General Theory of Employment Interest and Money*. London: MacMillan.

43. 羅爾斯（Rawls, J.）著，李少軍、杜麗燕、張虹譯（2003）。《正義論》。臺北：桂冠。（原書：Rawls, J. (1971). *A Theory of Justice*. Cambridge, Massachusetts: The Belknap Press of Harvard University Press.）

44. 善慧書苑編撰（1995）。《一九九四隨師行記——證嚴法師的衲履足跡（上）》。臺北：慈濟文化，頁96。

第6章：慈濟以病為師的理念與實踐——醫院作為一個修行的道場

1. Porter, R. (ed.) (2016). *Cambridge Illustrated History of Medicine*. Seattle: Global-HELP Organization, pp. 116-117.

2. Porter, R. (ed.) (2016). *Cambridge Illustrated History of Medicine*. Seattle: Global-HELP Organization, p. 342.

3. Illich, I. (2001). *Limits to Medicine — Medical Nemesis: The Expropriation of Health*. London: Marion Boyars, p. 7.

4. Porter, R. (ed.) (2016). *Cambridge Illustrated History of Medicine*. Seattle: Global-HELP Organization, p. 361.

5. 釋德仉（2003）。《證嚴法師衲履足跡2003春之卷》。臺北：慈濟文化，頁364-365；釋德仉（2004）。《證嚴上人衲履足跡2004秋之卷》。臺北：慈濟文化，頁161-162。

6. Cassell, E. J. (2004). The Nature of Suffering and the Goals of Medicine. New York: Oxford University Press, p.52.

7. Cassell, E. J. (2004). The Nature of Suffering and the Goals of Medicine. New York: Oxford University Press, p.55.

8. 黃秀花（2004）。〈我是諾文狄，看！我有一張新臉〉。《慈濟月刊》449期，頁71-81；黃秀花（2004）。〈107天的奇蹟——諾文狄成功「變臉」回家〉。《慈濟月刊》452期，頁52-63。

9. Shilling, C. (2012). *The Body and Social Theory*. London: Sage, p. 6-12, pp. 15-18, pp. 87-89.

10. 湯恩比 Toynbee, A. (1946).《歷史研究》（*A Study of History*）。陳曉琳譯，遠流出版社，1998，頁437。

11. 潘煊（2006）。〈教富濟貧　濟貧教富——讓人心富有愛〉，《慈濟月刊》473期，頁35。

12. Nettleton, S. (2001). *The Sociology of the Body*. In Cockerham, W. C. (2001). *The Blackwell Companion to Medical Sociology*. New Jersey: Blackwell, p. 59.

13. 楊志良（1999）。《公共衛生新論》。臺北：巨流圖書。
14. 釋證嚴（2006）。〈尊重生命價值，掘出愛心湧泉〉。《慈濟月刊》477 期，頁 8-23。
15. 釋德伃（2008）。〈建院路程說來故事曲折繁多，此生好像在打陀螺般忙碌不堪……〉。《證嚴上人衲履足跡 2007 冬之卷》。臺北：慈濟文化，頁 150-159。
16. 釋證嚴（2008）。《真實之路——慈濟年輪與宗門》。臺北：天下文化，靜思文化，頁 8-9。
17. 釋德伃（2014）。〈證嚴上人衲履足跡．大慈悲拔苦，大智慧教化〉。《慈濟月刊》570 期，頁 123。
18. 魚樂（2008）。〈美國商業雇主反對醫療保險計劃〉，《僑報網》。取自：http://www.usqiaobao.com/newscenter/2008-01/17/content_64807.htm。檢索日期：2008 年 1 月 17 日。
19. 葛應欽，劉碧華，謝淑芬（1994）。〈臺灣地區原住民的健康問題〉。《高雄醫學科學雜誌》10 卷 7 期，頁 344。
20. 〈原住民族及離島地區醫事人員養成計畫第 4 期（106-110 年）〉。衛生福利部（2017 年 12 月）。https://www.mohw.gov.tw/dl-48406-46b849fb-23d3-4a1a-9682-10c28ef6381a.html，頁 52。檢索日期：2021 年 8 月 26 日。
21. 王鳳娥（2018）。〈慈院裡的空中小姐緬懷蘇郁貞〉。慈濟全球資訊網。https://www.tzuchi.org.tw/ 人物故事 / 國內志工 /item/21872- 慈院裡的空中小姐 - 緬懷蘇郁貞。檢索日期：2021 年 7 月 2 日。
22. 張芳瑛，梁瓊文，張宇忠（編劇），王重光，林博生，章可中，陳以文（導演）（2007）。《春暖花蓮》。臺北：大愛電視。
23. Freund, P. E. S. (1990). The Expressive Body: A Common Ground for the Sociology of Emotions and Health and Illness. *Sociology of Health and Illness*, 12(4), pp. 452-477.
24. 釋證嚴（1997）。〈相互感恩的慈濟文化〉。《慈濟》月刊 372 期，頁 5-6。
25. 黃秀花（2004）。〈病痛與希望相隨——生命勇者林傳欽〉，《慈濟道侶》431 期，頁 3；慈承（1995）。〈慈濟永遠的孩子〉。《慈濟月刊》344 期，頁 68-70。
26. 葉文鶯（2002）。〈八 B 病房的阿吉伯〉。《慈濟月刊》423 期，頁 56-60。
27. 釋德伃（2006）。《證嚴法師衲履足跡 2005 冬之卷》。臺北：慈濟文化，頁 576。
28. 簡守信（1997）。〈從菲律賓義診中看見自己〉。《慈濟月刊》365 期，頁 81-82。
29. 江欣怡（2004）。〈它的痛全世界都感受得到〉。《人醫心傳》2 期，頁 29-34。
30. 康德（Kant, I.）著，鄧曉芒譯（2004）。《判斷力批判》。臺北：聯經，頁 58-59。（原書：Kant, I. (1974). *Kritik Der Urteilskraft*. German: Suhrkamp.）
31. 林倩瑜（1998）。〈醫者的神聖使命——訪慈濟醫院副院長林俊龍〉。《慈濟月刊》375 期，頁 23-25；葉文鶯（2000）。〈以「志業心」做「專業事」〉。《慈濟月刊》404 期，頁 23-26。
32. 葉文鶯（2003）。〈燒青草茶的老翁某〉。《慈濟月刊》442 期，頁 19-23。
33. 黃秀花（2000）。〈挑蔥老夫婦的心願〉。《慈濟月刊》404 期，頁 33-37。
34. 釋德伃（2012）。《證嚴上人衲履足跡 2012 春之卷》。臺北：慈濟文化，頁 537-538。
35. Porter, R. (2016). *Cambridge Illustrated History of Medicine*. Seattle: Global-HELP Organization, p. 116-117
36. 王鳳娥（2005）。〈阿昌班長〉。《我在，因為我的愛》。臺北：聯合文學，頁 172-185。
37. 王竹語（2005）。〈母子〉，《微笑看人生——與花蓮慈濟醫院常住志工的生命交會》。臺北：時報文化，頁 26-41。
38. 黃秀花（2003）。〈原住民青年捐贈器官　超過五十人受惠〉。《慈濟道侶》半月刊 411 期，頁 3。

39. 吳麗月（2007）。〈不捨——紀念勇敢孝順的泰儀〉。《志為護理》第6卷1期，頁40-42。
40. 慈發處公傳室（2006）。〈泰儀往生捐大體　加拿大慈青全程助念告別追思會　加拿大慈青代替泰儀跪謝父母恩〉。花蓮：慈濟醫學中心。https://app.tzuchi.com.tw/tzuchi/Diary_SiteDiary/Default.aspx?Action=ViewDetail&ContentType=0&AppSiteID=1&IdentityID=758。檢索日期：2021年7月6日。

第7章：宗教教育的現代化轉型

1. Saleem H. Ali (2009). *Islam and Education: Conflict and Conformity in Pakistan's Madrassahs*. Oxford: Oxford University Press.
2. 艾哈邁德·愛敏著，納忠譯（1995）。《阿拉伯——伊斯蘭文化史》。北京：商務。
3. Saleem H. Ali (2009). *Islam and Education: Conflict and Conformity in Pakistan's Madrassahs*. Oxford: Oxford University Press.
4. 艾哈邁德·愛敏著，納忠譯（1995）。《阿拉伯——伊斯蘭文化史》。北京：商務。
5. Salah Uddin Shoaib Choudhury (2009). *Inside Madrassa*. Melbourne: Blitz.
6. Salah Uddin Shoaib Choudhury. *Inside Madrassa*. Melbourne: Blitz Publication, 2009.
7. History. University College, University of Oxford. https://www.univ.ox.ac.uk/about/history/.
8. Gray, H. H. (2001). *The University in History: 1088 and All That*. Presented at the Idea of the University Colloquium, January 17, 2001. http://iotu.uchicago.edu/gray.html#star.
9. 詹德隆訪談，輔仁聖德隆神學院院長，2012年12月28日。
10. 艾蒙（Almond, G.A.）、阿普比（Appleby, R. S.）、西凡（Sivan, E.）著，徐美琪譯（2007）。《強勢宗教》（*Strong Religion*）。新北：立緒文化，頁8。
11. Salah Uddin Shoaib Choudhury (2009). *Inside Madrassa*. Melbourne: Blitz.
12. Salah Uddin Shoaib Choudhury (2009). *Inside Madrassa*. Melbourne: Blitz.
13. Saleem H. Ali (2009). *Islam and Education: Conflict and Conformity in Pakistan's Madrassahs*. Oxford: Oxford University Press.
14. Saleem H. Ali (2009). *Islam and Education: Conflict and Conformity in Pakistan's Madrassahs*. Oxford: Oxford University Press.
15. 金玉泉訪談，臺灣伊斯蘭教長，政治大學講師，2012年12月31日。
16. Saleem H. Ali (2009). *Islam and Education: Conflict and Conformity in Pakistan's Madrassahs*. Oxford: Oxford University Press.
17. Saleem H. Ali (2009). *Islam and Education: Conflict and Conformity in Pakistan's Madrassahs*. Oxford: Oxford University Press.
18. 艾蒙（Almond, G.A.）、阿普比（Appleby, R. S.）、西凡（Sivan, E.）著，徐美琪譯（2007）。《強勢宗教》（*Strong Religion*）。新北：立緒文化，頁67。
19. 金玉泉訪談，臺灣伊斯蘭教長，政治大學講師，2012年12月31日。
20. Saleem H. Ali (2009). *Islam and Education: Conflict and Conformity in Pakistan's Madrassahs*. Oxford: Oxford University Press.
21. 魏德東，發表於第二屆世界佛教論壇——慈善分論壇之演講。（新北：慈濟板橋靜思堂，2009年4月1日）
22. 林聰明訪談，臺灣教育部政務次長，2013年1月7日。
23. 林聰明訪談，臺灣教育部政務次長，2013年1月7日。
24. 釋太虛（1931）。〈僧教育之目的與程序〉。收錄在《太虛大師全書．第九編制議》。新竹：印順文教基金會，頁476。網路版：https://www.yinshun.org.tw/ebooks/#c=taixu&q= 宗教師縱無何特別 &a=9p476.0200&m=1。
25. 釋太虛（1932）。〈澹寧明敏〉。收錄在《太虛大師全書．第十編學行》。新竹：印順文教基金會，頁80-83。網路版：https://www.yinshun.org.tw/

ebooks/#c=taixu&q= 澹，謂澹泊 &a=10p83.0910&m=1&e=5。

26. 釋太虛（1930）。〈僧教育要建築在僧律儀之上〉。收錄在《太虛大師全書・第十編學行》。新竹：印順文教基金會，頁 65。網路版：https://www.yinshun.org.tw/ebooks/#c=taixu&q= 種種善行，為律儀內涵 &a=10p65.0300&e=5&m=1。

27. 釋印順（1958）。〈論僧才之培養〉。《教制教典與教學》。CBETA 2020.Q1, Y21, no. 21, p. 143a11-13。

28. 釋太虛（1932）。〈現代僧教育危亡與佛教前途〉。收錄在《太虛大師全書・第十編學行》。新竹：印順文教基金會，頁 89-90。網路版：https://www.yinshun.org.tw/ebooks/#c=taixu&q= 我所希望的僧教育 &a=10p89.0800&e=5&m=1。

29. 樓宇烈，與筆者對話。2017 年 11 月。

30. 釋印順（1958）。〈論僧才之培養〉。《教制教典與教學》。CBETA 2020.Q1, Y21, no. 21, pp. 151a5-152a13。

31. 林秀美（1994）。〈愛的啟發，愛的行動——由護專看慈濟人文教育內涵〉。《慈濟月刊》322 期，頁 58。

32. 李鶴振先生是早期的大體老師，他於 1998 年完成大體解剖，往生年齡六十二歲。他留下的這段話語成為慈濟無語良師的典範。

33. 何日生（2008）。《慈濟實踐美學——行入證嚴上人的思想與實踐【上編】生命美學・第五章 捨的智慧與慈濟大體解剖教育》。新北：立緒文化，頁 248。

第 8 章：捨的智慧與慈濟大體解剖教育

1. 德悉達（Derrida, J.）著，張寧譯（2004）。《書寫與差異》。臺北：麥田。（原書：Derrida, J. (1930). L'Ecriture et la Différence.）

2. 努蘭（Nuland, S. B.）著，楊逸鴻，張益豪，許森彥譯（1997）。《蛇杖的傳人：西方名醫列傳》。臺北：時報，頁 ix，xvi。（原書：Nuland, S. B. (1988). Doctors: The Biography of Medicine. New York: Alfred A. Knopf.）

3. 卡格爾—德克（Karger-Decker, B.）著，姚燕，周惠譯（2004）。《圖像醫藥文化史》。臺北：邊城，頁 334。（原書：Karger-Decker, B. (2001). *Die Geschichte der Medizin*. Von der Antike bis zur Gegenwart. U.S.: Patmos.）

4. 埃里亞德（Eliade, M）著，董強譯（2002）。《世界宗教理念史（卷三）：從穆罕默德到宗教改革》。臺北：商周，頁 37。（原書：Eliade, M. (1989). *Histoire des croyances et des idées religieuses, tome 1: de l'age de la pierre aux mystères d'Eleusis Broché*. Paris: Payot.）

5. 卡格爾—德克（Karger-Decker, B.）著，姚燕，周惠譯（2004）。《圖像醫藥文化史》。臺北：邊城，頁 2-3。（原書：Karger-Decker, B. (2001). *Die Geschichte der Medizin*. Von der Antike bis zur Gegenwart. U.S.: Patmos.）

6. 卡格爾—德克（Karger-Decker, B.）著，姚燕，周惠譯（2004）。《圖像醫藥文化史》。臺北：邊城，頁 8-9。（原書：Karger-Decker, B. (2001). *Die Geschichte der Medizin*. Von der Antike bis zur Gegenwart. U.S.: Patmos.）

7. Camp, J. & Fisher, E. (2002). *Exploring the World of the Ancient Greeks*. New York: Thames & Hudson, pp.

8. 卡格爾—德克（Karger-Decker, B.）著，姚燕，周惠譯（2004）。《圖像醫藥文化史》。臺北：邊城，頁 11-39。（原書：Karger-Decker, B. (2001). *Die Geschichte der Medizin*. Von der Antike bis zur Gegenwart. U.S.: Patmos.）

9. Camp, J. & Fisher, E. (2002). *Exploring the World of the Ancient Greeks*. New York: Thames & Hudson, pp.

10. 努蘭（Nuland, S. B.）著，楊逸鴻，張益豪，許森彥譯（1997）。《蛇杖的傳人：西方名醫列傳》。臺北：時報，頁 8。（原書：Nuland, S. B. (1988). *Doctors: The Biography of Medicine*. New York: Alfred A. Knopf.）

11. 沈清良（1993）。《醫學解剖簡史》。臺北：華杏出版社。

12. 王春瑜（2000）。《老牛堂札記》。廣州：廣東人民出版社。

13. 李建民（2006）。〈失竊的技術—三國志華佗故事新考〉。《古今論衡》，第 15 期，頁 4-16。
14. 李建民（2006）。〈失竊的技術—三國志華佗故事新考〉。《古今論衡》，第 15 期，頁 4-16。
15. About three in the afternoon Jesus cried out in a loud voice, "Eli, Eli, lema sabachthani?" (which means "My God, my God, why have you forsaken me?"). (Matthew 27:46, https://www.biblica.com/bible/niv/matthew/27/)
16. Jesus said, "Father, forgive them, for they do not know what they are doing." And they divided up his clothes by casting lots. (Luke 23:34, https://www.biblica.com/bible/niv/luke/23/)
17. 採訪東京醫科齒科大學教授佐藤達夫，2007 年 4 月 3 日於日本。
18. Osler, W.(2006). *The Evolution of Modern Medicine*. Charleston, South Carolina: Biblio Bazaar.
19. Porter, R. (2016). *Cambridge Illustrated History of Medicine*. Seattle: Global-HELP Organization, pp. 64-65.
20. 卡格爾—德克（Karger-Decker, B.）著，姚燕、周惠譯（2004）。《圖像醫藥文化史》。臺北：邊城，頁 106。（原書：Karger-Decker, B. (2001). *Die Geschichte der Medizin*. Von der Antike bis zur Gegenwart. U.S.: Patmos.）
21. Avicenna (1999). *Canon of Medicine*. Chicago: Abjad Book Designers & Builders.
22. Abdul Nasser Kaadan (2001). Bone Fractures in Ibn Sina Medicine. *The Middle East Journal of Emergency Medicine*, 2001 Vol.1 No.1, pp.3 6.
23. Porter, R. (2016). *Cambridge Illustrated History of Medicine*. Seattle: Global-HELP Organization, pp. 73-75, 154-160.
24. 卡格爾—德克（Karger-Decker, B.）著，姚燕、周惠譯（2004）。《圖像醫藥文化史》。臺北：邊城，頁 108-109。（原書：Karger-Decker, B. (2001). *Die Geschichte der Medizin*. Von der Antike bis zur Gegenwart. U.S.: Patmos.）
25. 卡格爾—德克（Karger-Decker, B.）著，姚燕、周惠譯（2004）。《圖像醫藥文化史》。臺北：邊城，頁 106-107。（原書：Karger-Decker, B. (2001). *Die Geschichte der Medizin*. Von der Antike bis zur Gegenwart. U.S.: Patmos.）
26. Leonard da Vinci (1478-1518). MacCurdy, E. (ed.) (1955). *The Notebooks Of Leonardo Da Vinci*. New York: George Braziller, p. 166.
27. 雪莉（Shelley, M. W.）著，于而彥譯（2002）。《科學怪人》。臺北：臺灣商務。（原書：Shelley, M. W. (1996). *Frankenstein*. New York: St Martin's Press.）
28. 羅曲（Roach, M.）著，林君文譯（2004）。《不過是具屍體》。臺北：時報出版。（原書：Roach, M. (2004). *Stiff: The Curious Lives of Human Cadavers*. U.K.: Penguin Books.）
29. Gunther von Hagens' Body Worlds (n.d.). Retrieved July 26, 2021, from http://www.bodyworlds.com/en.html.
30. BBC (2002, Nov 22). BBC News, Channel 4 to screen bodily decay. Television broadcast, UK: BBC.
31. 努蘭（Nuland, S. B.）著，楊逸鴻、張益豪、許森彥譯（1997）。《蛇杖的傳人：西方名醫列傳》。臺北：時報，頁 xi、xiii、xv。（原書：Nuland, S. B. (1988). *Doctors: The Biography of Medicine*. New York: Alfred A. Knopf.）
32. 採訪東京醫科齒科大學教授佐藤達夫，2007 年 4 月 3 日於日本。
33. 採訪東京醫科齒科大學教授佐藤達夫，2007 年 4 月 3 日於日本。
34. 按《聖經》記載，耶穌雖然復活，但是他的身體已經不是凡人之軀。信徒一開始認不出祂，必須經由語言才能確認祂是耶穌的身分。（路加 24.13）
35. 深度訪談張群明，2006 年 5 月 25 日於大林慈濟醫院。
36. 深度訪談楊雅雯，2006 年 6 月 2 日於花蓮。
37. 深度訪談王曰然，2005 年 2 月 20 日於慈濟大學。
38. 深度訪談張群明，2006 年 5 月 25 日於大林慈濟醫院。

39. 深度訪談王曰然，2005年2月20日於慈濟大學。
40. 深度訪談楊雅雯，2006年6月2日於花蓮。
41. 深度訪談張群明，2006年5月25日於大林慈濟醫院。
42. 深度訪談李明哲，2006年6月2日於花蓮慈濟醫院。
43. 深度訪談李明哲，2006年6月2日於花蓮慈濟醫院。
44. 深度訪談張群明，2006年5月25日於大林慈濟醫院。
45. 羅蘭（Rolland, R.）著，傅雷譯（1982）。《約翰．克利斯朵夫》。臺北：遠景，頁291。（原書：Rolland, R. (1938). *Jean-Christophe*. New York: The Modern Library.）
46. 深度訪談王曰然，2005年2月20日於慈濟大學。
47. 深度訪談謝景雲，2006年5月24日於彰化秀水謝宅。
48. 釋德仉編撰（2007）。《證嚴上人衲履足跡2007秋之卷》。臺北：慈濟文化，頁90-93。
49. 深度訪談劉舜正，於2006年3月27日大林慈濟醫院。
50. 深度訪談劉舜正，於2006年3月27日大林慈濟醫院。
51. 深度訪談劉舜正，於2006年5月25日大林慈濟醫院。
52. 深度訪談劉舜正，於2006年5月25日大林慈濟醫院。2006年7月20日劉舜正往生。
53. 培根（Bacon, F.）著，陶文佳譯（2016）。《培根隨筆》〈論死亡〉。浙江文藝出版社，頁8/185。（原書：Bacon, F. (1972). *Francis Bacon Essays*. Maryland: Rowman & Littlefield.）
54. Maurizio Ferraris, *Jacques Derrida's Writing and Difference*, Published online: 15 August 2007 Springer Science+Business Media B.V. 2007. p. 284

第9章：慈濟人文傳播之理念與模式

1. 布洛克（Bullock, A.）著，董樂山譯（2000）。《西方人文主義傳統》。臺北：究竟，頁19。（原書：Bullock, A. (1985). *The Humanist Tradition in the West*. New York: W.W. Norton & Company.）
2. 布洛克（Bullock, A.）著，董樂山譯（2000）。《西方人文主義傳統》。臺北：究竟，頁19-20。（原書：Bullock, A. (1985). *The Humanist Tradition in the West*. New York: W.W. Norton & Company.）
3. 布洛克（Bullock, A.）著，董樂山譯（2000）。《西方人文主義傳統》。臺北：究竟，頁26。（原書：Bullock, A. (1985). *The Humanist Tradition in the West*. New York: W.W. Norton & Company.）
4. 何日生，2011年歲末祝福——證嚴上人與媒體主管座談（2011年12月）。
5. 〔蕭齊〕曇摩伽陀耶舍譯。《無量義經》。CBETA 2020.Q1, T09, no. 276, p. 384c2-4。
6. 〔蕭齊〕曇摩伽陀耶舍譯。《無量義經》。CBETA 2020.Q1, T09, no. 276, p. 387c4-6。
7. 釋證嚴（1967）。〈社論．發刊獻辭〉，《慈濟月刊》創刊號。花蓮：慈濟功德會，第一版。
8. 釋證嚴（1967）。〈社論．發刊獻辭〉，《慈濟月刊》創刊號。花蓮：慈濟功德會，第一版。
9. 釋證嚴（2016）。「人間菩提．恆沙法藏勤修持」。YouTube．大愛電視 Tzu Chi DaAiVideo。https://www.youtube.com/watch?v=uy9_1_OqCmw，04:55-

08:35，檢索日期：2021 年 7 月 28 日。

10. 編輯部企劃（2004）。〈《慈濟道侶》使命用在新版《慈濟月刊》展新象〉。《慈濟道侶》半月刊第 435 期，第 8 版。
11. 慈濟文化志業中心中文期刊部（2004）。〈《慈濟道侶》半月刊轉型啟事〉。《慈濟道侶》半月刊第 435 期，第 1 版。
12. 陳美羿（2015）。〈回首音緣路大愛廣播 30 年〉。《慈濟月刊》第 587 期，頁 14-15。
13. 陳美羿（2015）。〈「慈濟世界」在臺中發送〉。《慈濟月刊》第 587 期，頁 23。
14. 陳美羿（2015）。〈回首音緣路大愛廣播 30 年〉。《慈濟月刊》第 587 期，頁 16-22。
15. 陳美羿（2015）。〈回首音緣路大愛廣播 30 年〉。《慈濟月刊》第 587 期，頁 11。
16. 陳美羿（2015）。〈回首音緣路大愛廣播 30 年〉。《慈濟月刊》第 587 期，頁 20-21。
17. 陳美羿（2015）。〈回首音緣路大愛廣播 30 年〉。《慈濟月刊》第 587 期，頁 22。
18. 黃秀花（1998）。〈立足臺灣放眼世界《經典》雜誌八月問世〉。《慈濟道侶》半月刊第 296 期，第 1 版。
19. 王端正（1998）。〈尊重生命肯定人性〉。《慈濟道侶》半月刊第 300 期，第 1 版。
20. 慈濟基金會（2008）。〈人文真善美志工〉。慈濟全球資訊網。網址：https://www.tzuchi.org.tw/about-us/2017-11-20-01-15-13/ 人文 /item/985- 人文真善美志工，檢索日期：2021 年 7 月 30 日。
21. 吳嘉哲、王美惠（2014）。〈雲嘉南通識課 培育記錄良才〉。慈濟全球社區網。網址：https://www.tzuchi.org.tw/community/index.php?option=com_content&view=article&id=61635:93316CC306B19BCC48257D2B001F1C07&catid=71:yuan-ja&Itemid=271，檢索日期：2021 年 7 月 30 日。
22. 蕭景獻（2010）。〈北區人文課程圓緣 何日生分享〉。慈濟全球社區網。網址：https://www.tzuchi.org.tw/about-us/2017-11-20-01-15-13/ 人文 /item/8274-北區人文課程圓緣 - 何日生分享，檢索日期：2021 年 7 月 30 日。
23. 林秀華、邱筱雅、楊秀華（2014）。〈通識作業不簡單，學習記錄軟實力〉。慈濟全球社區網。網址：https://www.tzuchi.org.tw/community/index.php?option=com_content&view=article&id=57420:3E3B01CED59017C248257CCE0080381F&catid=164:2010-01-22-03-41-46&Itemid=197，檢索日期：2021 年 7 月 30 日。

第 10 章：慈濟人的生命美學——實踐美學初探

1. 泰戈爾（Tagore, R.）著，糜文開譯（1971）。《漂鳥集》。臺北：三民，頁 31。（原書：Tagore, R. (1917). *Stray Birds*. London: Macmillan.
2. 〔東晉〕陶淵明。〈飲酒．其五〉。讀古詩詞網。https://fanti.dugushici.com/ancient_proses/70289，檢索日期：2022 年 2 月 23 日。
3. 朱光潛（2003）。《文藝心理學》。臺北：開明書店，頁 16。
4. 馬克思（Marx, K.）著，伊海宇譯（1990）。《1844 年經濟學哲學手稿》。臺北：時報文化，頁 84-85。（原書 Marx, K. (1967). *Economic and Philosophic Manuscripts of 1844*. Moscow: Progress Publishers.）
5. 康德（Kant, I.）著，鄧曉芒譯（2004）。《判斷力批判》。臺北：聯經，頁 58-59。（原書：Kant, I. (1974). *Kritik Der Urteilskraft*. German: Suhrkamp.）
6. 梅（May, R.）著，彭仁郁譯（2001）。《愛與意志》。臺北：立緒，頁 12-16。（原書：May, R. (1969). *Love and Will*. New York: Dell Books.）
7. 歌德（Goethe, J. W. von）著，宋碧雲譯（2003）。《少年維特的煩惱》。臺北：印刻。（原書：Goethe, J. W. von (1973). *Die Leiden des jungen Werther*. German: Insel Verlag.）
8. 〔清〕曹雪芹。《紅樓夢》。臺北：聯經，1991。

9. 唐君毅全集編委會編著（1991）。《中國文化之精神價值》。收錄在《唐君毅全集》卷四。臺北：臺灣學生書局，頁 370-373。
10. 尼采（Nietzsche, F.）著，余鴻榮譯（2001）。《查拉圖斯特拉如是說》。臺北：志文。（原書 Nietzsche, F. (1921). *Also Sprach Zarathustra: Ein Buch Für Alle Und Keinen*. Germany: Alfred Kroner.）
11. 歌德（Goethe, J. W. von）著，海明譯（2000）。《浮士德》。臺北：桂冠。（原書 Goethe, J. W. von (1808). *Faust*. New York: Bantam Classics.）
12. Leo Tolstoy, What is Art? Translated from the Original MS., With an Introduction by Aylmer Maude, New York, Funk & Wagnalls Company, 1904, CH.3 & 13.
13. 釋德仉編撰（2006）。《證嚴上人衲履足跡 2006 年秋之卷》。臺北：慈濟文化，頁 707、710。
14. 釋德仉編撰（2008）。《證嚴上人衲履足跡 2007 冬之卷》。臺北：慈濟文化，頁 72。
15. 蕭滌非等著（1995）。《唐詩鑑賞集成》上冊，〈李白—將進酒〉。臺北：五南出版社，頁 271。
16. 《普賢菩薩行願讚》：（CBETA 2021.Q4, T10, no. 297, p. 880b19）
17. 錢穆。香港中文大學新亞書院 畢業典禮致詞 。1964 年 7 月 11 日 〈有關穆個人在新亞書院之辭職〉，載《新亞遺鐸》（*2016*）。臺北：東大圖書，頁 665。
18. 釋印順（1992）。《性空學探源》。臺北：正聞出版社，頁 21-25。
19. 〔東晉〕陶淵明 。《飲酒．其五》。讀古詩詞網。https://fanti.dugushici.com/ancient_proses/70289，檢索日期：2022 年 2 月 23 日。
20. 〔清〕宋常星註解（2009）。《道德經講義》第二十五章。臺北：東大圖書，頁 41。
21. 〔北宋〕范仲淹。〈岳陽樓記〉。 讀古詩詞網。https://fanti.dugushici.com/ancient_proses/47517 ，檢索日期：2022 年 2 月 23 日。
22. 金耀基（1993）。《從傳統到現代》。臺北：時報文化，頁 91。
23. 李澤厚（2006）。《美的歷程》。臺北：三民，頁 71。
24. 李澤厚（2006）。《美的歷程》。臺北：三民，頁 71。
25. Leo Tolstoy, What is Art? Translated from the Original MS., With an Introduction by Aylmer Maude, New York, Funk & Wagnalls Company, 1904, CH.3 & 13.
26. 王端正（2002）。《父母恩重難報經》CD。臺北：如是我聞。

第 11 章：證嚴上人與慈濟的環境生命觀

1. 陳慧劍（1990）。《證嚴法師的慈濟世界——花蓮慈濟功德會的緣起與成長》。臺北：佛教慈濟文化志業中心，頁 3-6。
2. 證嚴法師（2001）。《無量義經》。臺北：慈濟文化，頁 55。
3. 佛洛姆 Fromm, E. (1969)。《逃避自由》（*Escape from Freedom*）。臺北：志文，頁 18-19。
4. 金耀基（1993）。《從傳統到現代》。臺北：時報文化，頁 91。
5. 〔東晉〕陶淵明 。《飲酒．其五》。讀古詩詞網。https://fanti.dugushici.com/ancient_proses/70289。檢索日期： 2022 年 2 月 23 日。
6. 〔清〕宋常星註解（2009）。《道德經講義》第二十五章。臺北：東大圖書，頁 103。
7. 〔春秋〕孔子著，李澤厚（2008）。《論語今讀》〈陽貨十七〉。香港：三聯書店，頁 591。
8. 〔宋〕李昉等撰，王雲五編（1997）。《太平御覽（第一冊）》。臺北：臺灣商務印書館，頁 137。
9. 張家華。《一生必讀的中國神話故事》。華藝電子書。讀品文化出版，頁 6-9。
10. 埃里亞德（Eliade, M.）著，廖素霞、陳淑娟譯（2001）。《世界宗教理念史（卷二）：從釋迦牟尼到基督宗教的興起》。臺北：商周，頁 19。（原書 Eliade, M.

(1989). *Histoire des croyances et des idées religieuses, tome 1: de l'age de la pierre aux mystères d'Eleusis*. Paris: Payot.）
11. 埃里亞德（Eliade, M.）著，吳靜宜、陳錦書譯（2001）。《世界宗教理念史（卷一）：從石器時代到埃勒烏西斯神秘宗教》。臺北：商周，頁 263。（原書 Eliade, M. (1989). *Histoire des croyances et des idées religieuses, tome 1: de l'age de la pierre aux mystères d'Eleusis*. Paris: Payot.）
12. 戴蒙（Diamond, J.），廖月娟譯（2019）。《大崩壞：人類社會的明天?》。臺北：時報出版，頁 136-186。（原書 Diamond, J. (2005). *Collapse: How Societies Choose to Fail or Succeed*. England: Penguin.）
13. 埃里亞德（Eliade, M.）著，董強譯（2001）。《世界宗教理念史（卷三）：從穆罕默德到宗教改革》。臺北：商周，頁 37。（原書 Eliade, M. (1989). *Histoire des croyances et des idées religieuses, tome 1: de l'age de la pierre aux mystères d'Eleusis*. Paris: Payot.）
14. 釋證嚴（2009）。「人間菩提（第 4106 集）調柔心性，自度度他」【影片】。臺北：大愛電視。檢索日期：2021 年 10 月 25 日。
15. 釋證嚴（1999）。《靜思晨語》。臺北：慈濟文化，頁 266。
16. 釋德侃編撰（2008）。《證嚴上人衲履足跡 2007 冬之卷》。臺北：慈濟文化，頁 72。
17. 釋德侃編撰（2006）。《證嚴上人衲履足跡 2006 年秋之卷》。臺北：慈濟文化，頁 707，710。
18. 劉鳳娟、謝雷諾、 妙沂、范毓雯、阮義忠（2002）。〈九二一三周年特別報導〉，《慈濟月刊》第 430 期，頁 10-57。
19. 謝明錦、簡伶潔（2006）。〈歡喜建院齊參與〉，《人醫心傳》第 36 期，頁 82-84。
20. 釋證嚴（2009）。「人間菩提（第 4106 集）調柔心性，自度度他」【影片】。臺北：大愛電視。檢索日期：2021 年 10 月 25 日。

第 12 章：環保回收與心靈轉化

1. Bourdieu, P. (1977). *Outline of a Theory of Practice*. New York: Cambridge University Press, pp. 72-95, 159-197.
2. 吳尊賢文教基金會邀請證嚴上人巡迴全省各地舉辦「社會公益講座」，以「發揚慈濟精神，導正社會人心」為主題。釋證嚴（1990）。〈歡喜．感恩．吉祥月談佛教對七月的看法〉。《慈濟道侶》113 期，版 8。
3. 何日生（總編輯）（2021）。《慈濟年鑑 2020》。花蓮：佛教慈濟慈善事業基金會，頁 634。
4. 何日生（總編輯）（2021）。《慈濟年鑑 2020》。花蓮：佛教慈濟慈善事業基金會，頁 629-630。
5. Tzu Chi International Humanitarian Aid Association（簡稱 TIHAA，慈濟人援會），於 2003 年成立，源於證嚴上人愛護地球、悲憫眾生，指示企業家弟子規劃人道援助災難地區，緊急救援物資研發與儲存，人援會於 2004 年第一次參與慈濟國際賑災後援工作，協助南亞海嘯災區援助物資集結與運送。慈善與環保的結合，是企業家志工在人道救援行動的理想與實踐的方向。詳參：〈慈濟國際人道援助會簡介〉。慈濟國際人道援助會，網址：https://www.tzuchi.org.tw/tihaa/index.php/2015-11-19-09-01-19/2015-12-01-01-15-20，檢索日期：2021 年 8 月 3 日。
6. 2005 年的第 34 屆世界環保日正逢聯合國六十週年，因此聯合國環保署邀請舊金山環保局共同舉辦為期六天的盛大活動，全世界有五十位市長應邀參加，慈濟也在受邀之列。詳參：何日生（總編輯）（2006）。《慈濟年鑑 2005》。花蓮：佛教慈濟慈善事業基金會，頁 13。
7. 釋德侃編撰（2007）。《二〇〇七年．春之卷 證嚴上人衲履足跡》。臺北：慈濟文化，頁 242。
8. 釋德侃編撰（2007）。〈礁溪阿嬤圓滿人間至高無上的福報〉，《二〇〇七年．夏之卷 證嚴上人衲履足跡》。臺北：慈濟文化，頁 42-45。
9. 釋證嚴（2001）。《無量義經》。臺北：慈濟文化，頁 120-122。
10. 釋證嚴（2002）。〈一顆善心，影響全世界〉。《慈濟道侶》403 期，版 1。
11. 釋德侃編撰（2006）。《二〇〇六年．春之卷 證嚴上人衲履足跡》。臺北：慈濟文化，頁 376-377。

12. 釋證嚴（2006）。〈畫圓．補缺〉。《慈濟月刊》471 期，頁 8-9。
13. 姚若龍（詞）、巫雨白（曲）（2006）。〈人間有愛〉，《生命圓舞曲》CD。臺北：靜思文化。
14. Pierre Bourdieu, *Outline of a Theory of Practice* (Cambridge and New York ： Cambridge University Press,1977), pp. 72, 95.
15. 釋德仉編撰（2007）。《二〇〇七年．秋之卷　證嚴上人衲履足跡》。臺北：慈濟文化，頁 224-225。
16. 張其昀等編纂（1983）。《中華百科全書．典藏版》。臺北：中國文化大學。
17. L.S.Vygotsky, *Mind in Sociology*（Cambridge,MA ： Harvard University Press,1978）, pp.9-30.
18. 荷妮（Horney, K.）著，李明濱譯（1995）。〈應該之暴行〉。《自我的掙扎》。臺北：志文，頁 64-85。（原書：Horney, K. (1950). *Neurosis and Human Growth: The Struggle Towards Self-Realization*. New York: Norton.）
19. Elstad, J.I. (1998). The Psycho-social Perspective on Social Inequalities in Health. *Sociology of Health and Illness*, 20: 598-618.
20. Freund P. E. S. (1990). The Express Body: A Common Ground of Sociology of Emotion and Health and Illness. *Sociology of Heath and Illness*, 12(4): 452-477.
21. 釋德仉編撰（2006）。〈做環保，駝背不見了〉。《二〇〇六年．春之卷　證嚴上人衲履足跡》。臺北：慈濟文化，頁 698。
22. 朱桂芬（2010）。〈環保復健療身心　創造慧命寬廣度〉，慈濟全球社區網。網址：https://www.tzuchi.org.tw/community/index.php?option=com_content&view=article&id=5977:84893ABB3E1521DA4825774E0052B62A&catid=90:2009-12-21-02-51-46&Itemid=290，檢索日期：2021 年 8 月 3 日。
23. 釋德仉編撰（2006）。《二〇〇六年．春之卷　證嚴上人衲履足跡》。臺北：慈濟文化，頁 884。
24. 郭書宏（2006）。〈走出家門，雙手萬能——郭阿華和吳招鎮〉。《慈濟月刊》478 期，頁 52-56。
25. 釋德仉編撰（2007）。〈社區道場大家庭，慈悲莊嚴有境教〉。《二〇〇七年．春之卷　證嚴上人衲履足跡》。臺北：慈濟文化，頁 279。
26. Bourdieu, P. (1977). *Outline of a Theory of Practice*. New York: Cambridge University Press, pp. 72-95, 159-197.
27. 聞思（1997）。〈走出一巴掌的陰影 巫喜教終於清醒〉。《慈濟月刊》373 期，頁 66-67。
28. 釋證嚴（2001）。《無量義經》。臺北：慈濟文化，頁 127-128。
29. Bourdieu, P. (1977). *Outline of a Theory of Practice*. New York: Cambridge University Press, pp. 96-158.
30. 佛洛姆（Fromm, E.）著，孟祥森譯（2010）。《愛的藝術》，臺北：志文，頁 167。（原書：Fromm, E. *The Art of Loving*. New York: Harper & Row.）
31. 釋德仉編撰（2006）。《二〇〇六年．春之卷　證嚴上人衲履足跡》。臺北：慈濟文化，頁 683。
32. 鍾淑芬（2004）。〈賭與篤的人生——環保志工林籤〉。慈濟數位典藏資源網。https://tcdata.tzuchi-org.tw/asset/detail/A2075789?keyword= 林籤，檢索日期：2021 年 8 月 4 日。
33. 貝靈格（Bellringer, P.）著，廣梅芳譯（2002）。《慾望之心—了解賭徒心理》。臺北：張老師文化。
34. 釋德仉編撰（2004）。〈愛人．愛物．愛土地〉，《二〇〇四年．夏之卷　證嚴上人衲履足跡》。臺北：慈濟文化，頁 167。
35. 考夫卡（Koffka, K.）著，黎煒譯（2000）。《格式塔心理學原理》。臺北：昭明。（原書：Koffka, K. (1935). *Principle of Gestalt Psychology*. London: Lund Humphries.）
36. 考夫卡（Koffka, K.）著，黎煒譯（2000）。《格式塔心理學原理》。臺北：昭明。（原書：Koffka, K. (1935). *Principle of Gestalt Psychology*. London: Lund Humphries.）
37. 貝克（Beck, U.）、貝克葛恩胥函（Beck-Gernsheim, E.）著，蘇峰山、魏書娥、陳雅馨譯（2000）。《愛情的正常性混亂》。臺北：立緒，頁 92。（原書：Beck, U. & Beck-Gernsheim, E. (1990). *Das ganz normale Chaos der Liebe*. German: Suhrkamp Taschenbuch.）
38. Freedman, J. L., & Fraser, S. C. (1966). Compliance without pressure: The foot-in-the-door technique. *Journal of Personality and Social Psychology*, 4(2): 195-202.

39. 蔡美玲（2005）。〈做環保！改變我的一生——后里環保種子志工陶寶桂師姊〉。慈濟基金會網頁。檢索日期：2005年3月9日。
40. 王淑芬（2006）。〈繭中七年〉。《慈濟月刊》472期，頁21-27；王淑芬（2006）。〈繭中七年〉。收錄在賴怡伶等著（2006）。《柳暗花明時》。臺北：慈濟中文期刊部，頁54-69。
41. Mowrer, O. H., & Viek, P. (1948). An experimental analogue of fear from a sense of helplessness. *The Journal of Abnormal and Social Psychology*, 43(2): 193-200.
42. Davison, G. C. & Neale, J. M. (2001). *Abnormal Psychology*. New York: John Wiley & Sons, pp. 126-146.
43. 釋德伋編撰（2003）。《二〇〇二年．冬之卷　證嚴法師衲履足跡》。臺北：慈濟文化，頁384。
44. 曾琴惠、鍾淑芬（2006）。〈環保尋寶，掘出人心的美好〉。《慈濟月刊》480期，頁102-104。
45. Haemmerlie, F.M. & Montgomery, R.L. (1986). Self-Perception Theory and the Treatment of Shyness. In Jones, W.H., Cheek, J.M. & Briggs, S.R. (eds). Shyness. *Emotions, Personality, and Psychotherapy*. Boston: Springer, pp. 329-342.
46. 釋德伋編撰（2004）。〈教育的使命——建立人倫道德規範〉。《二〇〇四年．秋之卷　證嚴上人衲履足跡》。臺北：慈濟文化，頁465-466。
47. 〔草根迷思——黃月里〕（2006年2月24日）。【大愛電視新聞】10：00整點新聞SOT，草根462集：黃月里。
48. 釋德伋編撰（2003）。《二〇〇三年．秋之卷　證嚴法師衲履足跡》。臺北：慈濟文化，頁30。
49. 王淑美（1993）。〈放下身段在垃圾堆裏找黃金上人讚歎北區環保志工為真發心菩薩〉。《慈濟道侶》179期，版3。
50. 王淑美（1994）。〈放下心中的垃圾 北區環保志工聚餐分享心得〉。《慈濟道侶》第197期，版3。
51. 釋德伋編撰（2006）。《二〇〇六年．夏之卷　證嚴上人衲履足跡》。臺北：慈濟文化，頁332。
52. 釋證嚴（2001）。《無量義經》。臺北：慈濟文化。

第13章：慈濟圓形組織與漢傳佛教的轉化

1. 芮沃壽（Wright, A. F.）著，常蕾譯（2009）。《中國歷史中的佛教》（*Buddhism in Chinese History*）。北京：北京大學出版社，頁42。
2. 芮沃壽（Wright, A. F.）著，常蕾譯（2009）。《中國歷史中的佛教》（*Buddhism in Chinese History*）。北京：北京大學出版社，頁70。
3. 〔唐〕釋道宣，《四分律刪繁補闕行事鈔》卷1，CBETA 2020.Q1, T40, no. 1804, p. 33b18-19。
4. 〔唐〕釋道宣，《四分律刪繁補闕行事鈔》卷1，CBETA 2020.Q1, T40, no. 1804, p. 33b19-21。
5. 〔唐〕釋道宣，《四分律刪繁補闕行事鈔》卷1，CBETA 2020.Q1, T40, no. 1804, p. 33c5-7。
6. 釋能融（2003）。《律制、清規及其現代意義之探討》。臺北：法鼓文化，頁484.
7. 釋德伋編撰（2007）。《證嚴上人衲履足跡．二〇〇七年冬之卷》。臺北：慈濟文化，頁547。
8. 釋德伋編撰（2012）。《證嚴上人衲履足跡．二〇一二年春之卷》。臺北：慈濟文化，頁599。
9. 釋能融（2003）。《律制、清規及其現代意義之探討》。臺北：法鼓文化，頁100。
10. 釋太虛（1912）。〈上佛教總會全國支會部聯合會意見書〉。《太虛大師全書．第九編　制議》（精裝第17冊），新竹：印順文教基金會，頁328。
11. 釋太虛（1935）。〈優婆塞戒經講錄上〉。《太虛大師全書．第八編　律釋》（精裝第16冊），新竹：印順文教基金會，頁181。
12. Plato Phasdo 柏拉圖 費多篇 Published by Princeton University Press, 1961. 頁80。
13. 漢娜．鄂蘭（Hannah Arendt）《政治的承諾》(*The Promise of Politics*)，蔡佩君譯（2010）。新北市：左岸出版社，頁43。
14. 保羅田立克 Paul Tillich《信仰的動力》，魯燕萍 譯（1994）。桂冠圖書公司，頁29-31。

15. 15. Renz, M. A. (2006). The Meaning of Consensus and Blocking for Cohousing Groups. *Small Group Research*, 37(4): 351-376.
16. 16. Emmanuel Ani The Consensus Project and Three Levels of Deliberation, Dialogue - Canadian Philosophical Association, 2019-06, Vol.58 (2), p.299-322, 301.
17. 17. Wiredu, K. "State, Civil Society and Democracy in Africa," in *Reclaiming the Human Sciences Through African Perspectives* Vol. II, edited by Helen Lauer and Kofi Ayidoho. Legon-Accra: Sub-Saharan Publishers, pp. 1055–1066.
18. 18. 釋德仉編撰（2010）。《證嚴上人衲履足跡．二〇〇九年冬之卷》。臺北：慈濟文化，頁780。
19. 19. 盧蕙馨（2011）。《人情化大愛——多面向的慈濟共同體》。臺北：南天，頁99。
20. 20. 丁仁傑（1999）。《社會脈絡中的助人行為：臺灣佛教慈濟功德會個案研究》。臺北：聯經，頁499。
21. 21. Huang, J. C. (2009). *Charisma and Compassion: Cheng Yen and the Buddhist Tzu Chi Movement*. Cambridge, Mass.: Harvard University Press.
22. 22. 丁仁傑（1999）。《社會脈絡中的助人行為：臺灣佛教慈濟功德會個案研究》。臺北：聯經，頁496。

第14章：圓形組織與慈濟志工體系——證嚴上人建構的立體琉璃同心圓

1. Berman, S. S. & Pulcini, R. (Director) (2007). *The Nanny Diaries* [motion picture]. New York: The Weinstein Company LLC. 貝曼（Berman, S. S.）、普契尼（Pulcini, R.）導演（2007）。《豪門保母日記》【影片】。紐約：溫士頓。（原作：McLaughlin E. & Kraus, N. (2002). *The Nanny Diaries: A Novel*. New York: St. Martin's Press. 麥羅琳（McLaughlin E.）、克勞斯（Kraus, N.）（2002）。《豪門保母日記》。紐約：聖馬丁。）
2. 趙一凡、蒲隆、任曉晉譯（1989）。《資本主義的文化矛盾》。臺北：桂冠，頁75。（原書：Bell, D. (1978). *The Cultural Contradictions of Capitalism*. New York: Basic Books.）
3. 韋伯（Weber, M.）著，于曉等譯（2001）。《新教倫理與資本主義精神》。臺北：左岸，頁94、114。（原書：Weber, M.,Parsons, T. (tr.) (1992). *The Protestant Ethic and the Spirit of Capitalism*. London: Routledge.）
4. Friendly, F. W. (executive producer) & Murrow, E. R. (anchor) (1958). *See It Now* [television broadcast]. U.S.A.: CBS. 芬德利（Friendly, F. W.）製作人、蒙洛（Murrow, E. R.）主播（1958）。《晚安，祝你好運》【新聞】。美國：哥倫比亞廣播電視。
5. 何日生（2004）。〈單面向的人——談整合與分立〉。《人醫心傳》第10期，頁8-9。
6. 善慧書苑編撰（1998）。《一九九七年．春之卷　證嚴法師衲履足跡》。臺北：慈濟文化，頁59-65。
7. 釋證嚴（2001）。〈說法品　知己知彼而行教化〉。《無量義經》。臺北：慈濟文化，頁227。
8. 佛洛姆（Fromm, E.）著，孟祥森譯（2010）。《愛的藝術》，臺北：志文，頁22-24、43-44、48-53。（原書：Fromm, E (1956). *The Art of Loving*. New York: Harper & Row.）
9. 釋證嚴（2004）。〈自愛愛人的醫者使命〉。《人醫心傳》第3期，頁1。
10. 10. 釋德仉編撰（2005）。《二〇〇四年．冬之卷　證嚴上人衲履足跡》。臺北：慈濟文化，頁152-154。
11. 11. 釋德仉編撰（2005）。《二〇〇四年．冬之卷　證嚴上人衲履足跡》。臺北：慈濟文化，頁316-319、625-627。
12. 12. 善慧書苑編撰（1998）。《一九九八年．夏之卷　證嚴法師衲履足跡》。臺北：慈濟文化，頁230。
13. 13. 馬庫色（Marcuse, H.）著，李亦華譯（1989）。《單面向的人》。臺北：南方。（原書：Marcuse, H. (1966). *One-Dimensional Man*. Boston: Beacon Press.）
14. 14. 何日生（2004）。〈單面向的人——談整合與分立〉。《人醫心傳》第10期，頁8-9。
15. 15. 熊彼得（Schumpeter, J. A.）著，吳良健譯（2003）。《資本主義、社會主義與民主》。臺北：左岸文化，頁140-156。（原書：Schumpeter, J. A. (1976).

Capitalism, Socialism and Democracy*. New York: Harper and Row.）
16. Kemp, B. (et al.) (producer) & Shadyac, T. (Director) (1998). *Patch Adams* [motionpicture]. USA: Universal Pictures. 坎普（Kemp, B.）等人製作，薛達克（Shadyac, T.）導演（1998）。《心靈點滴──亞當斯醫師》【影片】。美國：環球影片公司。（原作：Adams, H. P. & Mylander M. (1992). *Gesundheit!: Bringing Good Health to You, the Medical System, and Society through Physician Service, Complementary Therapies, Humor, and Joy*. Rochester: Inner Traditions Bear & Company.）
17. 善慧書苑編撰（1998）。《一九九七年・秋之卷　證嚴法師衲履足跡》。臺北：慈濟文化，頁 316。
18. 杜拉克（Drucker, P. F.）著，余佩珊譯（2004）。《使命與領導：向非營利組織學習管理之道》。臺北：遠流，頁 33。（原書：Drucker, P. F. (1990). *Managing the Non-Profit Organization: Principles and Practices*. New York: HarperCollins.）
19. 釋證嚴（2006）。〈長情大愛醫病情〉。《人醫心傳》第 25 期，頁 1。
20. 阮義忠、袁瑤瑤（2002）。《看見菩薩身影 2：顏惠美》。臺北：靜思文化。
21. 阮義忠、袁瑤瑤（2002）。《看見菩薩身影 8：林俊龍》。臺北：靜思文化。
22. 釋德伋編撰（2006）。《二〇〇六年・春之卷　證嚴上人衲履足跡》。臺北：慈濟文化，頁 581-583。
23. Kopelson, A. (Producer) & Costa-Gavras (Director) (1997). *Mad City* [motion picture]. USA: Warner Bros. 寇伯森（Kopelson, A.）製作，科斯達卡瓦拉斯（Costa-Gavras）導演。《危機最前線》【影片】。美國：華納影業。
24. 釋德伋編撰（2003）。《二〇〇三年・春之卷　證嚴法師衲履足跡》。臺北：慈濟文化，頁 168-171。
25. 王端正、林碧玉等合編（2001-2004）。《921 希望工程》專書（50 本）。臺北：慈濟文化志業中心。
26. 姚仁祿於 1998 年至 2006 年擔任大愛電視臺總監，2021 年 7 月 1 日起承擔慈濟傳播人文志業基金會合心精進長。
27. 釋德伋編撰（2007）。《二〇〇七年・夏之卷　證嚴上人衲履足跡》。臺北：慈濟文化，頁 420。
28. 釋證嚴（2000）。〈希望工程〉。《靜思語教學月刊》第 36 期，頁 1。
29. Tapscott, D. & Williams, A. D. (2006). *Wikinomics: How Mass Collaboration Change Everything*. New York: Penguin.）p. 9.
30. 釋德伋編撰（2007）。《二〇〇七年・夏之卷　證嚴上人衲履足跡》。臺北：慈濟文化，頁 248。
31. 釋德伋編撰（2005）。《二〇〇五年・秋之卷　證嚴上人衲履足跡》。臺北：慈濟文化，頁 738。
32. 善慧書苑編撰（2000）。《二〇〇〇年・夏之卷　證嚴法師衲履足跡》。臺北：慈濟文化，頁 286-287。
33. 釋德伋編撰（2005）。《二〇〇四年・冬之卷　證嚴上人衲履足跡》。臺北：慈濟文化，頁 625-627。
34. 慈濟道侶編輯部（2003）。〈愛心菩薩網全球慈濟志工支援臺灣防疫──每一份醫療物資，都蘊含深深回饋〉。《慈濟道侶》418 期，版 1。
35. 善慧書苑編撰（1999）。《一九九九年・春之卷　證嚴法師衲履足跡》。臺北：慈濟文化，頁 111。
36. 釋德伋編撰（2005）。《二〇〇五年・春之卷　證嚴上人衲履足跡》。臺北：慈濟文化，頁 119。
37. 釋德伋編撰（2006）。《二〇〇六年・春之卷　證嚴上人衲履足跡》。臺北：慈濟文化，頁 624-626。
38. 溫明麗（2003）。〈感恩領導的魅力〉。《第二屆領導與發展學術研討會論文集》。臺北：輔仁大學。
39. Bavelas, A. (1951). Communication Patterns in Task-Oriented Groups. In Lerner, D., and Lasswell, H. D. *The Policy Sciences*. Stanford: Stanford University Press, pp.193-202.
40. 盧蕙馨（2002）。〈慈濟志工行善的人情脈絡〉。《慈濟大學人文社會科學學刊》第 1 期，頁 31-68。
41. 釋德伋編撰（2006）。《二〇〇六年・春之卷　證嚴上人衲履足跡》。臺北：慈濟文化，頁 578。
42. Covey, S. R. (1990). *The Seven Habits of Highly Effective People: restoring the character ethic*. New York: Simon & Schuster.（中譯：柯維（Covey, S. R.）著，顧淑馨譯（2005）。《七個成功的習慣》。臺北：天下文化。）

43. 釋證嚴（2007）。《普天三無》套書——《普天之下沒有我不愛的人》、《普天之下沒有我不信任的人》、《普天之下沒有我不原諒的人》。臺北：天下文化、靜思文化。
44. 善慧書苑編撰（1998）。《一九九八年・秋之卷 證嚴法師衲履足跡》。臺北：慈濟文化，頁 367-369。
45. 摩根索（Morgenthau, H. J.），張自學譯（1990）。《國際政治學》。臺北：幼獅文化，頁 8。（原書：Morgenthau, H. J. (1948). *Politics among Nations: The Struggle for Power and Peace*. New York: Random House.）
46. 泰戈爾著，糜文開譯（2016）。《泰戈爾詩集》〈飄鳥集〉第一四八。臺北：三民，頁 29。
47. 何日生（2007）。〈追尋下一個追尋？〉，《一念間——我所體悟的慈濟思維》。臺北：靜思文化、圓神，頁 176-178。
48. 荷妮（Horney, K.），李明濱譯（1995）。〈應該之暴行〉，《自我的掙扎》。臺北：志文，頁 64-85。（原書：Horney, K. (1950). *The Tyranny of the Should, in Neurosis and Human Growth: The Struggle Toward Self-Realization*. New York: Norton.）
49. 劉嵩（導演）（2005）。《臺灣人物誌：證嚴法師》【影片】。臺北：探索頻道（Discovery Channel）。（*Portrait Taiwan-Dharma Master Cheng Yen.* Discovery Channel. [Television broadcast].）
50. 何日生（2007）。〈追尋下一個追尋？〉，《一念間——我所體悟的慈濟思維》。臺北：靜思文化、圓神，頁 178-181。
51. 潘煊（2004）。《證嚴法師：琉璃同心圓》。臺北：天下文化、靜思文化。
52. 釋德仉編撰（2003）。《二〇〇三年・秋之卷 證嚴法師衲履足跡》。臺北：慈濟文化，頁 372。
53. 阮義忠、袁瑤瑤（2003）。《看見菩薩身影 14：杜俊元、楊美瑳》。臺北：靜思文化。
54. 釋德仉編撰（2005）。《二〇〇四年・冬之卷 證嚴上人衲履足跡》。臺北：慈濟文化，頁 316-319。
55. Anderson & Riger (1991), Snodgrass (1987). Chronically lonely people seem caught in a various cycle of self defeating social cognition and social behaviours.
56. Anderson, C.A., & Riger, A.L. (1991). A Controllability Attributional Model of Problems in Living: Dimensional and Situational Interactions in the Prediction of Depression and Loneliness. *Social Cognition*, 9(2): 149-181; Snodgrass, M.A. (1987). The relationship of differential loneliness, intimacy, and characterological attributional style to duration of loneliness. *Journal of Social Behavior and Personality*, 2(2): 173-186.
57. Seligman, M. E. P. (1975). *Helplessness: on depression, development, and death*. New York: W.H. Freeman.
58. Martin Seligman (1988). The decline of religion and family plus the growth of individualist you can do it attitude breeds hopelessness and blame when things don't go well.
59. Colin Sacks (1987). Negative thinking breeds negative mood, and then generates negative behaviour.
60. Sacks, C. H., & Bugental, D. B. (1987). Attributions as moderators of affective and behavioral responses to social failure. *Journal of Personality and Social Psychology*, 53(5): 939–947.
61. 釋德仉編撰（2003）。《二〇〇二年・冬之卷 證嚴法師衲履足跡》。臺北：慈濟文化，頁 95-96。
62. 于曉、陳維綱等合譯，顧忠華審定（2001）。《新教倫理與資本主義精神》。臺北：左岸，頁 97-114。（原書：Weber, M., Parsons, T. (tr.) (1992). The Protestant Ethic and the Spirit of Capitalism. London: Routledge.）
63. 于曉、陳維綱等合譯，顧忠華審定（2001）。《新教倫理與資本主義精神》。臺北：左岸，頁 114-116。（原書：Weber, M.,Parsons, T. (tr.) (1992). *The Protestant Ethic and the Spirit of Capitalism*. London: Routledge.）
64. 釋證嚴（2005）。〈不求自己安樂，只願災民離苦〉。《慈濟月刊》459 期，頁 6-9。
65. 釋證嚴（2002）。《三十七道品偈誦釋義》。臺北：靜思文化，頁 108。
66. 林碧珠、王慧萍、蔡孜珠、李慧玲合編（1993）。〈每一天，都是感恩的開始〉。《慈濟年鑑（1966 － 1992）》。臺北：慈濟文化，頁 553-554。

67. 釋德伋編撰（2005）。《二〇〇五年・夏之卷證嚴上人衲履足跡》。臺北：慈濟文化，頁 334。
68. 釋德伋編撰（2008）。《二〇〇七年・冬之卷證嚴上人衲履足跡》。臺北：慈濟文化，頁 238。
69. 釋印順（1955）。〈學佛之根本意趣〉。《學佛三要》卷 1，CBETA 2020.Q1, Y15, no. 15, p. 17a13。

第 15 章：實踐主義與信仰真實

1. 霍金（Hawking, S.）、曼羅迪諾（Mlodinow, L.）著，郭兆林、周念縈譯（2011）。《大設計》（*The Grand Design*）。臺北：大塊文化，頁 88。
2. 如夢中的意識可能與現實世界無關，如唯識學認為人往生以後，還有某些意識存在。
3. 〔戰國〕老子。《道德經》。https://ctext.org/dao-de-jing/zh。
4. 〔唐〕玄奘譯。《大般若波羅蜜多經》卷 4。CBETA 2020.Q1, T05, no. 220, p. 22b3-4。
5. 基督教的保羅提出因信心稱義，相信耶穌再來，相信與耶穌及天父在天堂相會。活在上帝與耶穌的人就是義人。
6. 田立克（Tillich, P.）著，魯燕萍譯（1994）。《信仰的動力》（*Dynamics of Faith*）。臺灣：桂冠，頁 6、頁 27。
7. 宗教實踐可以包括禪修、禱告、彌撒、割禮、五拜、祭祀、齋戒、朝聖、布施等。
8. 房龍（2001）。《人類的故事》，〈混沌初開〉。華藝電子書，米娜貝爾出版，頁 25。
9. 〔唐〕陳子昂著。《登幽州臺歌》。https://ctext.org/quantangshi/83/zh。
10. 同註 8。
11. 卡謬（Camus, A.）著，莫渝譯（1988）。《異鄉人》。臺北：志文。
12. 《舊約聖經・創世紀》
13. 〔戰國〕莊子。《莊子・內篇・應帝王》：「南海之帝為儵，北海之帝為忽，中央之帝為渾沌。儵與忽時相與遇於渾沌之地，渾沌待之甚善。儵與忽謀報渾沌之德，曰：『人皆有七竅，以視聽食息，此獨無有，嘗試鑿之。』日鑿一竅，七日而渾沌死。」https://ctext.org/zhuangzi/normal-course-for-rulers-and-kings/zh。
14. 何日生（2006）。〈哈維爾的兩個世界〉。《人醫心傳》35 期，頁 8-9。
15. 詹姆斯（James, W.）著，劉宏信譯（2007）。《實用主義》。臺北：立緒文化。
16. 王邦雄（2010）。《老子道德經注的現代解讀》第八章。臺北：遠流，頁 46。
17. 王邦雄（2010），《老子道德經注的現代解讀》第二章。臺北：遠流，頁 20。
18. 孫家琦編（2019）。〈盡心下〉，《孟子》。新北：人人出版社，頁 339。
19. 〔清〕王先謙撰。〈禮論十九〉。《荀子集解》。濟南：山東友誼書社，1994，頁 593。
20. 〔清〕王先謙撰。〈禮論十九〉。《荀子集解》。濟南：山東友誼書社，1994，頁 318。
21. 〔漢〕鄭玄註，張昭綜（1977）發行。〈禮記卷第十九・大學第四十二〉。《四禮集註（三）》。臺灣：龍泉，頁 212。
22. 王邦雄、曾昭旭、楊祖漢等著（1994）。〈人生的理想十三・雍也三十〉。《論語義理疏解》。臺北：鵝湖，頁 28。
23. 行為主義（Behaviorism）是心理學的一個支派，主要強調外在環境的改變與操控對人類行為可能產生的影響。著名的行為主義心理學家為 B. F. Skinner。
24. 〔西漢〕司馬遷著。《史記・孫子吳起列傳》。https://ctext.org/shiji/sun-zi-wu-qi-lie-zhuan/zh。
25. *The Writing of George Washington*, edited by John C. Fitzpatrick (Washington ：United States Printing Office, 1931-44), p. 363.
26. 康德 (Immanuel Kant) 著，鄧曉芒譯（2020）。《實踐理性批判》。臺北：聯經，頁 24。

何日生作品集04

慈濟學概論

2022年8月初版　　定價：新臺幣580元

著者	何日生
叢書主編	陳逸華
內文排版	李偉涵
校對	吳美滿
封面設計	莫炳燊
	蕭明蘭

出版者	聯經出版事業股份有限公司
地址	新北市汐止區大同路一段369號1樓
叢書編輯電話	(02)86925588轉5319
台北聯經書房	台北市新生南路三段94號
電話	(02)23620308
台中分公司	台中市北區崇德路一段198號
暨門市電話	(04)22312023
台中電子信箱	e-mail：linking2@ms42.hinet.net
印刷者	文聯彩色製版印刷有限公司
總經銷	聯合發行股份有限公司
發行所	新北市新店區寶橋路235巷6弄6號2樓
電話	(02)29178022

副總編輯	陳逸華
總編輯	涂豐恩
總經理	陳芝宇
社長	羅國俊
發行人	林載爵

行政院新聞局出版事業登記證局版臺業字第0130號

本書如有缺頁，破損，倒裝請寄回台北聯經書房更換。　ISBN 978-957-08-6404-5 (平裝)
聯經網址：www.linkingbooks.com.tw
電子信箱：linking@udngroup.com

國家圖書館出版品預行編目資料

慈濟學概論/何日生著．初版．新北市．聯經．2022年8月．
544面．17×23公分（何日生作品集04）
ISBN 978-957-08-6404-5（平裝）

1.CST：佛教慈濟慈善事業基金會　2.CST：宗教與社會
3.CST：文集

548.126　　111009849